定边县史志资料丛书

慕　塞◎著

张献忠研究

华龄出版社
HUALING PRESS

责任编辑：董　巍
责任印刷：李未圻

图书在版编目（CIP）数据

张献忠研究／慕塞著．-- 北京：华龄出版社，
2019.12
ISBN 978－7－5169－1509－7

Ⅰ．①张… Ⅱ．①慕… Ⅲ．①张献忠（1606－1646）
—人物研究 Ⅳ．①K827＝48

中国版本图书馆 CIP 数据核字（2019）第 290001 号

书名：张献忠研究
作者：慕塞 著

出 版 人：胡福君
出版发行：华龄出版社
地　　址：北京市东城区安定门外大街甲 57 号　**邮编：**100011
电　　话：010—58122246　**传真：**010—84049572
网　　址：http：//www. hualingpress. com

印　　刷：三河市华东印刷有限公司
版　　次：2021 年 1 月第 1 版　2021 年 1 月第 1 次印刷
开　　本：710mm×1000mm　1/16　**印张：**24.5
字　　数：413 千字
定　　价：98.00 元

定边县史志资料丛书编审委员会

定边县柳树涧堡大西王张献忠雕像

张献忠故里——明延安府柳树涧堡遗址（今定边县属）

明柳树涧堡长城遗址

柳树涧古柳

彭勇、高寿仙等著名明史学者考察柳树涧

魂归故里——2016 年 10 月 10 日柳树涧堡大西王张献忠雕像落成

2010 年 8 月 15–17 日，张献忠全国学术研讨会在定边召开。图为大会开幕式，左起：滕新才、韦祖辉、高明伟、王兴亚、王新中、王纲、王震中、杨志先、段渝、王长寿、高寿仙

会场一瞥

张献忠研究推动者、会议主办方代表马骥、王纲、王长寿、段渝

明末农民起义领袖张献忠全国学术研讨会合影 · 2010 年 8 月 16 日于陕西定边

供奉张献忠塑像的四川梓潼县七曲山大庙

七曲山风楼洞张献忠家庙塑像

重塑张献忠像碑记

张献忠画像

湖北谷城张献忠、李自成“双雄会”雕塑

张献忠像（选自《李自成》，中国青年出版社 1977 年版）

四川广汉县房湖公园张献忠圣谕碑亭

四川眉山市彭山区张献忠江口沉银遗址

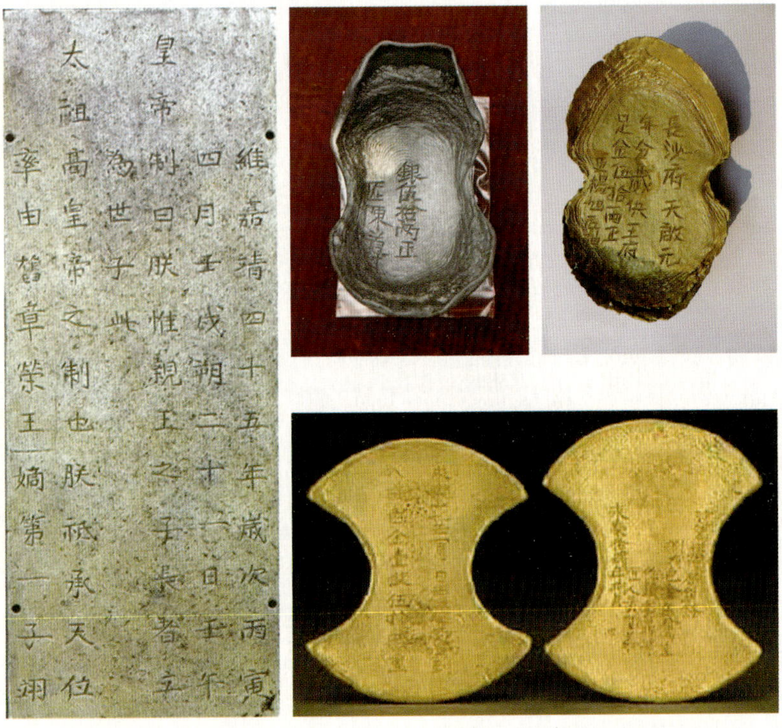

彭山江口出土的张献忠文物：金册，金锭、银锭

虎钮永昌大元帅金印

“西王赏功”金币、银币

“西王之宝”玉玺及印文

“大顺通宝”流通钱币

张献忠殉难处——四川西充县多扶镇凤凰山圭峰

作者在四川考察张献忠史迹时留影

序

商传

明朝末年,两个西北汉子引发了天下大乱,打碎了大明朝三百年的江山。这两个汉子,一个名叫李自成,一个名叫张献忠。

自成打下北京城,逼得崇祯皇帝吊死煤山,当上了大顺皇帝,要说名声比献忠更大些。所以慕塞先生在本书的开篇便说:"自成人人皆知,而知道献忠的人就不那么多了。"这话也对,也不对。我们读史,《明史》中有《流贼列传》,李自成、张献忠并立而书,且称:"盗贼之祸,历代恒有,至明末李自成、张献忠极矣。"(《明史》卷309)我们再看清人谷应泰修《明史纪事本末》则分立《张献忠之乱》《李自成之乱》,且将献忠列于前,因知李自成名声虽大,却并不曾盖过献忠,论起参加农民革命的资历,献忠不仅要更早,而且算得上是自成的长辈。只不过李自成队伍里面用了读书人,一个"迎闯王,不纳粮",便令自成名闻天下了。

与自成相反,献忠的名声不是用读书人,却是杀读书人,于是献忠名声虽然不小,却是个杀人魔王的名声。几百年来,这似乎成了一个无人不知无人不晓的定论。

在过去很长一段时间里,李自成、张献忠作为中国历史上最称著名的农民起义领袖,从教科书到文艺作品,都曾占据主流的位置。但是近年来农民起义似乎不那么受到关注,甚至多有非议,倘若无人提及,或于多年后甚至渐无声息,亦未可知。于是献忠家乡的人坐不住了,他们要出来讲话,而且要给大家讲一个真实版的张献忠。

要写一个真实版的张献忠,首先必须能够打破一些已成"定论"的旧说,再有就是有一说一,有二说二,既不过度拔高,也不盲从于传说,从历史的缝隙中去找寻张献忠这场波澜壮阔的农民大起义的细节,去重现当时历史的真相。这当然是一件非常不易的事情。因为史书从来都是文化人写的,既然张献忠杀读书人,那还有哪个文化人肯去为他说好话呢？何况献忠也不曾成为真正的一代帝王，对他评说的不仅是文化人，而且更多的是取明而代之的清朝人，因此那些史书中记述的献忠其人，只能是一个喜怒无常的杀人恶魔。不过献忠的家乡，当年的延安府肤施县柳树涧堡，今天的榆林市定边县柳树涧堡和周边的乡亲们，还惦记着这个出身草莽的英雄，也有着不少关于他的传说，有些居然跟正史上记述的一样，只是正史上说他不好，而乡亲们却说他好。这与我们以往只是将献忠作为农民起义领袖的看法并不一样，他们心目中的献忠不是一味标签式的歌功颂德，而是说出一个活生生的西北汉子。

确实如此，献忠看起来鲁莽，其实不然。他是粗中有细，这在清朝人嘴里说出，"然而献忠无他技巧，止以阴谋多智，暴豪嗜杀"（谷应泰：《明史纪事本末》卷77）。这番话若由家乡人来说，阴谋便是足智多谋；暴豪嗜杀，便是西北汉子的豪气。这也才符合了真实的献忠其人。

有明一代，榆林是出武将最多的地方，因为这个地方民风勇敢有豪气。献忠生长在这片土地上，自然也不例外，只是说他阴谋多智，无非是因为他在军事上表现出的天才，再有便是谷城的那次伪降。不过慕塞先生在这本书中却不这般认为，他说："张献忠虽说出身草莽，但在谷城就抚这件事情上，充分显露出他的政治才干和大智慧。他没有做过官，却熟知官场潜规则。明末社会政治极度腐败，要想办事，必须行贿；反过来说，只要行贿，没有办不成的事。"所以献忠派人前往朝廷打点，"朝士无不婪其厚利"，于是献忠伪降之计成。

明朝末年，一个从上到下烂透了的政权，除去贪腐便是对百姓的欺压，岂有不乱的道理？

明末户部员外郎史惇《恸余杂记》中有一篇《贿赂之变》：

先帝（崇祯帝）痛恶者贿赂，而当事者至以交际为端，甚有同乡亲故而不设一饭焉。借口功令，已不敢出，盖亲故绝，则暮夜之金更无知者，其自便实甚，而不近人情之谤始独归先帝矣。大者如银子多换金子，金子重换珠子。盈千盈万。……余尝见一火房都吏，役满应得注选，乃揣摩主司好尚与忌讳，遍觅宣窑器数十只，价值百金以献，而得一美缺主簿者。此亦世道之变也。

这便是明末的时政，已经是腐败至极，无可救药了。这让我们想起七十年前对于明朝灭亡问题讨论的一桩公案。国民政府称国家之危，在于流寇与满洲，而郭沫若先生写出《甲申三百年祭》告诉世人，国家之危险在于从上到下的贪腐。近年史学界亦论明清的兴替，以为清朝取明而代之。其实不然。明朝的灭亡，乃是灭于农民起义，正是李自成、张献忠最终推翻了明朝。

其实这些情况在当时都已有人谈及，内阁大学士叶向高便说：“今天下必乱必危之道，盖有数端，而灾伤寇盗物怪人妖不与焉。廊庙空虚，一也。上下否隔，二也。士大夫好胜喜争，三也。多藏厚积，必有悖出之衅，四也。风声气习日趋日下，莫可挽回，五也。非陛下奋然振作，简任老成，布列朝署，取积年废弛政事一举新之，恐宗社之忧，不在敌国外患，而即在庙堂之上也。”（叶向高奏疏）宗社之忧，实在是不在敌国外患，而在庙堂之上。

你看待到自成的大军已逼近京师，关外的满洲也成明朝的大患时，崇祯帝亟需经费，而达官贵胄却无一人肯出私囊，奸人李琎且欲尽江南缙绅富民报名输官。内阁钱士升怵然曰：“此乱本也。”拟刑部提问。上不惬，命改票。公具揭痛驳之，谓：“巨室乃国家元气，故《周礼》荒政有保富之法。今天下秦、晋、楚、豫无一宁宇，惟江南数郡未动耳。若此法行，驱天下为盗贼矣。”言要直，忤上意。（张怡：《玉光剑气集》）如此的朝廷，如此的君臣，岂有不亡国的道理？

所以我觉得，要写真实版的张献忠，首先就要写他是官逼民反的农民。献忠本来是不必为乱的，他倘若生长于明朝的盛世，或可继承榆林人的传统，并以他的“多智，暴豪”，说不定能够造就出留名史册的一代名将。但是他生活在了一个朝代的末世，成了一个造反的“流寇”，正是明末官府的腐败造就了“流寇”张献忠、李自成。

此外我还觉得，要写一个真实版的张献忠，就要写他那种朴素的爱国情怀。张献忠、李自成，他们痛恨的是官员们的贪腐，是国家政治的颓败，待到清军入关、山河破碎的时刻，他们比大顺军更加成为了抗击清军的主力。献忠是牺牲于凤凰坡的，他死后所部的孙可望、李定国、白文选诸将最终与南明永历政权结合抗清，谱写了又一章可歌可泣的历史篇章。尤其是李定国，成为支撑永历政权直到最后一刻的孤臣。他们毕竟都是献忠的大西军。

当然，要写一个真实版的张献忠，还要以实事求是的态度书写张献忠在占领四川后的滥杀行为。以往正史中对他杀人确有夸大不实之词，然而在献忠心目中，读书求仕的人，自然与朝廷一气，是绝然不可信用的，或由此而有对官员与士人们的杀戮。而其后史家所述，则称“蜀中士类俱尽”“全蜀数千里萧条无人迹”等等，然而亦称：“但能杀王府官吏，封府库以待，则秋毫无犯。”（《明史纪事本末》卷77）本身便有矛盾之处。献忠在蜀地的滥杀应该是历史的事实，这种做法，也使他失去了本可以为根据地的四川，正如本书中的一个标题：“不管是刑杀立威，还是除城尽剿，都没能让张献忠有好日子过。”尽管献忠不可能如清翰史书中所说杀了那么多人，但是滥砍滥杀的史实也不必掩饰。

我们从中国历史上历次改朝换代的战乱中可以看到，滥杀也是一种管理的腐败和缺少自信。

李自成、张献忠在明朝末年演绎了一场历史悲剧。他们在取得一定成功之后的骄傲自大，迅速的腐败，都以相同或不同的形式充分表现出来。献忠占取四川后，从明朝的藩王和官员手中夺取并且囤积了大量财富，这其实表现出的是一种农民的短见，是打土豪分家财的平均思想。他甚至在出征时还将这些财富带在身边，表现出的更是“流寇”思想的本质。我们今天读这段历史可以看到，无论李自成，还是张献忠，他们不仅有着历史的局限，而且他们本身都不具备开国君主的基本素质，他们充其量只是一个旧世界的破坏者。我以为，这便是真实的张献忠。

写一本张献忠传不易，写成一本真实版的张献忠更加不易。史料的缺乏，旧说的影响，评价农民起义领袖的政治要求等都是造成这种不易的原因。就此而言，这本《张献忠研究》，已经在这方面做出了努力，而且取得了一定的成绩。这也使我们感到，本来似乎已经无话可说的李自成、张献忠，还应该有我们今天的认识再去说一说，因为历史永远都是当代史。

2015 年 10 月 1 日

（作者系中国明史学会会长）

目　录
CONTENTS

一　荒寒贫瘠的边墙脚下，诞生大明王朝掘墓人

说到明朝末年的农民起义，都知道农民起义领袖是李自成。

是李自成率领百万之众打进北京，迫使崇祯皇帝朱由检煤山自缢，推翻了大明王朝的封建统治。

如果说还有一位农民起义领袖叫张献忠，知道的人就不那么多了，特别在他的家乡！

如果说在当时张献忠是与李自成齐名的农民领袖，有些人的口会张得老大，一副错愕的样子。

其实，在崇祯十四年(1641)以前，张献忠领导的义军无论规模、贡献和影响都比李自成大。当李自成兵败四川梓潼，仅率领几百人息马汉南深山时，张献忠正与督师阁部杨嗣昌做殊死搏斗。正是因为张献忠吸引了明朝能调动的所有主力部队，才使得李自成能从鱼腹山突入河南，成就了一番轰轰烈烈的大事业。

如果没有张献忠，李自成要么困死汉南山中，要么自杀。古书记载：李自成“自经者数四”。

就是李自成打进北京，直接推翻大明王朝统治，张献忠也功不可没。对此，历史早有定论。《明史》的编撰者清人谷应泰说：“譬如人之死也，献执其手，而后闯刺其心；献椹其胸，而后闯扼其吭。则献与闯，厥罪惟均也！”谷应泰打了一个比方，将明朝的灭亡比作一个人的死，张献忠控制住这个人的双手，李自成对准其心脏刺了一刀；张献忠一剑刺入这个人的胸膛，而后李自成掐住这个人的咽喉。在灭亡明朝过程中，张献忠与李自成，他们所起的作用是相当的。

就是这个张献忠，在成都建立农民政权大西朝后，遭到残明地主官僚的疯狂

反扑,也遭到清朝的残酷镇压。张献忠在反击这两股势力时,杀人过多,犯有扩大化的错误,大西政权因此招致失败,他本人在史学界也成为一个饱受争议的人物。

张献忠在四川杀人过多是不争的事实。但是,张献忠的错误,不能掩盖其作为一代农民起义领袖推翻腐朽的明王朝的历史功绩,更不能否定他抗击清政府镇压的爱国情怀。

明万历三十四年(1606)九月十八日,张献忠出生于陕西省延安府肤施县柳树涧堡一位农民的家中。肤施县隶属延安府。也有人说,张献忠是榆林人。这话也对,到了清朝雍正九年(1731),设榆林府,以定边、砖井、盐场、安边、柳树涧五堡之地设立定边县,定边县划归榆林府。

柳树涧堡是明代长城上的重要堡垒,始筑于明代天顺初年,成化九年(1473)弃之。嘉靖三十七年(1558),延绥巡抚董威复建,隆庆六年(1572)增高,万历六年(1578)砖砌。作为军事要塞,当时属延绥镇西路十四营堡之一。据清嘉庆《定边县志》记载:"柳树涧堡城……周围凡三里七分,楼铺一十八座,牌墙垛口边垣三十三里二百三十步,墩台四十八座,开东门、西门。"柳树涧因涧内多植柳树而得名。城堡雄踞于平缓的山坡上,三面临壑,只有北边与山相接。浑圆的山包上,长城直冲而下,到涧底又急转向上,气势恢宏。即使今天看到的只是残垣断壁,仍然让人感佩古人的创造力!

有人说,柳树涧的张家系元朝末年关中大将张良弼之后,是蒙古人与汉人的混血人种。明初,张良弼兵败殉节后,亲族奔散,其中一支藏匿肤施县,不敢承认蒙古祖先。到了张献忠的父亲张快,已是一个地道的农民,有四五十亩地。张快在耕作之余,也做点诸如贩盐贩枣的小买卖。家中日子虽不富足,也算过得去。

另有一说,张献忠的父亲是运盐的脚户,靠贩盐发家致富。他的运盐队伍发展到牲口几十头,脚夫十几人,在当地也算得上是富户。

张献忠(1606—1647),字秉吾,号敬轩。名字是上私塾时老师给起的,意在献身边塞、效忠朝廷。柳树涧堡本来就是一座兵城,当边兵一刀一枪搏个封妻荫子,是尚武的当地人的首选。具有讽刺意味的是,张献忠并未向朝廷输诚献忠,反而是选择造反,硬是和李自成一道将大明王朝彻底颠覆。

《明季北略》载：张献忠“幼有奇力，两眉竦竖而长，面有微麻，遍体生毛，天性好杀，不耐久静”。为了证明“天性好杀”，《明季北略》举例：“初从塾师，与同舍生讧，一拳扑杀之，家赀数千金，一时俱尽。父大怒，逐之，漂泊异乡。或异其貌，问之，知文而勇，收以为子，与之延师。复与同学者争，更殴死两生，逸去。”

说得也太玄乎了，上小学就背上三条人命，且都是同学。“逸去”，一个小孩子往哪儿逃！当时又没有《未成年人保护法》，背三条人命岂能逍遥法外？

关于张献忠的身世，众说纷纭。有的说：“张献忠，亦秦人。父业履，母织席。献忠自少读书不售，遂与逃兵三百起而为盗，转掠豫楚间，号八大王。”

有的说：“张献忠，陕西肤施人，阴谋多狡。父快，屠沽而贱，母沈，并早死。献忠依丐徐大为活。尝窃邻人鸡，偶见詈之。献忠曰：‘吾得志，此地亦如鸡焉。’其残忍之心，少年已萌。及长，益无赖。适流贼王嘉胤作乱，献忠投之，号八大王，又号黄虎。”

还有一种说法：“张献忠，本铁匠子，年少刚狠，承造军器，官吏有陋规，而煤铁有余。后煤铁既少而陋规日增，工食克扣限期更迫，匠不堪命，因以倾家，而追逼复首及之。乃入王嘉胤党，贼中称为八大王，自称西王。”

吴伟业在《绥寇纪略》中说：“相传献忠肤施人，隶延安卫籍，固将家子。”吴先生也不能确指，只是听说。

张献忠像历史上大多数农民起义领袖一样，出身微贱，是不被社会重视的芸芸众生。如果不是成为声威显赫的农民革命领袖，就像毛乌素大沙漠里一粒沙子一样，有谁会重视他呢？一旦显赫了，就有人要搞清他的家世和童年，然而，这又谈何容易。不过，我们根据掌握的资料和对其故里的考察，也不难还原一个地处毛乌素大沙漠南部边缘与黄土高原接壤处一个农村孩子的生活境况。

按照现在的行政区划，张献忠的故居在定边县学庄乡刘渠村。刘渠村距柳树涧古堡三公里。刘渠村栽箭山上有几孔古窑洞，由于年代久远，古窑洞早已坍塌，现在能看到的只有古窑洞的烟囱遗迹。张献忠就在这里出生并长大。

这里，地广人稀，如果风调雨顺，温饱没问题。柳树涧长年驻有边兵，张献忠的父亲张快农闲时做点小买卖也符合情理。到了上学的年龄，父亲送张献忠到柳树涧附近的金明驿私塾读书。私塾先生姓林，是一位饱读诗书而久试不第的秀才。张献忠天资聪颖，却不爱学习，读了几年书，识字不多，闯祸不少，只能是粗通文墨，这就有了“献忠自少读书不售”的记载。乾隆《宝丰县志》载崇祯十五年(1642)五月，张献忠攻克河南宝丰县，“劫集诸生于城东河仄龙王庙，各问姓名，令勿惊怕。操土音云：‘咱是斯文一气，老子学而未成。’欵语良久，遣各入城，遂拔营去。”

关于林先生与张献忠，古籍有近乎荒诞的记载，说张献忠是黑煞星下凡。

林先生一日归家，途中遭遇大风急雨，急忙奔入东岳庙避雨。倚柱假寐间，忽闻异香扑鼻，又见庙中执事人员纷纷扰扰，各就各位。只听天上有人报曰：“黑煞星君下界矣！”东岳帝君身着绯衣平天冠，慌忙跑到门口迎候。林先生杂处人群中，望见云端一彪人马簇拥一辆仙车，自空而降，车上下来一位黄面黑须、剑眉阔额、目光如电、白袍黄铠之人。星君昂然上座，东岳帝君急令上菜，供奉甚丰。一时餐毕，就闻高呼：“带人犯！”随即一批镣铐加身，身着黄紫的皇家宗室人员被带上堂。星君历数他们鱼肉百姓、骄奢淫逸的罪行，随即发令，或沉江，或投火，或斩首。接着，又有一批峨冠博带之人被带上堂，林先生一见即知是封疆大吏，星君如法炮制，一一杀毕；又带上一批土豪劣绅、贪官胥吏，星君破口大骂，令拉下重打，打毕又让砍头。此时，东岳帝君从旁劝道：“星君此行奉上帝敕旨，亦应万民劫数。但职忝东岳主，愿星君少延残喘，庇德非浅。”星君闻言大怒，不为所动。已而离座出庙，往林先生村落方向投去。林先生快意于星君对贪官污吏的处置，牵侍者衣问：“星君何人？”答曰：“汝弟子也。”林先生闻言，自是莫名其妙。此时，风息雨停，林先生才知刚才所见不过南柯一梦，疾步回家，邻宅张快家果于是夜生子。少长，师林先生。

小时候的张献忠，调皮捣蛋，爱打架，经常闯祸。一次与同学口角，一拳把对方打伤，父亲张快给人家又赔礼又赔钱。嗣后，又把一个同学打得口鼻流血。父亲大怒，把他臭揍一顿，并赶出家门，张献忠东躲西藏，几天不敢回家。

书是念不成了，好在张献忠身材比同龄人高大，就跟着父亲赶毛驴搞贩运。搞贩运，就是做生意，以智慧谋利。这段经历对于铸造张献忠的性格非比寻常，他不但“年少刚狠”，而且“狡黠多计”。

他不耐久静，不喜欢种地，喜欢在外面疯跑。只要回到柳树涧堡，就爬上边墙掏鸟，下沟涧戏水，跟一帮小伙伴玩得昏天黑地。他最喜欢跟小伙伴们玩当“皇帝”之类的游戏，用柳树条编成“官帽”戴在头上，坐在山峁上称“王”，让别的孩子拿着削成刀、棍的树枝站列两行，由他指挥着“打仗”。

柳树涧有两座关公庙，一座菩萨庙，这是张献忠常去的地方。别的小孩害怕庙里的红脸大汉和面目狰狞的金刚，张献忠不怕。非但不怕，还对红脸大汉满怀崇敬，对面目狰狞的八大金刚向往莫名。张献忠起义后，自称“八大王”，许多学者说了诸多理由，其实是张献忠小时候到庙里去多了，自小向往八大金刚的结果。

柳树涧属于塞上，这里民风剽悍，人人尚武，就连小孩子也是如此。张献忠经常一个人下到涧底，用泥捏一排泥人，然后挥起木刀，大喊一声“杀——”，将泥人的头齐刷刷地砍掉。这时候，他会因为好玩而感到兴奋不已。

栽箭山后有一个窨子，里边十分开阔，张献忠小时候经常与小伙伴出入玩耍。传说张献忠曾在里边聚众习武，当地人称其为“藏兵洞”。在四川等地，流传着张献忠“生于燕子岭，死于凤凰山”。实际应该是“生于窨子岭，死于凤凰山”，“窨”与“燕”读音相近，想来是口口相传之讹。

历史有时会出现惊人的巧合。明万历三十四年（张献忠出生的同一年）八月二十一日，另一个大明王朝的掘墓人李自成出生于米脂县双泉里李继迁寨。

张献忠、李自成这两位大明王朝的掘墓人，竟然都是榆林人，而且在同一年降生，这种巧合不禁令人联想是上天的有意安排！

相对于张献忠来说，李自成的出身要简单得多。李自成的祖父叫李海，父亲叫李守忠，都是地道的农民。李自成出生后，小名叫黄娃子，也叫黄来儿。之所以取这样一个带黄字的小名，是因为李自成出生时，李守忠梦见一身着黄衣之人进入他家的土窑洞。黄衣人入室，李守忠认为是吉兆，故名之。因为当时能穿黄色衣服者只能是帝王，不说普通百姓无缘，即使是封侯拜将的朝中大臣也不敢妄想。不过，梦想毕竟是梦想。李自成出生后，经历了人世间最早的苦难。李家家境十分贫寒，以致幼年的李自成被舍寺院出家当过和尚，唤作黄来僧。之后还俗，给姬姓地主家放羊。大概是穷极无聊，李自成偷了一只羯羊，被姬姓主人鞭打，打得遍体出血。也许是自己干了错事在先，对此李自成并不忌恨，得势之后，带兵回到米脂，并没有报复姬家，相反与姬家见面相谈甚欢。

米脂县有一家富户姓艾，当地人称其为艾老举人。艾老举人广有田产钱财却为富不仁，勾结官府欺压百姓，还放高利贷。艾老举人家门外有一座石牌坊，有一次李自成走累了，袒卧石凳上睡着了。艾老举人送客出门看见破口大骂，上前将李自成揪起扇了几巴掌。李自成不忿，又无可奈何。过几天路过这里，想起无端挨打的冤屈，就冲着艾老举人家门墙撒尿泄愤。不巧，被艾老举人瞅见抓进院子，拿鞭子臭揍一顿，还将他绑于门外示众。艾老举人小儿子手里拿块饼，一边吃一边看热闹。李自成这时饿得受不了，还挨了一顿毒打，就向其讨要饼吃。艾家儿子说："我宁可喂狗，也不给你！"将饼扔在地上，还踩住又拧了一脚。这件事对李自成心灵刺激很深。

史书载李自成"粗通文字"，应该在小时候读过书。有一次在塾中吃螃蟹，老师让学生们就螃蟹作诗。李自成写道："双螯恰似钢叉举，八股浑如宝剑擎。满腹玄黄未易评，一身甲胄任横行。"老师见诗不喜，说："日后你就是乱臣贼子。你不管到什么地方，也不要说我是你的先生。"李自成实在是个天才——造反的天才。别人吃螃蟹注意的是蟹黄和蟹肉，他却把两个钳子比作钢叉，把八条腿比作宝剑，把螃蟹的硬壳比作盔甲，有了这些就可以横行天下了。难怪老师不喜，就像教了孙悟空一身武艺的菩提祖师一样，临别时特意叮咛：千万别说我是你的师傅。

李自成十八岁时业已长成，身材修长，躯干伟壮，颧高而目深，深凝多智，勇猛有胆略。不幸的是，父亲李守忠去世，李自成失却依靠。其时，米脂县银川驿站招收驿卒，李自成从此成为一名饲养马匹、投递文书的驿卒。李自成为人有远见能识大局，与人交往舍己好义，因而能得众心，为银川驿及远近驿站驿卒所拥戴。

崇祯二年(1629)，明朝廷为节省支出，采纳刘懋的建议，下令裁撤驿站。大概在第二年，李自成失业。当时，陕北荒旱，李自成借艾老举人印子钱而不能还，艾家唆使县令逮李自成枷铐于米脂县城大街示众，烈日炎炎，不让饮水吃饭。艾家派家丁守在李自成身边，企图以李自成为例，示威其他欠租欠债者。和李自成一起当过驿卒的同病相怜，哀求艾家允许李自成移到阴凉处吃点东西，艾家不许，还骂不绝口。李自成愤恨不已，说："何苦求他？我就死在烈日下！"此时李自成汗湿已虚脱，踉踉跄跄戴枷坐于烈日下，虽然疲惫不堪，却丝毫不屈。

众人看不过眼，不胜其忿，突然鼓噪起来，上前打开李自成脖子上的枷锁，簇拥李自成走出城外钻入一处森林不敢出来。知县闻讯，连说反了，命令县尉带人持弓刀前去追捕。县尉见李自成等所藏之地林深树密，不敢进去；李自成等也不敢出来，双方相持不下。眼看天就要黑了，藏在林中之人心急如焚，情急之下一哄而出，每人手持一根白棒直奔县尉。县尉大惊，拍马逃走，不料惊慌失措，从马上掉下摔死了。随行隶卒吓破了胆，抱头鼠窜，弓刀器械丢了一地，尽为李自成所有。当天夜里，李自成乘势袭击米脂县城。李自成登高奋臂一呼，饥饿的百姓群起响应，一夜得千余人，旋即率众前往米脂西川参加不沾泥张存孟的起义队伍。李自成所率千人被张存孟编为第八队，李自成任队长，称“八队闯将”。

二　被免于一死的这个人，就是张献忠

从柳树涧堡沿长城西行一百四十里是定边营城(即今定边县)，再向西二十里即盐场堡。这里，不仅是军事重镇，也盛产湖盐。盐场堡包括盐池(今属宁夏)出产的天然湖盐，满足方圆几百里的陕西、宁夏、甘肃、蒙古的需求。当地人多以贩盐为生。

张献忠的父亲张快，人如其名，十分勤快，在种地之余，赶着骡驴做点贩运生意，补贴家用，经常往返于定边、靖边、绥德、榆林、延安一带，运盐贩枣。十四五岁的张献忠长得像大人一样高，"躯干奇伟""幼有奇力"，微黄的脸上有几颗浅麻子。他不喜种地，不耐久静，喜欢跑贩运，因此父亲外出时，多让其跟随。

有一次在盐场堡，盐场掌柜看他满脸稚气却人高马大，有意试其臂力，便指着百多斤的盐袋对张献忠说："你能把它背起来绕盐堆走一圈，这袋盐就是你的啦！"张献忠二话没说，抱起盐袋，绕盐堆转了一圈。放下盐袋，脸不变色，气息均匀，众人无不交口称赞。盐场掌柜兑现承诺把盐送与张献忠。

张献忠父子把盐贩运到延安一带卖掉，又将延安东川的红枣买来，准备长途贩运四川。毫无疑问，这是一次出远门，千里迢迢，让少年张献忠兴奋不已。尽管早起晚睡，十分辛苦，不仅要照看货物，还要伺应牲口，仍然令张献忠兴致不减。他饱览沿途风光，大开眼界。特别是进入四川后，先是崇山峻岭，后是平畴沃野，四望无际。虽然已是隆冬，却没有塞上的狂风怒吼，滴水成冰，反而风和日暖，绿茵满目，倒像陕北的暮春天气，这让小小年纪的张献忠称奇不已。再看四川人物，士女云集，锦帽棉袍，不像陕北的冬季人人着老羊皮袄。一路经过，舞榭歌台，酒馆茶楼，喧嚣热闹，进出如流。川人的安逸闲适，物丰富足，给张献忠留下深刻印象，陡然增添许多羡慕。

然而这一切并未持续多久，一次充满屈辱的痛苦遭遇，破坏了川人给张献忠的良好印象，不仅好感荡然无存，反而由怨生恨，怒不可遏。

张献忠父子贩枣来到内江，将骡驴系在一大户人家门前的石柱上去吃饭，不想驴尿了，驴尿溅在石柱上，引起主人的不满。这家的仆人大声辱骂张快，扬起鞭子就打，要父子二人挑水把驴尿冲洗干净。俗话说：出门人见人低三辈。无奈，张快只好借来桶担挑水冲洗。正在这时，驴又拉屎了，驴粪蛋拉了一地。大户人家的主仆又是一顿臭骂。张快辩解说“驴粪不臭”，竟招来一片喊打声。大户人家的仆人蛮横地说：“驴粪不臭，你拿衣服把它兜走。”在当地人的威逼下，张快含着眼泪用手捡起驴粪，放在衣襟上兜着离开。

遭受如此奇耻大辱，少年张献忠在一旁气得发抖，四川人竟然这样欺负人，但“怒目不敢争”。临离开时发誓：“我复来时，必尽杀尔等，方泄我恨！”有些史学家认为，这家富绅做事促狭，是之后促使张献忠在四川见官绅就杀的一个重要原因。

到了明万历后期，后金努尔哈赤在辽东不断地向明朝发动战争，争夺土地和人口，辽东战事频仍。明朝廷借口兴军打仗，从万历四十六年(1618)开始，三次加派天下田赋，到了万历四十八年(1620)，每亩加派饷银九厘，每年共计征收五百二十万两，是为辽饷。到了天启年间，又一再增加盐税、关税和杂项，极大地加重了农民的负担。天启皇帝朱由校重用大太监魏忠贤。魏忠贤暗操权柄，形成明朝历史上最黑暗、最专制的阉党统治。魏忠贤派阉党朱蒙童担任延绥巡抚。朱蒙童科敛无度，敲骨榨髓，带头为魏忠贤建造生祠。

在民间，为了追念死去的祖先，同一族的人们建造一所房屋，里面安放先人的牌位，是为祠堂。明朝末年，天启皇帝朱由校大大宠信魏忠贤，封魏忠贤为九千九百岁，与皇帝只差一百岁。魏忠贤权势显赫，把持朝政。一大批趋炎附势的朝中权贵和封疆大吏，变着花样巴结、谄媚魏忠贤，然而魏忠贤气焰熏天，什么都不稀罕。这时，富有“创新”精神的大臣给皇帝打报告：给魏忠贤建造生祠。给活人建祠堂，这实在是一大发明！人还没死，就把塑像或牌位供在里面，让万人瞻仰。魏忠贤显然喜欢这个前无古人的创意，于是一股为魏忠贤造生祠的歪风在全国蔓延。延绥巡抚朱蒙童给魏忠贤造的生祠就在榆林城内，竟然敢用黄色的琉璃瓦盖顶，黄色的琉璃瓦只能用于建造皇宫和庙宇，朱蒙童却用在一个太监身上。不仅如此，生祠里塑有魏忠贤像，耳目手足会自动，奇技绝伦，栩栩如生。一个封疆大吏连皇上都不放在眼里，他又焉能为百姓着想？一座相当于皇宫的建筑造就，陕北有多少百姓被迫破产，流离失所！这还没完，陕西巡抚胡廷晏、陕西三边总督史永安,也为魏忠贤建造生祠,地址也在榆林。有这么一伙人把持陕西,明末农民起义在陕西爆发就不难理解了。

魏忠贤倒台被诛后,朱蒙童造的生祠,改名龙泉寺,后被拆除修建了榆林毛纺厂;胡廷晏、史永安修建的生祠,改名全神庙,后又改名上帝庙,新中国成立后拆除修建了榆林制革厂。魏忠贤的生祠被拆,铜像被毁,不过并未全毁,有一个至今仍留在榆林星明楼上,只是鲜有人知罢了。

正是在这个社会背景下,张献忠长大了。高大魁梧的身材,长长的双臂,长方脸,脸色微黄,脸上有几颗浅麻子,剑眉下一双大眼闪烁着智慧与狡黠的光芒,像多数陕北汉子一样,脸上长满密密麻麻的络腮胡子,俨然凛凛一躯。他走路大步流星,谈笑声若洪钟,喜欢骂人,粗话不离口,体现出粗犷率直、豪爽幽默的性格特征。

张献忠到了求职的年龄了,这时的张家已大不如前。柳树涧天寒土薄,自然条件恶劣,加之天旱歉收,赋税激增,胥吏盘剥搜刮,种地实不足以糊口。闻知安定县(今子长县)衙招收捕快,张献忠就去应试。因为体格健硕,被县衙录用。从此,安定人经常可以看到脸色微黄、声若巨雷的张献忠,大老远就喊"黄虎来了!""黄虎"是当地人给他起的绰号。

捕快,相当于今天的警察,却没有警察的社会地位和待遇,倒像知县的仆人,因公因私,不断被驱使。张献忠是个"宁做鸡口,不为牛后"之人,岂能长期忍受别人的奴役!终于有一天拍案而起,大声说道:"大丈夫生当鼎食,死亦封侯,立功疆场,拼个封妻荫子。岂能久居人下,碌碌无为至此!"说完,不辞而别,前往榆林投军。

还有一说,张献忠当捕快并不安分,居然与官府通缉的一名要犯的妻子勾搭成奸,事情败露,因触犯王法被开除。

榆林,是万里长城上的一座军事重镇。它东倚驼峰山,西临榆溪河,面山带水,虎踞塞北,地势险要,攻守咸宜。自明代中叶建城以来,其东襟大同,西卫甘陇,北临燕塞,南控乌延,屏蔽全陕,不愧为秦关之锁钥,五路之襟喉,九边之雄镇。

明朝的天下是推翻元朝、从蒙古人手里夺来的,所以蒙古人就是其最具威胁的军事对头,防御抗击蒙古人的侵略,是明朝早年对外用兵的主要对象。明灭元后,明王朝沿边设立了辽东、蓟县、宣府、大同、太原、延绥、宁夏、固原、甘肃九个军事防区,称为九边。榆林是九边之一的延绥镇。

溯自明太祖洪武四年(1371),朱元璋派大将徐达、汤和和副将傅友德北攻察罕脑儿俘获元将虎陈,驱逐元人于黄河以北,定东胜。随即置延安、绥德二卫,起初,延绥镇治在绥德。在榆林设一兵站,叫榆林庄。百余年间,河套以南平静无兵,人民安定。谁料之后明政日非,元蒙阿罗出、毛里孩越过黄河,乘势南侵,占领东胜,寇扰河南延安、庆阳,东窜西流,杀人越货。一时间河南人民惨不可言,而明廷顾此失彼,捍御无方。一直到正统十四年(1449)都督佥事王祯率军击阿罗出、毛里孩出境,在榆林庄的基础上修筑榆林堡,当时只筑一座土城。成化七年(1471),都御史王锐改置榆林卫,但延绥镇仍置绥德。成化九年(1473)巡抚都御史余子俊因镇治在绥德,外弃米脂、鱼河等地三百余里,寇至不足御,待征集大军至寇则远飏。乃奏请朝廷,将延绥镇治由绥德移至榆林,重兵屯集榆林,辖庆阳、延安、绥德、榆林四卫,沿长城设置三十六营堡,阻止元蒙军队南侵。

榆林作为延绥镇治,开始大规模拓建,史上有"三拓榆阳"之说。

成化二十二年(1486)巡抚黄黻展修北城。此即"一拓榆阳"。

弘治五年(1492),巡抚熊绣将榆林南城拓展至怀德门一线,怀德门即当时的南门。此即"二拓榆阳"。

正德十年(1515)总制邓璋因南关外人烟臻集,店铺住房鳞次栉比,设遇寇警,难于防守,于是奏请增筑南关外城,以卫商民。正德末年(1521),都御史姚镆改怀德门为凯歌楼。加之隆庆和万历年间陆续修缮,榆林城关成型。此即"三拓榆阳"。

此时的榆林城顶宽三丈,底宽五丈,城垣东西各长1950步,计3250米,南北各长727步,计1211米;周长5354步,合计8922米。城垣上共有城门七座,每门都建有瓮城,正门上建有敌楼。东、西城各有城门三座,南门一座。修筑在东山、驼峰山上的东城蜿蜒若巨龙爬行,北面曰威宁门(清同治二年废),中间曰振武门,是为大东门,南面曰龙德门,被毁弃,时间、确址无考;北城依地势而筑,东高西低,整个北城没有城门。为什么?因为明朝榆林的军事威胁来自元裔治下的蒙古,正好在榆林的北部,出于军事需要,干脆不建北门,但在北城正中建有城楼,叫镇榆楼。同治二年(1863)改筑北城时内移作北门;南北走向的西城建在平展的滩地上,三座城门北曰广榆门,中间曰宣威门,也叫大西门,南有新乐门,也叫小西门;南城面对榆阳河,南门也叫镇远门。

明代榆林城垣,历史上规模最大。近年,榆林有关方面实测现有榆林城垣,东城为2242米,西城为2072米,南城为1010米,北城为1157米;周长6484米,比明代城垣少了 2454 米。

现有榆林城垣为什么会小了呢？这是有原因的。据史书载，清代同治二年，甘肃回民暴乱，攻克陕北多座城池。榆林北城历年被流沙吞噬，沙丘几与城垣侔平，失却防御功能。道宪常瀚倡议移筑北城，遭城内士绅反对，不果。常瀚大怒，悬剑于北门曰："有阻议者，军法从事！"于是群议始息。常瀚相度地形，丈量尺寸，弃旧北城，在城内筑新城，东北隅缩回 380 米，西北隅缩回 570 米，即为现榆林北城。因军情紧急，当时只筑土为垣。新北城把原在城内的鸳鸯湖、东岳庙、官井、白龙王庙等弃之城外。新北城筑有北门，叫广榆门。

榆林北边筑有边墙（即长城），成化九年（1473）修筑，在陕西境内全长 1770 里，东起府谷清水营，接山西偏头关界，西抵定边营盐场堡，接宁夏花马池界。

张献忠来到榆林，放眼一望，城外沙丘起伏，黄沙滚滚，真是"平沙漫漫黄入天，方圆百里无人烟"。长城就修筑在沙漠上，蜿蜒伸入天际。高高耸立的镇北台，雄视八方，成为进入榆林的北方门户。沙漠里难得见到绿色，只有榆溪河流经的地方才一片葱茏，着实有些荒凉。

榆林城内却是别有一番景象，从镇远门进城，大街南北通透，文昌阁、星明楼、凯歌楼、鼓楼骑街而建，形成"四楼骑街"的盛景，雄伟挺拔。也许有人说，不对，是六楼骑街，怎么成了四楼？别急，明代的钟楼建在钟楼山，不在大街上。万佛楼建于清代康熙二十七年（1688），张献忠进城哪里能见得上？凯歌楼原名怀德门，是榆林城二次拓建时的南门。明朝武宗皇帝朱厚照临幸榆林，就住在这里。后来为了拍朱厚照的马屁，地方官员改怀德门为凯歌楼。大街两侧小巷四通八达，一座座四合院错落有致，宛若进了北京城；街巷庭院一体青砖铺成，既整洁又独特。真可谓"四面黄沙绕绿洲，孤城高耸镇边陲。万家灯火小北京，一路牌楼此地多"。

榆林因军兴而建，城内城外军事设施占了大半，到处是巡抚、镇、卫军事衙门、军营、仓库、演武厅、练兵场。其次才是庙宇、民居、店铺、旅馆、饭店、妓院和打造刀枪弓矢的作坊。榆林的居民也多为军人家口以及为其服务的小商小贩。

榆林是九边重镇，久战之地，武将出征前常常祈求神佛保佑，打胜仗，少死人，所以庙宇特别多，星罗棋布。历任武官带头修建庙宇。总兵张天禄建有延寿寺，总兵尤世威建有西方境，总兵戴钦建有戴兴寺，官秉中建有官福寺，连提督总兵官王威也建有东方境……

延绥镇总兵王威正在招兵，招兵是因为缺额太多，本来定额五千兵员，实则三千不到，再不招兵真有点不好意思。辽东有事，一旦朝廷下令出征，将何以处之？

以张献忠的身体条件，自然不费什么劲就被补入兵营，成为一名穿号衣吃皇粮的士兵。

让张献忠做梦也想不到的是，边兵缺饷。不说工资发不出，有时连饭也吃不饱。从永乐以来，蒙古人多次入侵，边警频仍，以致有了万里长城，有了九边重镇。但自万历年以来，蒙古部落逐渐衰微，无力发动侵略，不太入边抢掠，以致边防积年无事，承平日久，军备渐弛，朝廷对边兵饷银一拖再拖，连年积欠。据史料记载，到天启年间，朝廷拖欠饷银仅延绥一镇就达138万两之巨。总镇将官索饷不得，就缺额弥补，实有士兵不足两千，给朝廷上报却是五千，这成为当时军界的一条潜规则，朝廷不是不知道，只是无可奈何。难得军饷下拨，又被长官层层克扣，到了当兵的头上，早已所剩无几。当兵的处境真是人不人鬼不鬼，要死不活。

当兵缺饷，长官就让士兵外出"办饷"。所谓"办饷"，就是抢掠百姓，自己解决吃饭问题。明季，官军纪律之差到了骇人听闻的地步，外出淫掠是家常便饭。张献忠是新兵，外出办饷往往下不了手，这就招致长官的训斥和责打。半年下来，已和当官的积下怨恨。

张献忠是不是好兵呢？起义以后，有一次张献忠对他手下将士说到当年当兵的情况。他说："在洪承畴标下当兵，充一旗手，也曾冒矢石，探虎穴。援辽那年，还不到十八岁。作战中兵刃相接，斩首十余颗。说起来也应博个一官半职，哪知战场上对垒交锋处有我，事后叙功簿上无我。到了部议上陈，恩诏下颁，为官者依然官上加官，轮到我名下，只不过与众兵分吃些牛酒。"

能够在战场上斩首十余颗，足见张献忠的剽悍骁勇，显然是个好兵。如果社会公平，奖罚分明，张献忠完全可以一刀一枪建功疆场，博个封妻荫子。事实上，在明朝末年，整个社会肌体严重腐败，这个"如果"是不存在的。张献忠不仅不可能建功疆场，反而险丧性命。

事情还得从欠饷说起。士兵缺饷，吃饭都成问题，边兵成了饥兵。办饷成为出路，长官指使，政策允许，体制默许，不抢更待何时？于是士兵就外出抢掠，抢了塞内抢塞外。当时，长城外为蒙古人游牧，士兵不但抢蒙古人的钱财，连牛羊马匹一并抢，遇到反抗连人一起杀，带几颗首节回来还可以报功。到了抢无可抢时，一些胆大的士兵就在榆林城内下手。有一次他们竟然去抢库银，库银可是官府的。参与掠抢的十八个士兵全部被抓，其中就有张献忠。

延绥镇总兵王威怒不可遏，决定将这十八个人一体砍头示众。行刑那一天，十八名士兵脱掉上衣紧缚双手，一字排开跪了一地，每人后面一名刽子手，手握大刀,只等一声令下就开斩。

事有凑巧,也是张献忠命不该绝。正好在这一天,靖边营城总兵陈洪范前来榆林公干。他见王威一次杀这么多人大为不忍,就替这些士兵求情。王威不为所动。陈洪范见绑在最后的一名士兵年龄尚小,“相貌奇伟”,目光有神,对王威说:“既然其他人不能释,请将这个小儿放了。”王威笑一笑,碍于情面,点头同意,说:“死罪可恕,活罪难饶。拉出去打一百军棍!”

被免于一死的这个人,就是张献忠。

还有一说,张献忠参军后结识了神一元、神一魁兄弟,加入了一个以神一元为首的团体,叫山王会,占吃霸赊,欺诈骗财。有一次,山王会十八个人跑到附近村庄查“奸细”,逼迫甲长喝酒吃肉,入夜又要每人一位少妇陪睡,临行又索要银子每人一两。甲长被逼而死,村民联名告状。中军禀告王威,促成王威动怒杀人。但此说似不可信。明朝末年,官兵淫掠比比皆是,司空见惯,长官唆使部下外出办饷,勒索欺压百姓不至于死罪。一次杀十八个人,只有深深触动统治阶级内部利益,才会有此下场。

王威万历初年从军,镇守边关五十载,官至左都督,正一品,但《明史》没有给他立传。据说,就是因为他看在陈洪范面上赦免了张献忠的缘故,给朝廷造就了一个莫大的对头。然而赦免张献忠的始作俑者陈洪范不受此累,这位老兄后面还帮过张献忠。

历史究竟是怎么回事儿?让读史者瞠目结舌,只有慨叹的份儿啦!

三　除非你想死，否则，只有一条路：那就是造反

挨了一百军棍的张献忠，双股皮开肉绽，接着被开除军籍。好在儿时的伙伴冯双礼来到榆林，照顾他养伤，伤好后又陪伴他回到柳树涧堡。

张献忠死里逃生，刑场上刀光一闪，鲜血喷溅，人头落地的可怕情景，在他眼前不断浮现。是素昧平生的总兵官陈洪范救了自己，张献忠感激莫名。他请人用珍贵的檀木为陈洪范刻一雕像，供奉家中，每日上香行礼，比供奉老祖宗还要虔诚。只有经过死亡的人才懂得生命的美好，张献忠下定决心改弦易辙，安生度日，不再以生命为代价作奸犯科。然而，人算不若天算，现时的延安府与张献忠当兵前已是天壤之别。本来就“春当种而冻弗解，秋未收而霜已降”，粮食产量亩不盈斗的陕北，又连年遭遇凶荒，赤地千里，庄稼无收，百姓大批逃亡，流离失所。活不下去的百姓中一些胆大的铤而走险，结伙为盗，抢掠而食。

延安府安塞县进士马懋才在《备陈灾变疏》中真实地描述了崇祯元年(1628)陕北天灾的情况。他写道：“臣乡延安府，自去岁一年无雨，草木枯焦。八九月间，民争采山间蓬草而食，其粒类糠皮，其味苦而涩，食之仅可延以不死。至十月以后而蓬尽矣，则剥树皮而食。诸树唯榆树差善，杂他树皮以为食，亦可稍缓其死。殆年终而树皮又尽矣，则掘山中石块而食。其石名青叶，味腥而腻，少食则饱，不数日则腹胀下坠而死。民有不甘于食石以死者始相聚为盗，而一二稍有积贮之民遂为所劫，而抢掠无遗矣。有司亦不能禁治。间有获者亦恬不知畏，且曰：‘死于饥与死于盗等尔，与其坐而饥死，何若为盗而死，犹得为饱鬼也。’”

“最可悯者，如安塞城西有粪场一处，每晨必弃二三婴儿与其中，有涕泣者，有叫嚎声，有食其粪土者。至次晨则所弃之子已无一生，而又有弃之者矣。”

“更可异者，童稚辈及独行者一出城外，更无踪影。后见门外人炊人骨以为薪，煮人肉以为食，始知前之人皆为其所食。而食人之人亦不数日面目赤肿，内发

燥热而死矣。于是，死者枕藉，臭气熏天。县城外掘数坑，每坑可容数百人，用以掩埋遗骸。臣来之时，已埋三坑有余，而数里之外不及掩者又不知其几矣。小县如此，大县可知；一处如此，他处可知……”

《备陈灾变疏》是给崇祯皇帝上的奏疏。延安进士马懋才以自己的亲眼所见，记述陕北人吃草、吃树皮、吃泥石，继而人吃人的悲惨景象。遭此持续灾变，朝廷理应赈灾救济，减免田赋，安抚饥民，但是明朝廷对陕北人民的苦难熟视无睹，非但不愿赈灾，田赋辽饷、杂税宗禄一分不减，横征暴敛，极尽盘剥之能事。地方官吏为了足额征收税赋，采取一户逃亡责令其他九户分派，九户逃亡则勒逼一户独承其应缴税赋的措施，甚至出现“民有丁壮逃窜，而掠童稚以索赋”的扣押人质的现象。让我们再看看马懋才《备陈灾变录》中是怎么说的：

“然臣犹有说焉。国初每十户编为一甲，十甲编为一里。今之里甲寥落，户口萧条，已不复如其初矣。况当九死一生之际，即不蠲不减，民亦有呼之而不应者。官司束于功令之严，不得不严为催科。如一户止有一二人，势必令此一二人而赔一户之钱粮；一甲止有一二户，势必令此一二户而赔一甲之钱粮。等而上之，一里一县无不皆然。则见在之民止有抱恨而逃，飘流异地，栖泊无依，恒产既亡，怀资易尽，梦断乡关之路，魂消沟壑之填，又安得不相率为盗者乎！此处逃亡于彼，彼处复逃之于此，转相逃则转相为盗。此盗之所以遍秦中也。”

时任陕西巡按御史的李应期于崇祯元年上疏：“全陕地多硗确，民鲜经营。概自边疆多事，征兵征饷，闾阎十室九空。更遇连年凶荒，灾以继灾，至今岁酷烈异常也。臣自凤汉兴安巡历延庆、平凉以抵西安，但见五月不雨，以至于秋，三伏亢旱，禾苗尽枯，赤野青草断烟，百姓流离，络绎载道。每一经过处所，灾民数百成群，拥道告赈。近且延安之宜、雒等处，西安之韩城等属，报有结连回罗，张旗鸣金，动以百计。白昼剽掠，弱血强食。盖饥迫无聊，铤而走险。与其忍饿待毙，不若抢掠苟活之为愈也。”

李应期请求皇上“伏念秦灾重大，关系匪轻，敕下户部复议，将天启七年负欠并今岁加派地亩辽饷亟赐免征，复将见年者酌减一半，其余军饷宗禄一并宽缓。不然，即日取此饿莩毙之杖下无益也。更祈皇上敕部附查万历十一年并十三年全陕大荒事例，慨发帑金遣官赈济，于以救灾民而安地方”。

作为朝廷派出的方面大员，李应期的建议是对的。减免田赋辽饷，宽缓宗禄杂税，拿出一笔纳税人的钱赈救灾民于不死，即使是站在统治阶级的立场上，从维护明朝统治者的利益出发也是应该的，但是崇祯皇帝朱由检很有点其祖父万历皇帝、其哥哥天启皇帝的遗风，视财如命，一毛不拔。史学家评价他“言朘削则喜，请兵食则怒”。试想，给当兵的要点吃食都动怒的人，哪里还会管老百姓的死活。反之，“征榷之使，急于星火，搜刮之命，密如牛毛”。一个不要老百姓、不顾老百姓死活的皇帝，老百姓也不需要他，必然被百姓抛弃。

陕西的农民起义，早在天启七年(1627)已经发生。当百姓流离失所，饿殍遍野，人心汹汹时，澄城知县张斗耀丝毫不体察民情民心，以甚为严酷的手段催征税赋。他坐在公堂上，将缴不起税赋的农民抓来，严刑拷打，血染公堂，许多人死于其杖下。黎民百姓不能忍受他的毒刑，恨得咬牙切齿，而张斗耀浑然不觉，自我感觉良好，因为，他的官位是朝廷任命的，他不可能对百姓负责，他唯一要负责的是朝廷。有白水县王二，纠集数百人藏于山中，以黑墨涂面。王二高声喊道：“谁敢杀张知县?”众人齐声回答：“我敢!”如此者三，众遂拥入澄城县西门，直向公堂。此时，张斗耀仍在县衙催逼钱粮，大杖打在人的屁股上发出“噗、噗”的响声，鲜血飞溅。张斗耀见王二等人一拥而入，气势汹汹，情知不妙，急忙逃入县衙后面的私宅。王二等人追踪而至，将张斗耀乱刀砍死。王二的义举，受到澄城百姓的热烈拥护，许多人跟随上山，遂聚众起义，揭开中国明末农民大革命的序幕。

官府数次派军队围剿王二，都被击败。到了崇祯元年，王二已拥众五六千人，一举攻破宜君县城，杀贪官，放狱囚，随后聚集在延安的黄龙山上，官军一时也奈何不得。

白水王二首举义旗，的确为活不下去的饥饿百姓指明了出路，全陕农民起义一时间风起云涌，遍地开花。府谷县有横天一字王王嘉胤起义，绥德、米脂之间的西川有不沾泥张存孟起义，紫金梁王自用、混天王起于延川，王左挂、苗美起于宜川，闯王高迎祥起于安塞，老回回马守应起于清涧，点灯子孟长庚起于延长。其余如汉南王大梁、阶州周大旺群起响应。于是，北起延绥各州县，连接蒲城、白水、泾阳、耀县、富平、三原、淳化，南至汉中、兴安(安康)，均为农民起义军出没之地，势成燎原。

张献忠大约是崇祯二年(1629)回到柳树涧的。尽管陕北已是乱得一塌糊涂，张献忠并不想凑热闹，他想过安稳的日子。他想种地，可连年干旱沙侵，地无所出，连草都不长；他想重操旧业搞贩运，可地方不靖，到处是响马，很容易遭劫，单人独马没法干。正当张献忠为眼下的生计犯难时，意想不到的麻烦找上门来了。

柳树涧堡城驻有边兵1082名，其中有骑兵300多名。这些人都知道张献忠抢库银，犯法当斩而未斩。于是这些人就有了想法，有的人佩服张献忠胆大，敢在榆林城内下手;有的人则把注意力放在钱上,敢抢库银,此人一定很有钱。有钱而又来路不明,何不借来花花?真的有几个当兵的上门找张献忠“借”钱。

张献忠连自身生计都成问题,哪里有钱借别人!

“没钱,抢库银还没钱?你的钱来路不明,借给弟兄们花花!”

这分明是讹诈。血,一点一点往头上涌,昔日的野性又恢复了。张献忠说:“你是边兵,咱老子也当过边兵。别说咱老子没钱,就是有,也别想拿走一毫!”说着,提一根白木大棒在手,指着边兵的脑袋,大喝一声“滚”!

来讹钱的是边兵中的顽劣之徒,本想张献忠犯罪之人,一诈唬就会服帖,不想碰上硬茬,灰溜溜地离去了。不过,他们不想罢手,寻机报复张献忠。

当时,地方不靖,许多活不下去的人明里暗里做了强盗,打劫过往行人。恰好柳树涧附近发生一起打劫行商案件,讹诈张献忠的边兵就向知县告发,说是张献忠干的。知县不问青红皂白,将张献忠抓去审问。张献忠遭人诬陷,一再辩称与己无关。知县说:“你在榆林连库银都敢抢,抢个把行商还不是小菜一碟,快快招来!”张献忠不招,知县就严刑拷打。明明不是自己干的,非要屈打成招,张献忠气愤地说:“逼迫若此,驱虎入山耳!”

张献忠的父亲张快,见儿子被抓,惊得三魂出窍,六魄飞天,只得变卖家产,和冯双礼到县衙捞人。费了许多周折,花了不少银子,终于将张献忠救出。尽管儿子出狱,但张快怎么也高兴不起来,田产变卖一空,濒临破产,像一块石头沉重地压在心上,不久,就撒手人寰。

遭此横祸,张献忠悲愤不已,索性把所有田产全部变卖,约上冯双礼,离开柳树涧去贩盐。来到盐场堡买盐,不想世道变了,买不出来。盐是官府专营,要“盐引”才卖。所谓“盐引”就是配额,没有配额,就得贿赂盐官。张献忠有买盐的钱,却没有贿赂的钱,气得火冒三丈。

正在无法可施之时,在盐场堡意外遇到一个人。此人衣着不俗,倜傥风流,足智多谋,胆略过人。他叫罗汝才,自号“曹操”,宜川人氏。此人暗通闯王高迎祥,与横天一字王王嘉胤也有联系。罗汝才见张献忠凛凛一躯、相貌堂堂,虽因受挫困顿,眉宇间英气不减,自认此人在乱世必有所成。他主动请张献忠小酌,交个朋友,并告诉张献忠,此事他可以摆平。酒后,只见他对盐官耳语几句,问题就解决了。

买出盐来,罗汝才说他要到米脂西川看个朋友,就此别过。若有需要,请到米脂十八寨相会。张献忠与冯双礼赶着驮盐的牲口,到陕北各地贩卖。这时候老百姓连饭都没得吃，谁还有钱吃盐？几驮盐硬是卖不出去。

穷人做生意，赚得起，赔不起，可眼下明摆着要赔。

当他们沿大理河进入米脂十八寨时，恰好就遇到一队官兵。这队官兵是奉命围剿十八寨的。米脂十八寨的农民抗粮抗捐，结寨自保，得罪了官府，官府派军队前来剿除。因为十八寨民穷地瘠，没多少油水，官兵老大不愿来。现在突然来了几驮盐，自是眼前一亮，不由分说，便扣个帽子，以“资贼”为由，把几驮盐全部扣押，分文不给。张献忠与冯双礼再三解释，极力辩解，非但无用，还被打了一顿。

这几驮盐是张献忠的全部财产。盐被抢，等于断了张献忠的生路，是压垮张献忠的最后一根稻草。张献忠既悲又愤，恨得咬牙切齿！他终于明白过来：在当今社会，除非你想死，否则只有一条路，那就是造反！

米脂十八寨位于无定河西部，散布在无定河的支流大理河两旁。古时这一带称西川。早在明朝成化初年，延绥镇治所设在绥德，外弃米脂、鱼河等地三百余里。1465 年 9 月，“套虏”也就是元蒙阿里出、毛里孩、勃罗出等部长驱南下，侵入榆林寨。骁勇的蒙古骑兵倏来倏往，大肆淫掠扰边，绥德以北人民深受其害，备受涂炭。有鉴于此，明朝廷构筑边墙（长城）、堡城，驻兵防守。民间也在一些大的村落修筑土寨，应对套虏突如其来的抢掠。史籍记载，米脂西龙耳镇（今龙镇），建土寨几十处。有警立即召村人入寨躲避，乡勇上寨墙御敌；无警则外出营干。十八寨因系民间自发建造，乡民有钱出钱，有力出力，所以所建土寨名称多冠以“民”字。依汪生儒先生考证，十八寨有：民族寨、民定寨、民安寨、民治寨、民权寨、民有寨、民宁寨、民信寨、常家寨、关公寨、艾家寨、摩关寨、李继迁寨、吴家山寨、党家坪寨、崔家寨、瓦岗寨、薛家寨。这里，百姓异常穷苦，民风强悍，光脚的不怕穿鞋的，反抗精神十足。

到了明末，米脂十八寨的功用变了，由昔日抵御蒙古侵略，变成抗拒官府盘剥、边兵抢掠。天启末年和崇祯初年，祸害陕北百姓的有两股势力：一是明朝地方胥吏，催赋逼饷，搞得民不聊生；一是长期缺饷，四出抢掠的饥饿边兵。当老百姓实在活不下去时，有的铤而走险，聚众造反；有的为对抗胥吏催科和边兵抢掠而结寨自保。米脂十八寨是结寨自保的代表者。

米脂十八寨的村民利用险峻的地势在山上结寨，十八个村寨结成联盟，互通声气，互为援手，一方有事，十八寨同时支持。他们抗拒税赋不纳粮，结寨自保，并不外出抢掠。当时，与攻城略地的农民起义相比，实在是大大的良民。然而，地方官吏对于农民军很是害怕，轻易不敢招惹，对于结寨抗粮的村民却不能容忍。米脂县田赋辽饷有一半收不上来，便归罪于十八寨。县令从延绥镇请来一队官兵，定要剿平十八寨。

张献忠、冯双礼逃入十八寨之一的党家坪寨，向党寨主诉述遭遇，声言要报仇雪恨，与十八寨共结同心，共同对抗官兵。党寨主深为感动。他听说张献忠当过边兵，打过仗，自是另眼相看，便让张献忠带领也是由外乡投到寨中的十几个人组成一队参加抵御官兵的战斗。

张献忠向党寨主打听罗汝才，党寨主见张献忠认识罗汝才，更是高看不少，说罗汝才在吴家山寨，急忙派人去请来相见。

罗汝才见到张献忠非常高兴，相谈甚欢。张献忠述说回到柳树涧之后的悲惨而又坎坷的经历，怒不可遏！罗汝才说："陕西连年凶荒，朝廷视若无睹，非但不赈灾救济，反而催科更甚。百姓存活无望，人心汹汹，天下必然大乱。你我何不乘此乱世顺势而起，成就一番大事业。此乃上符天意，下合民心之举，何乐而不为？"他又说："西川地瘠民贫，自古民风强悍，十八寨结寨自保，抗粮抗捐，足见其反抗精神。在此起事，乃天赐你我良机也！"张献忠闻言大喜，既然无路可走，何不以死求活，以求一逞！他决心已定，以十八寨为基础，做出一番石破天惊的事业来。

次日黎明，山下鼓声大作，喊杀连天，官兵蜂拥而上攻打山寨。党寨主指挥寨丁村民，滚石礌木打下去，未能阻止官兵进攻。大批官兵涌到寨墙下，攀爬寨墙，喊杀之声震耳，惊心动魄。党家坪寨的寨丁村民，何曾见过如此阵仗，吓得心惊胆战。党寨主见势不妙，手持长矛上寨墙与官兵对刺，互有伤亡，相持不下。寨丁渐感不支，胆小的就向后退，寨墙防守有崩溃之虞。此时，手持大刀的张献忠一声大喝，犹如晴天打了一个霹雳。他说："站住！咱老子外乡之人都不怕死，你们本乡本土，要跑到哪里去？谁敢后退，吃我一刀！"身体铁塔一般堵住退路。想要逃跑的村民一惊，看着凶神恶煞般的张献忠，再也不敢后退。张献忠大步上前，将爬上寨墙的官兵一刀一个砍了下去，身后罗汝才、冯双礼也张弓搭箭，射倒远处几名官兵。官兵一看，种庄稼的怎能有如此能耐，知道碰上硬茬了，不敢恋战，回身就走。张献忠令打开寨门，率领众人追了出去，近处刀劈斧砍，远处枪挑箭射，又杀倒几十人，来不及逃跑的官兵全被活捉。这一仗，官兵死伤不少，连带队的千总都负了伤，打出了十八寨的威风，也打出了张献忠的威名。

张献忠率得胜之众进寨，寨中无人不敬佩感动。党寨主伏地拜谢，说道："今日如果不是张将军率众舍命厮杀，本寨必破无疑，全寨人都没命了。今后十八寨之事务要张将军主持！”党寨主对张献忠的称呼变了，变成“将军”了，敬佩之情、感激之意溢于言表。

党寨主召集十八寨寨主会议，竭力称颂张献忠智勇双全，鼎力举荐他主持十八寨大事。罗汝才见张献忠打仗不要命，“战辄先登”，所向披靡，从心里佩服其勇敢，也拥戴张献忠。其他寨主闻说张献忠打败官兵经过，自是钦佩不已，都存拥戴之心。张献忠本来就不是甘居人下之人，众寨主一致拥戴，正中下怀，从此做了米脂十八寨总寨主。罗汝才也做一寨寨主，冯双礼则紧随张献忠左右。在这期间，艾家寨寨主艾能奇始终跟随张献忠左右，忠心耿耿，一以贯之；再后，张献忠收艾能奇为义子。艾能奇是张献忠四个义子中年龄最大的一个。

做了总寨主的张献忠不同于党寨主等当地人的地方在于，志存高远，意识超前，视野开阔。他像“曹操”罗汝才一样首先给自己取个绰号，自称“八大王”，又号“西营八大王”。在中国古代，聚众造反是十恶不赦的大罪，是要抄家灭族的。明末农民起义的首领人物为了自己和自己家族免遭屠戮，起义初期都不用自己的真名实姓，一律用名号代替。即使这个人战死，继任者仍然沿袭原来的名号，让官府无从辨别。至于张献忠为什么取这个绰号，史书载：“绰号八大王，改营曰‘西’，示自立也。”因为当时起义军中有好几支队伍以“八大王”自号。“八者”，取其“八方”，即“四方、四隅”，以示自己的胜利遍及“四面八方”，具有极强的象征意义。不过，这只是史学家的一种推论，实际很可能是张献忠小时候在柳树涧附近的寺庙玩多了，经常看到“八大金刚”“十八罗汉”高大狰狞的塑像，感觉应该像他们一样强大威猛，不可战胜。

张献忠把米脂十八寨的寨丁村民进行筛选整编，每寨一队，十八队合为一营，有几千人之众。他们无事种田自保，有事集中打仗。种地之余，增加军事训练，提高寨丁作战能力。与此同时，他派罗汝才南下联络高迎祥、王子顺、苗美等部，北上联络府谷的王嘉胤，暗中联成一体，相互声援。

此时已进入崇祯三年（1630），陕北农民起义的烈火，越烧越旺，已成燎原之势。七月，王嘉胤攻陷府谷县，据城与延绥巡抚洪承畴和总兵杜文焕对峙达三月之久。为分散官军兵力，王嘉胤令罗汝才带话给张献忠，率十八寨义军向南移动，进攻绥德州和清涧县。张献忠十分明白，米脂十八寨这点地盘出息不大，结寨自保，实不能保，即使不被官军剿灭，也会自己困死。他立即率部向靖边、安定、保安（今志丹县）一带移动，所到之处杀贪官，劫富绅，抢粮食，攻下寨堡不少，闹得沸反盈天。接着又南下绥德、清涧，一举消灭了与农民起义为敌的惠世扬、康永泰纠合的地主武装。

在绥德义让里,年方十岁的孤儿李定国为填饱肚子参加义军,因其太小,张献忠让其跟着自己,做了一名勤务兵。李定国机敏勤勉,深得张献忠喜爱,后被收为义子。也是在这次南下作战中,张献忠收留米脂人孙可望、延安人刘文秀为义子。

随后,张献忠联合王子顺、苗美等义军围攻清涧县城。清涧城地势险要,城垣坚固,义军屡攻不下,形成僵持局面。总兵杜文焕奉命南下救援,夜间偷袭义军成功,内外夹击,大败张献忠等。这一仗,张献忠所部损失惨重,不得已只好退回米脂十八寨。

打了败仗,杜文焕跟踪而来。此时张献忠麾下精壮只剩千余人。为了保住这支有生力量,威猛倔强的张献忠又展现出其性格的另一面——狡黠。他主动派人向杜文焕请求投降。杜文焕是一员离职老将,中宁塞堡(今靖边)人氏。上年因后金入塞,围攻京师,朝廷下令延绥、固原、宁夏、甘肃、临洮五镇总兵赴京勤王,以致三边无将。三边总督杨鹤奏请起用杜文焕,命他总摄延绥、固原两镇,镇压农民起义。杜文焕心黑手狠,屠杀义军决不含糊,但其手下兵马只有三千,粮饷两缺,要面对成燎原之势的陕西义军,未免捉襟见肘,穷于应付。他明知张献忠投降未必是真,也只能接受。他说:“时大旱民饥,延安四郊贼大起。米脂张献忠所据十八寨,闻予至,阳乞降,予亦阳许也,以后会图。”然而,张献忠没给他这个机会。局势一经缓和,张献忠率部北走,到府谷县投奔王嘉胤,并一道东渡黄河进入山西,迈向更加广阔的人生舞台。

杜文焕与新任延绥巡抚洪承畴通力合作,力图平定延绥局面,又率部追入山西。不料这年十二月,延绥边兵神一元、神一魁兄弟起义,一度拥众七八万,声势浩大,一举攻陷新安边、中宁塞、柳树涧三堡。大概是因为杜文焕手太黑,杀人太多,激起神一元兄弟仇恨,攻陷中宁塞堡后,将杜氏族人大加杀戮,还把杜家的祖坟也给掘了。杜文焕只得西归,找神氏兄弟报仇雪恨。在收复保安、延川后,杜文焕大开杀戒,不仅屠杀义军,大批当地无辜百姓也被杀,一时舆论为之哗然,震惊朝廷,最后杜文焕遭撤职,彻底失去“以后会图”的机会。

在崇祯三、四年间,投降官府的陕西义军甚多。首先投降的是盘踞清涧、绥德诸山的王左挂,此人是起事最早的义军首领之一。点灯子赵四儿也曾一度投降。之后,又有王子顺、张述、姬三儿、小红狼、一丈青、龙得水、混江龙、孟良、掠地虎等股也投降了。到了崇祯四年(1631)三月,声威显赫的神一元、神一魁部被官军击败。神一元死后,陕西三边总督杨鹤招降神一魁,神一魁率五千骑兵、数万步卒投降。李自成所在的不沾泥张存孟部在洪承畴、总兵王承恩、侯拱极、副总兵张应昌的围攻下败走西川。不沾泥率百骑逃到关山岭，被司马科追上，尽歼其骑。不沾泥害怕了，向官军请求投降。为了取得信任，不沾泥竟亲手杀死自己的部属双翅虎，将紫金龙绑缚献给官军。当时，闯将李自成反对投降，所幸藏于深山得免。不沾泥部不愿投降的部卒多追随李自成。李自成率部东渡黄河，进入山西绛州，投奔闯王高迎祥。

陕西义军为什么会一窝蜂地投降呢？

这和新任陕西三边总督杨鹤有关。杨鹤，被正史骂得狗血淋头，是因为他实行了对义军的招抚政策。仅仅如此介绍，没人会在意这个人，因为在那个年月，陕西的巡抚、总督换得比走马灯还快。杨鹤之所以出名，得益于他的儿子杨嗣昌，那个在明朝末年声名显赫的兵部尚书、内阁辅臣杨嗣昌。

杨鹤到任后，看到陕西各地灾荒非常严重，百姓无衣无食，濒于死亡，于是成百上千地加入义军，到处掠食。面对如此庞大的起义队伍，他感到光靠军事追剿力不能逮，从根本上也不能解决问题。当时，后金侵入京畿一带，三边精锐官军大多抽调赴京勤王，杨鹤手中也没有多少兵力可供追剿。

在明季，杨鹤是统治集团内少有的头脑清醒者。

他依据陕西的实际情势，提出“招抚为主，追剿为辅”的办法。他在给崇祯皇帝的奏疏中指出：“盗贼之起，总因饥荒之极，民不聊生。”调集大军追剿，“行粮犒赏，所费不赀”。追剿的结果“诛不胜诛”，“屡剿而屡不定”。杀是杀不完的，光靠剿灭是解决不了问题的。早在崇祯初年，杨鹤有如此高远的见地，表明此人十分了得！

对于招抚，想要取得实效，中央政府必须加大投入，如果舍不得花钱，招抚也不能解决问题。他指出：“必实实赈济，使之糊口有资，而后谓之真解散。解散之后尚需安插，必实实给与牛种，使之归农复业，而后谓之真安插。如是则贼有生之乐，无死之心，自必帖然就抚。”

他还特别强调，如果空言招抚，不解决农民的生计，那只能是“徒以抚愚贼，是即以贼自愚，此不终日之计也”。

朱由检认可杨鹤的主张，他说：“寇亦吾赤子也，宜招抚之，不可纯剿。”并派御史吴甡携十万两赈灾银前往陕西赈救灾民。无数起义的农民听说有银赈灾，纷纷回到家乡等待救济。当时，各部义军除进入山西的之外，留在陕西的几乎全部就抚。

然而,杨鹤一力主持的抚局还是破产了。原因有二:

一是义军就抚后,明政府并没有解决他们迫切的生计问题。虽然有十万两赈灾银,然"所救不及十一"。兵部职方司李继贞给朱由检算了一笔账,说:"前赈臣携十万两往,度一金一人,止可活十万人,而斗米七钱,亦止可活五十日耳。皇上宜敕赈臣回奏,前十万金果足乎?不则当早沛恩膏,虽内帑不宜惜也!"

李继贞也是个明白人,知道赈灾银不够,转弯抹角劝朱由检增加投入,即使动用内帑也在所不惜。这个建议朱由检根本无法接受。史学家称朱由检"好货成癖",惜钱如命,怎么可能再拿钱?他的所谓招抚,正像杨鹤所指"徒以抚愚贼",把造反的农民骗回家乡得了,根本不管其死活。这样,招抚的结果可想而知,"旋抚旋叛"。

二是洪承畴大肆杀戮已经投降的义军,最终激成大变。

洪承畴(1593-1665),字亨九,福建泉州府晋江县人。曾督学浙江,后提升陕西参政。其生性刻薄,嗜杀成性。适逢贼盗遍秦中,极力主剿,恨不能将秦人斩尽杀绝。

一个粮道参政,本来与打仗不沾边,手头又没有兵,可洪承畴与一般人不一样。他纠集家丁、仆人、收编乡勇组成一支部队,号称"洪兵",专打义军。据记载,王左挂率几千人围攻韩城,谁也没办法,洪承畴率"洪兵"解围,居然以其几百人的杂牌军击败王左挂,斩杀五百多人,从此声名大震。朱由检一看此人还行,就让他做了延绥巡抚。

杨鹤主抚,义军投降前,他好言招抚;投降后,以诚相待,尽力安插。洪承畴就不一样了,义军不投降,他杀;义军投降了,他照样杀。王左挂于崇祯三年投降,洪承畴与杜文焕、巡按御史李应期密谋策划,以议事为名骗王左挂前来,事先埋伏官军将王左挂、苗登云等九十八人全部杀害。王左挂是早期著名的义军领袖,把他杀了连崇祯皇帝都理解不了。朱由检曾质问陕西参政刘嘉遇:"王左挂既降,又何杀之?"刘嘉遇支吾以对:"彼降仍掠,不得已而戮之以示警。"对此回答,朱由检很不满意,"上凝思久之",才说:"你退下吧!"

崇祯四年四月,洪承畴又命令副将张应昌、守备贺人龙带领五百官军,以犒劳满天飞新降人员为名,在米脂县城将三百二十人全部砍杀。

杀降,无论在历史上,还是现实中,都是公认的最无耻、最缺德的下作之举,洪承畴就是这样一个最无耻、最缺德的下作之人。

他的杀降还变换手法,花样翻新。崇祯五年(1632)十一月,洪承畴部将曹文诏追剿义军郝临庵、独行狼于耀州，义军败北，退入凤凰山。此地山势险要，易守难攻。官军就派人离间义军，挑动义军中的投降派杀害了郝临庵、独行狼。投降者提着二位首领的人头向洪承畴请功。洪承畴连有功者也不放过，从这些投降者中挑出四百人杀掉，理由荒唐莫名：这四百名降者长相“狰狞剽悍”，洪承畴看着不顺眼。

洪承畴杀了多少人，没有统计。洪承畴在陕西杀了多少人，却有据可查。据明朝官方统计，截止崇祯四年，光起义军就被杀三万六千六百人，至于一般百姓，则更多。依明史学者任乃强先生说，洪承畴在陕西杀人不下百万，以致“闾阎十室九空”。

洪承畴杀降的后果很严重，激起大变。让那些义军中的动摇者变得坚定，观望者变得投入，已经投降者立马反水。洪承畴的杀降起到了为渊驱鱼、为丛驱雀的作用。不造反，饿死；造反了，杀死；投降了，仍难免一死。反正是死，还等什么；与其等死，何若以死求生，以求一逞！之后，几乎所有就抚的义军纷纷重举义旗，掀起更大的反明浪潮。

洪承畴的杀降，彻底破坏了杨总督苦心支撑的抚局，也将杨鹤从总督的位子上掀翻在地。刚刚做了两个月延绥巡抚的洪承畴取而代之，成为陕西三边总督，在中国的升官史上，创造了奇迹。由于洪承畴的搅局，皇上也变心了，朱由检一怒之下要杀杨鹤，杨鹤之子杨嗣昌六七次上疏替父辩解，要代父受死。杨嗣昌的孝心打动了朱由检，也引起了朱由检的注意。朱由检赦杨鹤不死，发配南方当了一名士兵。杨嗣昌对洪承畴颠覆上司的劣行十分不齿，心里也把这个人牢牢记住。

四　被迫东渡的陕西义军，纵横山西

在明末早期义军首领中，王嘉胤是一个响当当的人物。崇祯元年十一月，他率领饥民起事，活跃于黄河沿岸的葭州（今佳县）及所属神木、府谷、吴堡一带，成为当时势力最大的一支义军。崇祯二年，他南下延安，一度与白水王二会合。王二兵败战死后，他又率部北上，接连攻破清水、木瓜、黄甫川三堡。崇祯三年七月攻陷府谷县城，据地自守。府谷距延绥镇榆林近在咫尺，他竟然敢于据守，这在流动不居的义军中独树一帜。他还时不时地东渡黄河，进入山西掠食。别的义军饥疲不堪，唯独王嘉胤钱粮充裕，兵强马壮。陕西三边总督杨鹤主抚，别股义军一窝蜂地投降，只有王嘉胤拒不投降，再次独树一帜。旗帜一树，自然有人响应，闯王高迎祥、八大王张献忠、曹操罗汝才、闯塌天刘国能、射塌天李万庆等都往府谷跑，投靠王嘉胤。各路义军尊王嘉胤为大龙头，标志着陕西义军由分散逐步走向整合。

王嘉胤占领府谷，不久被官军包围。杜文焕领三千军马屡攻不克，到了八月，洪承畴尽起延绥精锐官兵两千增援杜文焕，一同攻打府谷，仍然打不下来。王嘉胤知孤城难守，八月二十五日出城占领大宽坪、小宽坪、张山口、刘家坞。在这四地立四寨，招抚饥民三千人守寨，以分官军之势。九月，新立四寨被洪承畴、杜文焕攻破，守寨义军被迫入城。至此，府谷四面声援尽失，已成一座孤城。十月，王嘉胤率众突围，再度攻陷清水堡，击杀游击李显宗。王嘉胤的目的地是山西，北进途中，被孤山堡副将曹文诏击败。打不过曹文诏，就在孤山附近成功渡过黄河，随即占据山西河曲。

这时的山西，与崇祯初年的陕西极其相似。连年荒旱，加上官贪吏污，“剜心敲髓”，民穷财尽，已经到了“鬻子卖妻，民之皮骨已尽”的地步。山西产煤，经营煤矿的富商官绅甚多，富商与官府勾结，肆意侵占农民的土地开矿挖煤，大批农民破产沦为矿工。矿工在极其恶劣的条件下采煤，事故频发，生命不保，收入微薄。贫苦农民和矿工极其痛恨官府和富绅，早已“人心汹汹”。王嘉胤、张献忠等进入山西，犹如在一堆干柴上放了一把火，烈焰腾空，瞬间成燎原之势。贫苦百姓和矿工纷纷参加陕西义军，义军人马大扩张，旬日间增加至十数万人。

王嘉胤过河以后并未攻取就入据河曲，这是山西饥民回应的结果。王嘉胤一过黄河，山西总兵王国梁就尾随而来，追到河曲，王国梁开西洋大炮轰击王嘉胤，不想大炮炸膛，反把官兵炸了，官兵大乱。王嘉胤乘势反击官兵，官兵被击溃，此时，河曲城内饥民见机起义，打开城门，迎接王嘉胤进城。王嘉胤据城，官兵围攻六个月不下，杀伤相当。

陕西各股义军入晋后如水银泻地，无孔不入，纵横山西。他们只抢富室，不抢穷人；只杀官吏，不杀百姓。他们犯襄陵、吉州、太平、曲沃，分部进攻，“东犯赵城、洪洞、汾、霍，西掠石楼、永和、吉、隰”，把晋地搅得一塌糊涂。

山西官员无力应对陕西义军强大的冲击力，就把矛头指向陕西当局，上疏指责陕西“以邻为壑”，甚至下令不准把粮食卖给陕西。

明朝廷接到报告大为恼火，怎么回事，你陕西糜烂还不够，还要累及邻省！在朝廷的诘责下，洪承畴急忙派副将曹文诏率领艾万年、曹变蛟、袁廓守入晋追剿。曹文诏从孤山堡渡河入晋，首先攻打晋兵打了半年打不下来的河曲。王嘉胤、张献忠据城防守，纵然是悍将曹文诏，一时半会儿也奈何不得。

曹文诏骑马绕河曲县城转了一圈，就发现问题了。河曲城内的饮用水由城外输入，只要切断水源，城内将不战自乱。果然，城内断水，王嘉胤缺水不能守，只得率部突围。曹文诏趁机攻杀，斩首一千五百级，夺骡马数千匹，大败义军。城内待不成了，王嘉胤迅速驰入阳城一带山区，深沟高垒，倚仗人多，与曹文诏对峙。

说到曹文诏，的确是明朝末年少有的既忠心又肯卖命的悍将。此人早先在辽东与后金作战，十分勇敢，被提拔为副总兵，驻守延绥镇三十六堡营的孤山堡。他所率三千铁甲骑兵，有两千来自辽东关宁前线，俗称关宁铁骑，每人两匹马，可以轮换骑乘。关宁铁骑的任务就是与剽悍骁勇的后金骑兵作战。现在，将这样一支最为强悍的军队用来对付农民起义，后果可想而知。曹文诏本人更是凶悍无比，砍杀义军犹如砍瓜切菜，从不手软。砍累了，就地下马休息一会儿，上马再砍。但是，面对人数众多的义军，他也叹息：“贼势甚众，不能取胜。”

有一次，有人告诉他，麾下一名士兵老嚷嚷着要找王嘉胤报仇，一副苦大仇深的样子。

报仇,报什么仇?曹文诏召见了这名士兵。

士兵名叫张立位。按说应该是王嘉胤的小舅子。小舅子找姐夫报仇,这不是扯淡吗?

不是。张立位当小舅子并非出于自愿,也就是说张立位的姐姐嫁给王嘉胤也非出于自愿。事实上是王嘉胤抢了张立位的姐姐做了自己的婆姨。王嘉胤还将这位婆姨封为“皇后”,说明很爱她。又设立左丞相、右丞相,一副要当皇帝的架势。

即使是当了“皇后”,张立位一家仍然不愿意,恼恨不已,一心要找王嘉胤算账,报仇雪恨!

听了张立位的诉说,曹文诏瞬间有一种拥抱张立位的冲动。这么好的事怎么就让我碰上了!

既然军事追剿一时半会儿奈何不了王嘉胤,何不利用张立位这层亲情关系刺杀王嘉胤!擒贼先擒王,王嘉胤一死,群贼无首,不就好办了吗?

曹文诏对张立位说,想报仇不难,你去投奔王嘉胤。如此这般,事成给你个千总做做。

千总,相当于今天的团长。既能报仇,又能升官,这么好的事怎么就让我碰上了!张立位当即答应,按照曹文诏设定的计谋,去阳城山里投奔王嘉胤。

小舅子跑到山西来投奔自己,王嘉胤十分高兴。他也不想想,小舅子是干什么的,为什么投奔自己?总之,既不调查,也不探究,把这个刺客当作亲信,留在身边,还给了个帐前指挥的官。

尽管如此,要刺杀王嘉胤仍然不容易,王嘉胤中军大帐到处是亲兵,即便能杀得了,自己也跑不了。张立位也非等闲之辈,利用自己的特殊身份,和中军王国忠猛套近乎,一来二往混熟了,就利诱王国忠,答应事成之后给王国忠一个守备干干。

崇祯四年六月二日夜,张立位伙同“皇后”姐姐把王嘉胤灌得大醉,拔刀将王嘉胤刺死,立即放火为号。王国忠守住中军大帐,砍杀敢于反抗的王嘉胤的亲兵。曹文诏看到火光,率骑兵直扑王嘉胤老营,大砍大杀,高呼:“王嘉胤已死,快快投降!”因为变起不测,义军营垒大乱,遭受惨重损失。王嘉胤的右丞白玉柱被迫投降曹文诏,左丞紫金梁王自用率残部转移,与其他义军会合。

曹文诏也不食言,给王国忠实授守备之职,提拔张立位为千总。依李春元先生说,王国忠和张立位在以后的战斗中,因军功官至副总兵。后张立位与蒙古吉襄部作战时战死。崇祯九年(1636),李自成转战陕北攻陷绥德,王国忠奉命率部救援,其部卒各自逃散,王国忠被俘,押回绥德城后,李自成下令在十字街头将王国忠斩首示众。

王嘉胤的死使义军遭受重大挫折,群龙无首,又回复到当年在陕北的状态。当务之急要推选一位像王嘉胤一样能服众的首领,否则,一盘散沙,很难避免被官兵各个击破的命运。当时,聚集山西的义军有三十六营,有众二十余万。三十六营头领不少人想当首领,可首领只能有一个。这时候,八大王张献忠说话了,声若洪钟:"我推紫金梁!"

张献忠进入山西后,力量迅速壮大,在米脂十八寨时所带一千余人,一下发展到六七万人。手下战将除冯双礼外,还有延长孙可望、绥德李定国、延安刘文秀、米脂艾能奇。入晋之后,又有一大批能战之人投奔张献忠,其中就有马元利、耿三品、白文选、王应龙、王尚礼等人,实力大大增强。

在任何时候,话语权与实力成正比。张献忠的实力只在闯王高迎祥之下,既然张献忠推举紫金梁,只要闯王无异议,事情就好办。高迎祥支持张献忠的动议。"曹操"罗汝才、老回回马守应、闯将李自成都同意,这个动议一致通过。于是紫金梁王自用,又名王和尚,担任三十六营的首领。

紫金梁把三十六营义军分为三路:一路进攻平阳(今晋南临汾一带),一路进攻泽州、潞安州(今晋东南晋城、长治一带),一路进攻汾州、太原、沁水、辽州(今晋中一带)。各部分头作战,又相互策应,攻城略地,流动不居,不像王嘉胤,据一地一城即守。他们在情况不利时,经常窜入山区,据险抗拒官兵,官兵也不易得手。

山西紧邻北直隶和京师,山西糜烂危及京城。当时,后金饱掠而去,明朝廷可以腾出手来调集兵马入晋平乱。于是虎大威、李卑、贺人龙、左良玉、张应昌、苟伏威、尤世禄、艾万年、邓玘以及四川石柱土司马凤仪等部进入山西和河南北部。据史书载,当时朝中有人提议让进京勤王的辽东铁骑抽调两万人入晋"剿贼",时任兵部尚书的张凤翼坚决不同意,檄令辽东铁骑出山海关回防。当时,辽东铁骑战斗力无人可比,让这样一支生力军入晋平乱,张凤翼为何不同意?原来官兵纪律很坏,辽东的部队纪律更坏,所到之处淫掠甚于义军。张凤翼是山西人,他不想让家乡父老遭受寇乱之后再遇兵灾。

援剿总兵尤世禄常驻宁武、大同一带,在当地搜刮民脂民膏,买房置地,妻妾成群。这次奉命"剿贼"进入晋中一带,劣行不改。一次,他见一乡绅十三岁的女儿面容姣好,就带兵威胁其父,并在乡绅家里把这名未成年少女强奸,引起极大民愤,“晋人恨之入骨髓”。川将邓玘很能打仗,但军纪太差,所过之处财帛、妇女,无一样为人民所有,以致有“宁逢虎狼,不逢邓玘”之说。

不管怎么说,明朝廷这么多敢战能战之将进入山西,人数处于优势的义军战斗力却不行,基本态势是义军被官军追着打。一会儿被赶到晋东南,一会儿被赶到黄河以北的河南,一会儿又被赶到京畿南部。当然,义军也不是一味地被动挨打,抓住机会就狠咬一口。因为人数众多,四处出击,攻城略地,使官军防不胜防。

崇祯五年七月,紫金梁王自用、八大王张献忠、老回回马守应、闯将李自成攻打蒲县三昼夜不克,当天夜间,改变策略,张献忠率精骑三百突然袭击大宁县城,三更破城。八月,又从大宁出发袭击隰州(今隰县),隰州守备高逸抵挡不住,开北门逃走,知州杨玮被杀。张献忠占领隰州,住三日离去。这年秋冬,王自用、张献忠、李自成一举攻克辽州,并据城与赶来救援的总兵尤世禄展开攻防战,尤世禄和其子尤人龙被义军射伤,不能再战,李自成也被迫放弃辽州,随王自用转移进入太行山区。

说到陕西义军在山西的活动,不能不说一下窦庄。窦庄位于沁水县东北,是御史张铨的老家。其父张五典曾官至南京尚书,其两个儿子张道濬、张道泽都在朝廷为官。辽东军兴以来,朝廷加征辽饷,开始从每亩征收三厘,增至七厘,后又增至九厘。对此,张铨持不同意见,多次上疏劝谏,忧心如焚。他在奏折中说:“今竭天下以救辽,辽未必安而天下已危矣。似宜轻徭减赋,收拾人心以固根本。岂可朘削无已,驱之使乱!”

早在万历末年,根据朝廷实行的政策,就料到天下将要大乱。张铨的远见卓识给每个读史的人以深刻而难以忘怀的印象。

张铨的远见卓识也不是仅仅停留在口头上,而是付诸实践。恰值母亲去世,张铨回乡丁忧。利用这段时间在窦庄大兴土木,修筑寨堡,寨墙全部用大条石砌筑,高大坚固,其上厚垛高碉,回环相顾。寨堡之内水源、粮草、仓储武库俱备。他将家丁和寨内百姓组织起来,实行军事训练,做好抵御入侵的万全之备。

天启年间,张铨起复出任辽东按察使。后金进攻沈阳,明朝军队大败,带兵的主将、总兵死的死、逃的逃。张铨是文官,在当时即使跑了,也没人责怪他,可他就是不跑。被后金俘虏后劝降不降,自缢而死。他的忠勇打动皇上,被谥“忠烈”。

义军第一次打窦庄在崇祯四年七月,点灯子赵四儿东渡入晋,率六千人进入沁水县,见窦庄人既不逃跑,又不投降,于是围攻窦庄。当时,窦庄只有张铨的夫人霍氏和少子张道隆。庄内族人议论纷纷,认为应该放弃守寨到山中躲避。霍氏对少子说："弃堡出去避贼，家不保；出去一旦遇到贼，连身也不保。出去等于找死，死于家不好于死于野外吗？况且我们坚守堡寨，贼必然不能得逞！"她亲率童仆家丁上寨墙守御。点灯子自恃人多，没把小小窦庄放在眼里，四面环攻。寨中矢石并发，火器相继，义军死伤甚多。点灯子不服气，连续攻打四个昼夜不能下，才怏怏离去。翼北道副使王肇生将窦庄抗击义军的事迹上闻皇上，皇上表彰窦庄为"夫人城"。

义军第二次攻打窦庄是第二年八月。这次来者是义军中的大牌：紫金梁王自用、八大王张献忠和老回回马守应，率领三万人马将窦庄团团围住，日夜不息，轮番进攻，志在必得。之前，张道濬因在朝堂上说了朱由检不爱听的话，被贬谪到大同当兵。山西巡抚宋统殷爱其知兵，保举他回窦庄御敌。张道濬这次不要老娘出马，率其族人和百姓上堡寨坚守，义军攻打十日，小小的窦庄就是打不下来。闻报救援窦庄的官军就要来了，王自用只得撤离窦庄。离开时，把堡寨外边的庐舍一把火烧光。

撤离的路上听说张道濬就在窦庄，紫金梁又返了回来，在堡墙下高声呼叫要和张道濬见面。张道濬登上寨墙与之相见。只见王自用走上前去，恭敬地摘下帽子，对张道濬说："我是紫金梁王自用，抛妻弃子出家当和尚，不想错误跟从王嘉胤走到如此地步！我现在来此就是想请求投降。"

王自用此话一出，在其身后的张献忠大吃一惊。三万精锐义军打不下一个小小窦庄，本来就让张献忠起疑，原来这老小子没安好心要投降！他向身后的将士使个眼色，悄无声息地率部离去。

在堡墙上的张道濬见一支队伍迅速离开，问道："和你一块来的还有谁在？"

王自用招呼还在身后的老回回马守应来到寨墙下，说："还有老回回。"

突然出现的这一幕让张道濬匪夷所思，刚才还拼死进攻，转眼却要投降，王自用可是义军的大龙头，这是真的还是假的？即使投降，这个场合也太不正式了。张道濬从心里瞧不上王自用。时间不容他认真思考，就说："赶快把你掳去的人放归，解散你的左右随从。我替你请示巡抚、总督，给你发放免罪书，以往所犯罪行可以不追究，你的身家性命可以保全。"

这个张道濬，实在不谙心理学。王自用乞降，仅仅免罪岂能如愿！大概是没有答应给个有分量的官做，王自用逡巡未应，犹豫不决。

此时，有人急不可耐，上前一步跪在地上说："我是宜川吃皇粮的廪生韩廷宪，被王嘉胤所掳，不能自拔。现在接受你开出的条件，马上离开此地，以五天为期限,以后的出路就按你说的办。”

韩廷宪是读书人,被裹挟进入农民革命。起义初期,义军中读书人很少,韩廷宪很受王嘉胤、王自用重用,在首领面前能说得上话。正是因为韩廷宪的私下鼓动,王自用思想才出现动摇。眼下见王自用逡巡不决,韩廷宪急了,生怕有变,竟然迫不及待地越俎代庖,答应了张道濬开出的条件,马上把掳来的二百人放还,拔营西走,进入阳城地面。

王自用要投降官府,消息不胫而走。对此,八大王张献忠、闯塌天刘国能坚决反对,率五营人马离开阳城,迅速向翼城方向前进。王自用估计闯将李自成、黑煞神、扫地王三营也不会服从,就将三营人马留在汾西,不要坏了自己的好事。自率二十八营营于阳城,准备与官府进一步接洽。即就是这二十八营,多数头领也反对投降,吵吵嚷嚷,乱得像鸟毛一样。

张道濬驰赴山西巡抚宋统殷军中,密报王自用乞降一事。宋统殷对此难辨真伪,犹疑不定。他问张道濬怎么看?张道濬说:“紫金梁狡猾未必可全信,但是韩廷宪可以利用。”宋统殷把这件事交给张道濬办,特别交代要利用韩廷宪促成王自用投降,否则就干掉他。

王自用这是何苦来着,好好的三十六营首领不当,偏要投降,可是官府又不相信,偷鸡不着反蚀把米,最后差点连自己的老命也搭上了。张道濬的使者督促韩廷宪,韩廷宪说:“义军中有人反对投降,阻挠抚局。我正在劝说王自用,等到了旧县(地名),应当能够归顺了。”

韩廷宪将一个重要军事情报透露给官军,义军要遭殃了。

旧县地势平缓,二十八营义军全部屯在这里,因为降不降未决,全部按甲不动。韩廷宪凭三寸不烂之舌,天天、时时劝王自用投降。因义军内部意见不一,王自用一时也不能决定。

在以往,义军的屯驻地和所向是高度机密,官军根本无从知道,只能被动地跟在义军后面亦步亦趋。正是因为韩廷宪的背叛,把义军的驻地暴露了。官军乘其不备,派轻骑突袭旧县,义军蒙受了不小的损失。官军的背信弃义使紫金梁王自用勃然大怒,也加剧了义军内部的矛盾,王自用将此归罪于一味说降的韩廷宪,韩廷宪也害怕了。

紫金梁王自用在残酷的现实面前清醒了:投降,这条路走不通!他分兵进犯河南济源,打下温县。九月,再次进攻沁水,活捉张道濬的家人张伟。王自用想杀张伟,韩廷宪争辩说:“上次遇袭,是因官兵贪利而破坏约定。窦庄离旧县二百多里，张道濬一定不知道。”王自用就把张伟放了。

韩廷宪送出张伟，秘密告诉他：“王自用已经怀疑我了，恐怕难免一死。我已经决定了，今天晚上我们住在坪上，三更时分我要砍下紫金梁的脑袋投奔你家主人，请你家主人派人接应我。”

张伟将这个重要情报告知张道濬，官军在坪上附近设伏以待。三更时分派张伟接应韩廷宪。当天夜里，王自用亲自指挥义军攻打盖姓地主的高楼，久攻不下。于是王自用让战士在高楼四周挖壕，深丈余，高楼却不倒。紫金梁要亲眼看着高楼倒塌，以致鸡都叫了，还没有睡。这一下可苦了韩廷宪。韩廷宪本想等王自用睡了下手，不曾想王自用彻夜不眠，无从下手。急得像热锅上的蚂蚁，一会儿进来了，一会儿又出去了。韩廷宪的反常举动引起义军将士的警觉，报告了王自用。王自用顿时醒悟，惊出一身冷汗，立即派滚山虎抓捕韩廷宪。韩廷宪狼狈逃窜，滚山虎等六人被埋伏的官军杀害。

一场投降闹剧就此破产！

经历了这场人生变故的紫金梁终于放下了包袱。他率军南下泽州，大败官军，杀都司吴必先。闯王高迎祥从沁水南下太行，攻破河南修武县，杀知县刘凤翔，又旁掠武涉、辉县，围怀庆府，杀参将黄士英。十二月，紫金梁得知秦、豫兵都集结潞、泽东南，率领张献忠、马守应乘虚回师沁水北，经榆次，围攻寿阳，距离太原不到五十里，太原震动。为此，朱由检一怒之下将山西巡抚宋统殷撤职查办，以许鼎臣代之。

这时候，被洪承畴召回陕西的曹文诏，在扑灭了留在陕西的义军后，被任命为临洮总兵。他带领部将艾万年、马科、曹变蛟和他的三千铁骑，在潼关渡过黄河，由蒲州、河津开始剿除义军，转进潞安、平阳一带，给义军造成巨大压力。

曹文诏的骑兵身经百战，每人两匹马，机动性、战斗力无人能比。义军望见曹字大旗，往往不敢接战，逃之夭夭，可骑兵更快，逃也逃不掉，以致有“军中有一曹，流贼望见心胆摇”的说法。这一次，朝廷授权曹文诏“节制秦、晋诸将”，有权指挥剿“贼”的所有将领，足见朝廷对他的重视。曹文诏感恩戴德，剿杀义军更加卖力。他杀了上天龙、混世王，收复了霍州、盂县、五台、定襄、寿阳等地，把各股义军赶得到处跑。老回回马守应向榆社跑，紫金梁王自用向河南北部跑，闯王高迎祥、八大王张献忠、闯将李自成向冀南京畿跑。

崇祯六年二月，河南副总兵左良玉率七千人马北渡黄河进入豫北，义军由于受曹文诏挤压大多蚁集这里，左良玉第一次与义军交手，小有斩获，这助长了左良玉的骄气。当时义军大部聚集林县山中，吸引大批饥民参加义军，义军不是“势颓”，而是“势炽”。左良玉在河北武安县第二次与义军遭遇，令人大跌眼镜的是，敢战能战的左良玉被义军打得大败。副将芮琦、守备王继统当阵被斩，七千河南兵全部被歼，左良玉跑得快，仅以身免。一次战斗能歼灭官军七千人，这在崇祯初年的确少有。这一仗也给左良玉长了记性，绝不可小觑“流贼”，没把握不要招惹，哪怕从自己鼻子底下经过。

川将邓玘率兵两千，会同四川石柱土司马凤仪带领白杆兵驰援河南。马凤仪是著名的石柱女总兵秦良玉的丈夫。石柱白杆兵打仗不怕死，屡立战功，这次奉命勤王京师，刚和后金骑兵打完仗。就是这支屡立战功的部落军队，没过多久被义军全歼，石柱土司马凤仪战死。

高迎祥、张献忠、李自成进入冀南一带，井陉兵备副使寇从化檄令守备李定、王国玺堵截。王国玺一不小心陷入义军埋伏，大声呼叫李定救自己，王国玺被救出，其所率士卒被杀伤殆尽。

义军长驱北进，想不到在大名府遇见一个人，就是被人称为“猛人”的大名知府卢象升。

卢象升进士出身，学富五车，典型的读书人，可是知兵敢战，杀起人来心黑手狠，比职业武将还要凶。一个文官，手下能有多少兵？充其量一两千人。就这点兵力，也是自己训练出来的，号称“天雄军”。面对几万义军骑兵，他不仅不慌乱，还敢于出战。史书说“以轻兵觇贼”，之后“挥兵搏战”。

卢象升打仗不要命，不管别人怎么样，自己先一头扎进去，挥刀就砍。他身中两箭，保护自己的卫兵也死了，可他像疯了一样，“提刀战益力”，丝毫不后退，硬是挡住了义军的进攻。第一次交手，就给义军长了记性。

第二次，义军打算包围向城。卢象升告诫守城官军勿动，选精骑出城埋伏在树林中。义军出现后，卢象升率精骑从义军背后发动猛攻，打了个措手不及，大败义军，斩首数千节。吃了大亏的义军给卢象升送了个绰号“卢阎王”。

阎王比小鬼难缠，从此，义军再也不敢进入卢象升的防地。

义军在豫北、畿南一带攻城略地，搅得鸡飞狗跳。地方官吏风声鹤唳，寝食难安，纷纷向朝廷告急。朱由检一看，流贼已近京畿腹心之地，感觉大事不妙，于是檄调各省大军赶赴晋、豫，一时天下名将云集，一定要把流贼消灭在黄河以北。义军和官军打了不少血战，互有胜负，总体看官军胜多负少。可是有一个奇怪的现象，就是义军越杀越多。崇祯四年六月，紫金梁王自用当盟主时，义军只有三十六营，到了崇祯六年冬，有名有姓的各股义军计有六十一营之多。

崇祯六年五月，义军盟主紫金梁王自用在河南济源山中病死。闯王高迎祥无论实力还是才智，在各路义军中一枝独秀，众望所归，成为新的盟主。

紫金梁王自用曾经动摇过，但严酷的阶级斗争的现实教育了他，让他由动摇转变为坚定。在他的带领下，义军在晋、豫兵源扩充，实力壮大，战斗力提高。王自用在明末农民革命中的地位应该给予肯定。

闯王高迎祥接手盟主后，朝廷加强了北直、豫北的防御。派出拱卫京师的京营六千人，由总兵倪宠、王扑率领前往豫北围剿义军，还派太监杨应朝、卢九德前来监军。官军倚仗职业军人的战斗力优势，把义军压缩在黄河以北豫北一带，企图一举消灭全部义军。

这年冬天，几十万义军被压迫在豫北狭小的空间里，活动范围受限，粮食给养困难，北面被官军合围，南面横亘一条黄河，处境十分险恶。

面对前所未有的困境，闯王高迎祥召集各股义军头领会议，分析形势，商讨对策。闯塌天、张妙手、邢红狼以及闯将主张向京营总兵王扑投降，当然是假降。王扑是绥德人，曾经的延绥总兵王威的儿子。他们想利用与王扑的老乡关系诈降，拖延时间，等黄河结冰后，踏冰南渡冲出包围。

这是没办法的办法，各路头领一致同意。于是派出张妙手、闯塌天、满天飞、邢红狼、闯将为代表，带着抢来的金银珠宝进入京营贿赂监军太监杨应朝、卢九德和总兵王扑。叩首言："我等皆良民，因陕西荒旱，致犯大罪。今誓归降，押还故土复业。"呈上乞降书，上面签字画押的义军首领有六十一营之多。

杨太监和卢太监见钱眼开，王总兵莫辨真伪，以为又能发财又能立功，就答应了义军的乞降，下令各路官兵停止攻击。杨太监还自告奋勇回北京向皇帝老子汇报。义军利用这段时间向当地百姓购买衣服、靴袜，暗中抓紧做渡河的准备。

有人说，贿赂是润滑剂，往往在关键时刻能起关键的作用。殊不知一人受贿，损害的是整个国家乃至民族的利益，害莫大矣！

十一月二十四日，豫北天气骤然变寒，山西垣曲至河南济源之间一段黄河在夜间封冻。眼巴巴盼着封河的义军用门板和土加固封冻的河面，在垣曲毛家寨渡口分三路连夜飞驰而过黄河，进入河南渑池县马蹄窝、野猪鼻一带。黄河守军中军官袁大权率五百人防堵，与张献忠大队义军撞着，犹如羊入虎口一般，顿时被全歼。义军攻下渑池县驻下，弹冠相庆，把围剿义军的大批官军甩在黄河北岸。

义军能渡河进入河南，官军为什么不能尾随追击呢？

义军渡河后,随即用火药将黄河冰面炸开,官军“追之半渡,因冰解不及”,致使河南“鱼烂土崩,不可复救”。话又说回来,官军奉命在山西、豫北消灭义军,现在义军逃离此地,应该说任务已完成。除了河南官员,没有谁愿意为此事多操那份心。

五　车厢峡绝地逢生，十三家荥阳大会

几十万义军从毛家寨渡口踏冰呼啸飞渡黄河天险，进入中原大地，犹如狂飙巨浪，席卷河南全境，又蔓延至邻近的湖广、安徽、陕西、四川。史书多把义军描画成杀人放火、奸淫抢掠的十恶不赦的坏蛋，事实上义军所到之处无不受到贫苦百姓的热烈欢迎。我们在前面讲过，当义军进入山西后，贫苦百姓和矿工纷纷参加义军，这种情景在河南又一次重演，大批贫苦百姓汇入义军，农民革命队伍空前壮大。

为什么呢？这与河南连年荒旱和朝廷的政策有关。

朱由检真是个倒霉的皇帝，史书载，“崇祯无熟岁”。自他上台后，没有一年丰收。

时任南京兵部尚书的河南人吕维祺，在《中原生灵疏》中讲述了家乡的惨景：“秋既无收，麦又难种。野无青草，十室九空。于是有斗米值银五钱者，有工作一日不得升米者，有采草根树叶充饥者，有夫弃其妻、母弃其子者，有卖一子女不足数餐者，有自缢空林、甘填沟渠者，有鹑衣菜色而行乞者，有杖比而毙者，有泥门担簦而逃者，有骨肉相残食者。”

尽管人民已经到了逃荒、要饭、卖儿卖女、自杀、人吃人的地步，官府又在干什么呢？官府仍在催逼赋税。“旧额未完，新饷已催；新征甫毕，旧逋又下；额内难缓，额外复急。村无吠犬，尚敲催呼之门；树有啼鹃，尽洒鞭朴之血。黄埃赤地，乡乡几断人烟；白骨青磷，夜夜常闻鬼哭。触耳有风鹤之声，满目皆荒惨之色。”

吕维祺忍不住叹道：“欲使穷民之不化而为盗不可得也，欲使奸民之不望贼而附不可得也。”吕维祺眼里的“穷民”“奸民”，正是封建社会占绝大多数的农民，绝大多数人站在统治阶级的对立面，就是当时的现实。

义军进入河南，横行狼、一斗谷、满天星、扫地王率部西进武关，攻破陕西山阳、镇安、商南，又掉头北上洛南，向陕西首府西安进发。陕西三边总督洪承畴大惊，急调官军堵截。义军却掉头南下，于崇祯七年正月攻克旬阳、紫阳、平利、白河，官军追来时，他们一路南下进入四川北部。

高迎祥、张献忠、马守应、罗汝才、李自成十二月初一日攻破伊阳，二日破卢氏。接着分部四掠洛阳、新安、陕州、灵宝、阌乡、永宁、汝州、鲁山、叶县、舞阳、遂平、确山、信阳、南阳、裕州、泌阳、桐柏、淅川、新野、内乡等州县。一个月内，义军连破四十余州县，把河南的封建秩序打得稀烂。

河南总兵左良玉一阵紧忙，不忙不行，河南是他的防地，失地过多，朝廷会要他的命。左良玉开始只能尾随义军，逮住机会打一把，小有斩获。后来，副总兵汤九州也参与进来，汤九州心眼实在，打仗比左良玉卖力。十二月十九日，义军到了郾城，大有进逼开封、归德之势。天黑以后，大雪漫天飞舞，汤九州已经睡下。这时，河南巡抚玄默驰入营中，叫起汤九州说："时势已经很紧急了，流贼要进犯开封。趁夜里下雪，将军宜发起突然袭击！"汤九州即于当晚突袭义军，追杀六十里，追至吴城镇，斩首四百，第二天黎明追到横山镇，又斩首六百。河南巡按御史刘令誉督京营兵牛蹄涔取胜，出其不意，斩首千余。左良玉也取得四次胜利。义军虽然人多，也经不住这种打击，于是一窝蜂地往湖广郧西一带奔去，连破郧西、上津、房县、保康，"直走空虚无人之地，捷若风雨之至"。

在和官军作战中，义军最怕曹文诏，其次是左良玉和汤九州。至于京营，义军很是瞧不上眼。

到了崇祯七年正月，张献忠自郧阳渡汉水，走谷城、光化、新野，活跃于信阳、邓州、应山一带，不久攻克应山。此时闯王高迎祥、老回回马守应、曹操罗汝才、闯塌天刘国能也来到这里，与张献忠会合。高迎祥等在距离武昌旧势力的地方安营，大有进犯湖广省会武昌的意图。

湖广都督邓祖禹率领总兵张全昌、副将杨世恩、先锋邓天河、参将李文云、游击朱世盛迎战义军，以五千兵马追杀二十里。

邓祖禹是万历末年武进士，曾任沈阳守备。在和后金作战中十分勇猛，砍杀多人，后中箭倒地，身上和刺猬一样。明军将士还以为他死了。半夜，邓祖禹从昏迷中醒来，高声呼救，才被救回沈阳城中。邓祖禹伤得太重了，只得送回老家湖广蕲水养伤。伤好后任宣府守备。崇祯二年后金军入塞，邓祖禹在北京卢沟桥阻截后金军，殊死搏战，挫其锋焰，阻其攻势，因军功升副将。农民起义爆发后，他移镇楚地，驻守孝感。

邓祖禹大名鼎鼎，名人自有名人效应。高迎祥不想与他硬碰，想走。老回回马守应不服气，说："还没开打就跑，未免对不起自己。再战不胜，走也不晚。"

老回回一马当先，与官军先锋邓天河交战。邓天河是邓祖禹的儿子，甚是骁勇。老回回被邓天河打了一鞭，负痛疾走，邓天河驱兵急追。

曹操罗汝才拍马上前，拦住邓天河，举刀猛砍，邓天河挺枪迎战。没几个回合，罗汝才拨马便走，邓天河紧追不舍。罗汝才暗暗取弓箭在手，等邓天河追近，猛然间回头一箭，射中邓天河眉心。邓天河一头栽倒马下，被义军剁成肉泥。

邓祖禹见爱子被杀，痛心不已，叹道："吾儿勇冠三军，今天为国捐躯，值当！只是死于流贼之手，可惜了！"

他下令张全昌出战，张全昌率军千人，上去不久就被过天星惠登相打败。他又派杨世恩上阵，杨世恩见义军势大，不战而逃。

邓祖禹大怒，亲自率部出战。忽然风雪大作，将士冻得发抖，火药被打湿，大炮哑了。邓祖禹仰天长叹："老天为何要将英雄困顿到如此地步？"随即，提铁锏上阵，一锏将混世王打得落荒而逃，一剑将闯塌天刘国能的左脚砍伤。整世王企图从背后偷袭，邓祖禹回头一锏，整世王抱头逃窜。

高迎祥见状大怒，驱动所有的部队将邓祖禹层层包围。高迎祥从远处高声喊话："如果将军不鄙视本人，愿请求将军做我们的主帅。希望您能裁定！"

邓祖禹闻言大怒，说："逆天叛贼，怎敢胡说！我忠心报国，特来剿灭你们。"下令李文云、朱世盛等七将出战。义军营垒八大王、混天王、扫地王等九人接战，奋力搏杀。官军终是寡不敌众，邓祖禹等悉数被擒。

高迎祥上前亲自给邓祖禹松绑，尊其上座，治酒压惊，并且与张献忠、罗汝才、马守应、刘国能等拜于邓祖禹前，说："误犯尊颜，望乞恕罪。愿将军为我等做一总主，万勿推辞！"

邓祖禹压根儿看不起这伙"流贼"，回道："吾乃赤心报国之忠臣，岂肯负圣主投贼乎？"

高迎祥再三请求，邓祖禹却骂不绝口，越骂越带劲。说什么"如果要我投降，须另换一副心肝"。

高迎祥心里是何感受不得而知，反正张献忠是被骂躁了。他的右手猛地把大胡子往下一捋,怒道:“给你换一副心肝,也不是什么难事!”喝令左右将邓祖禹拽出,绑在一棵大树上,剖开前胸,剜心割肝。

冒着缕缕热气的心肝呈现在义军众将领面前,高迎祥叹道:“果真是忠臣!”下令找一副棺材,将邓祖禹安葬,竖碑曰“明朝忠臣邓祖禹墓”。

被俘的应城知县张绍登也学邓祖禹,手指着众首领贼长贼短地骂。他就没有邓祖禹幸运,被拉出去剁成几截,抛尸野外。

高迎祥、张献忠、马守应、罗汝才等义军头领要尊邓祖禹为“总主”,表明他们造反的目的并不明确,此时,还没有僭王称尊的打算。造反,仍然是为了解饥济困,如果有人能让他们吃饱肚子,不被饿死,做他们的领导又何尝不可!

在应城短暂休整后,义军又西上郧阳。张献忠率部进入陕南,攻克商洛。又进至西安附近,连克周至、户县,西安震动。洪承畴赶来,张献忠却掉头南下,攻克旬阳、紫阳、平利、白河,若狂风骤雨般向四川进发。古人描述张献忠的行军,“其来也如风雨之骤至,其去也若鬼蜮之难知”。即使强悍如洪承畴者,也只能站在秦岭北坡唉声叹气了。

这是张献忠起义后的首次入川。四川的富庶,川人的闲适,曾给入川贩枣的少年张献忠以深刻印象。崇祯七年(1634)二月,张献忠相继攻克川东夔州府(今重庆奉节县)的大宁(今重庆巫溪县)、大昌、巫山,直抵川东重镇夔州。当时,川兵多被征调,要么在辽东作战,要么在河南剿除义军。夔州作为川东门户,并无重兵把守。

当张献忠的先头骑兵抵夔州城下时,夔州府道臣周士登、通判王上仪、推官刘应侯、奉节知县谭楚良等官员“先期望风遁”,同知何承先代理夔州府事。二月十五日,何承先正在校场发放军粮,丝毫没有防备。张献忠趁其不备,强攻夔州府。义军到来的消息瞬间传遍全城,百姓的反应又一次出乎官府的意料,热烈欢迎,翘首以待。关在监狱中的囚徒趁机暴乱,冲出牢房,四处“举火”,打开城门,配合义军一举拿下夔州,活捉何承先等官吏。何承先大骂不止,遂被杀,投尸于江。

张献忠攻克夔州的意义非比寻常,可以说在整个明末农民革命战争史上具有里程碑式转折意义。夔州是大郡,是进入四川的战略要地。连夔州这样的坚城也能被义军一举攻克,那还有坚固安全的地方吗?《明史》记载:“自贼起陕西,转寇山西、畿辅、河南北及湖广、四川,陷州县以数十计,未有破大郡者,至是天下为震动!”为此,四川巡抚刘汉儒被撤职。

攻下夔州，张献忠心情大好，兴高采烈地骑马来到府城的依斗门，举目四望，滔滔长江从脚底流过，极目江南，白盐山顶雄伟的宝塔像一支金鞭，直刺苍穹；而眼前古老的城垛恰似一排钢牙。面对如此壮丽的山河，联想到义军南征北战的艰辛岁月，张献忠不禁诗兴大发，随即在马背上吟道：

宝塔七层，直竖金鞭打红日；

城墙万仞，横身獠牙啃青天。

这一联，工对贴切，道出张献忠反抗明朝统治者的强大信念。

张献忠在夔州留一日，乘胜挥师西进，连破开县、云阳、新宁（今开江县）。进军梁山（今梁平县）途中，缙绅涂原纠集乡勇凭险抵抗，给义军造成一定损失。手下将领要求强攻涂原所据山寨，张献忠认为不可，当地人为了身家性命和财产，会拼死反抗，强攻会造成重大牺牲。初次入川，应该扬长避短，避实就虚，不可硬拼。他反问："莫非忘了沁水窦庄之事乎？"

这本来是张献忠一次战术应用，让涂原占了一点便宜，却成为封建文人喋喋不休的议论话题。有人因为朝廷没能重用涂原惋惜，似乎重用涂原当个巡抚、总兵什么的，义军就进入不了四川！这可能吗？

三月，张献忠抵达达州，攻打达州时受挫，部将顺天王战死。达州不克，转攻营山，十三日又包围蓬州。之后攻克巴州。

这时候，四川官吏才从懵懂中清醒过来，调兵遣将进行围堵。四川总兵侯良柱在张献忠西进路上设置重兵防堵，石柱女土司秦良玉也率领数万白杆兵夺取夔州。张献忠与川兵激烈战斗，严重冲击了四川地方政权和封建秩序。西进受阻后，张献忠决定分路出川，一部北进陕南，大部由他率领东返郧阳的房、竹一带。

义军同时出现在几个省，流动不居，神出鬼没，攻城略地，搅得鸡犬不宁。河南、四川、湖广、陕西纷纷向朝廷告急。朝廷明白，依靠一个省的兵力无论如何无法应对，朝中大臣建议设立专门围剿义军的总督衙门，以便统一事权。经朱由检首肯后立刻施行。

谁来担任这个衙门的总督呢？剿杀义军，当时最得力的人是洪承畴，但陕西太乱了，加之三边还有防御蒙古入侵的任务，洪承畴不好动。朝廷挑来拣去，还是选了一个陕西官员，于是，"进延绥巡抚陈奇瑜为兵部右侍郎，总督陕西、山西、河南、湖广、四川军务，视贼所向，随方剿抚"。在镇压农民革命方面，陕西有的是人才。

陈奇瑜还真是个人才。延绥是“流贼”老巢，起事最早，势力最大，蔓延全国。陈奇瑜任巡抚后，要么将其打跑，要么就地消灭，“延绥贼悉平，奇瑜威名著关、陕”。

陈奇瑜新官上任，自然要有所作为，檄令各省将领会兵陕州，向盘踞在湖广、豫西一带大股义军进剿。高迎祥、张献忠、李自成见官军四集，遂从卢氏入武关、商洛，进犯兴安(今安康)、汉中，被洪承畴所率秦兵堵截，又掉头出武关，向南进入郧阳、襄阳、承天、德安一带，剽掠如故。官军尾随于后，奔走不休。四月，因为郧阳被义军残破，朱由检下令逮捕郧阳巡抚蒋允仪，提拔卢象升巡抚郧阳，这样，陈奇瑜有了一个好帮手。六月，陈奇瑜、卢象升会兵剿竹山、竹溪义军，连战皆捷，斩首一千七百节。陈奇瑜又在硖山大败义军，斩首七百节，义军被逼进水中溺死五千人，坠崖摔死两千人。受此重创，张献忠、李自成被迫向兴安、汉中逃去，想转进四川。不想在经汉阴、石泉一段路上，误入一峡谷，叫车厢峡。

车厢峡，顾名思义，像车厢一样的峡谷，有进口，没出口。峡谷长四五十里，峡谷的尽头也是悬崖峭壁，和山峡两边一样险峻。张献忠、李自成发现走错了，急忙往回返，但为时已晚，进口已被塞断。峡谷外边，官军层层封锁。义军想冲出去，官军火炮鸟铳、强弓硬弩连发，射倒一片；义军想攀援悬崖找出路，又被当地乡绅土人把滚石推下砸死砸伤多人。官军也爬上两边高山，肆无忌惮地向峡谷投放火焰，攻击义军，义军又被烧伤烧死不少。

更加要命的是，山中阴雨连绵，连下四十日。义军刀枪锈蚀，弓矢皆坏，火药潮湿，完全不能使用。几万人马困在峡谷中几十天，吃没得吃，喝没得喝，弹尽粮绝，生路全无。

什么是慌不择路？这才是慌不择路！

什么是陷入绝境？这才是真正的绝境！

张献忠、李自成等商议绝地逢生的办法，大家一筹莫展。此时，李自成的谋士顾君恩说话了。

注意：还在崇祯七年，李自成就有谋士了。这正是李自成不同凡响之处——此人重视知识分子的作用，早早地在身边集纳一批读书人。

顾君恩说：“投降！”

嗨！这算什么主意，如果投降，还要你出什么主意？

顾君恩说：“当然是诈降！”

张献忠觉得不靠谱，就说："这个办法在山西用过，恐怕不可一而再，况陈奇瑜不是王扑！"

顾君恩信心满满，说："不妨，只要买通陈奇瑜。"

张献忠说："倘若陈奇瑜不要钱？"

顾君恩说："那就买通陈奇瑜左右。"

遇到问题，特别是攸关生死的问题时，用金钱开路，买通决定你命运的人，或者，买通其左右，只有熟知封建社会政治生态的人，才会出此高招。顾君恩知道，一个王朝行将覆灭，他的官吏没有不贪的。即使有个别人不想贪，也架不住其左右的诱导劝说。

顾君恩笃定自己会成功！

果然，五省军务总督陈奇瑜不爱钱，但他左右将领随员都拿了钱。"受人钱财，替人消灾"，左右随员猛劝陈奇瑜招抚。

陈奇瑜并非不了解义军，他出身延绥巡抚，没少跟这伙人打交道。但他认为，这次误入车厢峡的义军的确走投无路，只能投降，别无选择。再者，尽管他和洪承畴从事同样的职业，却很是看不惯洪承畴不分良莠、不分顺逆的杀戮。在他看来，此起彼伏的义军本质上是饥民作乱，能吃饱肚子谁还会提着脑袋当"流贼"？

陈奇瑜决定接受义军投降。他报告朝廷，得到兵部尚书张凤翼的支持，朱由检下诏批准。

放下武器的义军走出车厢峡，疲惫不堪。官军清点人数，计有"八大王部万三千余人，蝎子块部万五百余人，张妙手部九千一百人，八大王又一部八千三百人"，共计四万余人。

车厢峡被困义军是哪几股？从官方的统计数字应该能够一目了然，八大王张献忠部确在其中。然而多数史书说被困车厢峡的是李自成部。吴伟业著《绥寇纪略》："兴安之界曰车厢峡，贼李自成等陷于其中。"文秉著《烈皇小识》："贼首李自成、张献忠坐困于汉中之车厢峡。"奇怪的是，陈奇瑜给朱由检的奏疏中没有提到李自成，统计数字中也没有李自成的部属。但是，从义军走出栈道后的战斗看，李自成确实勇猛异常，其部属应该在其中。

根据招抚协议，车厢峡被困义军全部解甲归农，遣返原籍就地安置。按照陈奇瑜的命令沿途官军停止进攻，所过州县供给粮草。为了监视这支受降队伍，每一百人官方派一名安抚官随行，就是说随行监督官员有四百多名。

于是，义军“乃整旅出栈，与奇瑜兵揖让酣饮，易马而乘，抵足而眠。贼之无衣甲者皆整矣，无弓矢者皆砺矣，数日不食者皆饱腹矣”。在古代，从陕南进入关中要走栈道，栈道是在悬崖上凿石楔进木头修建的道路，十分险要。可以想象，义军将士为了走出栈道，猛巴结这些安抚官，每到一地买酒买肉，与安抚官“揖让酣饮，易马而乘，抵足而眠”。安抚官也不错，让他们购买衣甲，整理弓矢，吃饱肚子。相互关系不像监督与被监督者，倒像是朋友。

张献忠、李自成以狡黠的诈降手段巧妙地渡过了难关，走出了八百里栈道，进入了一马平川的关中平原。

就抚的义军来到宝鸡县，蓄意破坏抚局的宝鸡知县李嘉言拒不开城门。经过交涉，李嘉言答应放下几个筐子吊人上城。吊上去三十六个人，不想全部被杀，三十六颗人头骨碌碌从城墙上滚下来。李嘉言的暴行一下激怒了义军，反了！此时不反，更待何时。他们将四百名安抚官全部绑起来。“或杀，或割耳，或杖责，或缚而掷之道旁”。

四万义军本来就不打算投降，现在进入关中平原，时势利矣，一声呼啸：“攻掠宝鸡、麟游等处，始纵横不可制矣！”一口气攻下麟游、永寿、灵台、崇信、白水、泾川、扶风七州县，又与其他已经在陕的各路义军联合，西趋陇右，遂使关中大震。

陈奇瑜闻变大惊，他诿过于地方官绅蓄意阻挠抚局。皇上命锦衣卫缇骑逮捕宝鸡知县李嘉言、凤翔乡绅孙鹏等。

在过去，义军轻易不敢与官军对垒，一听官军来了，撒丫子就跑。跑的时候，还把掳来的妇女老弱、金帛财物丢弃在路旁，以之为诱饵，延宕官军追赶。这样，官军的胆子很大，经常是几千人就敢追着几万义军跑。从车厢峡脱困的李自成、张献忠部，大概是经历了死亡的考验，敢跟官军打硬仗。

八月，李自成攻陷陇州后，副总兵贺人龙率几千人马援救陇州，被李自成打得大败。贺人龙逃进陇州，遂被李自成包围，一围就是四十余日。李自成令先锋翻山鹞高杰说服贺人龙投降，都是米脂老乡，乡里乡亲，投降就没事了。贺人龙没吃没喝，差点撑不住。要不是高杰另有所谋，手下留情，保不定贺人龙就投降了李自成。

翻山鹞高杰与李自成一同起事，是李自成亲密无间的朋友和战友。高杰英勇善战，李自成委任他为先锋，并将老营内部事务托付与他。不想人心叵测，李自成有妾邢氏，貌美而风骚，李自成是真英雄，对女色不甚上心。有一次，李自成外出，邢氏打发婢女送给高杰一块白绫手帕，高杰心领神会。高杰好色，早就属意于邢氏，只是碍于兄弟情分，不好下手。现在邢氏主动挑逗，传情达意，哪里还能按捺得住，于是"遂与之通"。成其好事后，高杰思想负担很重，十分害怕奸情败露，遭李自成惩处。围攻贺人龙时，高杰就多了个心眼，不是他劝贺人龙投降，而是透露他想投降官军的信息。贺人龙尽管被围，自然不会投降，还等着高杰投降呢。直到洪承畴平定西宁兵变，派左光先率援军解陇州之围，才救了贺人龙。

李自成不是瞎子，高杰围而不打，久攻不拔，引起李自成的怀疑。李自成撤高杰先锋职务，不让他再管老营内务，这引起高杰的恐惧。之后不久，高杰偕邢氏及家丁五十人降于贺人龙，成为农民革命最早的叛徒，给明末农民革命造成难以弥补的损失。

闰八月，李自成又破真宁、咸宁，与张献忠合兵攻破邠州(今彬县)。至此，北至甘肃庆阳，西至巩昌，西北至邠州，西南至周至都成为义军往来驰骋之地。义军在关陇一带发展异常迅速，众至二十余万。五省军务总督陈奇瑜这时才知自己被李自成、张献忠愚弄，想分兵出击，但手头兵力左支右绌，无力应对声势如此浩大的义军队伍。尽管他将责任推给陕西巡抚练国事，将练国事撤职查办，却引发众怒。陕西巡按御史傅永淳弹劾他："汉南降贼，陷城破邑，皆由奇瑜专主招降，谓贼已革心，不许道途诘讯，郡邑不敢问，以致开门揖盗，剿抚两妨，皆奇瑜之流毒也。"

十一月，朱由检下令将陈奇瑜削职听勘。不想，朝中大臣接连弹劾陈奇瑜"玩寇纵敌，重损国威"，陈奇瑜最后被逮捕下狱。从明末的历史看，所有主张招抚的大臣，没有一个有好下场。

十二月，朱由检提拔洪承畴任兵部尚书，接管陕西、山西、四川、湖广、河南军务，并仍然担任三边总督，专门负责剿灭义军。洪承畴一日权在手，便把令来行。他檄令"四川抚镇，俱移夔门、达州，进援襄、汉；湖广抚镇，分驻承天、襄阳；郧抚移郧阳；漕督移驻颍、亳，进援汝宁、归德；山东抚臣移驻曹、濮，进援江北、江南；山西抚臣移驻蒲州，进援灵、陕；陕西抚臣移驻商州，调度兴安、汉中；河南抚臣移驻汝南、南阳；保定抚镇驻邯郸、磁州，河南、北策应"。摆开一副全面围攻义军的架势。

说实话，当时的义军很怕这位心狠手黑的洪总督，之前多次交手，义军都吃了大亏。洪承畴从西宁东返，义军就知道在陕西待不成了，于是"悉众东奔"，往河南跑。早在十月，张献忠、李自成攻陷澄城，围合阳，闻洪承畴兵至，撤围西走。张献忠等部先出潼关，到达灵宝附近，与官军左良玉、祖宽部对峙。混世王屯于润口，张献忠屯于万川口，整齐王屯于水头，各拥众数万。老回回马守应率众数万，先据商洛山中，倚险与总兵尤世威对抗。尤世威所率三千官兵，露宿三个月，蚊叮虫咬，又是拉稀，又是打摆子，部队完全失去战斗力，全军溃散。十一月，闯王高迎祥、闯将李自成率大股义军东移。远在商洛的也往河南转移，在汉中、兴安一带的往湖广郧阳转进。

到了十二月，农民军七十二营全部进入河南，活跃于宛、洛之间。张献忠与高迎祥、过天星惠登相一举攻克卢氏县。从关内分走豫、楚两省的义军重又在河南荥阳会师，聚集于荥阳、荥泽、汜水、河阴、巩县一带，连营画角，烽烟遍地。

当时，洪承畴率延绥、宁夏、甘肃三边数万军马出潼关东进，山西总兵曹文诏南进，东有朱大典率天津与关宁兵西进，南有吕维祺率南京兵北进，卢象升集湖广兵和秦翼明率川兵北进，中原大地则有左良玉、汤九州等部，对义军形成合围之势。

崇祯八年（1635）正月，聚集于河南的义军在荥阳召开了一次大会。史学家认为，这是一次空前关键的大会，是一次决定无数人命运的大会，是一次具有历史意义的大会。

会议的议题是：如何应对官军的围剿，变被动为主动。

参加会议的有十三家的首领和七十二营的代表，不下几百人。十三家首领有：

闯　王	高迎祥	八大王	张献忠
曹　操	罗汝才	老回回	马守应
革里眼	贺一龙	左金王	蔺养成
横天王	张应全	改世王	许可变
过天星	惠登相	九条龙	马士秀
射塌天	李万庆	混十万	马进忠
顺天王	梁时正		

总之，参加会议的都是当时实力最强、声名显赫的义军首领。奇怪的是，闯将李自成、闯塌天刘国能并未列入十三家。但是，史籍就是这样记载的。二人肯定参加了会议，李自成还在会上发表了高见。

闯王高迎祥主持会议。

高迎祥说："我等迫于饥寒，起兵反抗官府，劫富济贫，救死扶危，历时七年，横行六省。虽几经险厄，终拥众数十万，足见民心向我。然我等虽数倍于官军，却不能取胜，常被追击，跋涉飘零，不胜之苦。今又有被合围之厄。各位大王，有何良策，可破当今之困？"

罗汝才说："我等常被官军追击，是因未曾据有坚城。我看中州大地，前阻大河，后靠嵩皋，西接关陇，东连淮泗。若能攻取洛阳、开封两府，据为根本，反客为主，与官军抗衡，可免奔走跋涉之苦。"

老回回马守应说："中州乃朝廷腹心之地，洛阳、开封皆为封藩所居，城坚守固，实难攻取。倘能攻取，亦不能守。其时，朝廷必调重兵围攻。我军被围，只会愈战愈少，且粮草不济，难免溃散。"

老回回此话一出，立即得到混十万马进忠、横天王张应全、九条龙马士秀的响应。马进忠说："自起事以来，我等便习惯流动作战，打得赢就打，打不赢就走，要这城池何用？况我等要掠食，坚守一城，城内又不长粮食。今官军合围，我等还是跑路，偌大一个中国何愁没有去处！"

马进忠、张应全、马士秀在崇祯十年(1637)以后统统投降官军，成为左良玉手下的得力战将。左良玉军纪本来就坏，有了这几位老兄的加盟，那就坏得不能再坏。

高迎祥问："跑也得有个方向，以你之见，往哪里跑？"

马进忠也不知往哪里跑，一时语塞。

马守应说："现时官军大多集结于陕西、湖广、河南、山东、南京等地，山西空虚。依我之见，趁此黄河封冻之际，抢过黄河，深入潞泽，伺机攻占太原，大事可期。"

久未发话的张献忠，一听又是跑，恼怒就挂在脸上。他对于一遇官军只知逃跑的表现，很有点瞧不上眼。

他脱口而出："鼠辈怯懦！"此时的张献忠，拥众七八万，实力仅次于高迎祥。他面带愠色，看了一眼老回回和混十万等人。

老回回脸上挂不住了，怒斥："谁是鼠辈？"

张献忠毫不相让："想逃进鼠洞之辈！"

话不投机，老回回手按剑柄；张献忠见状，也手按剑柄，大有拔剑相向之势。

会议开得剑拔弩张，大出高迎祥之料，急忙劝解。此时，闯将李自成急忙上前，也好言相劝。他说：“不要上火，不要上火！我等为了同一个目标走到一起，都是出生入死的人中之杰，何来鼠辈？”又端起酒杯，与老回回、八大王各碰一杯。杯酒释怀，握手言和。

李自成此时并非闯王，闯王是高迎祥。高迎祥遇难后，其部属并入李自成部，李自成才称闯王。有的史书说，李自成是高迎祥的外甥，在闯王帐下称闯将。这个记载不靠谱。多数史书说，李自成的母亲并不姓高，李自成参加义军后自成一军，并不隶属于高迎祥。荥阳大会时，李自成实力较弱，未能列入十三家之列，但才华尽显，不逊于十三家之任何一家。

听听下面说的话，就知其绝非等闲之辈。

李自成说：“匹夫可奋臂，况十万众乎？”用今天的话说，一个普通人遇到攻击也要举起臂膀反抗，何况我们有几十万之众！他接着说：“今吾兵且十倍官军，虽关宁铁骑至，无能为也。”现在我们的兵力将近官军的十倍，即使是山海关、宁远前线的铁甲骑兵来了，也不能把我们怎么样！

关宁铁骑是明朝最精锐的骑兵部队，部署在山海关、宁远前线，专门抵御后金侵略。后金骑兵纵然剽悍骁勇，在山海关、宁远一线也不能越雷池一步。

李自成和张献忠一样，也瞧不起一遇官军就像无头苍蝇一样只知退却的某些人。他不同于张献忠的地方在于不骂人，而是摆事实讲道理，以理服人。经他一番分析，使十三家七十二营头领茅塞顿开，看到了自己的优势，增加了自信心，都齐声叫好！

高迎祥说：“既然如此，我等该如何部署，应对官军？”

李自成胸有成竹，说道：“计唯有分兵，各随所向立效，其利钝举听之天。”我考虑只有分兵应敌。筹划进攻方向，各部根据进攻方向争取成效。至于成败利钝如何，那就要看天意了！

大家都赞成李自成所言，齐声说：“好。”

既然成败要看天意，“各随所向”只好抓阄了。高迎祥尽管被尊为义军盟主，这个结盟实则非常松散，高迎祥也不好命令某一家去哪一路。古时候的人都讲迷信，抓阄就能体现天意，抓阄也最为公平，抓阄定所向自然成为众人的共识。

抓阄的结果：革里眼贺一龙、左金王蔺养成率十一营南挡楚师，与卢象升等人作战；横天王张应全、混十万马进忠率十营西迎秦军，与洪承畴作战；“曹操”罗汝才、过天星惠登相率十一营分屯荥阳、汜水间，北向与河南驻军左良玉、汤九州部作战；闯王高迎祥、八大王张献忠和闯将李自成率二十营“专事东方”。老回回马守应、九条龙马士秀率十一营居中策应。考虑到横天王、混十万西向抵挡洪承畴兵力不足，又增加射塌天李万庆、改世王许可变率九营全数补入，作为西路军的后继。

部署已定，十三家七十二营义军杀牛宰马祭天誓师，分路迎接围剿的官军，掀开了中国农民革命史上新的一页。

六 不可一世的五省军务总督洪承畴，禁不住仰天恸哭

按照荥阳大会抓阄结果，闯王高迎祥、八大王张献忠“专事东方”，开辟新的战场。豫东，除左良玉率军扼守许州外，其他地方官军防守力量相对薄弱。高迎祥、张献忠、李自成商议东进，决定绕过左良玉，不与其缠斗，向豫东南和安徽北部一带前进，去长江北岸一带城市。

左良玉（？—1645），字昆山，山东临清人氏。其人文化不高，但能打仗，是明末最著名的将领之一。当时，能和左良玉打斗的义军几乎没有，即使像高迎祥、张献忠这样的实力派人物，也不想，或者不敢与左良玉接战，能绕过去真该谢天谢地。左良玉呢，面对十倍于己的义军，老虎吃天，无从下手！只要朝廷不下死命令，只要义军不相胁迫，大可睁一只眼闭一只眼，以致有“养寇自重”的恶劣名声。这也正是其人的独特之处，让他多活了若许年。之后明朝完蛋了，左良玉既不剿贼，也不抗清，反而一门心思要“清君侧”，和南明弘光朝廷干上了。

崇祯八年正月，义军经汝宁府东入安徽，于初九日攻陷霍丘，十一日包围颍州。颍州知州尹梦鳌率城内百姓和少数士兵登城防守。十二日，义军挖掘城脚，城墙塌陷数丈，义军从缺口攻入。守城百姓见大势已去，一哄而散。尹梦鳌长跪在地，请求百姓不要跑，然而还有谁听他的！他四顾，竟无一人与他同在。不得已他也弃城而去，走到一个叫乌龙潭的地方投水自尽。

颍州有一个大人物，前兵部尚书张鹤鸣。义军在其家中捕获其子张大同，追问张鹤鸣何在，张大同不说。你不说，自有人说。张家奴仆带领义军从邻人家搜出张鹤鸣。看来张鹤鸣待下人不怎么样，连奴仆也出卖他。义军逼问金银藏在哪里，张鹤鸣不说。义军从其家中搜出不少古代玉器和陶器。张鹤鸣嘴里骂个不停。高迎祥下令将他倒吊起来，乱箭射死。

攻破颍州后，张献忠与高迎祥分兵，高迎祥围临淮，张献忠走寿州。张献忠与

去冬就据有英山、霍山的扫地王、太平王等义军会合，将寿州团团围住，谋取寿州。

此时的寿州，“守土无一官”，官不知是跑了，还是本就无官。城中父老子弟请求闲居城内的方震孺带领大家守城。方震孺这个人可了不得，天启年间在辽东打过仗，因得罪大太监魏忠贤下狱，几乎丢了性命。崇祯朝出狱，也未被任用。方震孺破家奖励将士，上城据守，“捍御诸具，一夕皆备”。未几，义军几万人肉搏攻城，百道俱进，方震孺亲冒矢石，指挥军民用大炮轰击义军，打死不少。夜晚，方震孺又组织死士出城偷袭义军营垒，斩获无数。张献忠大吃一惊，打听得知是方震孺守城，知是碰上对手了，于是下令后撤。

事有凑巧，此时凤阳府的穷苦百姓因不能忍受多如牛毛的差役赋敛，跑了几百里路来邀请义军攻打凤阳，还呈上一本图册，标明凤阳兵力部署等情报。“凤之穷民，远几百里相邀，具以册授贼：某家富厚，某处无兵”。民心向背由此可见。

张献忠当即决定攻打凤阳。

凤阳不是一般的府城，是明朝开国皇帝朱元璋的龙兴之地。朱元璋出生于临淮县一户贫苦农民家中，还在他年少时，父母俱亡。朱元璋上无片瓦，下无立锥之地，连安葬父母的坟地也没有，只得抬着父母的尸体到处游转。在凤阳，有好心人给他找了一块地安葬了父母，他因无以为生，只好到皇觉寺出家当和尚。后来天下大乱，朱元璋乘时而起，不承想击败了所有的对手，推翻了蒙古人统治的元朝，竟然做了皇帝，大概连朱元璋本人也没想到！

一个当和尚的穷小子居然拥有天下，做了天子，好事之徒难免要推究其原因。穿凿附会之人认定：朱元璋父母的墓地风水太好了，恰好葬在真龙穴地。有这么好的风水宝地，不出天子那才叫怪呢！于是才有朱元璋登基，于是才有大明王朝兴起。

此说一出，正中朱元璋的下怀。朱元璋是何等聪明之人，这等于说朱姓得天下是天命所归，还有谁敢不服气！

既然是龙脉，就得好好保护，以便朱明江山稳固，历传千秋万代。为了保护这座皇陵，朱元璋把临淮、定远、虹县之地划归凤阳，在凤阳设府，管辖五州十三县之地。凤阳府建有府衙、皇陵城，还建有一座专门囚禁皇室犯罪之人的监狱——高墙。当年朱元璋当和尚的皇觉寺，改名龙兴寺，也被翻修得金碧辉煌。

凤阳府的规制高得吓人，不同于一般府城。它与北京、南京地位相同。明代有三个都城：北京称顺天府，南京称应天府，凤阳称兴京，又称中都。凤阳府不仅有知府，还有二品大员三名，即巡抚、巡按御史、总兵。守陵军队有八卫，计有官军六千余人。在明朝统治者眼中,凤阳在政治上的地位是何等重要!

张献忠决意攻占凤阳,就是要在太岁头上动土,做别人想做而不敢做的事。正月十三日,他派出五百名士兵化装进入凤阳做内应,然后亲率大军直扑凤阳府。

化装成乞丐、商贾、道士、和尚的义军士卒顺利进入凤阳城。原因有二:一是凤阳压根儿没有城墙,进出随便。凤阳府之所以没有城墙,是因为不能建。有高人指出,建了城墙就会破坏皇陵的风水。皇陵的风水破坏了,朱明王朝的统治还能继续吗?想想,要进入没有城墙的凤阳,还用得着化装吗?二是凤阳根本没有料到义军会来,正在举行元宵灯会,金吾不禁,官民同乐,一派喜气洋洋的景象。

对于义军有可能进攻凤阳,明朝不乏有识之士。在这之前,南京兵部尚书吕维祺奏言:“南都、凤、泗、承天,陵寝所在,乞敕淮抚杨一鹏急为预备,防贼东犯。”他的警告没有引起任何人的重视,至少巡抚杨一鹏、巡按御史吴振缨、守陵太监杨泽对此不屑一顾。特别是太监杨泽,竟然天真地说:“流贼吃了豹子胆了,敢来攻打皇陵,就不怕皇上千刀万剐!”

正月十五日,正值元宵佳节。义军在邻近的河南、湖广闹得沸反盈天,就连安徽的霍山、英山、潜山早被义军占领的时候,凤阳府却一反常态,大展灯会,笙歌盈耳,府中官民赏灯看戏,士女如云,一派歌舞升平的太平景象。

太平景象不太平,数万义军蜂拥而至。先期进入凤阳内应的义军四处放火,高呼“流贼至矣!”猝不及防的官员惊得灵魂出窍,夺路而逃,黎民百姓四处狂奔,歌舞升平的凤阳顿时陷入一片混乱。

凤阳虽养兵六千,却与老百姓没什么两样,平时不操练,战时无人敢应敌,全部溃散。巡抚杨一鹏、巡按吴振缨跑得比谁都快,太监杨泽自杀。凤阳知府颜容暄来不及逃跑,换上囚服躲入监狱,希图蒙混过关。殊不知义军每克一城,都要打开监狱释放囚徒,颜容暄身份暴露被抓。

八大王张献忠、扫地王、太平王在凤阳住了三天,搜寻巡抚杨一鹏、巡按吴振缨不果,将知府颜容暄提出审问,杖责二十,然后杀头。杀推官万文英等六人、武官四十一人,杀太监六十余人,释放关在高墙内的朱姓宗室囚犯一百多人。

张献忠出于对朱明王朝的愤恨,把朱元璋的祖坟给掘了。放火烧毁皇陵的享殿、龙兴寺,连陵园种植的三万棵古松也付之一炬。这些建筑和树木少说也有几百年历史,称得上文物,可见张献忠这家伙连一点爱护文物的意识也没有!其间,还烧毁巡抚、巡按、总兵、府署衙门房屋五百九十四间。

是时,俘获能歌善舞的小太监十二名。太监,历来只有皇室才配享用,张献忠却说:“皇帝轮流坐,明日到我家。”让小太监在自己面前表演,黄盖鼓吹,又打出一面大旗,上书“古元真龙皇帝”字样,俨然一副皇帝的派头。

和张献忠一块打进凤阳的还有李自成。李自成见张献忠俨然一副皇帝的派头,心中很不受用,以荥阳大会约定所得“金帛子女与共”为由,向张献忠要十二名小太监。张献忠哪里肯给,却找不到拒绝的理由,一怒之下,将十二名小太监杀死,把小太监用的乐器送给李自成。李自成心里更不受用,心想,这家伙,以后离他远点儿!随即拔营北去,追赶高迎祥去了。

张献忠的这副做派,象征意义十分明显,无不为古籍所载。史学家对这个细节高度重视,认为以张献忠为代表的农民革命,公然蔑视一向被目为正统的神圣不可侵犯的朱明王朝。他们已经不再是为了解饥救困而奔走的饥民举义,而是萌生了僭位称尊的想法。他们决心以武力夺取政权,推翻旧秩序,取而代之。

张献忠夺取凤阳后,风头正盛,遂与老回回等南下庐州(今合肥),将庐州包围,猛攻七昼夜。庐州府是大郡,知府吴大扑率军民战守,火枪、灰瓶、滚木、喷枪早有准备。义军四面环攻,多次被击退。义军将领二大王率部一度攻占月城,被官军一炮击毁月城,二大王也被炮击身亡。这是张献忠第一次打庐州。

庐州打不下,正月二十一日,义军撤离泸州转攻巢县。巢县县令严某是个贪酷之吏,接报“流贼”将至,竟然不相信,说:“此响马盗尔,何流贼之有?”还把报信之人鞭打一顿。

二十二日,严县令听风声越紧,坐着大轿走出县衙,准备关闭城门,猝然在大街上遇两名骑兵,手执红旗,从北门驰入。抬轿子的轿夫见状,丢下县令撒腿就跑。严县令这才醒悟过来,果真是“流贼”来了,急忙跑进一个院子里躲起来。此时,街巷寂无一人,两名骑兵从北门驰至南门,马上返回,就有五名骑兵随行。顷刻之间,跟随的人越来越多。这些人登上城墙,四处摇动红旗,街巷中响应的人越来越多。这些人都是前一天化装成商贩、星相、卜医潜入城中的义军,有二百多人。这些人迅速控制城门,须臾,义军大队三千人进城,不烦一矢占领巢县。

起先,执红旗的两名骑兵从南门折返,见街上丢下一座大轿,知是知县的座驾。随即问街上百姓,知县哪里去了?酷吏不得人心,百姓将他从院子里揪出献给义军。义军审问后将其处死。

正月二十四日,张献忠转攻舒城。舒城知县章可试早有准备,把四个城门堵死三个,没堵死的西门大开,门内掘陷坑,诱义军入城。贸然进入城中的义军死伤惨重,折损千余人。

正月二十七日，张献忠攻陷庐江，二十八日攻陷无为州，杀守备张某。二月二日，攻陷潜山，接着又攻克宿松，杀指挥同知包文达。二月四日，又攻克罗田。至此，张献忠从安徽北部进入湖广，经广济、黄梅、麻城，西至孝感、云梦、蕲县之间，纵横驰骋，无不遍及。

同一时期，闯王高迎祥、闯将李自成率部进入河南东部。他俩的运气就没有张献忠好，在商丘沈家集遭遇祖大乐。祖大乐是辽东总兵祖大寿的本家，祖家军的成员，率领的也是关宁铁骑。事情发生在正月十七日的半夜，义军正在沈家集宿营，不想祖大乐率两千骑兵突然而至，直捣老营，义军猝不及防，四散惊溃，许多将士连衣服也来不及穿，弓刀来不及拿，赤身跨马西走。祖大乐捡了大便宜，斩首甚多，俘获衣甲、器仗、骡马无数。迟明，祖大乐收兵不追，去商丘报功。

到了第二天上午，监军道王某来到沈家集，此时义军已远遁。平日见了义军畏之如虎的王监军，见祖大乐立了大功，深为妒忌，就命令部卒搜杀远近十余里的百姓，甚至有官兵追杀百姓至商丘城濠斩首而去者。有人诘问为什么滥杀百姓？答曰：“借脑袋献功！”《豫变纪略》载：“宋人至今传之，犹心悸云。”《豫变纪略》成书于清代，就是说到了清代，当地人对于官军当年杀良冒功的行为仍然“心悸”不已。要老百姓不从贼，实则难矣！

高迎祥、李自成打了败仗并不气馁，率部经砀山、永城、夏邑，攻破虞城（马牧集），发布文告指斥朝廷弊政。就连当时读书人也认为文告所指切中时弊，大得人心。二月二日，高迎祥包围归德府（今商丘），一度攻占外城。归德守备于内定迎战，被义军击败，指挥佥事殷弘基被杀。又围睢州，破杞县。之后，经亳州、息县、鹿邑，进屯新郑、密县，转入南阳，与已在楚地的张献忠、老回回部越来越近。这一时期，“专事东方”的高迎祥、张献忠、李自成等部取得巨大胜利。三四月，大部分义军聚集于河南西南部、湖广西北部的郧、襄一带。

正月十五日中都被陷，祖坟被掘，影响太大，也太坏。大概正是这个原因，没有人敢于向上报告，直至二月，凤阳巡按御史吴振缨才报告朝廷，朝廷为之震动。

有官员哀叹：“万世根本之地，一旦竟为骷髅之场，良可痛也，良可恨也！”兵部尚书张凤翼惊怖不已，差点昏厥倒地。

朱由检闻报先是勃然大怒，下令追查责任；继而垂头丧气，无可如何。唯有素服避殿，哭告太庙。让人想不到的是，他又下一道“罪己诏”，把责任揽在自己身上。这与那位“急偏严苛”的崇祯皇帝似乎不是一个人！他的“罪己诏”历数未能剿平流寇，玷污皇陵之事，却闭口不谈横征暴敛，逼民造反，更不说为什么流寇越剿越多之故，却指天发誓，要在半年内肃清全境云云。

凤阳巡抚杨一鹏自不能免，被锦衣卫缇骑逮入北京斩首弃市，以谢朱氏列祖列宗在天之灵；巡按御史吴振缨被发配充军；守陵太监杨泽已畏罪自杀，自杀也不行，仍按律斩首示众。

接下来诚惶诚恐的有两个不可一世的人：一个是挂兵部尚书衔、陕西三边总督、五省军务总督洪承畴。皇上左挑右选，让你专事“剿贼”，你竟然让“流贼”把中都给陷了，把皇帝的祖坟给刨了，有你的好果子吃！

另一个是河南总兵左良玉。“流贼”从你眼皮子底下经过，去攻打凤阳，你干什么去了？据说，这两个不可一世之人吓得不轻，唯恐缇骑再现，把自己也绑到北京一刀砍了。左良玉把遗书也写好了，就等着挨刀了。

还好，皇帝老子亲自作了检查，说主要责任在他，让这两个不可一世之人又可不可一世了！

崇祯皇帝要在半年内肃清“流寇”，朝廷上下自是一阵紧忙。朱由检任命朱大典总督漕运，并兼任凤阳巡抚，与洪承畴一道平贼。同时调应天巡抚张国维移军安庆，监视江北义军活动；又调真定兵五千、天津兵三千，由徐来朝统领，赴河南归德；另征四川白杆兵三千，由谭大笑率领，自夔门赴豫北。加上陕西三边兵二万五千、山西兵一万八千、南方兵二万一千，渐集河南。一时，张外嘉、尤世威、曹文诏、张应昌、贺人龙、刘成功、左良玉、汤九州、邓玘等能战之将云集。

三月一日，五省军务总督洪承畴在河南汝宁调兵遣将，准备对义军大打出手。鉴于张献忠这一时段表现最为操蛋，不仅掘皇陵，且攻下安徽、湖广州县最多，洪承畴派出最为强悍的总兵曹文诏进驻应城、随州间，派川将邓玘屯驻麻城、随州间，企图致张献忠于死地。

史书载，邓玘很能打仗，所以被洪承畴看重。可是，邓玘也实在不争气，到麻城不久，因为贪渎无忌，屡屡克扣军饷，所到之处纵兵淫掠，终于激成兵变。属下骑兵营哗变，围攻主将邓玘。邓玘登楼避兵，士兵就放火烧楼，邓玘被活活烧死。

四月，在豫、楚一带义军见洪承畴出关，各路官军步步紧逼，知道继续待在豫、楚没有好日子过。洪承畴入豫，陕西不就空虚了吗？此时不走，更待何时？于是，又纷纷折返陕西。张献忠、老回回等部由郧、襄经商州进入关中；高迎祥、李自成、罗汝才等部由嵩山、卢氏、灵宝、陕州进入关中,与张献忠会师凤翔。

这时的陕西已是“残破已极,灾荒异常”,人民困苦不堪,求生无望。当大队义军进入陕西后,百姓“从贼如归市”,义军迅速扩展壮大,义军总人数超过百万。仅闯王高迎祥有众二十四营。

义军这种避实就虚的战略战术,彻底打乱了官军的围剿部署。洪承畴到河南所扑一空,陕西却连章告急。义军大部齐集西安、凤翔、平凉、固原等地,攻城略地。闯王高迎祥、八大王张献忠、老回回马守应连营五十里,围攻西安。西安虽然不至于危在旦夕,城外却也烽火连天,昼夜不息。义军与驻守西安的官军形成对峙之势。

洪承畴老人家见势头不妙,急忙带领贺人龙、刘成功诸将和三边官军往陕西赶,同时檄令曹文诏从湖广移师陕南,进击关中。打算南北夹击,在关中一带消灭义军。当时,从力量对比上讲,洪承畴明显处于劣势,但他并不以为然。长期以来,总是兵力处于劣势的官军追着兵力占优的义军跑。在洪承畴眼里,义军不过是一伙流动的土寇,人数再多也不过是自己的刀下之鬼。

老把别人当傻瓜,自己才是傻瓜;老瞧不起别人,让你吃亏的恰恰是被你瞧不起的那些人!

洪承畴倍道而进,于五月初到达西安。高迎祥、张献忠、马守应主动西撤,西安之围自然而解。高迎祥、张献忠退过武功县,与李自成、闯塌天刘国能等会合,聚集于渭水上游的清水、宁静、秦安一带;老回回退到关中西部,盘踞于扶风、凤翔、宝鸡一带;过天星张天琳、混天星郭汝盘、满天星高汝砺、蝎子块拓养坤则聚集于平凉、镇原、宁州一带。

六月,闯将李自成与闯王高迎祥分兵,西走宁州,与活跃于这一带的过天星、混天星、满天星和蝎子块合兵,围攻宁州。洪承畴令副总兵艾万年、刘成功、柳国镇和游击将军王锡命领兵三千救援宁州。

六月十一日,艾万年与李自成等首战于乱马川,官军败绩,前锋刘宏烈被义军俘虏。十四日,败退的官军在宁州襄乐镇遭到义军阻击,再次被击败。官军一路后撤,退到巴家寨时,只听一声炮响,杀声四起,早已埋伏在这里的义军四起,将艾万年、刘成功、柳国镇等里三层外三层团团包围,一场围歼官军的战斗由此展开。

艾万年(?—1635),米脂人氏。天启年间从军,从军后干的唯一一件事就是镇压农民起义。崇祯初年,在陕北镇压王左挂和不沾泥,后随曹文诏进入山西,击败八大王张献忠和扫地王，剿灭豹五、王刚、领兵王、通天柱，积功累进至神木东路副总兵，后调任平凉右副总兵。艾万年和义军作战六七年，从无败绩。这次在巴家寨被围，艾万年心里很不服气，自认是精锐之师，拼命想突围，可想而知，这场战斗空前惨烈。

按照常规，如果官军拼了老命厮杀，义军只能后退。可惜的是，艾万年这次遇上的是他的米脂老乡、义军中最为倔强的硬汉李自成。李自成当时实力不太强，却向来敢于硬拼，加上蝎子块和"三颗星"，倚仗人多势众，就是想要艾万年的命。艾万年拼命厮杀，身上多处被创，终于未能突出重围，和柳国镇在阵前被杀，三千官军几乎被全歼。刘成功、王锡命身负重伤，被部下救出逃脱。

六月二十二日，总兵张全昌、副总兵贺人龙率三千官兵与高迎祥、张献忠接战于清水县，被高迎祥、张献忠打得大败，都司田应龙、张应春战死。

官军败报接连传来，洪承畴才感觉到眼下的"流贼"已今非昔比，绝非一见官军就吓得腿肚子打哆嗦的饥民了，但迫于"六月剿贼"的圣谕，只能强打起精神，和义军周旋，至少要将义军赶出陕西。他决定让悍将曹文诏出马，"军中有一曹，流贼闻之心胆摇"，只要曹文诏一出场，再凶悍的流贼也只能星流云散。

艾万年的死讯传来，曹文诏勃然大怒，愤恨不已，"拔刀砍地，瞋目大骂"，主动请求为艾万年报仇。艾万年从军后，一直跟随曹文诏，两人既是上下级，又是好朋友，感情自是非同一般。洪承畴大喜，顺坡下驴，还不忘给曹文诏一顶高帽子："非将军不足以办此贼！"

我们在前面讲过，曹文诏剿杀义军非常卖力，杀人不眨眼。曹文诏杀了多少人，套用一句古籍上的话，就是"杀人无算"。官军将领剿除义军时，对于被义军裹挟的百姓，都会下令让其逃跑，唯独曹文诏和他的侄子曹变蛟"必尽杀，无一存者"。以至民间有谣帖云："宁被流贼抢，不教曹兵挡。流贼抢有限，曹兵害无穷。流贼抢民财，曹兵杀民命。"

有一次，曹文诏率部路过平凉，正好碰上义军上万名家属在少数义军保护下在附近山谷中休息。曹文诏驱动三千铁骑直冲而下，肆意砍杀，来回践踏，"但闻妇女儿稚号泣，声震山谷"。曹文诏连妇女儿童都不放过，他用手中的大刀描绘了一幅人间地狱的悲惨图景。

曹文诏的勇敢和残忍，得到明朝统治者包括洪承畴的褒奖和赏识，但是，和义军结下了死仇。义军渠魁无论高迎祥、张献忠，还是李自成、罗汝才，都恨不能食其肉，寝其皮！

曹文诏的三千骑兵都是“逐一挑选,屡经战阵”的精锐。其中还有两千名是曹文诏从辽东带过来的关宁铁骑,其战斗力可想而知,这也是曹文诏敢于张狂的原因所在。

曹文诏气呼呼地要为艾万年报仇,秉承他一贯的做派,见人就杀,见贼就追,一口气追了几百里,斩杀数千人。这时候的曹文诏开心极了!

追到真宁(今正宁)地界,发现义军不跑了。非但不跑,四万义军骑兵把曹文诏的三千人马结结实实地包围了。

原来,李自成这次看透了曹文诏的“轻敌寡谋”的弱点,采取诱敌深入的战术,决定在真宁的湫头镇消灭曹文诏这个死敌。曹文诏不除,对义军意味着死亡。

几万义军把曹文诏围在正中,“飞矢猬集”。用箭对付横冲直撞的骑兵,实在是一大发明。曹文诏的骑兵越战越少。曹文诏无愧于“悍将”的称号,身陷重围,并不胆怯,挥刀砍杀,越战越勇。从上午杀到下午,杀人无算。无奈杀退一层又上来一层,就是杀不完。

杀不完不要紧,像往常一样,曹文诏集结活着的部属,准备突围。他看准一个地方,带头冲杀,居然杀开了一个缺口,突出去,不是不可能。

然而,终是未能突出去。

曹文诏的一名骑兵战士被俘,义军正在捆绑。正好,这名士兵看见了曹文诏,出于求生的本能,他朝曹文诏喊道:“将军救我!”

这一喊,义军听到了。

将军,莫不是曹文诏?

是曹文诏,就别想跑了!

义军迅速堵住了被杀开的缺口,一层又一层地围了上来。

一切又得从头开始。

悍将曹文诏演绎了勇敢的真谛,匹马单刀,砍杀围上来的义军。然而,杀退一层,又上来一层……

曹文诏终于杀不动了,他累了。他身上的血不停地从伤口流出。他知道已经无法脱身,自己的死期到了。

在众目睽睽之下,他举起那把大刀,那把砍杀了无数义军的大刀,对准自己的脖子来了一下……

血,喷涌而出!

威震山、陕、豫、楚的曹总兵“砰”然倒地。他代表的那个随心所欲的时代结束了！

曹文诏的三千铁甲骑兵几乎全军覆没，生还者不足百人。游击、都司等武官战死二十多人。他的侄子、参将曹变蛟身负重伤侥幸逃脱。

消息传来，一向不可一世的五省军务总督洪承畴禁不住仰天恸哭。他经不起如此巨大的打击！曹文诏对于他来说太重要了。曹文诏攻无不克，战无不胜，从来没打过败仗，一向被视为擎天大柱。眼下，擎天柱轰然坍塌，洪承畴之后还能指靠谁去剿贼？

他哭曹文诏，也在哭自己。哭他的精锐尽失，哭他的“六月剿贼”计划的破产，哭他无法向崇祯皇帝交代。向来在义军面前不可一世的洪承畴，这次碰上对头了，不说总督五省军马剿贼，就连自己的地盘也无法肃清。他只好收拾残兵败卒，不敢直走关中平原，绕道耀州，败走渭北同州（今大荔）。

曹文诏的死讯传出，不仅陕西官军垂头丧气，就连“关外豫楚诸官军闻之，皆为夺气”，大大打击了诸部官军的士气。

七月，义军乘胜四出，活跃于关中大地。夜晚，连营画角，火光照进西安城。洪承畴面对这种局面，干着急没办法，只能在三原、泾阳一带虚张声势。

张献忠东进渭北，攻陷澄城。高迎祥西走武功、扶风。八月，李自成率部攻破咸阳，走泾阳，屯礼泉，与高迎祥遥相呼应。

崇祯八年，对于朱由检和洪承畴来说，的确是流年不利的一年。义军在皖豫鄂和陕西取得前所未有的胜利，当阵斩杀艾万年、柳国镇，歼灭像曹文诏这样的义军第一畏惧之人。真正能够消灭官军总兵、副总兵一级的将领，就是从此开始的。

但是，义军和官军的力量对比和整体态势并未发生大的改变。义军尽管人数众多，战斗力却仍然孱弱，仍然不是官军的对手。洪承畴调整部署后，率秦师分道进攻义军，义军久战无功。十月，闯将李自成攻打淳化，未能攻克。闯王高迎祥攻打秦州也未能攻下，转而东围扶风达一月之久，后被洪承畴赶走。

闯王高迎祥退屯乾县期间，洪承畴派降将翻山鹞高杰为使者，说闯王投降。闯王嗤之以鼻，率大队义军南走武功、周至，做出关的准备。

早在八月，老回回、闯塌天、蝎子块诸部，突破朱阳关，尽歼官军徐来朝部，进入河南卢氏，至郑州，直达开封地界。蝎子块拓养坤更是了不得，在颍州大败官军，将副总兵张全昌生擒活捉。大概都是陕北老乡的缘故，张全昌剿贼从来不给力，蝎子块也投桃报李，竟然让张全昌跑了。

到了十一月，闯王高迎祥、八大王张献忠、混十万马进忠几十万大军东出潼关,进入河南。义军“大队东行,尘埃涨天,阔四十里,络绎百里,老弱居中,精骑在外”,声势前所未有的浩大。浩浩荡荡的行军队伍,震慑了沿途官军,总兵左良玉、祖宽相隔七十里,“遥望山头,不敢邀击”。曹文诏死后,义军最害怕的官军将领当属左良玉。然而,左良玉、祖宽如此猛将,对于高迎祥、张献忠等进入河南,也只是站在山头上看了看就回家了,也不敢上前拦击。

七　朱由检这次选对了人，来了一个不要命的

洪承畴在陇东被义军击败，折损曹文诏、艾万年、柳国镇三员大将，精锐部队被歼不少，“六月剿贼”计划破产。败报传到北京，朱由检不禁愕然！怎么回事？皇陵被掘，本来指望洪承畴给老朱家雪耻，现在倒好，反而损兵折将，这还是朕倚重的洪总督吗？按照朱由检的个性，恐怕少不了要追究洪承畴的罪责。朱由检惩治一、二品大员从来不手软。然而，奇了怪了，这次非但没有追责，反而温旨慰问，慰勉有加。

朱由检是这样一个人，他要干的事，一定要干，不喜欢别人阻挠，哪怕是叫苦的话也不愿听，听着心上憋闷，很不舒服。洪承畴属于不老实的那类人，很会揣摩上意，不仅不叫苦，还敢说大话、吹牛。朱由检要求半年之内肃清“流贼”，洪承畴就敢说五个月就够了，所以很得皇上赏识。陕西、延绥巡抚从崇祯三年开始，换了不下十位，同在陕西当总督的洪承畴位子坐得很稳，还一再加官晋爵，挂兵部尚书衔、总督五省军务。

但是，朱由检心里也明白，把全国几乎一半兵力交给洪承畴办“贼”，效果并不好。洪承畴在自己的地盘上尚且疲于奔命，哪里还有能力管别的省的事。

他决定起用新人卢象升。

八月，朱由检提拔湖广巡抚卢象升挂兵部侍郎衔，出任直隶、河南、山东、四川、湖广军务总理。总理一职自此开始。卢象升开府建衙，专行剿贼。朱由检还怕卢象升资历太浅，不能服众，又赐给尚方宝剑便宜行事。

朱由检给这两人明确划分职责范围：“洪承畴督剿西北，卢象升督剿东南”。若逢紧急军情，二人要联合作战。总兵祖宽、祖大乐所率五千关宁铁骑和副将李重镇所率四千官军直接划归卢象升指挥，会同当地驻军夹剿义军。

朱由检这次选对人了，来了一个不要命的。卢象升学历高，作战非常勇敢，真

可谓有勇有谋。难能可贵的是,此人非常忠心,非常敬业,做事从来不惜命。

和卢象升相比,洪承畴也能打,可是洪总督有些时候机于取巧,追剿义军拣小股打,每次都能取胜,大股义军轻易不敢碰,只要赶出防区,就敢报称“秦地无贼”;卢象升心眼较实,信奉“擒贼先擒王”,专拣实力最强的义军打。从两人的归宿更能看出二人的人格差异:卢象升、洪承畴都败于清军。卢象升担任宣大总督期间,丁忧在家,其时恰值清兵入关,麻衣草履,赴京勤王,率五千骑兵与十万清军大战,身中两箭两刀,马蹶身亡。洪承畴任辽东总督,率十几万全国最精锐的部队,其中就有著名的关宁铁骑,在松山与清军打了一仗,兵败被俘。之后,羞羞答答、偷偷摸摸地投降了清朝。

卢象升来了,义军的噩梦开始了。崇祯九年(1636),将风起云涌的农民革命直接打入低潮,就连像闯王高迎祥如此杰出的领袖人物也因损兵折将,最终被孙传庭活捉。

当时的形势是,以闯王高迎祥、八大王张献忠为主力的义军转战于河南、安徽、湖广,对手是卢象升;闯将李自成、过天星张天琳等在陕西与洪承畴周旋。

高迎祥、张献忠进入河南,分道东进。张献忠在南,高迎祥在北。由新安、渑池进至洛阳附近。当时,左良玉前往偃师、巩县阻拦高迎祥,祖宽则在嵩县、汝南迎堵张献忠。

十一月十二日,在嵩县九皋山,张献忠部与祖宽率领的三千铁甲骑兵猝然相遇。按照惯常做法,义军与官军接战之前照例要喊话,义军问官军是打“和仗”,还是打“真仗”? 所谓打和仗,就是不打,义军从容撤退,一边撤一边丢东西,什么粮食、财帛、牲口,丢得满地都是。义军走后,官军上前捡东西,然后回去报功。打和仗用不着流血牺牲,还能发一笔财,何乐而不为,官军多选择打和仗。这也是“流贼”越剿越多的另一个原因。

张献忠这次遇上关宁铁骑,也如法炮制,先喊话,然而此法不灵,祖宽的铁甲骑兵好像没听见一样,一拥而上,大砍大杀。其实,不是没听见,是听不懂,关宁铁骑清一色东北人,听不懂陕北土话。难怪现代人提倡普通话,语言不通,无法交流,好事也会弄拧。

关宁铁骑是职业军人,装备好,军事素质高,义军根本不是对手,被祖宽打得大败。张献忠率众猛跑,不想祖宽的骑兵跑得更快,祖宽还纠集副将罗岱、刘肇基在汝州圪料镇再败张献忠,斩首三千余人,伏尸二十里。

尽管如此,祖宽仍然紧追不舍。

不得已，张献忠急忙北进，向高迎祥靠拢，与高迎祥、刘国能、扫地王、一字王等会合，大会于龙门白沙，前后连营六十里。

人多势众，以数量对质量。张献忠决定在龙门教训一下祖宽，兔子急了还咬一口，何况是人？

二十六日，他集结部队，在龙门设下埋伏。祖宽的铁骑肆无忌惮，进入埋伏，战斗打响。祖宽身陷数万人的重围，不同于别的官军的地方在于，祖军的铁骑一点也不慌张，该怎么杀，还怎么杀，而且死咬住张献忠不放。张献忠的黄色帅字旗到哪里，他就杀到哪里。龙门山区山路崎岖，祖宽的三千人马蔓延在十几里长的山谷中，骑兵不能驰骋，多少有些力不从心。张献忠乘机猛地一冲，将祖宽人马截成两段，分割包围。关宁铁骑太猛，近身不得，义军就用弓箭对付。这场战斗从早晨一直打到夜晚，祖宽几次冲击都无法突围，但被义军分割包围的祖家军得以合兵一处。夜间，义军点燃一堆堆号火，冷箭嗖嗖地从山上射下，勇猛无敌的祖家军也有数百人伤亡。

半夜，厮杀停止了，双方都在等待天明。义军号火明灭不定，张献忠的帅字大旗虽插在路中央，却不见张献忠的人影。祖宽仔细观察后料定张献忠不在现场，多半睡觉去了。包围祖家军的义军也疲惫松懈，从号火的明灭不定即可看出。祖宽决定突围，此时不走，更待何时。祖家军攒足勇气，发一声喊，猛冲过去，大砍大杀。义军猝不及防，加之夜间调度失灵，被祖宽冲出包围，扬长而去。正在龙门睡觉的张献忠接报颇感意外，但也无可如何。

龙门山伏击战，事实上打成了消耗战，张献忠折损主力一千余人。勇锐强悍的祖家军也死伤数百，这个数字对于祖宽来说不是个小数，多少也能让祖宽长个记性："流贼"也不敢小觑！肆无忌惮就会吃亏，被逮住咬一口，的确够受！

十二月，高迎祥、张献忠等部义军分路东进。高迎祥、罗汝才由罗山、息县，进围光州。光州官绅负隅顽抗，义军抬大炮二十门轰城，城崩火作，守城官兵仓皇逃窜，高迎祥、罗汝才乘虚而入，杀戮官绅无遗。接着，由霍丘进入长江以北，直逼中都凤阳。有了正月的教训，官军再也不敢掉以轻心。漕运总督朱大典率马爌、杨御藩、倪宠等将领赶到寿州，严阵以待，阻止义军进攻。

张献忠等股义军由豫南进入皖北，十七日围攻庐州，这是张献忠一年里第二次攻打庐州。庐州是安徽省首府，显然对张献忠有很大吸引力。庐州知府吴大扑、合肥知县熊文举严兵据守，张献忠围攻六天六夜未能攻克，直到朱大典率军来救，才于二十二日解围去。

张献忠分兵进犯含山和巢县。巢县士民得知张献忠围攻庐州,就料定巢县守不住,早已弃城出走,留下一座空城。含山县士民也一样,事先备有舟船,义军一到,都开船躲入巢湖。城门大开,义军整队入城。时已腊月二十五日,张献忠准备在含山一带过年。

腊月二十六日,张献忠分兵突袭和州(今和县)。事先派人入城为内应,内外夹击一举破城,知州黎洪慧、学政康正谏等被杀。

已经是腊月二十九日了,马上就要过年了,张献忠仍然不安分。他纠合各股义军沿江东下,进犯江浦。江浦县离南京很近,江浦知县李维樾、把总蒋若采、游击汪吉迪据城防守。李维樾是个精细之人,知道张献忠善用间谍入城内应,就让蒋若采、汪吉迪专门负责盘诘奸细。如果入城者说是江北人,就押到汪吉迪军中让熟悉北方话的军官审问;若入城者称是江南人,就押到蒋若采军中让熟知南方话的军官审问。结果许多被抓者自称是江南人却不能说一句江南话,说是江北人口音也不对。这些人全部被杀,枭首示众,张献忠派入城中的间谍几乎全部被杀。然而,围攻江浦的义军,包括首脑人物张献忠丝毫不觉,照样攻城。义军战士非常勇敢,从云梯爬上城堞,总以为有人接应,不想被守城部队砍断手臂,坠下城去。义军一阵惊呼,这时才知谍者已泄,内应全无。张献忠知道不能取胜,这才退回含山、和州过年去了。

闯王高迎祥、八大王张献忠、曹操罗汝才、闯塌天刘国能等大股义军在江北东南一带攻城略地,搅得鸡犬不宁,极大地震动了朝廷。新任五省军务总理卢象升在给皇上的奏疏中惊呼:“楚、黄、凤、泗、淮、扬,俱可大虑。”“闯王又第一称强,谁能挡者?豫楚必将鼎沸矣。”还说,高迎祥的危害“不让安、史,庙堂或未之深知耳”。这里所说的安、史,即唐玄宗时,安禄山、史思明发动的叛乱,史称“安史之乱”。兵科给事中常自裕是米脂人,他在奏折中说:“流寇渠魁数十,最强无过闯王。所部多番汉降丁、将卒亡命,其锐不可当也;行兵有部伍,纪律肃然不乱,其悍不可当也;攻城无不破,对敌有冲锋埋伏,奇正合法,其狡不可挡也。”

闯王高迎祥,是明末农民起义杰出的领袖人物。他领导的义军有十几万人,有时达到几十万,是当时各股义军中实力最强、声威最大的一支。他的队伍构成,除饥饿的农民外,相当一部分是“番汉降丁,将卒亡命”,即哗变或投降过来的汉族和少数民族官军将士,所以“甲杖精整,部伍不乱”。义军多有骑兵,而高迎祥的骑兵有盔甲,即所谓的重甲骑兵,并且每人两匹马,机动性和战斗力很强。

乱世出英雄。明末，义军中出了高迎祥、张献忠、李自成，同样，在明朝廷也出了像卢象升、孙传庭这样的英雄。

说卢象升是英雄，指他高度的敬业精神和负责任的态度。当时的官军因为缺饷经常哗变溃散，卢象升却能整肃内部、以身作则，让这样一支没什么战斗力的队伍成为敢战能战之师。

卢象升担任军务总理后，很快确定作战目标：消灭高迎祥。他在奏疏中明确告诉崇祯皇帝"必于（九年）正、二、三月先剿尽闯王一股，余贼方可次第歼散"。他就敢把自己的真实想法告诉皇上：我就是要首先消灭"流贼"中最大最强的一股。这一点，洪承畴就做不到。

当时，留在陕西的义军只有闯将李自成、过天星张天琳等数股。李自成的实力远比不上高迎祥、张献忠。尽管如此，洪承畴连李自成也不能摆平。李自成屯兵韩城一带，等待黄河结冰，打算踏冰东入山西。谁承想这年偏偏天气暖和，李自成在韩城住了四十多天，也未等来黄河封冻。尽管李自成对河东岸眈眈以视，就是不能成行，而四十多天时间里，洪承畴也奈何不了李自成。

卢象升第一次与高迎祥交手是在汝阳城外。当时，高迎祥率几十万义军准备攻打汝阳，声势浩大。卢象升没有被这种气势吓住，仔细观察后发现，各股义军组织松散，指挥调度并不统一，只要选择恰当的时机和切入点，可以一战。他选择在汝阳城西与高迎祥作战，用强弩硬弓攻击高迎祥的重甲骑兵，射杀千余人，迫使高迎祥退却，解了汝阳之围。之后，又在确山堵截，大败高迎祥，再次歼其骑兵千余。

高迎祥并不示弱，于崇祯九年正月六日，联合张献忠、罗汝才、刘国能等围攻滁州。义军架云梯爬城，一度攻入南门子城，被官军反击出去。后又转攻东门，用土填平城濠，穴地挖洞进攻。南京太仆寺卿李觉斯、滁州知州刘大巩率领军民守城，用大炮和硬弩回击义军。初七日，义军一度奋勇突入大城关内，又被击退，终未能攻下。知州刘大巩十万火急地向正在凤阳的卢象升求救。卢象升闻报大惊，一度甚至惊慌失措。

时势再明显不过，高迎祥攻打滁州另有企图，真正的目标是南京，这也是一向镇定自若的卢象升惊慌的原因所在。不过，卢象升很快就镇定下来，心想：渠魁高迎祥要么找不着，要么只能追着跑，现在总算找着了，正好就地歼灭。你还想夺取南京，岂能让你得逞！他留左良玉、祖大乐在河南，自己带领祖宽、罗岱、杨世恩等飞速驰援滁州。

卢象升速度很快，率几万援军于八日晨就赶到滁州，此时的滁州已经招架不住了。高迎祥尽管两次败于卢象升,但对于卢象升的到来似乎并不在乎,丝毫没有撒丫子开溜的迹象,反而在城东五里桥摆开架势与卢象升决战,倚仗的就是人多势众。

卢象升派出由祖宽率领的关宁铁骑为前锋,一头扎入阵中大砍大杀,随后是罗岱、杨世恩,再后是卢象升,梯次进攻。史书载,这次战斗十分惨烈,战阵几开几合,双方死伤数万人。当然,死的大多是义军。关宁铁骑勇猛无比,表现出职业杀人机器强大的杀伤力,高迎祥的重甲骑兵与关宁铁骑根本没法比,充其量是山寨版,显然不在一个档次。关宁铁骑每人一支三眼枪,远处枪击,近处刀砍,高迎祥的骑兵被歼两千多。午后,战场转至关山朱龙桥,官军攻势越猛,朱龙桥下的滁水因为死尸堆积填委,为之不流。在官军的强大攻势下,义军渐不能支,当天夜里撤滁州围遁去。

义军一败,纷纷作鸟兽散。卢象升乘势挥军追杀,逐北五十里,朱龙桥至关山,义军横尸相枕藉,死伤无数,丢失旗鼓甲杖无数,损失十分惨重。

"卢阎王"就是卢阎王,名不虚传,不怕是不行的!

高迎祥被迫放弃进攻南京的计划,北走凤阳。十日驰至凤阳。漕运总督朱大典、总兵杨御藩伏重兵于陵城后,静观动向。顺便说一声,此时的凤阳已经修建了城墙,也顾不得什么风水不风水了。高迎祥见凤阳有备,乃转攻寿阳。我们前面说过,寿阳城不大,守城者官不小,就是那位破家散财、募士守城的方震孺。一年前,八大王张献忠打不下来;一年后,高迎祥仍然没能打下来。

高迎祥西走池河,遭到京营总兵倪宠拦截。不得已,高迎祥率义军从小道出东冈。东冈有官军守御刘辉,把总陈正、陈三善领五百人驻守。十数万义军突然而至,包围东冈,五百守军悉数被歼,刘辉等三人跳水自杀。

正月十八日,义军大队渡过淮河,分兵西撤。张献忠、罗汝才等走永城,破萧县,进入河南,由归德直向开封,之后活动于舞阳、南阳、内乡一带。张献忠义军另一部在滁州战役后沿江西进。二月四日,经桐城,攻克太湖。在距桐城三十里的鹿耳城,一度包围安庐道史可法。如果不是年少有才的桐城县令杨尔铭设计援救,大名鼎鼎的史可法也许成了义军的俘虏。老回回马守应向河南中部撤退。

闯王高迎祥倒大霉了,被卢象升死死盯住,紧追不舍。高迎祥为了避开官军的围堵,绕道北走。先破灵璧,趋泗州,突入沛县,做出一副攻打徐州的架势。然后出其不意,突然西走虞城也进入河南,经过仪封、考城,也向归德、开封趋进。

高迎祥奔走于萧县、砀山、灵璧时,曾经想渡黄河而东,山东的曹县、单县为之大震。山东总兵刘泽清在河对岸严兵以待，焚毁渡船，凭借黄河天险，使义军受阻。当然啦，今天的黄河并不流经曹、单一带，在崇祯十五年（1642）李自成第三次围攻开封时，黄河在开封决堤，故而改道。

渡河受阻，高迎祥合扫地王、闯塌天、一字王等二十四营，西向归德，不想噩运连连。卢象升好像知道高迎祥想什么，总是在高迎祥经过的地方，布有重兵，每回都重创高迎祥。高迎祥二十四营行经归德附近的谷熟镇，总兵祖大乐正在那里等着。祖大乐的关宁铁骑突然发起袭击，大败高迎祥，二十余万人马折损大半。

高迎祥硬着头皮继续向西退却，进至开封朱仙镇，碰上总兵陈永福。确切地说，不是碰上，而是陈永福奉命就等在这里，又一次遭遇大败。

高迎祥气得直骂娘，意识到自己陷入了卢象升设好的圈套。在开封附近，他汇合老回回、混十万、整齐王诸部继续西向，攻密县，走登封。河南总兵左良玉、副总兵汤九州闻讯，立即率部前来堵截。二月一日，在嵩县九皋山与高迎祥接战。高迎祥凭借九皋山险要地势奋力搏杀，阻止了官军的攻势。左良玉见义军人多势大，加之地势不利，害怕吃亏，不敢进击。汤九州是个死心眼，脑子转不过弯来，率领所部三千人独自深入，猛打猛冲。接连遭受败绩的高迎祥火气很大，正没处发，随即将汤九州的三千人马团团围住，全部歼灭，当阵斩杀汤九州。

汤九州是与左良玉齐名的著名将领，终因左良玉怯战，后继无援而战死。史书把左良玉一顿好骂。对于高迎祥来说，在遭受一连串败绩后，这是这一时期取得的唯一一场胜利，多少也能提振一下士气。

此时的高迎祥终于有点明白了，自己不是卢阎王的对手。照这样下去，手里的这点本钱很快会丢光。安徽不能待，河南待不住，惹不起，还走不起？走，回陕西！李自成在陕西不正闹腾得欢么？较之于卢象升，洪承畴要算比较好打交道的了。他在登封鲁召山中与闯塌天合营，急忙向南阳、裕州一带窜去，企图经襄阳、郧阳进入陕南。

然而，读过书的人就是比没读过书的人计高一筹。三国时南阳出了个诸葛亮，能掐会算，此时的卢象升简直就是诸葛亮再世。卢象升料定高迎祥必将入秦，而且料定高迎祥会经南阳、襄阳、郧阳入秦，就在他的必经之地南阳七顶山集结重兵等着他呢。和卢象升一起的有让高迎祥吃过大亏、闻风丧胆的祖宽、祖大乐、刘永福、罗岱等一干将领。他们以逸待劳，已经等了好几天了。高迎祥对此一无所知，毫不觉察，一头撞进卢象升布好的口袋。于是，一触即溃。义军望见“卢”字、“祖”字、“刘”字大旗，就四散奔逃。问题是逃也逃不掉，卢阎王只要命，不要别的。此时仍然拥众十万的高迎祥一败涂地,败个精光。随高迎祥逃出的义军只剩千余骑,遂窜入郧西山中,经兴安、紫阳入汉中大山中,躲了起来。之后,又派人入河南收集残部,以图再举。

自紫金梁王自用死后,十三家义军,首推闯王高迎祥实力最强。卢象升任总理后即认为"闯王第一称强,谁能当者?"其实,他提出这个问题时,已自任"当者",而且计划于九年正、二、三月破闯。这个计划到三月初就实现了。对此,卢象升并不满意,他的目标是消灭闯王,而不是击溃。要知道,像闯王这样的"渠魁"巨寇,如果不消灭,即使只身逃脱,也能东山再起。

卢象升原本计划在河南、湖广消灭高迎祥,尽管他严令湖广、郧阳巡抚在襄河堵截,但哪里还来得及,高迎祥和逃出的部卒都是骑兵,风驰电掣,瞬间消失得无影无踪。再说了,同样是封疆大吏,有几个能有他那样的事业心和负责精神。非常负责的卢象升檄令祖宽、祖大乐率关宁铁骑入山追剿,祖宽一口回绝。理由是:骑兵无法在山区作战。

卢象升明白:这是借口。高迎祥不都是骑兵吗?他能进入山区,关宁铁骑为什么不能?

祖宽一向骄横,之所以勉强听令于卢象升,一是厚饷供养,二是好言抚慰。现在让他们深入秦巴山区去吃苦,自然不会听令。卢象升看命令不行,就改为好言劝说,但道理讲了一大堆,好话说了一箩筐,祖宽就是不为所动。

到了崇祯九年四月,辽东发生了一件惊天动地的大事。后金努尔哈赤的儿子皇太极到底按捺不住,决定建国。国号大清,不再叫后金;年号崇德;国都就定在沈阳,叫盛京。大清立国,是重要的历史事变,意味着满洲贵族不再满足于偏安一隅,公开与明朝叫板,分庭抗礼。

大清立国,就得有所作为。皇太极的目标是灭掉大明朝,取而代之。是年六月,皇太极亲率十万大军,避开关宁前线,绕道喜峰口长城,进入京畿重地,一连攻破十几个州县,大肆抢掠烧杀。

性急轻躁的朱由检一看大事不好,大清都打到北京了,哪里还顾得上剿贼。于是,拆东墙补西墙,急调卢象升率祖宽、祖大乐等火速救援京师。这一下,卢象升再也用不着苦口婆心地劝祖宽入山了,连他自己也得回北京了。

朱由检的这个决定,让多少历史学家忿忿不平!

从头一年八月起卢象升担任总理充其量一年时间,一年里给义军的打击前所未有。闯王高迎祥基本被打残；闯塌天刘国能因多数时间与闯王合营，又有青石铺、三道沟、花园沟之败，损失很大；曹操罗汝才有归德北史家楼之败；老回回马守应有鄢陵之败，损失惨重。大股义军差不多都蒙受巨大损失，这恰恰是卢象升的功劳。史学家叹息的是，如果继续让卢象升剿贼，也许能一鼓荡平，彻底扭转乾坤。

要说还是八大王张献忠“狡黠”。他兵分两路，一路沿江北西进，小有斩获；一路张献忠亲自率领随高迎祥进入河南西撤。一路上处处挨打受挫，张献忠觉得不是个事，就离开高迎祥，赶在卢象升布防前进入南阳地界，后又转入郧西，早早就退入陕南，所以，他的损失不大。

到这年三、四月间，大股义军大都被卢象升赶到陕西。

一直留在陕西的李自成牵制住洪承畴无暇东顾。崇祯八年四月，李自成从宁夏南下，进入延绥境内，本想自绥德东向渡黄河入晋，却被定边副总兵张天礼力阻。十三日走巩昌，又为左光先、曹变蛟拦截。二十四日绕过庆阳，走环县，过安塞，进入清涧地面。五月初，李自成包围绥德，绥德危急。

延绥总兵余冲霄率精兵来援，李自成解围南走。余冲霄不舍，率部一直追到安定（今子长）县。李自成与过天星、混天星、满天星在安定设下埋伏，陷余冲霄于伏中，被围数重，延绥镇精兵千人被歼，总兵余冲霄也被俘斩首。

这一仗使延西大震。李自成就势回兵，攻克绥德、清涧、米脂。米脂是其故乡，李自成衣锦还乡，会其亲故，回乡祭祖，亲戚故旧相从者益众。李自成对被俘的米脂知县边大绶不加伤害，赠金以别，告诫边大绶要“善待吾乡民”。

李自成当时有四万人，实力并不强，在动辄十几万、几十万的大股义军中，只能算个小弟弟。但是实力不强，尽干大事、实事。崇祯八、九年间，他与过天星等合营，消灭官军总兵、副总兵级高级将领有五六人之多，展露其过人的智慧和才能。说到这里，不妨说说古籍的记载。《蜀龟鉴》载，李自成是破军星下凡，专破官军。“自成父守忠娶金氏，无子，祷华山，梦神以破军星为子，生自成（父梦一骑入门，名闯儿），呼为皇来儿”。

卢象升调走了，各股义军大大松了一口气。高迎祥入兴汉山中后，派人到河南收集亡散，吸引饥民参加队伍，力量又壮大起来，声威复振。他联合闯塌天、曹操诸部，一度由郧阳入湖广，约会各股义军攻打荆州，只是因为官军有备，又撤回汉中休整。

巨寇渠魁相继入秦，明朝廷十分恼火，下令追查堵截不力者的责任，又一次将陕西和郧阳巡抚撤换。这两个地方的官员换得比走马灯还快，让人目不暇接，本来没什么好说的，不过，新出场的这个人应该记住：就是新任陕西巡抚孙传庭。当洪承畴追剿义军渐显颓势时，孙传庭却成为一匹黑马，成为一颗冉冉上升的耀眼的新星。他到任只有四个月，就在马召原生擒让朝廷寝食难安的闯王高迎祥。

高迎祥在皖、豫被卢象升击败，蛰伏汉南山中几个月，心里很不是滋味，特别是得知昔日自己的部下八队闯将李自成攻克延绥诸县，衣锦还乡，置酒高会的情景时，十分羡慕，很有点坐不住了。

崇祯九年七月，高迎祥率步骑五万，出汉中经子午谷，进军西安。

这是一个大胆的行动。高迎祥之所以敢这样做，是因为笃定洪承畴正全力对付李自成，无暇他顾。至于孙传庭，他不了解其人，或者也不想了解，反正没把其人放在眼里。殊不知洪承畴与孙传庭有分工：洪承畴“专制关内”，全力对付李自成；孙传庭则坐镇西安，专注在汉中一带的高迎祥、张献忠等义军动向。

孙传庭是读书人，学贯古今；孙传庭是封疆大吏，责任心不亚于卢象升。对于义军的动向，他应该有预案。他派出的奸细混入义军的不在少数，所以高迎祥一动，他就知道了。尽管高迎祥走的是一条极其隐秘的小道，孙传庭居然在其必经之路周至黑水峪设伏以待，而且一待就待了十五天。

高迎祥所部毫无悬念地进入孙传庭的埋伏。战斗从七月十五日打响，双方展开激战。高迎祥尽管处于非常险恶的境地，却一次又一次地猛烈冲锋，表现出顽强的战斗意志，数次突破官军的伏击圈。而孙传庭亦非等闲之辈，风格很像卢象升，既然咬住了你，就不能让你跑了。伏击圈被突破，又很快合围，像狗皮膏药一样紧紧贴住高迎祥。

黑水峪战斗，官军占尽天时、地利、人和。天时，当高迎祥所部进入黑水峪，就连日下雨，秦岭山中大雨滂沱，本来就崎岖的山路泥泞不堪，不说打仗，就是行走也一步一滑，连滚带爬，哪里还能腾出手来交锋！地利，官军据险设伏，占尽地利；义军仰攻，终处于下风。人和，官军以逸待劳，士气旺盛，没有后勤补给之虞；而义军饥疲不堪，士气不振，战斗力终归不能长久。

尽管如此，高迎祥所部仍顽强地坚持了五天，越打人越少，始终不能突破伏击，越过秦岭。七月二十日，高迎祥伤病不能再战，只身躲进一个山洞养伤，不幸被俘。

史书对于高迎祥被俘还有一说，孙传庭率领的秦兵多为延绥人，官军与义军许多人是老乡，互相认识。在高迎祥陷入困境时，孙传庭派人诱降高迎祥身边的动摇分子。干公鸡张二暗中约定投降官军。在马召原，雨后山区大雾，高迎祥下马引弓射敌，干公鸡趁此机会，偷偷地把高迎祥的战马和亲兵向南拉去。当高迎祥发现这个阴谋时，已经成了光杆司令。这时官军已经包抄上来，高迎祥脱下甲胄，藏入一处树丛中，被官军抓获。同时被俘的还有领哨黄龙、总管刘哲。

高迎祥被俘的消息传开，引起巨大的反响。消息传到北京，犹如给一个心脏病患者注射了一支强心剂，整个朝廷兴奋不已，朱由检下令押解高迎祥献俘阙下。孙传庭亲自选择进京路线，还是害怕路上有失，竟然派了三千官军押解高迎祥进京，足见高闯王在明朝廷眼中的分量。

最后，高迎祥被处以磔刑。所谓磔刑，就是千刀万剐。

孙传庭，是孙传庭生擒的高迎祥。这个人深深地印在朱由检脑子里。朱由检是个只要结果不问原因的人，他忽略了另一个人，那个将高迎祥打残的人——卢象升。如果不是卢象升把高迎祥的有生力量几近歼灭，黑水峪即使设伏，又能奈高迎祥何？几十万军队你能奈何得了吗？

史书认为之后卢象升受到不公平待遇。首辅温体仁妒忌卢象升功高，调他任宣大总督，让他对阵从未交过手的清军。兵部尚书杨嗣昌对清主和，遭卢象升反对，竟想看他的笑话。你不主战吗，有本事你打去！大太监高起潜手握重兵，在卢象升陷入清军包围时见死不救，致使卢象升全军覆没，战死疆场。这个不要命的人终于没命了，要他命的人既不是义军，也不仅是清军，而是他朝中的那些同僚们。

八 高迎祥遇害后，闯王李自成噩运连连

闯王高迎祥被俘遇害，严重削弱了当时的农民革命。一个时期以来，高迎祥因人马最多、实力最强，在几十股义军中处于龙头老大的地位。现在龙头老大被害，队伍被打垮，对各股义军心理上的打击是巨大的。有些义军首领诸如张妙手、蝎子块一时对造反前景悲观失望，于这年九月向孙传庭乞求投降。

高迎祥之后，实力最强的义军首领当属八大王张献忠。张献忠自三月进入汉中，几个月时间蛰伏汉兴、郧西一带，不甚出掠。老回回、混十万、整齐王退入豫西永宁、卢氏一带大山中息马。

当然啦，高迎祥的死，受到打击最大的是闯将李自成。

李自成与高迎祥私交甚好，相互配合作战也最多。李自成起义，初随不沾泥张存孟，后东渡黄河入晋，即跟随高迎祥为八队闯将。自成一军后，也多与高迎祥合营作战，相互之间建立起深厚的情谊。高迎祥遇难后，其余部由高迎祥的弟弟高迎恩率领，投奔李自成。

此时的李自成扬威陕北，一度准备东渡黄河进入山西，被山西巡抚吴甡所阻，复西进宁夏、甘肃。其“气焰风声，益非昔比”。李自成对于高迎祥被害，十分沉痛，他热情欢迎高迎恩的到来。为了表示对高迎祥的崇敬和怀念，继承高迎祥的未竟之业，一向称“闯将”的李自成，从此称“闯王”。真是应了那句“野火烧不尽，春风吹又生”的诗句。

“闯王”死而复生，让洪承畴、孙传庭大为恼火，立即把追剿的矛头对准李自成，必欲灭之而后快！如果说在这之前，李自成只有洪承畴一个对头的话，现在又多了一个孙传庭。多了一个对手，却失掉了高迎祥这个重要盟友，从此，李自成噩运连连，屡战屡败，差一点重蹈高闯王的覆辙。此是后话。

卢象升率部入援京师后,很快被任命为宣大总督,离北京近了,离豫楚江北却远了,给农民革命一个重新活跃的机会。在豫西宁、卢、内、淅山中歇马的老回回、混十万、整齐王趁秋高粮足,走出大山,八月出荥阳,奔郑州,直至开封,放火焚毁开封西关。九月混十万屯郏县。老回回过唐县,走邓州,往来于襄阳、枣阳间,等待张献忠前来会师。

十月,张献忠由汉中经郧、襄与老回回、混十万、曹操等合营,又知会闯塌天刘国能、射塌天李万庆、过天星惠登相、革里眼贺一龙、左金王蔺养成等十几股义军发动东进作战,打算攻取苏皖江北的仪、淮地区,进而威胁南京。

却说张献忠率领自己的七营精骑,自房、竹山中出来,第一步要渡过汉江。汉江自光化以下,早有官军秦翼明防守。一些水浅的地方秦翼明严密布防,水深的地方则把渡船集中停靠东岸,严防义军抢夺渡船。汉江防御看上去无懈可击。

张献忠其人绝顶聪明,史书多用“狡黠多计”描写其人。他选择的渡江地点在罗汉渡,这里水深没顶,可行大船。到了指定地点,他一声令下,义军战士全部下马。他让战士双手紧攥马尾,打马向前,呼风浮水而渡,什么船不船的,没有船照样渡江。等到秦翼明觉察,已为时太晚,“兵寡不能御”,眼睁睁地看着张献忠扬长而去。十一月,张献忠、老回回、罗汝才等几十万义军都进入湖广,活跃于德安、随州、云梦、应城一带。

十二月六日,张献忠进围应城。应城县令张绍登率军民万人拒守。张献忠在应城东、北两门郊外埋伏重兵,自己率少量部卒自东向西绕城而走,在距西门十里处驻扎,只派少数部队佯攻西、南两座城门。到了第二天,连佯攻都没有了,“安静如故”。一连几天都是如此。

城内守军开始惧怕不已,莫知所出。及至见其旗帜不振,队伍稀松,似攻非攻,打一下停几天,不但不再害怕,“反笑其无能,益骄且惰”。反倒是城里等得不耐烦了。十日,城门大开,出来一个穿铁甲的胖大和尚,带领一千多人挑战义军。义军一看有人出战,掉头就跑,一边跑一边丢弃大批辎重、粮食。铁甲和尚和他率领的一千多人大出意外,仗怎么这么好打,敌人还没交手就跑了!“乡愚嗜利”,也顾不得看看对手是真败还是假败,一窝蜂地争抢战利品。

这正是张献忠所要的结果。

他一看时机成熟,立即旋转马头突然驰至,挥舞明晃晃的大刀,将铁甲和尚一刀砍了,驱动精骑大砍大杀,出城挑战的一千多人无一生还。接着,指挥大军直驱城下,架云梯猛烈攻城。义军战士进攻时嘴里发出“啰——啰——”的吼声,惊心动魄、震耳欲聋。

守城的军民目睹了城外的屠杀场面,早被吓得不知所措;又见义军猝然登城,更是惊怖不能自已。无论是军是民,哄然溃散,弃城斩断东、西二门上的铁锁,开门逃窜。不想正好撞在早已埋伏在这里的义军手里,包括知县张绍登在内,全部被俘。张绍登被处死。

张献忠攻破应城,在应城住了八天。其间,应城诸生潘独鳌因不堪忍受官府勒索,毅然投入义军。这是第一次有知识分子追随张献忠。张献忠见其谈吐不俗,十分器重,便将潘独鳌留在老营,替自己出谋划策。

离开应城,张献忠接着进围云梦,攻打八日不克;后转攻孝感、黄陂二县,破之。崇祯十年二月,张献忠率十万义军攻打湖广重镇随州。随州知州王焘拒守,并向随州附近的官军求救。副总兵杨世恩、许名城见义军人多势大,害怕援救不成反被义军歼灭,未敢轻动。义军首先攻破随州南关厢。十一日打破随州,知州王焘自杀。

十五日,张献忠进攻河南邓州。知州孙泽盛、同知薛应令、千户李锡光负责守城。当时,岁饥民贫,百姓存活都成问题,可是孙泽盛为了追索赋税,严刑拷打,不少人死于其杖下,邓州百姓对其切齿痛恨。张献忠在城外发起猛攻,城内百姓非但不怕,反而欢欣鼓舞,群起响应。州民张三崇带领义军攻陷外城,当阵斩杀孙泽盛。同知薛应令被义军俘获,百姓争着杀他,被“析骸而死”。

几天之后,各股义军挥戈东进,在蕲州高山铺设伏,全歼广济典史魏时光的团练武装三百人。义军乘胜前进,沿黄州、团风、新生州、罗田、三店、阳逻一线连营百里,进攻安庆,“烽火达淮、扬”,“南京为之大震”。

南京枢臣范景文、应天巡抚张国维,史称“知名能战”之臣。他们沿江严密布防,唯恐义军过江。张国维还在自己统领的四十八卫军队中挑选三千名强勇之士,经过严格训练,组成一支战斗力很强的新军,由副总兵程龙、守备蒋若来、陈于王率领,分别驻守江北的江浦、六合、滁州三地,抗拒义军进攻。

此时,各路义军从蕲、黄、光、固直驰江浦,六合,扬州、仪征、滁州、来安、定远一带全是义军。义军分屯大江、小江、皇甫、常山诸地,沿江扎下八十八座大营,窥视南京。到了夜晚,沿江营火延绵数十里,仪征、六合等地人民在屋檐下翘首远望,为义军的声威气势所折服。

张献忠、罗汝才、马守应等义军首领立马江北，眺望江南虎踞龙盘的南京，艳羡之情溢于言表，但苦于没有舟楫，加之北方人不习水性，无法渡江。张献忠命令部卒收集绳索，砍伐大毛竹，绑成竹排，放入江中。他令士卒撑竹排演习渡江，不想没撑多远，竹排就被大浪打散，士卒全部落水。

几十万义军在南京北岸动作频频，不仅“南京震动”，明朝廷也觉得形势不测，急忙调兵遣将，紧急救援南京。于是，左良玉、秦翼明、杨世恩、率领京营的太监刘文斌、马爌、刘良佐等一干将领率部前来追剿。义军与左良玉相拒于六安、舒城一带，连战失利，只得退入霍、英一带山区，凭险据守。应天巡抚张国维檄令左良玉入山搜剿，左良玉因刚刚立功，骄蹇不听调。

左良玉所部来了，当地百姓可就遭殃了。他的部下“所至排墙室，汙妇女，掠鸡豚，劫掠村集”。他的大营中掠有“妇女小子数千”。古书记载：“其为将也，军法颇宽，凡掠子女金帛，俱不之究。但谕之云：汝只为我杀贼耳！”只要能为我杀贼，能打仗，哪怕你和贼一样奸淫抢掠，一概不问。以致有“贼梳兵篦”的说法。

《明季北略》讲了这样一件事。左良玉驻军豫、楚，有一个秀才的妻子长得很美，秀才很爱她。一天，秀才找左良玉告状，说他的妻子被左良玉的士兵抢走了。左良玉念其是个读书人，让他进入大营寻找妻子。秀才在被掠来的妇女中一一辨认，找到了自己的妻子，并告知左良玉。左良玉让他把妻子领走。不料秀才的妻子嫌秀才穷，而抢她的士兵广有钱财，不愿再跟穷酸秀才过苦日子，竟然不肯相认。这一下左良玉也被难住了。

左良玉想了一想，问道：“既然说是你的妻子，她身体上可有暗记？”

秀才说：“曾经记得她乳房上有一黑痣。”

左良玉令脱衣验之，果然有。

左良玉对秀才说：“她既然不认你是她的丈夫，你又何必以她为自己的妻子呢？我军中妇人不少，任由你挑选一个去吧！”

左良玉的慷慨大方，让穷秀才感激莫名，跪拜之后，出去挑选了一名长相漂亮的女子走了。

秀才走出不到三里，忽见一骑兵飞马而来，说左帅送他一件礼物，说完递上一个包袱。秀才打开包袱一看，原来是前妻的人头。“生大惊泣谢，一时传以为快！”

计六奇先生以欣赏的口吻述评这件事，但就此事本身能“快”得起来吗？左良玉是急公好义，也很大方，送一个，杀一个。不过，这些妇女都是百姓的女儿或者妻子，把她们抢来任意糟践蹂躏，还得别人感谢他，“传以为快”，难道不是颠倒黑白，是非不分吗？当一个社会是非不分时，这个朝代垮台的日子为期不远了。左良玉是官军，官军是人民缴纳赋税兵饷供养的保护人民的军队，可是从左良玉身上能看到一丁点保护人民的痕迹吗？非但不保护人民，还肆意糟践百姓，人民群众能拥护他吗？义军未能攻取南京，绝非官军有多强大，而是正如三国时魏文帝曹丕说的：“大哉江乎！天之所以限南北也。”是那条横亘在义军面前的长江让义军却步，不然十个南京也不愁打不下来！

既然攻取南京无望，大批官军又来了，义军遂分头退走。正当张献忠退兵之际，想不到的事发生了。应天巡抚张国维督令自己训练的新军追击张献忠，这让张献忠老大不高兴。还敢追赶咱老子，你以为咱老子真的溃败了？

张献忠决定给张国维点厉害尝尝。他命令部队在安庆丰家店设伏，分屯四山，等张国维的三千新军追到丰家店，即将丰家店团团围住。新军发现被包围，向驻守安庆的史可法紧急呼救，史可法奉命驰援，然而“兵至不敢击”。四面山上都是义军，丰家店更是围得密不透风，史可法知道，如果自己硬往里闯，非但不能救新军，连自己也搭进去了，只好象征性地“鸣大炮遥为声援”。统领新军的副总兵程龙、守备蒋若来、陈于王、潘可大已是“食尽兵饥”，望眼欲穿地等待救援，听到炮声“亦鸣炮应之”，乘机想突围，但鼓噪突围的新军没走几步，很快被义军打了回去。至此，新军“雨泞甲重”，饥疲不堪，士气十分低落。

三月二十八日，张献忠首先发起火攻，放火焚烧新军营垒。大火延烧引燃新军存放的火药，爆炸声四起，新军营垒大乱。乘此机会，张献忠率一万余精骑冲入丰家店新军营内，犹如虎入羊群，将这支饥疲之师杀得七零八落，全部歼灭。副总兵程龙见大势已去，跳入火中自焚而死；守备陈于王久战重伤，力竭自杀；守备莫显骅新中武举，本当参加会试，自请讨贼企图立功，结果被当阵斩杀；千总周嘉方新婚燕尔，主动请缨上战场战死。要说还是守备蒋若来狡猾，见战事不利，立即脱下戎装化装成马夫，做了俘虏。因无人能认得他，在张献忠营中仍旧喂马，执役一个月后，才得便趁机逃脱。

应天巡抚张国维亲自选拔、精心训练的三千新军，很有点像今天的特种部队，但不到一天时间就被张献忠全歼，沉重打击了南方官僚军事集团，张国维“闻难痛哭”。连这样一支精兵中的精兵都不堪一击，还有什么本钱与义军相抗衡呢！

四月，老回回、左金王、革里眼等进入潜山、太湖一带歇马。张献忠则西走湖广。闰四月，张献忠转入河南信阳、罗山，后又入楚。十六日，突然攻打郧阳，不克。五月，张献忠进犯荆州，放火焚烧荆王陵园。副总兵杨世恩奉命追剿，一个不留神，陷入义军埋伏，杨世恩被张献忠活捉。之后，天气渐热，张献忠再次进入郧阳、上津山中避暑度夏。

是时，豫楚十五家义军，张献忠最为"骁劲"。

现在，说说李自成。

崇祯十年正月，李自成仍活跃于陕甘一带，拖住洪承畴无暇东顾，当然了，李自成也出不了潼关。当时，混天星南进商洛，过天星盘踞汧陇（今千阳、陇县），小红狼在汉南。李自成大败官军于宝鸡，接着攻打泾阳、三原，西安大震。洪承畴、孙传庭一督一抚双双带兵救援，才解了泾、三之围。四月，李自成与过天星合营，有众五六万，从庆阳起兵直趋汉中，又与小红狼合营，进围勉县。洪承畴提兵自徽州赶来，解了勉县之围。李自成则折回甘肃阶县、成县山中，拒险抗击追来的官军。

五月，李自成、过天星联军再次进入汉中，取道汉中入川。在铁索关大败官军，杀参将费邑宰、游击祖杰。连破南江、通江等城，受到川军阻截后，又退回汉中、兴安，打算进入湖广，可惜洪承畴不给他这个机会。

前面说过，李自成少了一个铁杆盟友高迎祥，却多了一个劲敌孙传庭，日子很不好过，哪里都不好待，哪里都待不住。八月，李自成联军离开陕南，出栈道进至宝鸡，沿渭河南岸东进，大小十余股，人员十余万，行军队伍长达四十余里。他的计划是经眉县、周至、渭南、华州东出潼关，与在河南义军汇合。孙传庭得知这个情况后，紧急知会洪承畴，各自率领秦兵前堵后追。十四日，孙传庭赶到武功，横在义军面前，挡住李自成的去路。洪承畴率领左光先、曹变蛟赶到宝鸡，企图前后夹击，在渭河南岸消灭李自成。

为避免被歼灭，李自成停止东进，又全师向汉中退却。洪承畴一看机会来了，檄令曹变蛟星夜驰援汉中，并先于李自成到达，进入汉中府城。李自成到汉中后，认为汉中空虚，不明就里立即发动攻城。此时李自成也没有明确目的，能捞一把是一把。曹变蛟依托坚城，防守反击，打了义军一个措手不及。攻打汉中失利，李自成便率领联军南下四川，不料竟然顺风顺水，一路打到成都。

十月三日，李自成攻克川陕重镇宁羌（今宁强），越过七盘关和朝天关，进入川北的广元，大破川兵。在广元的乌龙山下百顷坝当阵斩杀四川总兵侯良柱。八日破昭化，杀参将张启明。九日渡剑阁，十日破剑州，杀知州徐尚卿。十二日破梓潼。

至此，李自成兵分三路：一由盐亭趋潼川，一趋绵州，一攻江油。川兵一向孱弱，四川总兵侯良柱战死后，更是无人能抵挡义军的进攻，于是，川北、川西的什邡、彭县、郫县、新都、温江、西充、盐亭、彰明、安岳、罗江、德阳、汉州、金堂、绵州等三十六州县全部被李自成拿下，地方官吏望风而逃。

十月二十二日，李自成联军直扑成都城下，将成都包围，架云梯猛攻二十多日，大有不达目的不罢休之势。四川巡抚王维章、巡按陈廷谟飞章告急。朝廷紧急命令洪承畴入川，才解了成都之围。

朱由检对川北防线被义军突破，进而围攻成都非常恼火，将四川巡抚王维章撤职，下狱论死；巡按御史陈廷谟降三级。总兵侯良柱已经战死，还给了个撤职处分。不知是信息不灵，还是皇上不讲理？

洪承畴这次入川非常卖力。要知道不卖力不行啦！这是有原因的。这年三月，洪承畴的前任杨鹤，不，是杨鹤的儿子杨嗣昌出任朝廷中枢的兵部尚书。杨鹤担任陕西三边总督时，洪承畴与其格格不入，处处掣肘，差点致杨鹤于死地。杨嗣昌对洪承畴的恶劣表现大不以为然，一直耿耿于怀。现在，杨嗣昌位在中枢，又强力推行“四正六隅，十面张网”的战略决策，洪承畴再不卖力，一旦被杨嗣昌抓住把柄，很可以找借口治他的罪。洪承畴岂敢马虎，只能打起十二分的精神追剿李自成。

洪承畴率领总兵左光先、曹变蛟、副总兵贺人龙、马科、赵光远入川援剿，阵势与以往大不相同。四川也调集六七万兵力布防川东、川南一带，防止李自成深入四川腹地。李自成见洪总督来了，官兵又齐集四川，明白四川待不成了，便突破官军北边防线，再度回师甘肃，此时已进入崇祯十一年。

正月，李自成联军在甘肃与官军作战失利，决定分道返秦。李自成走河州、洮州；过天星、混天星从成县、徽县出凤县、宝鸡，经泾阳、三原，东进澄城。洪承畴檄令曹变蛟、左光先、祖大弼、贺人龙紧随李自成，紧追不舍。三月，官军两次大败李自成，李自成损失惨重，部卒只剩几千人。不得已西入回民地区，打算避避风头，同时购买马匹补充队伍，但是曹变蛟、左光先紧随其后，也进入回民地区。李自成只好折而东返。

四月，李自成从巩昌府的羊撒寨渡过洮河，秘密地兼程向西和、礼县进发。为了避开官军的追赶，李自成决定化整为零，分散隐蔽前进。他命令刘体纯、六队祁总管率部分头行动，他自己带领老营避走山中，形迹更加诡秘，所过之地尽量掩藏行踪。

四月十日，李自成来到礼县一个叫马坞的地方，所部连家属只有三百人，打算在此宿营。此时侦骑报告，总兵左光先在后追来，距离马坞只有四五十里地，情况十分危急。李自成闻报紧急转移，迅速离开马坞。真是天助李闯王，左光先到马坞并未发现李自成到过这里，人困马乏，就在马坞住了一晚。第二天一早，左光先又判断错误，追错了方向。李自成才得以摆脱官军的纠缠，来到川、陕交界地带，同部将李过、刘体纯、祁总管会合，否则，李闯王也许真的要重蹈高闯王的覆辙。

李自成在甘、陕作战连连失败，只率几千人向四川逃窜。说是逃窜，一点不过分。此时的洪承畴焉能放过李自成。他命令马科、贺人龙入川追剿，自己带领曹变蛟进驻西乡县，又让左光先进入汉中早做准备，严守要害之地。四川新任巡抚傅宗龙唯恐李自成像去年那样直入川西平原，也调集重兵在川北防堵。殊不知今非昔比，这次入川的李自成兵力衰微，名副其实的逃窜，哪里还能进攻！

七月十三日，李自成与马科、贺人龙在川北广元遭遇，义军失利。八月五日，又战于南江，李自成寡不敌众，向南逃去。贺人龙设伏于梓潼县，李自成所部陷伏中，被斩首千余级，大溃。四川无路可走，李自成收集亡散，只好北走汉中。过城固县境，本想渡过汉水，取道兴安东出湖广，不料渡江时遭到左光先的袭击，这时李自成所部只剩一千多人，且多为老弱带伤，丧失作战能力，只好退入陕南山区。

李自成的噩梦并未结束。在这极为艰难的时刻，六队祁总管悲观失望，认为李自成完了，竟然带着六百人投降左光先。此时的李自成形单影只，茕茕孑立，完全失去作战能力，只好隐藏于深山密林之中。李自成这一时期十分困窘，自顾不暇，“夜则山林藏身”，甚至都“不敢入窝铺宿歇”。

从崇祯十一年(1639)九月至十三年冬的两年多时间里，李自成从人们的视线中消失了。其间，他所发挥的作用，远远比不上张献忠，甚至比不上老回回、曹操、革里眼和左金王。作为明末最著名的农民革命领袖，两年时间的史实空白，让史学家大跌眼镜。有的人不相信李自成会在两年多时间里无所作为，矢志不渝地寻找他的活动踪迹，这就有了所谓的“潼关南原大战”李自成惨败的故事。据顾诚先生研究,潼关南原大战经不起推敲。

崇祯十一年(1639)秋季,李自成是在四川梓潼遭伏击惨败,而不是在陕西潼关。梓潼之败后,李自成又在汉中接连受挫,队伍不足千人,哪儿还有力量能在潼关南原再发动一次大战?

九　从那一刻起，朱由检就视杨嗣昌为社稷干城

从崇祯初年开始的农民革命运动，星星点点，到崇祯十年，已成无法遏止的燎原之火。义军数百股，人数百余万，驰骋几万里，纵横十余省，沉重打击了明王朝的封建统治；加之满清贵族时不时地侵入内地，残破州县，烧杀淫掠。崇祯皇帝朱由检为此食不知味，寝不成眠，真不知如何是好。他一会儿"罪己"，一会儿"责臣"；一会儿要"痛剿"，一会儿要"招抚"。诏书都下了好几道，收效甚微。兵部尚书张凤翼服毒自尽后，这个至关重要的中枢职位竟然空缺了近半年。朱由检"四顾廷臣，无知兵者"。

不是"无知兵者"，是朱由检信不过。

在崇祯年间，兵部尚书是个危险的职位，这个官难做，不是被杀、被黜，就是自杀。张凤翼是个老实人，无力应对内外交困的局面，害怕皇上治罪，就想死。想死又不敢明目张胆地死，就悄悄地给自己下毒，量不大，每天都服，最后把自己毒死了。这样，看上去是病死的，谁也不难堪，还能领一份抚恤金。

直至崇祯十年三月，朱由检才选中宣大总督杨嗣昌出任兵部尚书。

杨嗣昌（1588—1641），字文弱，湖广武陵（今湖南常德）人。其父杨鹤，在三边总督任上因招抚"流贼"失败，被朱由检逮京论死。当时已中进士的杨嗣昌，七次上疏皇帝请求代父受死，被京中大臣誉为孝子。明朝以孝治天下，正是因为杨嗣昌的执着，杨鹤得以免死，改为遣戍。正是因为父亲的遭际，使得杨嗣昌更加留意戎旅时务，所上奏折多能切中时弊；朱由检也被杨嗣昌的孝心所打动，对其格外留了一份心，每有奏折，务要一览，自然多了一份好感。

其时，杨鹤已死，杨嗣昌丁忧在家，为父守墓。在封建社会，父母死，儿子要为父母守孝三年，即便是高官大吏，也要去职尽孝，是为丁忧。崇祯皇帝要重用杨嗣昌，特旨"夺情"，所谓忠孝不能两全，杨嗣昌只得尽快赴任。

陛见时,君臣相对,杨嗣昌侃侃而谈,有问必答。朱由检问得详细,听得入神。每次陛见,都谈得很久。“可怜夜半虚前席,不问苍生问鬼神”,汉文帝请教博学多才的贾谊,一谈也谈到深夜,因不问如何造福“苍生”而被后世讥讽。而眼下这两位君臣,谈话内容更差劲,真可谓“可怜夜半虚前席,不问鬼神戮苍生”。朱由检与杨嗣昌商讨的是如何盘剥“苍生”,杀伐百姓。

杨嗣昌深谙事君之道,有备而来,说的都是朱由检爱听的话,深得赞许。朱由检大有相见恨晚之势,连连说道:“恨用卿晚!”

杨嗣昌说了什么,让朱由检如此忘情?

杨嗣昌对于“蒙恩破格起用,叠奉明旨星趋,首以安边荡寇勉臣料理”,感恩戴德。

面对满清贵族入侵的民族矛盾和农民革命的阶级斗争,二者孰轻孰重?如果说满清入侵是边患,农民革命是内乱的话,明朝廷该如何处理“安边”与“荡寇”的关系?

杨嗣昌指出,许多人认为“似乎安边第一,荡寇次之”。“微臣乃言必安内方可攘外。”

为什么呢?

“窃以天下大势譬之人身,京师元首也,宣蓟诸边肩臂也,黄河以南、大江以北中原之地腹心也。”为了说明自己的观点,他以人体比喻天下大势,首都北京是人的头脑,面对满清贵族入侵的辽东及北方前线是人的肩和手臂,而中原大地才是一个人的心和腹。

“人之一身,元首为重。边烽讧肩臂之外,乘之甚急;流寇祸腹心之内,中之甚深。急者诚不可缓图,而深者尤不可忽视也。诚使腹心乂安,脏腑无恙,则内输精血,外运肢骸,以仰戴元首而护卫风寒于肩臂之外,夫复何忧?”一个人,头脑最重要。边塞烽火尽管在肩臂之外,但逼迫很急;流寇祸乱在腹心之内,中毒很深。逼迫很急,的确不能耽误,但中毒很深尤其不能忽视。如果腹心脏腑安好,没有疾病,就能从内里输送精血,外运四肢,及于头脑并护卫肩臂,还有什么可忧愁的呢?

“今腹心流毒,脏腑溃痈,精血日就枯干,肢骸徒有肤革,于以戴元首而卫肩臂,岂不可为慄危惧也哉!”眼下的情势是,腹心流毒,脏腑溃烂,精血眼看着要干枯,四肢和骨骼只剩一层皮,要维持头脑和肩臂的需要,岂不是岌岌可危可惧吗!

“以故臣言必安内方可攘外,必足食然后足兵,必保民斯能荡寇,此实今日证治之切,根本之图。非敢缓言攘外也,求攘外之至急,不得不先安内耳……”所以必须先安定国内方可抵御外部侵略，必须有足够的粮食然后才能有足够的军队，必须保护人民才能荡平贼寇，这才是目前的关键所在，根本之图。杨嗣昌害怕引起朱由检和朝中大臣的误会，特别强调，自己不敢说抵御外辱不重要，正因为抵御外辱十分紧急，才不得不先"安内耳"。

很显然，要同时应对内外两股势力的挑战，大明王朝根本没有这个力量。杨嗣昌把镇压农民起义放在第一位，首先解决阶级矛盾；把抵御外族入侵放在第二位，不惜对外族入侵做出让步。他甚至借古喻今，东汉的开国皇帝汉光武帝刘秀在力不能逮时，和北方的匈奴讲和了。若干年后，刘秀腾出手来，派军队出塞，大破匈奴，一直将匈奴赶到漠北地区。

如果站在统治阶级的立场上，为了明朝不致灭亡，这个策略有它的合理性。用土地和银子搞定皇太极，腾出手来集中力量对付农民起义，或许真能荡平"流寇"，至少明朝不会亡得那么快。

退一步，为的是进两步。有时，妥协并非示弱，而是为了更好的进攻。

为了达到"安内"的目的，杨嗣昌提出"四正六隅、十面张网"的战略方针，集中兵力、财力大规模围剿义军。以陕西、河南、湖广、凤阳这四个农民起义军经常出没的地区为"四正"，即四个正面战场，责成这里的巡抚"分任剿而专任防"，以剿灭为主，防堵为辅；以延绥、山西、山东、应天、江西、四川六个地区为"六隅"，即六个辅助战场，责成这里的巡抚"时分防而时协剿"，以堵截义军进入自己的地盘为主要责任，必要时也参加围剿义军。同时，以三边总督统领的西北边兵，同中原地区六省军务总理统领的官军，作为主力作战部队，"随贼所向，专任剿杀"。

增兵筹饷。既然贼越剿越多，就得增兵，要增兵就得筹饷，所谓"必足食然后足兵"。根据杨嗣昌的计算，至少要增兵十二万，筹饷二百八十万两。二百八十万两饷银不是小数，当时明朝廷的岁入不到一千万两，要筹集年财政收入的三分之一，谈何容易！杨嗣昌有办法。他的办法是，新增饷银按地亩加派，即史书上说的"均输"。不管你有多少土地，新增饷银按每亩若干征收。

在明季，即使在统治阶级内部，杨嗣昌也是一个饱受争议的人物。

他提出的"安内方可攘外"，为镇压农民革命不惜对满清贵族屈膝让步的主张，在理学思想发展到登峰造极地步的明代，根本不可能施行。理学讲的就是"天理人伦"，面对外国侵略和奸淫烧杀，哪有屈膝让步的道理？他的主张即便有朱由检的赞许，仍然不可能获得多数人的同意，甚至连提到朝堂上明辨是非、统一认识的机会都没有。即使提交朝廷辩论，你就等着挨骂吧！于是，和后金谈判就成了见不得人的勾当，仅限于三个人知道：朱由检、杨嗣昌、高起潜。大明王朝派出的谈判代表也不是朝中大臣，而是一个经常往来于辽东的卖卜算命的瞎子周元忠。

不是开玩笑吧？不是，历史事实的确如此。

周瞎子肩负秘密使命来到辽东，见到清太宗皇太极，说明来意。皇太极始则错愕不已，继而勃然大怒！明朝廷请求媾和，说明明朝实力不济，对于清朝来说，意味着土地、财帛和美女，但是，此事何等重大，为什么不派朝中大臣作为专使谈判，却派一个瞎子，这不是瞧不起我大清、故意侮辱又是何意？

盛怒之下的皇太极下令将周瞎子砍了。周瞎子一点也没有使者的气节，慌忙跪在地上叩头如捣蒜，连连乞求饶命。求得一条生路后，急急逃回蓟州，周瞎子嘴上不把门，把自己死里逃生的情由一通乱讲，结果把秘密使命弄得"通国共闻"。

自此之后，无论是朱由检，还是杨嗣昌，不敢公开提起"招抚"满清的事，有人提起也一再否认，使得这一项重大战略决策还没有开始就结束了。大明王朝始终没能走出腹背受敌的困境。

但是，这并不是说明朝廷就此放弃了"必安内方可攘外"的政策，始作俑者杨嗣昌在具体实行"安边"与"荡寇"的关系时，仍然奉行"荡寇"第一、"安边"次之的政策。即使是清军兵临城下，也无意施展拳脚，结果白白断送了卢象升和他所部五千人马的性命。

崇祯十一年(1639)，清兵破边而入，一直打到北京城下，京师戒严。朝廷紧急檄调各地军队进京勤王。宣大总督卢象升因母丧丁忧在家，奉朝廷之命，麻衣草履，星夜率部进京，被任命为督师，陛见时，朱由检问他有何退敌良策？卢象升大概听多了朝廷要和满清媾和的传言，老实不客气地说道："臣意主战。"一句话把崇祯皇帝闹了个大红脸，过了很久才恢复正常。

朱由检说："朝廷原本就没有说要招抚满清，所谓的招抚，那是外边的议论。"

有人说政治家撒谎连脸都不红，朱由检不愧是政治家，脸红了仍然能撒谎。话不投机，他让卢象升出去与杨嗣昌商议御敌之策。

卢象升强力主战，杨嗣昌很沮丧，觉得没劲，和卢象升也就没什么话好说，只是告诫卢象升不要"浪战"。

卢象升心想，敌人已经打到北京城下，就是全力以赴，胜败犹在两可，何来"浪战"之说！和这样的人还有什么好谈的，站起身来，拱手一揖辞出，返回昌平军中。

他命令诸大将挑选精壮组成劲旅，约定十月十五日夜分，分四路十面袭击敌营。他的命令是：刀必见血，人必带伤，马必喘汗，违令者斩！

杨嗣昌一看卢象升真的要打，生怕坏了他的媾和大计，派观军使持书阻挠："听说古时有雪夜下蔡州的故事，没有听说是月夜。如果以奇师突袭敌营，就不应该用大部队，兵力少点为好。"

像这样的阻挠，不一而足。这个"督师"当的窝囊。督师是什么？就是总指挥。总指挥被处处掣肘，还怎么指挥作战？没办法，卢象升要求分兵，督师当不成，当个战将还不行？

果然行。杨嗣昌拨给他几千人马，号称两万，"以短兵气"。

此时的卢象升视死如归，不在乎你给多少人马，他要如期出战。誓师大会上，卢象升陈词慷慨淋漓，涕泣如雨，决心与清军决一死战。杨嗣昌还想阻挠，就命令卢象升赴通州与时任总监的大太监高起潜会合，卢象升坚决不答应。

杨嗣昌立刻上一道奏疏告御状："敌人南下，督师理应赴通州接受总监的节制；敌人未南下，总监应该赴北京接受督师的节制。"

卢象升一声叹息，说道："杨尚书这样做，只不过是想让总监高起潜阻挠我如期出战罢了！"对此，他感到非常愤怒。恰值杨嗣昌来到军中，卢象升按捺不住义愤，厉声斥责杨嗣昌多次阻挠出战，是养虎遗患。

他说："公等坚意要和满清讲和，难道没听说城下之盟，从来为历史所不齿吗？我身佩督师印剑，手握尚方宝剑，如果不出战，朝廷口舌如风，袁崇焕之祸立刻会加于我身。纵然我不畏祸，难道不念我戴孝之身领兵，既然不能移忠作孝，奋身报国，将忠孝都丧失，尽失自己的本色，我还有何面目立于天地之间？"

杨嗣昌闻言大惊失色，强词夺理道："那你直接把你的尚方剑架在我的脖子上！"

卢象升说："尚方剑应该从自己的脖子下过。如不歼敌，怎么能加于他人？但是舍弃作战，一味言抚，养祸辱身，这正是我怎么也弄不明白的地方了！"

杨嗣昌支吾搪塞，抵赖道："从来没有招抚一说。"

卢象升一听，气不打一处来。心想，你们君臣倒好，真是一个鼻孔出气，可惜你不是皇上。于是，毫不客气地揭发道："周元忠赴清讲和，来回经过有些日子了，开始受托于蓟门督、监（高起潜在蓟州监军），实则受兵部指使，全国都知道了，你还想瞒哄谁？"

在卢象升的无情指斥下，杨嗣昌为之色变，无言以对。

卢象升率领五千人马随即投入战斗，上下千里，旬日间收复州县甚多，但因与杨嗣昌意见相左，得不到后勤补给和援助，“三军乏食，空腹而驰”。为此，卢象升求爷爷告奶奶，大声疾呼，却于事无补。这天早晨，卢象升走出大帐，面向四边的将士环拜说：“我和你们众将士共受朝廷的大恩，现在正是报答的时候。眼下，我担心的是怕不能战死，不要怕不能得生！”

卢象升涕泪滂沱、慷慨激昂的战前动员，令将士们深受感动，都跟着哭了，誓死跟督师杀敌。在将士的心目中，卢象升的形象非常高大，大家甚至不敢直视。

卢象升随即拔营而起，兼程向清军驻地挺进，主动向清军发起攻击。清军自二月入边以来，在北直、山东一带残破州县无数，所向披靡，还未曾有人敢主动前来挑衅，自是吃了一惊，随即驱动部队合围上来。卢象升呼军疾驰，面对欧洲史学家所谓十七世纪世界最强大骑兵，迎面猛冲上去，大砍大杀。纵使再强大，也难敌一支亡命之师，清军发现不是事，急忙后退。

用现在的话说，卢象升取得阶段性胜利。作为军中统帅，卢象升心里十分清楚，清军绝不会善罢甘休，残酷的战斗还在后边。他告诫将士：“今天我军虽然取胜，清军显然被激怒了，他们会集积各旗骑兵和我作战，大家不要大意！”他向兵部尚书杨嗣昌和总监高起潜通报战况，并请求支援。

在勇锐无比的清军面前，明军很少打胜仗。按理说，对于卢象升的胜利，杨嗣昌应该高兴，应该全力支援卢象升击败清军。即使是与清媾和，军事上取得胜利，等于在谈判桌上增加了筹码。然而事实并非如此，中国人历来讲面子，卢象升不仅与杨嗣昌意见相左，而且当面指斥其派周元忠赴北求和，使杨嗣昌颜面尽失，斯文扫地，杨嗣昌深恨卢象升。

“你不是很能吗，你不是要打吗？有本事你打去！求援，有本事求什么援？”杨嗣昌绝不是个顾全大局的人，纵观其得势的几年里，也是个整人的人。其实，门户之争在明朝廷从来就没有停止过，某种程度上，恰恰是不顾死活的门户之争断送了明朝的天下。

过了一天，清军集积了数万骑兵包围了卢象升，对卢象升所部发起猛烈冲击。卢象升令总兵虎大威出战，虎大威率骑驰击清兵，不能取胜，就想率部逃跑。卢象升大声喊道：“虎将军，今天是我等以命报国的时刻，请不要不自爱！”

卢象升指挥后边的骑兵向前，自己身先士卒，拍马提刀奋力杀入清军。此时的“督师”俨然就是一名冲锋陷阵的士兵，一口气击杀十余人，自己也身中两箭、被砍两刀，血流不止。此情此景，卢象升仍然不忘激励士气，大声呼喊：“关羽断头，马援裹革，在此时矣！”一直战斗到战马一头栽倒，这位英勇的总指挥也倒地阵亡，光荣牺牲在抗击清军入侵的北京城外。

史学家认为，是杨嗣昌断送了卢象升。因为卢象升与杨嗣昌心意不合，杨嗣昌断援绝粮，使卢象升所部将士“饮冰七日”，最后在清军优势兵力围攻下覆亡。“杀象升之身于一时者，嗣昌也；成象升之名于千载者，亦嗣昌也。”

不管是成也罢，败也罢，反正，大明王朝折损了一员能战敢战、忠心耿耿的杰出的统帅人物。

无可否认，杨嗣昌是个理论家。

站在统治阶级的立场上，他阐明了“安内方可攘外”的辩证关系，同时为“安内”制定了“四正六隅，十面张网”的战略方针。这个方针，为当时乱哄哄的局面提供了抓手，使得明朝廷第一次有计划、有组织地镇压农民起义。

在当代有的史学家眼里，这个方针似乎是纸上谈兵，瞎咋呼。其实不然，“四正六隅”的决策，显示出杨嗣昌的战略眼光，事实上，在他主政兵部的两年时间里，的确把农民起义打入低潮。李自成“息马深山”，几年时间不敢露面；张献忠、刘国良、李万庆、罗汝才、马进忠等一大批义军头领受抚投降，这在兵荒马乱的明朝末年，能有一两年的平静日子，实在也算难能可贵！在他之后，无论是主持兵部的官员，还是所谓的督师，都提不出像他那样严密周详的战略方针和作战计划，关于这一点，明末清初的史学家早有评论。

但是，理论家杨嗣昌在理论上也犯了个不可饶恕的错误，那就是在增兵筹饷环节提出的“均输”政策。别看“均输”轻轻两个字，其实是一项重大政策的出台。这项政策，从根本上颠覆了一代名相张居正自万历初年实行的“一条鞭法”田赋政策，加重了农民的负担，加上后来如法炮制的年增七百万两的“练饷”，极端残忍地盘剥压榨农民阶级，极大地破坏了社会生产力的发展。这项政策，加速了明王朝走向灭亡。

明末，社会经济遭受严重破坏，贫富两极分化十分严重，土地和社会财富高度集中在皇亲国戚、大官僚、大地主手里。能拿出大笔钱财充作“剿饷”、“练饷”的不是种地的农民，而是皇帝、藩王、大官僚、大地主。在大批农民因为田赋宗禄、天灾人祸破产出走，大片农田撂荒，再按田亩加派赋税，无异于将还没有逃亡的农民从土地上赶走，直接导致活不下去的农民“从贼如流”，起到“为丛驱雀，为渊驱鱼”的作用。这一政策的直接结果是推动崇祯十三年后农民革命运动的大发展。

在这之前,也有加派。时任五省军务总理的卢象升提出“因粮”的措施,即在地亩粮税缴纳白银五两以上者加征若干。能缴纳田赋在五两以上者,应该是田土多的官绅阶级,一般农民达不到此数,自然不在加征之列。卢象升是个有远见的官员,不仅打仗勇敢,且很有政治眼光。他的“因粮”措施减轻了贫苦农民的实际负担,多少能缓和一些阶级矛盾。

此人是大才,权位岂止在督抚之间,朱由检应该提拔他当首辅。可惜的是,偏激严苛的朱由检做不到,他只能用像温体仁、杨嗣昌一流的人物。

杨嗣昌对卢象升的“因粮”措施很不以为然。他说:“因粮输饷,前此卢象升奏行一年,不能应手。”原因在于“宦室富户从来飞洒、诡寄,以避大户差徭,如今欲分贫富,其事甚难”。

“飞洒”“诡寄”都是拥有大量土地的官绅贵族逃避赋税的方法。杨嗣昌认为制约官绅富豪“甚难”,盘剥百姓容易,就轻而易举地把卢象升的政策给改了,只是这种“剜肉补疮”的严重后果,难道杨嗣昌真的看不出来吗?

明末,统治集团占有大量土地和财富。就拿朱姓皇室来说,喜好哭穷的朱由检,不止一次地说“内帑空虚”,可是李自成打下北京,仅搜寻的内帑就有三大库。李自成将这些储银铸成五百斤重的银饼,拉了几百车。盘踞洛阳的福王朱常洵,富甲天下,李自成攻破洛阳,这些财富全部落入他的手中,以致李自成一下大发了。他赈救灾民非常大方,一出手一百万两。张献忠占领襄阳,全部没收襄王朱翊铭的财产,光救济灾民就发银五十万两。张献忠攻占武昌后,活捉楚王朱华奎,“尽取宫中金银各百万,辇载数百车不尽”。张献忠不禁叹息:“有如此金钱不能设守,朱胡子(朱华奎)真庸儿!”

假如——尽管这个假设事实上不存在,还是让我们假设一下——朱由检不吝内帑,福王、襄王、楚王、瑞王、潞王……那许多数不清的王,能够拿出自己大部分钱财保护自己的政权,不要累及百姓,大明王朝在崇祯十七年(1644)会亡国吗?张献忠骂得太对了,岂但楚王朱华奎是“庸儿”,朱由检又何尝不是?

书归正传。在朱由检眼里,杨嗣昌的确是不可多得的干练之臣。杨嗣昌不但能从理论上解决“安边荡寇”的内在关系,还能提出“荡平流寇”的战略方针;不仅能提出战略方针,还能有实施这一战略方针的具体措施和后勤保证。这样的“能臣”哪里去找?

从那一刻起，朱由检已把杨嗣昌视作可以依赖的重臣，视作社稷“干城”，言听计从，“安边荡寇”大计就交给你了！

崇祯十年闰四月，朱由检下诏加征剿饷，诏告中有这样一句著名的话：“暂累吾民一年，除此腹心大患。”

十　张献忠谷城就抚，明史上最著名的一次投降

杨嗣昌新官上任,全面推行"四正六隅,十面张网"的战略方针,因为有朱由检的全力支持,各地督抚和总兵官自是不敢懈怠,围剿义军颇为卖力,加大了对义军的追剿力度。各股义军明显感到压力,四处碰壁,只得匆忙走避。

崇祯十一年正月,张献忠率部从随州向南阳进发,路上设计伏击一队官军,缴获关防、旗帜,便改换服色,化装成官军模样,来到南阳城下叫门,企图智取南阳。守城官兵查验关防印信,准备开门放行。

你说还有这么不凑巧的事,张献忠的死对头、河南总兵左良玉突然出现了。左良玉率领几百人也要进南阳城。左良玉不知对方是哪家军队,召而问之,张献忠窘迫至极,急忙发一声喊:"左帅到了,快把路让开!"打马从旁走开,义军紧随就退。

左良玉一看事有可疑,大喝一声:"站住!"不想对方跑得更快了。和左良玉一起的副将罗岱认出先行开溜的那人好像是张献忠。左良玉大喊:"不要让张献忠跑了!"率领部队紧追不舍,南阳城内的守军也开门追出。

跑出一段距离,张献忠返身回斗左良玉,两马相望,张献忠注意力只在左良玉。副将罗岱趁机一箭射去,正中张献忠眉心。张献忠刚拔出羽箭,罗岱又是一箭,又钉其手指于弓靶上。张献忠头上、手上都是血,只得拼命逃窜。

左良玉是个狠角色,好不容易咬住张献忠,岂能让他逃脱!拍马向前紧追不舍。看看赶上,挥刀照张献忠脖子砍去,张献忠本能地低头避让,刀锋在脸上划了一条口子,顿时血流被面,眼睛也看不见了。此时,张献忠的义子孙可望像一堵墙一样迎上来,堵在左良玉面前,力敌左良玉。张献忠手下其他战将也赶上前来,迎战左良玉和罗岱,张献忠得以逃脱。

英勇无畏的年轻将领孙可望,从此有了一个绰号:一堵墙。

天黑之后，左良玉不敢再追。张献忠与大队义军会合，包扎伤口，离开河南，向承天、襄阳方向奔去，两日夜狂奔七百里。

这个速度也能说明张献忠离开河南时的迫切和狼狈。

一场意外遭遇，重创张献忠义军。他三处受伤，需要一个相对安定的环境将养休整，不能像以往那样整日在马背上颠簸。

他选中的休整之地是湖广谷城县。

谷城位于鄂西北汉江西岸，是一个不起眼的小县，只有几万人口，但地理位置十分重要。在张献忠眼里，它东出可控荆、襄，西进可击郧、陕，南下可进四川。谷城附近的保康、房县、竹山山高林密，便于义军隐藏和转移，是理想的藏身之地。事实上，张献忠自从由晋入豫后，经常在房、竹一带活动，对这里的地形地貌十分了解。

问题在于，你想在谷城休整养伤，官方能允许吗？张献忠有办法让官府允许，他早就盘算好了，不然古书上为什么老说他“狡黠多计”！

崇祯十一年正月初九，张献忠率部进占谷城王家河，把原本驻扎在这里的闯塌天刘国能的部卒赶走，并布告当地：“本营志在匡乱，已逐闯兵远遁。今欲释甲归朝，并不伤害百姓。”

本在作乱，却要“匡乱”；本与朝廷为敌，现要“归朝”。字里行间释放受抚的信息。接着，张献忠派出应城入伙的生员潘独鳌进谷城游说，遍拜城中缙绅，说明此次来谷城是商讨“就抚”之事，不事惊扰。

张献忠常年活动于郧西、房、竹一带的山区，要么路过，要么隐藏，谷城人民对张献忠并不陌生，知其军纪严明，并不抢掠普通百姓，因而也不惊慌。这次进驻谷城，因为有政治目的，张献忠更是严明军纪，对当地秋毫无犯。潘独鳌本是生员出身，易与当地缙绅沟通，加上三寸不烂之舌，很快赢得官绅的支持。当地举人王秉真、生员徐以显主动到驻地与张献忠相见，愿意帮助张献忠牵线搭桥，与官府洽谈招抚事宜。

张献忠在与这两位读书人的交谈中，被知识分子的谈吐和识见所折服，深深佩服他们视野的开阔，大有相见恨晚之势，将两人待为上宾。王秉真、徐以显也为张献忠的诚意所打动，竭力促成抚局，为了说服当局相信张献忠的投降是真的，他俩竟然向当时的六省军务总理熊文灿“具牒”，“以全家百口保献忠无他心”。

熊文灿（1575—1640），贵州永宁卫人，万历年进士。曾在福建巡抚任内招降海盗郑芝龙，升任两广总督后，又平定了海盗刘香，因此颇受朝中赏识。熊文灿最大的特点是善于受贿行贿，招抚郑芝龙，“取芝龙货万万”。

明朝末，资本主义在中国已经有相当发展，对外贸易活跃。两广物产丰富，又是对外贸易的重要门户，国内的丝绸、瓷器、茶叶要经过这里输出国外，国外的奇珍异宝、新巧物事都要经过这里流入国内。作为两广的最高军政长官，熊文灿自是搜刮不少。熊文灿深谙中国官场潜规则、仕途奥秘，知道干得好，不如送得多，经常搜罗“新巧物事、奇珍异宝”献给朝中权贵，以“常保其官”。而受贿的朝中权贵自是对熊文灿另眼相看，投桃报李，经常在皇上面前美言几句，就连皇上也对其有几分好感。

朱由检生性多疑，这么多人说熊文灿好，是真好还是假好？不妨派人考察一下。但是，他不让吏部考察，而是派身边的亲信太监托言赴广西采办药品，赴广东密察。

史书对熊文灿的评价是“为人多易，敢大言，而无实”。太监到了广东，熊文灿并不知道太监的真实意图，然而仅凭“内侍”的头牌，足以让熊文灿屁滚尿流的了，不但不能得罪，反而要好好孝敬。于是送上大量财宝，还大摆宴席，一吃就吃了十天（留饮十日）。

一日席间，太监有意将话题扯到“中原寇乱”，慨叹“无人为朝廷尽力”。熊文灿本性使然，加之酒后发作，拍案而起，说道：“此行间诸臣误国耳！若文灿往，讵令贼至是乎？”

熊文灿慷慨激昂、大言不惭的即兴发挥，还真把太监给感动了。太监当即说出了此行的真实意图：“某非往广西采办者也，衔上旨觇公。公信有当世才，非公不足办此贼。某请复命，召且旦暮至，公宜思办寇速装。”

太监的一席话让“敢大言”的熊文灿惊出一身冷汗，这回牛皮吹大了吧！有人说吹牛不上税，不对！吹牛有时可能把命也吹没了，像熊文灿。

此时的熊文灿后悔不已，“贼”是那么好办的？自己能吃几碗干饭，自己还不知道！于是，赶紧借故推托，但已于事无补。

杨嗣昌与熊文灿从来没有谋过面，更谈不上了解，但是正是杨嗣昌上疏举荐熊文灿出任六省军务总理一职。个中原因不言而喻，杨嗣昌正是揣摸朱由检想用熊文灿，才大力举荐：“臣思总理一官，与总督专任剿杀，须得饶有胆智，临机应变之才，非见任两广总督熊文灿不可。”

朱由检不再犹豫，下旨任命熊文灿挂兵部尚书衔、副都御史，总理直隶、山西、陕西、河南、四川、湖广军务，“督剿流寇”。

熊文灿接了一个烫手山芋。

他怀着忐忑的心情去赴任,路过庐山,顺道去拜访生平所善的空隐和尚,想问问此行的凶吉。哪里知道一见面,不待熊文灿发话,空隐和尚就说:“你错了!”

熊文灿一听话音不对,立即屏退左右,问他为什么。

空隐说:“你自认为所率领的军队足够将流贼置于死地吗?”

熊文灿说:“不能也。”

空隐说:“那么,诸多将领中有能够委托大事,独当一面,不烦你亲自指挥就能把局面搞定的吗?”

熊文灿说:“情况如何,我也不知道。”

空隐说:“你从这两方面既然不能挡住流贼,但是皇上指名用你,对你期望很高,并且要求很急,假若时间一长不能收效,恐怕祸及自身!”

听空隐这样一分析,犹如被兜头浇了一盆冷水,熊文灿茫然无所适。站了很久说道:“我想招抚流贼,行不行?”

空隐说:“我本来就知道你的办法是招降。能够招降的确很好,不过在我看来流寇不能跟刘香比,要谨慎!”

空隐和尚的一席话,让本来就忐忑不安的熊文灿感到恐惧。他竟然当着空隐的面,跪在佛像前祷告,求佛祖保佑他招抚成功。他许愿说,成功之后,不恋富贵,愿以余年削发为僧,皈依佛门。只是在空隐看来,“虽欲皈依,亦不能”。

熊文灿到任后,诸事不能遂意。他在岭南招募有两千越兵,衣甲华丽,又请旨让左良玉所部为自己的亲兵。左良玉热切切地来到熊文灿的行辕,一交谈,长官并不知兵,打心眼里瞧不起熊文灿,又见越兵衣甲华丽,武器精良,陡生妒意,不听节制,还说:“制府自有亲兵,安用我辈!”“文灿不得已,遣去越兵,而左军终不为用。”

六省军务总理调动不了身边的宿将,光杆司令拿什么剿贼?尝过“招抚”甜头的熊文灿再行“招抚”,是再自然不过的了。

熊文灿招降与别人不同,真可谓大张旗鼓。还在崇祯十年十月,他就到处张贴招抚通告,广而告之,并派出特使进入闯塌天刘国能和八大王张献忠大营,上门招抚。刘国能厌倦了东奔西窜的造反生涯,真想投降,与熊文灿一拍即合。张献忠嘴上没有拒绝,但飘忽不定,照常攻城略地。崇祯十一年正月张献忠负伤后,情况为之大变,就抚的步伐加快了,而且主动性大大加强。

张献忠的就抚做得很扎实,除在谷城摆出一副姿态外,结交上层很是下了一番功夫。他的想法是,不仅要让熊文灿接受自己的投降,还要让这位位高权重的军务总理成为自己的保护伞。

要知道,张献忠这些年在朝廷的名声实在不好,特别是高迎祥殉难后,张献忠的实力和影响力排在所有义军的最前列,给朝廷造成的危害最大。要让朝廷相信他的投降是真的,事情没有那么简单!

张献忠的运气不错。这时候来了一个人,这个人叫陈洪范。当年,张献忠在榆林当边兵犯法当斩,是陈洪范高呼“刀下留人”,救了张献忠一命。陈洪范罢官多年,悄无声息。老将军不甘寂寞,贿赂宫中管事太监,得以复职总兵,带兵前来“剿贼”。张献忠敏锐地意识到:陈洪范是他巴上熊文灿的最好媒介。真是瞌睡了递个枕头;想娘家的人,来了孩子他舅舅!

张献忠马上派义子孙可望带着刻意修饰的美女数名、无数金银珠宝进献陈洪范,说了许多“再生父母”“恩同再造”之类感激不尽的话,一再表示“应抚”“归朝”的诚意,不再折腾。

陈洪范落魄之人再起,乍一见金珠美人,不禁眼睛出火;听了这么多颂歌盈耳的奉承话,乐得像做了神仙。想不到当年一时恻隐,竟造就了朝廷这么大一个对头!转念一想,若能把张献忠招抚成功,不也是一件不世之功?“了却君王天下事,留得生前身后名”。陈洪范眉开眼笑,满口答应去见熊文灿,并保证说服熊文灿招抚张献忠。

张献忠又派孙可望带稀世珍宝两块一尺多长的碧玉和直径达一寸的珍珠数枚,以及大量金银财宝交给陈洪范,由陈洪范转交熊文灿。见到熊文灿,陈洪范竭力为张献忠开脱,说作乱是连年凶荒,饥寒无奈被迫所为。之前几次想投降,不料洪承畴屡屡杀降,欲降无路,只好继续折腾。眼下总理大人放榜招降,献忠愿意归顺,在大人麾下效用,“永不背德”,保证“陨襄方圆百里无一贼也”。

熊文灿本来就想招抚张献忠,曾派人上门说降,未有准信。他看重张献忠的价值,张献忠能降,必然影响一大片,或许闹腾了近十年的内乱能在自己手里平息,这个功劳可是够大了!现在,张献忠不但愿意投降,还献上价值连城的稀世之宝,不禁大喜过望。再加上老将军陈洪范的大力保举,熊文灿对张献忠就抚的真实性深信不疑。“文灿信陈洪范言,谓献忠必不肯背德”。于是,熊文灿一面上奏朝廷,请求批准张献忠就抚,一面派监军道张大经进入谷城监督张献忠。

张献忠虽说出身草莽,但在谷城就抚这件事上,充分显露出他的政治才干和大智慧。他没做过官,却熟知官场潜规则。明末社会政治极度腐败,要想办事,必须行贿；反过来说，只要行贿，没有办不成的事。摆平熊文灿后，张献忠又把目光转向朝廷。他知道，即使是真投降，要想说服朝中那帮无事生非的官员，也比别人难度大得多。

早年，张献忠义军进入一位叫薛行义的陕西韩城人，其叔父薛国观在朝中为官。张献忠张罗就抚时，薛国观已升任内阁首辅。张献忠决定利用薛行义与薛国观的叔侄关系，赎买朝中六部九卿显贵，不让这些官员在他就抚一事上疑神疑鬼、说三道四。他派薛行义带大批金银财宝前往北京，通过首辅薛国观遍贿朝中大员。

常言说得好，"有钱能使鬼推磨"，这一招果然有效。在张献忠就抚问题上，明廷内部本来议论纷纷，说什么的都有。薛行义北京之行，"朝士无不婪其厚利"，舆论风向为之一变，赞成张献忠就抚的说话的声音更大了，原本怀疑的也跟着说赞成的话，反对者拿了银子也只得噤声。朝廷内外，"不复知献忠之为贼矣"，"一时公卿且谓天下无贼"。就连一向严苛的崇祯皇帝朱由检也希望招抚成功，时不时还替熊文灿说上几句好话。

再回到谷城。因为张献忠骨子里不打算投降，表面上就得装，装得像真的一样，甚至比真的还要像。他把驻军的王家河改名太平镇，以示追求太平。在谷城买地耕种，造房几百间，说："吾欲与谷人共之也。"他还娶谷城敖姓生员的妹妹为妻，把自己的家安在谷城人、时任松江府知府方岳贡的私宅里，言明不事攻战、一心归顺的诚意。张献忠的一系列举措，深得谷城士民拥戴，"谷士民以为献忠诚降，相贺于道"，以为从此天下太平，额手称庆。

在熊文灿身上，张献忠更是做足了文章，逢年过节，张献忠主动送上一份足以让其眼里出火的贿礼。熊文灿贪得无厌，暗示或强行索贿，张献忠心里不舒服，但会照办。据史书载，熊文灿接受张献忠黄金数千两，"珠翡盈斗，他瓌货累万万"，实在没有少捞。张献忠与其说是就抚，不若说是寻求保护伞，手段就是用金钱迫使熊文灿就范。

张献忠到当时的总理行辕南阳谒见熊文灿，一见面倒身便拜。同样受到跪拜的还有巡按御史林铭球。一个桀骜不驯、叱咤喑哑的义军头领，这时候表现的出人意料的"有节礼"。如果不是另有所图，张献忠如此做派真的让人大跌眼镜！"有节礼"，张献忠要的就是这个效果。就连张献忠的死对头左良玉，张献忠也不忘交好，送上黄金美玉，以博取对方的好感。

张献忠的一系列努力，取得了成效，"熊文灿为之请官、请饷、请关防"。朝廷也核准实授张献忠副总兵之职,发给劄(同扎)符。就是说,张献忠成功就抚,俨然是明朝武官——副总兵,亦称副将。

当了副总兵的张献忠干了些什么?

张献忠一进谷城,就在每个城门各派几十名士兵把守,名曰“备他盗出入”,实则“他盗”随便出入,闯王李自成来谷城住了多日,曹操罗汝才也经常往来,反倒是对明地方官员严加监视,因为张献忠对他们最不信任。

熊文灿派监军道张大经进入谷城监军,经不住张献忠威胁利诱、软硬兼施,张大经事实上投降了张献忠。

郧襄兵备佥事王瑞枘建议熊文灿按“随征、归农、解散三策”分化瓦解张献忠的队伍,并直接命令张献忠按“三策”办理,遭到张献忠严词拒绝。相反,张献忠在就抚期间“人不散队,械不去身”,加紧操练兵马,演练战阵,始终保持临战体制。

崇祯十一年五六月间,义军“十闯王七八股尽奔唐、邓间,距襄不二百里遥”,熊文灿“勉献忠提兵征剿”,张献忠却一味推托,“口然而心未必然,今日然而明日未必然,终不肯出门半步也”。

熊文灿下令调张献忠精兵四千“剿贼”,张献忠以刚刚就抚,“安集未定”为借口,拒绝奉调出兵。

檄调不动,让熊文灿大伤脑筋,那就派人去吧。有一次,熊文灿派推官程九万前来谷城调张献忠去围剿别的义军。张献忠说:“就抚这么长时间,一分钱饷银不给,兵无饷怎么打仗?”张口要十万人六个月的军饷,无饷不出兵。熊文灿费了老鼻子劲,好不容易搞到六个月军饷输送谷城,张献忠还是不出兵。理由是“都是旧时举事兄弟,一打伤了情面,不利日后招抚”。

史书说,张献忠“屡檄从征不行”,“及调其兵,三檄不应”。

熊文灿吃张献忠贿赂太多,张献忠不奉调,熊文灿只能没脾气!

张献忠就抚初期,巡按御史林铭球、郧襄兵备佥事王瑞枘和总兵左良玉密谋趁机捕杀张献忠,遭到熊文灿的坚决反对。熊文灿认为“杀降不祥”,不能像洪承畴那样“杀降激变”。

有一次,张献忠的侦察骑兵截获湖广巡抚余应桂给熊文灿的一封密信。信中质疑张献忠应抚的诚意,还说“献忠恶已有端,可先未发擒也”。这封密信触到张献忠的痛处,不禁勃然大怒,立即派人质问熊文灿和郧襄巡抚戴东旻。派去的人气势汹汹,话说得很难听,大意是“谓公等疑我,以应桂书为证,语甚悖”,“大肆桀骜”。张献忠得理不让人的气势,让同样怀疑张献忠并非真降的戴东旻也理屈词穷。有些话，背靠背说说可以，一旦面对面，就难免尴尬。熊文灿无法容忍余应桂破坏抚局，上疏皇帝弹劾余应桂"倡言挑构"，在杨嗣昌的支持下，朱由检下旨逮捕余应桂下狱。这个主剿派官员连申辩的机会都没有。张献忠少了一颗眼中钉。

张献忠进驻谷城后，发现附近有一支云南副将龙在田率领的滇军。这支两千人的队伍配备乌枪、象队（有的士兵坐骑是大象），"马上乌枪疾利，能取人于百步之外，人马俱洞穿"，战斗力很强。张献忠视其为身边的定时炸弹，寝食难安。他想，我若再起，这就是一大障碍，必须尽快除掉！

张献忠沉思良久，想出一个办法。一方面与龙在田交好，经常请龙在田饮宴，送龙在田金银珠宝，好得无话不说。龙在田出身蛮夷之地，毕竟少个心眼，还真把张献忠当好朋友。另一方面，张献忠派一堵墙孙可望搜集龙在田部军纪败坏、欺压百姓、危害地方的证据，四处散布流言，揭露龙在田部种种不法行为，一时舆论为之哗然，还指责地方当局"龙兵扰害地方，楚绅不察也"。

龙在田部本来就军纪败坏，过去没人敢说，现在一经揭发，当地缙绅百姓切齿，纷纷要求熊文灿把这支滇军调走。熊文灿慑于汹汹民意，不得不上奏皇上"撤龙在田还云南"。

龙在田率滇军撤离谷城时，张献忠装出一副恋恋不舍的样子，不仅厚礼相送，还派专人相送返滇。龙在田始终不疑是张献忠做了手脚。滇军撤离后，犹如去除了心头大患，张献忠拊掌大笑曰："龙兵已去，我举事，即有急更调龙兵，往返一年，吾事济矣！"

谷城就抚期间，张献忠的机智、狡黠由此可见一斑。

张献忠到底有多少部队，熊文灿说不清，朝廷更是不明就里。为了弄清这个问题，朱由检派兵部职方主事包凤起赴谷城检阅张献忠的部队。在包凤起眼里，张献忠是"流贼"中势力最强的一股，心里怕得要命。包凤起从北京启程，一路忐忑不安，唯恐此行凶多吉少，走到襄阳就不敢走了，但皇上的旨意又不能不执行，只好硬着头皮来到谷城。

张献忠想，皇上派人来探虚实，说明皇上对咱老子不信任。那就让你看看咱老子的实力。检阅时，张献忠命令已经经过检阅台的部队，另换服装武器，再次经过检阅台接受检阅。这样往复多次，给包凤起一个兵多将广，并非虚报的印象，美美地把包凤起忽悠一番。

按照惯例，阅兵结束后，检阅官要向受检部队发放赏银，以资嘉勉，可是阅兵后，未见包凤起有嘉勉奖赏的表示。张献忠顿时大怒，上前大声斥责包凤起不按成规办事,“是不是还把咱老子当贼看待?”命令部队在检阅台四周架起柴火,要火烧检阅台。包凤起本来就害怕张献忠,这一下吓了个半死。好在治院都御史李成章急忙上前解释:依旧制,奖赏在阅兵的第二日颁发。张献忠这才怒气稍息。

关于张献忠谷城就抚,明清史书多有记载,并且明白无误地指出,张献忠是假投降。是的,谷城就抚,是张献忠在当时具体形势逼迫下采取退一步的权宜之计。但是,高迎祥牺牲后,张献忠无疑是义军中实力最强、影响最大的一股,他的就抚,对其他义军头领的影响是消极的、负面的,客观上助长了义军在这一时期大批受抚投降的逆流。在这一点上,他不如李自成。

张献忠就抚之前,闯塌天刘国能在随州投降左良玉。刘国能是明末农民起义前期著名的首领之一。他死心塌地投降明朝,后沦为专门镇压农民起义的爪牙。

张献忠就抚后,顺义王率部在河南信阳受抚,近万人被明政府遣散。长期与张献忠联合作战的曹操罗汝才、混十万、整十万、十反王、托天王、小秦王在永宁(今洛宁)向熊文灿乞抚。射塌天李万庆、过天星、紫微星、一字王等也在卢氏县投降。李万庆和张献忠同期起义,但投降后与刘国能一样,疯狂镇压自己当年的兄弟。

十一　张献忠谷城再起，一仗把左良玉打成无印将军

在谷城就抚期间，张献忠的周边环境十分复杂、险象环生，张献忠保持高度警惕，处处戒备，与官僚地主集团做针锋相对的斗争；同时招兵买马、整训士卒、囤积粮草、打造战船，积极准备再起。

张献忠进驻谷城时，麾下马步兵不足三万。在谷城一年半时间，招纳亡命，买马制器，兵力达到十万之众。当时，明朝廷在剿饷之外又加征所谓练饷，极大地加重了农民的负担，造成大批农民破产。破产农民没有出路，成群结队涌入张献忠的队伍。张献忠就抚休整反倒大大扩充了自己的实力。

在谷城期间，张献忠住在松江知府方岳贡家。方岳贡清正廉洁，以至其兄方岳宗家境贫寒，缺吃少穿，让张献忠非常感慨，经常酒食相赠，多方接济。他专门给方岳贡写了一封信，极表敬仰之情。信中说："使人人不爱钱如公，献忠何自作贼！"

张献忠非常尊重知识分子，谷城举人王秉真、诸生徐以显和先期参加义军的应城诸生潘独鳌成为张献忠的座上宾。王秉真、徐以显、潘独鳌为张献忠的英武豪爽所感染，很快成为无话不谈的好朋友。读书人很少有不研究易经的，他们认为，明朝气数将尽，当有新主出世，他们愿意为张献忠出谋划策，成就大事。

根据已故著名明史学者顾诚先生的说法，在所有义军首领中，张献忠是最早重用知识分子的一位。知识分子的见识和视野，让张献忠耳目一新，眼界开阔，所以"颇用其计谋"。

徐以显尽管只是个诸生，但处于乱世，非常注意研究行兵布阵、运筹帷幄的古代兵法。他"进献忠孙吴兵法"，得到张献忠的高度重视，孙吴兵法第一次比较系统地进入义军，指导义军的训练，包括义军的战略战术制定、排兵布阵等等。

王秉真、徐以显还教义军制造当时相当先进的武器，诸如三眼枪、连弩、狼牙

棒等，改进义军的装备，极大地提高了义军的战斗力。这时的张献忠非常高兴，趁此“又每日置造战船，已积至百有余号，及打造及精军器”，“买马制器，日夜整办，唯恐不及”。

张献忠训练士兵非常严格，经常是亲自带队训练。计六奇如此描述张献忠，“献性如猿猴，不耐久静。营于城外，将几案垒起，每日自下而上，循环不已，为猿猱升木，无一息停。虽天性好动，亦借此自练以练士卒耳”。他讲解攀登云梯攻城作战的技术，亲自示范。训练骑兵从实战出发，严格而又独特，每一骑要与十名步兵或者十名棍手相搏，如果谁能把骑兵打下马，谁就可以代替落马者当骑兵。因此，张献忠的骑兵甚为精悍。

经济方面，尽管经过一番斗争，熊文灿给调拨了六个月的粮饷，但这远远不够。你不给，我就自己设法筹饷，总不能把我的人马饿死。张献忠在谷城实行屯田，开始买田耕种，后来“取民间有主之腴田而耕”，收获充作军饷。

现在张献忠是朝廷任命的副总兵官，“有权不用，过期作废”。他“差马步兵手持张副总票（公文），四出于光（化）、谷（城）、襄（阳）、枣（阳）之间，追分秋粮”，命令地主把收来的田租充作军粮。“初犹每石分六斗，后则全掠矣”。凡敢抗拒者，惩处不贷，直至杀头。

谷城知县阮之钿觉得张献忠在胡闹，哪有军队自己出面征粮的？阮之钿劝说张献忠制止这种行为。张献忠居高临下地看着阮之钿，心想，在谷城有你说话的份吗？也不掂量掂量自己的分量！张献忠作为难状，说道：“上司不给军饷，难道让我们饿死？只要给饷，立即停止征饷。”他请求阮之钿代他向熊文灿请饷，把皮球踢给阮之钿。

张献忠还在沔水与汉江交汇的王家河设立关卡，“立关下河，榷税为饷”，所有往来货物，一律征税一半，“月入数千金”。

采取这些经济措施，主要针对官府和富豪，并不侵害百姓的利益。史书载，张献忠所部“于湖广襄阳、枣阳等地方与小民平买平卖”，交换军队需要的物资装备，体现出买卖公平，“不事惊扰”民众的良好军纪。

正当张献忠秣马厉兵之际，驻扎城外的大将马元利入城密报：“来了一位稀客。”

张献忠问：“是谁？”

马元利说：“闯王！”

张献忠闻报吃惊不小。心想，我都归顺朝廷了，他还敢来找我！前一向杨嗣昌、熊文灿还要我出兵剿除闯王和老回回，现在他倒找上门来了，不怕我把他交给熊文灿？转念一想，李自成所以称闯王，自是有着非同寻常的胆略和气魄，可是他轻身冒险前来，又是为了什么？张献忠急忙猜不透。

"快请！"并传令安排宴席。

眼前的李自成面庞清癯，硕大的毡笠上粘满汗渍和泥尘，战袍褴褛，只有那双眼睛仍然炯炯有神。

拱手寒暄后，张献忠说："我已归顺朝廷，想来李兄也知道。李兄轻身深入险境，就不怕我把你交给朝廷？"说着，朗声大笑。

在李自成看来，张献忠没多大变化，衣着华丽，气色很好，一把大胡子飘洒胸前，显得威严勇武。只是脸上新添刀疤，眉心有箭伤好像还没好，不时地往外渗脓水，有累张献忠时不时地从身后美人手里接过白绫擦拭。李自成当然不知道，这是左良玉、罗岱留给张献忠的永久记忆。

听到张献忠的笑声，李自成也笑着说："我二十万大军败亡，眼下势穷力薄。如果八大王真的已归顺朝廷，李自成愿将自己的脑袋交给八大王，成全八大王就抚之功！"

"让李兄见笑了。"张献忠说，"龟孙子才干那种缺德事！"

张献忠又露出狡黠的笑容，接着说道："不如这样，由我引荐李兄投靠熊文灿总理门下，像我一样也弄个副总兵干干，不比在汉南深山吃苦受累强吗？"

李自成摇摇头，坚定地说："不可！"又说，"记得攻破凤阳时，八大王打出'古元真龙皇帝'的大旗，当个副总兵是不是太小？"

张献忠一时语塞。心想，李自成的确厉害，心思缜密，话里有话！对咱老子可算了解。

"不要绕弯子了。"李自成收起笑容说道，"咱们俩，谁不知道谁？我就不相信你八大王会真的投降！你在谷城有酒有肉，但受多方挟制，左右猜忌，恐怕不比我在汉南深山自在。我想问你，什么时候你能再举义旗？"

张献忠虽然狡黠诡谲，但他瞒得了熊文灿，瞒不了李自成。李自成点破他心中的秘密，张献忠非但不怪罪，反而由衷高兴。

"李兄你太厉害了，能看到人心里。"他说，"真人面前不说假话，我就抚是假，再起是真。如今正在休整部队，训练士卒，等待机会。时机一旦成熟，立马再起！谁他娘的愿意受他们的挟制。"

李自成闻言,大为振奋,喜不自胜。心想,只要张献忠再起,自己就有出头之日。他站起身来与张献忠碰杯,畅快地说:“等着你的好消息!”

李自成在陕南被洪承畴打败,龟缩汉南深山不能自拔,听到张献忠就抚的消息后,大惊失色!难道闹腾了十来年的农民革命就这么完了?他不相信张献忠会真的投降,即使真的投降,也要说服其改弦易辙,重举义旗。于是,他只带十八骑,昼伏夜行,突破重重阻挠,来到谷城与张献忠见面。及至得知真相,李自成大大松了一口气,这才意识到自己饿了。他频频举杯,大口喝酒,大块吃肉。

趁着酒兴,张献忠拍着李自成的背说:“李兄如今处境艰难,何不跟我一起干呢?”

李自成仰面哈哈一笑,说:“不可!”又说,“八大王知我此刻艰难,何不出手相助?”

张献忠深知李自成志存高远,意志坚强,自己前面的话虽说是试探,但也带有玩笑的口吻。见其不从,也不见怪。大大方方地说道:“李兄可在谷城多住几日,调养调养身体;走时,我自有安排。”

李自成离开谷城时,张献忠拨五百骑让李自成带走,并资助大批衣甲和钱帛。闯王不虚此行,在张献忠这里大捞一把,“饱飏而去”。

有的史书从“两雄不并立”的观点出发,说在谷城张献忠企图杀害李自成,李自成无奈逃脱。这个说法站不住脚。当时,无论是李自成,还是张献忠,都处于最困难的阶段,需要的是合作,而不是内斗。何况,俩人谁也没有“僭位称尊”的想法,还没到势不两立的地步,犯不着去伤害对方。具体到张献忠,综观他与别的义军头领合作中的合与分,从来都是来去自由。罗汝才离开他投奔李自成,张献忠并没有要火并罗汝才!在这个问题上,张献忠显然比李自成心胸开阔。

这里,有必要说一说“曹操”罗汝才的情况。罗汝才在河南永宁时,恰值洪承畴、孙传庭奉命率部进京勤王。洪承畴一出关,罗汝才以为洪承畴要围剿自己,急忙率领九营人马向湖广均县、房县一带转移,同时向太和山提督太监李继政请求就抚。李继政移文咨询熊文灿的意见,熊文灿表示同意。于是,罗汝才和小秦王白贵、整十万黑云祥三营屯驻房县,其余六营分驻竹溪、保康一带。罗汝才为什么要跑到房县才就抚?原因在于这里与张献忠所在的谷城最近,面对复杂多变的外部环境,一旦有事,二人相互也好有个照应。

罗汝才就抚后,熊文灿要授其游击将军,罗汝才不受。“自言不愿受官领粮,愿为山农，耕稼自赡。而潜与献贼相应”。熊文灿下令罗汝才解散部卒，挑选精壮从征立功，罗汝才不听。他有自己的底线。

为了避免与官府闹矛盾，罗汝才与房县等地方政府签订《无相侵害之盟约》，即官府管县城，义军管乡村，互不侵害，互市贸易。盟约签订后，果然相安无事。

罗汝才利用不事征战的和平时机，率领九营将士大搞屯田，囤粮积草，“耕稼自赡”，不要熊文灿的一分钱。这本来是好事，却引起地方官吏的非议。房县知县郝景春向熊文灿报告：“近各贼于初一日分派地土，将房县十五乡民居、民田公然视为己物，囤粮积草，为图储裕饷之计。”

就抚期间，罗汝才非常注意收买人心。他拿出一大笔钱救济穷苦百姓，甚至“给予本钱，令作生意”。这些举措得到贫苦百姓的热烈拥护，“竞相信从”，“相率投入各营”。对此，郝景春大为不安，断然指出罗汝才就抚是假的，“从此假抚之后，斗大房城已是若辈囊中之物，直待时以取之耳”。

从这些举措可以看出，罗汝才的就抚比张献忠还要假。罗汝才一不接受明朝的官职，二不要粮饷，三不放下武器，四不听从调遣，五不允许官府干涉义军内部事务。因此，罗汝才受到明朝官僚的攻击最多最直接，往往第一个攻击的是罗汝才，第二个才是张献忠。而他们二人之间却是联系紧密，互通情报，互为犄角。张献忠在谷城再起前就说“吾必约汝才同反”。

张献忠和罗汝才分别在谷城和房县招纳亡命，买马制器，训练士卒，演练阵仗，囤积粮草，积极准备再起。大概是动静太大，引起明地方官员的警觉。郧襄巡抚戴东旻报告熊文灿并上奏朝廷，主张趁机剿杀张、罗。他说：“以臣愚计之，贼散则难追，合则易殄。今犹槛羊阱兽，围聚于二三百里之中，幸命理臣率郧郢之卒，督臣扫关陇之兵，乘其不意，衔枚疾至，打张燕于黑山，烧曹操于赤壁，岂不快哉！”

熊文灿令陈洪范加大对张献忠的监视。崇祯十二年(1640)，陈洪范派副将马廷实、徐启祚带一百二十人进入谷城，一进城就被张献忠缴械，迫使这支队伍向义军投降。

左良玉得知后，请求带兵讨伐张献忠，熊文灿不答应。在关键时刻，熊文灿这个保护伞真能起作用。张献忠知道左良玉的企图后，把储备的军械粮草尽数运到房竹山中，准备举事。

谷城知县阮之钿从种种迹象料定张献忠必反，自己必死。无奈之下，就随身携带毒药，准备自杀。

同年四月，杨嗣昌趁清军饱掠而归，“边氛暂敛”之际，秘密调动陕西、四川、湖广的官军，向郧阳、襄阳地区集结，企图一举消灭张献忠、罗汝才部。张献忠侦知敌人的意图后，果断决定先发制人，不让明廷的阴谋得逞。

五月五日是端午节，张献忠像没事人一样和谷城士民观看龙舟比赛，欢度佳节，城门洞开，金吾不禁。第二天，即五月六日，突然全城戒严，发动起义，打开官仓没收财物，释放监狱囚徒，并将谷城城墙全部拆毁。

张献忠派大将马元利到谷城县衙，向知县阮之钿索取县令印信。此时，阮之钿已经服毒，正在等死。阮之钿要做忠臣，不给印信，被马元利一刀砍死，其妻急忙交出大印。

张献忠在谷城做出一个令贪官心惊胆战、百姓拍手称快的举动。他在谷城县衙的照壁上公布所有收受其贿赂的官员名单、受贿时间、钱财数量，首当其冲的就是总理熊文灿。朝中大臣和郧襄文武官员几乎全部在列。独于郧襄兵备佥事王瑞栴名下批曰“不受献忠钱者，只此一人”。最后一行指天发誓：“若有诬枉，天诛地灭。延安张献忠白。”

张献忠这一招，震惊朝野。崇祯皇帝朱由检切齿痛恨，满嘴“礼义廉耻”的士大夫为之汗颜。张献忠的确精怪，当年行贿时就记了一本变天账，准备公之于众。这也从另一个方面表明他再起的正当性。

张献忠调集兵力进攻陈洪范，陈洪范赶紧逃跑，几乎被抓住。不要说张献忠忘恩负义，这是阶级斗争，而且你死我活。巡按御史林铭球就没那么幸运，被张献忠活捉。张献忠曾给此人下跪过，一直不能释怀。他要找个借口杀林铭球，就胁迫林铭球上奏朱由检，把襄阳府封给自己。林铭球不敢上奏，上奏了也做不到。张献忠下令“抓他头来”，林铭球被杀。

五月二十三日，张献忠率部到达房县，罗汝才率驻扎房县的白贵、黑云祥三营立即响应，再举义旗；屯驻均县、竹溪一带的义军，除关索王光恩拒绝再起外，惠登相、常国安、王国宁、杨友贤等五营群起响应。

张献忠和罗汝才联手攻打房县县城，房县知县郝景春负隅顽抗，率领士民守城达五昼夜之久。其间，郝景春十四次派人向熊文灿求救，熊文灿按兵不动。

熊文灿接报张献忠复叛后，惊怖忧惶万状，不知所为。所以不救房县，是因为他还不能确定张献忠是不是真反，他甚至一厢情愿地认为，张献忠只是因为缺饷而发生的哗变。他还想再派陈洪范去说服张献忠不反，只是陈洪范不像他那样昏聩，死活不敢前去。

到五月二十八日，房县已无力招架义军进攻。郧阳卫指挥张三锡和罗汝才私交甚好，看到大势已去，便打开北门放义军进城。义军占领房县，将知县郝景春和其子郝鸣鸾处死。

张献忠谷城再起，宣告以熊文灿为代表的招抚政策的破产，对朝廷是沉重打击；而对曾经纷纷投降官军的各股义军起到巨大的鼓舞作用，绝大多数义军首领重举义旗，标志着被打入低潮的农民革命，从此开始走向高潮。

张献忠复叛，焚谷城，破房县，杀官吏，掠府库，声威并著。消息传到北京，满朝文武一片哗然。在明朝廷本来就有主剿派与主抚派之争，主剿派主张以武力镇压农民起义，赶尽杀绝；主抚派认为"寇亦赤子"，能招降的招降了事。熊文灿任总理，力主招抚，一时主抚派占优。现在，张献忠、罗汝才降而复叛，招抚失败，可给主剿派抓住了把柄，群起而攻之。

兵科给事中张缙彦上奏皇上，猛烈抨击熊文灿。张缙彦说："张献忠包藏祸心，无愚智皆知之。文灿受贼给弄，日为之请颁阶、开赏，而于杀人越货之迹，巧辞匿饰，有发现其谋者，屏弗使听。今贼一逞其哮阚之锋，斩关喋血，窜入锡穴之中，为总理者直自庸。及濮分兵追捕，比见御前下密奏，致谓献忠钞夺咨怨理臣之任事不力，必如张大经请月讫之粟，以餍其食，是可从乎，不可从乎！乃若攻州夺郡之雄，而曰漏刃破胆；奔山腾谷之势，而曰鼠窜路穷；拥强兵，负异志，而曰反形未露，不便先图；屠名城，杀官吏，而曰假命须臾，无难缚取。恢饰不伦，欺蒙以甚，臣不能为理臣解也。"

朱由检怒不可遏，特别是得知熊文灿收受张献忠大笔金银财宝，更是切齿痛恨，下诏"尽削文灿所领官、冠带，办贼自赎"。因为一时半会儿找不到一个合适的人替代熊文灿，而剿贼又迫在眉睫，只能让他代理总理一职，将功赎罪。

"办贼自赎"，只要"办贼"，还可以"自赎"。惊怖忧惶、迷惘不知所为的熊文灿，终于知道应该干什么了。眼前只有一条路，就是"办贼"，再等下去，性命不保。作为代理总理大臣，他仍然可以指挥六省官军。于是，他命令左良玉火速追剿张献忠，他对左良玉说，张献忠"势穷逃窜"，"急追勿失"。

左良玉是个老兵痞，尽管他瞧不起张献忠，但深知此时追剿的利害关系，认为不可。他对熊文灿说："过去我要求消灭张献忠，就是害怕他跑了。张献忠在谷城休整一年半，眼下其锋甚锐。今天我也并非不想消灭他，只是想避开他的锋锐。现在他已逃入郧、竹山中，那里山大沟深，草深林密，便于设伏，这在地利上，我已失去优势，只要进入，等于陷于绝境。张献忠复叛，勾动罗汝才率九营响应，人数众多,气焰很盛,并不像你说的势穷逃窜。何况我军追击,山中无路,士兵要背米入山,在山谷中搜寻,一旦十天粮尽,马疲士饥。如果现在出兵,我军必败无疑!”

这时候的熊文灿哪里还能听得进去左良玉的话,他一心想的是救自己,寄希望于侥幸取胜,就给左良玉一顶大帽子:“将军逗留不进,是不是想阻挠我的军事部署!”

左良玉害怕了,只好硬着头皮率部出发。但是,他对别人说:“总理把老虎放出栅栏,却让我去触犯它。我如果不服从,必然会以逗留不进治我的罪!”

一向骄横跋扈的左良玉为什么明知不可为而为之?这是因为他看到了熊文灿的下场,一个威势显赫的六省军务总理,说革职就革职。如果自己抗命不进,不说皇上,熊文灿就可以把自己轻轻拿下。

当然了,以上所说都是史书中的记述,很有点抹黑熊文灿,为左良玉开脱的味道。明季,左良玉的骄横前无古人,后无来者。他本来就瞧不起熊文灿,怎么可能在攸关生死的关键时刻,为遵从一个已经罢官待罪者的将令前去送死!这难道还是左良玉吗?杨嗣昌的官比熊文灿大多了,左良玉照样抗命,“十三檄而不至”。

那么,左良玉为什么会出兵呢?

左良玉屡胜张献忠,特别是南阳城外把张献忠打得满脸开花,助长了左良玉的狂傲心理,认为张献忠是手下败将,不足畏!也许,他还要证明,自己比熊文灿高明,熊文灿把老虎放了,左良玉竟然在深山密林又把老虎抓回来了!

七月二十五日,左良玉冒暑率领两万部卒西进房县,房县已是一座空城。张献忠、罗汝才三天前撤离房县,进入以西八十里的罗睺山。罗睺山山高谷深,林深箐密,葛藤缠绕,无路可通,周围数十里荒无人烟。张献忠探得左良玉率部追来,与罗汝才将计就计,就在罗睺山险要处设伏以待。

按说,左良玉久经战阵,应该派出侦骑探明情况再行动。没有,左良玉听说张献忠离开房县才三天,认为能追得上,立刻追了上来。因为天气炎热,山路崎岖,到达罗睺山时费了不少时日,士兵所携带的粮食早已吃光,只得采集野果、树叶充饥,甚至不得不宰杀战马为食,左军已成饥疲之师。

张献忠派出的小股部队引诱左良玉追击深入。左良玉发现敌情,立即作出部署,命令副总兵罗岱、刘元捷为前锋,分左、右两路进击义军,自将大队随后追进。

应该说明的是,那位教给张献忠《孙吴兵法》的谷城诸生徐以显参加了义军。张献忠采纳其“诱敌深入”的战术,在罗睺山设伏,“以近待远,以逸待劳,以饱待饥”,以多打少。当官军进入义军埋伏后,义军伏兵四起,居高临下,冲击官军。义军千万人发出"啰——啰——"喊杀声,震人心脾!一时间,官军惊慌失措,四散奔逃,溃不成军。

先锋罗岱见不是事,勒马回头就跑,不想马足被葛藤缠住,不能行半步。罗岱抽刀断藤,藤断马倒,掉下马来,被义军团团围住。罗岱还想步战,双拳哪能敌得六手,被义军活捉。另一前锋刘元捷也被乱刀砍死。

左良玉一看形势险恶,顾不上所部将士死活,掉头就跑,所幸马快,未被追及,免遭罗岱、刘元捷下场。但作为一个高级将领的总兵官,至关重要的军符印信全部丢失,实在把脸丢大了!

这次战斗,张献忠、罗汝才歼敌近两万,当阵击杀副总兵一名,俘获一名,缴获军资十万。左良玉一直逃到房县才算脱险,去时所率两万将士,"仅收残兵数百人"。

副总兵罗岱被押到张献忠面前,张献忠两条剑眉直竖起来。他摸摸眉心还在往外渗脓水的箭伤,怒不可遏!为了报一箭之仇,下令将罗岱"脔而食之"。所谓"脔而食之"就是把人剁成碎肉煮熟吃了。

罗睺山一战,是张献忠谷城休整之后一次漂亮的伏击战,也是张献忠自起事以来歼敌最多的一次战斗。此次战斗,说明张献忠部已今非昔比。过去,总是官军追着义军打,多数时间追不上,一旦追上吃亏的多是义军。这次,张献忠、罗汝才部以孙吴兵法指导作战,集中优势兵力,一举歼灭敌人,体现出义军作战思想和作战方式的巨大转变。

这次战斗的胜利,也加剧了明朝统治阶级内部的矛盾。将士损失殆尽的左良玉,一腔怒火无处发泄,便将责任全部推在熊文灿身上,"良玉列其状",直接向崇祯皇帝告御状。在朱由检眼里,熊文灿贪渎成性,大言无实,屡屡误事,就是这一仗打胜了,也轻饶不了他,何况他还打败了。加上左良玉言词凿凿的揭发,熊文灿的命运业已注定。

即便如此,朱由检的怒气还是发泄不了,又迁怒于河南、郧襄的军政大员。他下令,河南总兵张任学撤职,回老家抱孙子去;郧襄巡抚戴东旻罢官,以王鳌永代之;左良玉虽将责任全部推给熊文灿,也不能幸免,连降三级戴罪杀贼。

左良玉丢失总兵官印信,很长一段时间成为无印将军,历史上被传为笑谈!

罗睺山大捷后,张献忠、罗汝才率部转入郧西、兴安一带作战。八月,相继攻克竹溪、竹山县城,震动郧西。

张献忠、罗汝才再起,连连获胜,有一个人喜不自胜。这个人就是李自成。李自成从谷城返回汉南后，“昼则射猎，夜则读书”，等待张献忠再起。得知张献忠、罗汝才集兵郧西，大破左良玉后，“自成大喜，出召其徒，复大集，遂入楚依附献忠”。李自成兵不满千，仍然参加攻打竹溪、竹山的战斗。直至是年冬，李自成转战兴山，参加了罗汝才部反击官军的香油坪之战。在这之后，李自成率部进入巴东。

十二　杨嗣昌挂帅出征，他的方略一句话“以蜀困贼”

杨嗣昌担任兵部尚书以来，部署“四正六隅，十面张网”的战略方针，采用剿抚并用的两手策略，一度的确把轰轰烈烈的农民革命打入低潮。因此，他本人很受崇祯皇帝的赏识。崇祯十一年六月，杨嗣昌被提拔为东阁大学士，成为内阁辅臣，职位相当于宰相，“仍带管兵部事”。

然而好景不长。张献忠降而复叛，焚谷城、破房县、大败左良玉，震惊朝野。本来做官做的顺风顺水的杨嗣昌，压力不小，“心不自安”，心里老犯嘀咕。这倒不完全是因为他分管军事，应该承担相应的责任，主要原因就在于已经声名狼藉的熊文灿，是他向皇上举荐担任六省军务总理的，显然所用非人。

杨嗣昌两次上疏请罪，承担用人不当的责任。

在急于扑灭农民起义的崇祯皇帝眼里，当务之急是谁来出任军务总理一职。他放眼满朝文武，竟然一片茫然，“无人为君分忧”又一次袭上心头，所以，对于杨嗣昌请罪之类的把戏并不上心，就在杨嗣昌的奏折上批示“回阁佐理”。

三天后，也就是崇祯十二年八月二十五日，杨嗣昌再次上疏请罪。朱由检览疏不禁眼前一亮，心想：还找什么呀，这个人不就在眼前吗？既然你认为任用非人，你亲自出马好了！朝廷就应该提倡脚踏实地，少来点虚与委蛇，顾面子不顾里子的做派。他提笔批示：“辅臣屡疏请罪，诚恳愈加……目今叛寇猖獗，总理革任，以辅臣才识过人，办此裕如，可星驰往代，速荡妖氛，救民水火。凯旋之日，优叙隆酬。”

各人想法不一样，杨嗣昌上疏请罪，是不想失掉皇上的宠信；朱由检想的是，你快点去接任熊文灿，“可星驰往代”，越快越好。有的史书说是杨嗣昌主动要求接任熊文灿，其实不然。杨嗣昌上疏请罪，只字未提接任熊文灿。带兵打仗是朱由检强加给杨嗣昌的。

朱由检想:辅臣督师,事不常有,得给点实权。于是,继续批示:“仍赐尚方剑督师,各省兵马自督、抚、镇以下俱听节制,副、参以下即以赐剑从事。其敕印等项,速与办给。”朱由检给予杨嗣昌的权力足够大,各省总督、巡抚、各镇总兵都要听他的命令,至于副总兵、参将可以先斩后奏。

既然是宰相带兵出征,总理这个名号也得改,不然就没有差别了,显不出内阁辅臣的威严。叫什么呢?朱由检决定授予杨嗣昌礼部兼兵部尚书、东阁大学士的职衔就任督师,史书多称“督师阁部”或“阁部”。

一切都在紧锣密鼓地进行,十天时间就准备就绪,杨嗣昌行期将近。九月四日,朱由检再次召见杨嗣昌,故作神秘地说:“还有一事要紧,特召卿来密谕。”

一听说“密谕”,杨嗣昌不由自主地跪地聆听。

朱由检异常严肃地说:“张献忠曾惊祖陵,决不可赦,其余剿抚并用。”

什么呀,这还是“密谕”?杨嗣昌想,张献忠如果不是降而复叛,“曾惊祖陵”又如何?不是已经赦免了,还当上了朝廷的副总兵吗?如果张献忠不是降而复叛,有我杨嗣昌什么事,好好的内阁辅臣不做,深入险境何为?不过,从皇上严肃的表情、郑重其事的态度看得出,其对张献忠的仇恨,简直深入骨髓!

杨嗣昌明白,张献忠所谓的投降是一场闹剧,欺骗的不仅是熊文灿,连朝廷也被其戏弄。受骗者往往火气大!且张献忠在流寇中实力最强,影响最大,只要把张献忠摆平了,其他各股就好对付了。

这次召见,君臣二人明确了战略目标,一致把矛头指向张献忠;确定了战术方针,集中优势兵力歼灭张献忠部。其他各股义军,包括紧随张献忠攻城略地的罗汝才都可招抚,至于李自成,去向不明,暂可忽略不计,尽管忽略不计的后果很严重。

朱由检拨库银五十万两作为剿饷,还从内库拿出帑银四万两、蟒纻绯绢各五百匹、赏功牌一千五百个颁给杨嗣昌,用作奖赏有功将士之用。

九月六日,杨嗣昌出京赴任。朱由检在平台后殿赐宴饯行,百官陪同。朱由检亲自为杨嗣昌把盏。如此隆重的场面,朝廷内外无不称羡,认为命将专征规格之高,历代罕见。朱由检一改往日之严峻苛切,提笔给督师阁部赐诗一首:

盐梅今暂作干城,上将威严细柳营。
一扫寇氛从此靖,还期教养遂民生。

皇上把自己比作辅佐周天子的方叔,匡扶汉室的周亚夫,将杨嗣昌倚为国家的“干城”,简直就是把全部希望寄托在他身上。得此殊荣,杨嗣昌感动得涕泪交流，一边哭一边叩头谢恩，当即宣誓：“誓死杀贼，二年之内，必有以报陛下不烦南顾之忧。”

朱由检平台赐宴营造的氛围，不仅使杨嗣昌感激涕零，也感动了在场的所有官员。杨嗣昌肝脑涂地以报君恩的气概，大有“壮士一去兮不复还”的悲壮！以后的事态发展，“誓死杀贼”，竟然像一句谶语得到应验，督师阁部再也没能回到北京。

杨嗣昌揽辔南行，“慨然若祖逖澄清四海之志焉！”他的随行将佐很会招摇，制作“盐梅上将”大旗一面，将皇上给予的殊荣广为传播，大肆张扬，以致各省督、抚军民甚是惧怕。北直、河南、湖广沿途官吏更是惶恐不已，办理杨嗣昌的食宿迎送，就像侍候天子巡行一样。

十月一日，杨嗣昌到达襄阳，进入熊文灿设在这里的总理衙门。不过，此时的总理衙门已经变成督师衙门。先前奉旨“料理候代”的熊文灿对于自己的命运深感不测，崇祯皇帝屡诛封疆大臣，从不手软，想到这些，熊文灿不寒而栗。好在这次接替自己的不是别人，而是一直坚定支持自己的杨嗣昌，这让熊文灿又看到了一线希望。于是，熊文灿不惜破费贪来的重金，着实为杨嗣昌打造了一座恢宏华丽的督师阁部衙门，既庄严又舒适。为了讨好杨嗣昌，他又为杨嗣昌装饰布置了一套馆舍，所有用具精雕细刻，嵌饰珠宝玉器，极尽奢华；又买来俊童美女，充陈其间，供杨嗣昌役使享用。

熊文灿不愧是行贿索贿的老手，杨嗣昌一到襄阳，熊文灿便将事先准备好的土特产遍送杨嗣昌和左右亲信万元吉、袁继咸等人。土特产价值无几，但装土特产的匣子上镶嵌珠宝黄金，价值十万两以上。

然而，用心良苦、舍得破费的熊文灿，没能换来杨嗣昌的援救。杨嗣昌不是不想救，而是救不了！杨嗣昌出京前数次谒见崇祯皇上，深知皇上对熊文灿的厌恶，他甚至不敢为熊文灿说一句好话。

接见熊文灿后，杨嗣昌即宣布皇上诏旨，将熊文灿“逮系赴京”。次年，熊文灿在北京被“腰斩弃市”。可笑熊文灿做封疆大臣十数年，贪渎无厌，“生时只恨聚无多”。及至犯事，又机关算尽，企图破财买命，然终是无用，身败名裂，所聚财货便宜了别人，什么也没得到。

杨嗣昌在襄阳不停地接见河南、陕西、郧襄、湖广、四川等地的督抚，以及左良玉、陈洪范等各镇总兵、率领禁军的太监刘元斌，用今天的话说，搞调查研究，同时宣示朝廷确定的战略方针,力求统一认识,令行禁止。

到襄阳两个月时间,杨嗣昌干了三件事。

第一,进行人事调整,充实督师行辕。提拔武昌参议道袁继咸为监军,分守郧阳道;提拔永州推官万元吉为军前监纪;以马乾为川东兵备佥事。各项人事任免都按杨嗣昌的意愿施行。

在军事上,杨嗣昌想在各镇总兵中任命一员将领作“平贼将军”,以统一指挥,但是任命谁来担任这一职务,杨嗣昌一时委决不下。这时,左良玉率诸将前来谒见。左良玉一反以往的倨傲,对杨嗣昌毕恭毕敬。杨嗣昌忖度左良玉勇而善战,部属多为降将降卒,能战,可倚重托。当然,也有笼略人心的考虑,希望左良玉为己所用,便当面许诺把“平贼将军”一职授予左良玉,并奏请铸印。

这项任命,杨嗣昌显然失之轻率。杨嗣昌长期管理兵部,对左良玉不能说不了解。熊文灿当总理,左良玉瞧不起文官,很骄傲,抗命不遵,难不成你杨嗣昌是武官出身?要是不听你的指挥怎么办?

罗睺山一战,左良玉被张献忠打成“无印将军”。其间饱受“无印将军”的耻辱。现在好了,不仅有印,还是“平贼将军”印,要说这比总兵还高出一头。左良玉觉得又能张狂了!

第二,奏请朱由检批准,在“剿饷”之外加派“练饷”。练饷即用于练兵的饷银,数目在七百万两之外,远乎于“辽饷”“剿饷”。

杨嗣昌真能做得出来!当下中国,本已民穷财尽,再加征如此巨额饷银,完全不顾百姓死活,彻底站在人民的对立面。这就不难理解为什么“流贼”越剿越多,义军越受挫而越强大的原因了。

杨嗣昌把征调来的粮饷军械源源不断地输入襄阳,“储备甲仗累亿万,诸道饷皆输之”。杨嗣昌把襄阳作为督师“专剿”大本营,城外挖三道深濠,濠上建造机桥,可以开闭。襄阳四门每门设一副总兵专司守备,“文移出入,讥诃验问”,城垣防守真如铁桶一般。

第三,在战术上,制订“圆盘”计划。即在四川、湖广、陕西、河南四省交界处消灭张献忠。该计划因部署周全、“点滴不漏”,谓之“圆盘”。

郧襄巡抚王鳌永扼守郧阳要冲,总兵陈洪范、副总兵周继先等调防金漆滩,并力剿杀,毋令渡江。如张献忠窥视均州、谷城,陈洪范、周继先要率军追杀。

平贼将军左良玉专扼均州,与副总兵张一龙合营剿杀,严防张献忠由房县下谷城或另走保康、南漳。

湖广巡抚方孔炤驻兵荆州，保护惠藩。如张献忠偷袭建阳，或由房、竹走兴山，皆可至荆州境内。方孔炤务须坚壁清野，不要让张献忠钻空子。据此，调署道冯上宾驻彝陵要害，极力据守。到时，杨嗣昌率兵卷甲而入，同时调川兵合击，视此为歼灭张献忠的一大机遇。

四川巡抚邵捷春严守川东。如果张献忠由房、竹走兴山，务须大举精兵，预先出夔门之外；若张献忠侵犯荆州，邵捷春要提精兵五千，水陆并进参加会剿。

河南巡抚李仙风驻邓州，选锐卒防守槐树关、羊皮滩等处。

陕西巡抚丁启睿宜驻商洛，南断郧西、上津入山阳之路，东塞内乡、卢氏通关、陕之门。陕西三边总督郑崇俭若侦知张献忠离房、竹，当即率军赴子午谷会剿。

总兵孙应元率京营驻襄阳，副总兵黄得功驻防光化，副总兵张一龙调均州，周遇吉暂驻新野。副将刁明忠、参将张琦追剿老回回、革里眼、左金王，等贼势平定，再决定这些将领的去向。

杨嗣昌则坐镇襄阳指挥，全力诛剿张献忠，然后以得胜之兵压迫其他义军，自认为可以兵不血刃而降散余寇。

义军的特点是流动不居，你说在四省交界处歼灭就能歼灭得了吗？

杨嗣昌为此还有部署，不然，怎么能叫“圆盘”计划？

如果张献忠走大宁（今四川巫溪县）、大昌，由彝陵（今湖北宜昌县）下荆州，去襄阳，由杨嗣昌率部阻击。

如果张献忠从竹山进入紫阳、兴安，由平贼将军左良玉阻挡。调秦督郑崇俭率贺人龙、李国奇等，入兴安、紫阳、西乡、南郑会剿。

如果张献忠进入四川，走夔门，则由邵捷春拦阻。杨嗣昌命令邵捷春将川军撤出四川与湖广交界的三十二个隘口，驻守夔州（今四川奉节县），放张献忠入川。然后，利用四川四面险阻的有利地势，在四川歼灭张献忠。

命令湖广的官军从房县、竹山向张献忠发动进攻，迫使张献忠进入四川，实现“以蜀困贼”的计划。

张献忠一旦进入四川，杨嗣昌将集中优势兵力，全力围剿。若仍然不能消灭张献忠，即起用第二步计划：利用四川四面环山，山险路窄，不便义军骑兵驱驰的地形和西边多为少数民族聚居的特点，北面截断栈道，南面扼守云南曲靖，集中兵力从东往西压迫义军，把义军赶入川西少数民族聚居区，“驱入松潘诸蛮”，挑起义军与少数民族的矛盾，借刀杀人，唆使藏、彝等少数民族武装消灭张献忠。

为了消灭张献忠，镇压农民起义，杨嗣昌的策划可谓精心。他的这番军事部署,受到多方高度评价。史学家认为,杨嗣昌"审形度势,点滴不漏,前后秉钺者,皆不能及"。像这样周密严谨的军事部署,无论是杨嗣昌之前还是之后的指挥官,都不能与他相提并论。

应该说,这个评价虽然高,但还算中肯。杨嗣昌之后,无论是丁启睿、侯恂还是孙传庭,在军事部署方面,都不及杨嗣昌。

对于这个部署,并不是没有反对的声音,四川巡抚邵捷春就坚决反对。把好好的天府之国作为战场,任"贼"蹂躏,任何一个在此做官的都无法接受!邵捷春怀疑身为湖广人的杨嗣昌以邻为壑,"欲不使一贼躏楚",驱贼入蜀,"以蜀困贼"。邵捷春愤怒地说:"督师的命令是,军士丢掉一座县城,巡抚都要连坐;现在把整个四川送给'流贼',这是督师杀我呀!"

崇祯十三年(1640)元旦,杨嗣昌在襄阳大誓三军。杨嗣昌口衔天宪,手握王剑,言语清朗,信心满满,直说得三军将士欢欣鼓舞、热血沸腾。他说,只要按照军事部署随令而行,张献忠、罗汝才已陷入重围,上天无路,入地无门,流贼指日可灭,地方可靖,朝廷和百姓盼望的太平景象很快就会到来!

当然,也有倒霉蛋。兴安路监军殷太白迟到了,没能赶上誓师大会,杨嗣昌祭出尚方宝剑把殷太白给斩了,用以立威!

连杨嗣昌自己也被自己的讲话所感染,好像已经看到胜利。于是,迫不及待上奏朱由检,"限于正月,必有捷音"。

此时,张献忠已与罗汝才分兵。罗汝才进犯郧阳,张献忠率部出房、竹,进入陕西紫阳,在高头坝与左良玉部打了一仗,左良玉败绩。

也是在正月,湖广官军在麻、黄一带被义军大败。

杨嗣昌期待的"捷音"变成"丧音"。杨嗣昌诿罪于湖广巡抚方孔炤,请旨撤方孔炤,让宋一鹤担任湖广巡抚。

十三　不听将令的左良玉，玛瑙山大败张献忠

杨嗣昌在襄阳偌大动静，张献忠焉能不知？

张献忠派出的侦察人员甚至混入襄阳参加了杨嗣昌的誓师大会。杨嗣昌调集二十万大军“专剿”自己，部署之严密，前所未有。情势十分严峻，环境空前险恶。

张献忠面临严酷的考验！

“三十六计，走为上”，不能在房、竹一带坐以待毙。经过慎重考虑，张献忠决定“回陕西”！史书记载张献忠当时“百计入秦”。

张献忠率部进入陕南，在紫阳县高头坝与左良玉一部相遇，小胜左军。随即西入西乡县。

你不得不佩服杨嗣昌军事部署的周密性。陕西三边总督郑崇俭根据杨嗣昌的命令，率陕西诸将进入汉中，经由西乡前往紫阳、兴安布防，走在前面的是绰号“贺疯子”的副总兵贺人龙和李国奇部。“百计入秦”的张献忠并不知道秦兵的动向，一头与贺人龙、李国奇部撞在一起，仓促间就是一场大战。

在明朝，陕西三边的官军是很能打仗的，即使是辽东前线的关宁铁骑，家底也是三边军队。洪承畴、孙传庭名气很大，无非因为他们率领军队是三边将士。张献忠骤然与贺人龙、李国奇部遭遇，由于仓促应战，作战失利。想要进入关陇，必须翻越栈道，但是秦兵阻道汉中，已成不可逾越的障碍。再想按原来的设想行动，事实上已经不可能。

张献忠急忙与军师潘独鳌、徐以显商议，决定改变行军计划：放弃北进；就从西乡翻越大巴山入川，流窜奔突，以走制敌，寻找机会作战。

崇祯十三年正月下旬，张献忠率义军向四川太平县进发。又是一次想不到，左良玉这老小子竟然在枸坪关等着呢。左良玉率部猛攻张献忠，义军大败。打不

过就跑，张献忠迅速移师九滚坪，登上玛瑙山，构筑栅寨工事，准备居高临下迎击官军。

在这之前，杨嗣昌得知张献忠入川，即令陕督郑崇俭率贺人龙、李国奇部火速由西乡追入四川，命令川抚邵捷春派总兵张令、罗尚文入太平县会剿。又檄令左良玉率主力移驻陕西兴安、平利。他料定围剿开始后，张献忠会再度入陕，所以事前让左良玉回师堵其归路。

刚刚挂"平贼将军"印的左良玉接到命令觉得很奇怪，哪有放着敌人不打，却跑老远去防堵的？何况张献忠未必会回师陕西。他公然抗命，率部从鱼渡溪进入四川，而且打心眼里瞧不起这位声威显赫的督师阁部。

杨嗣昌对左良玉抗命很恼火，是我提拔你为"平贼将军"，让你结束"无印将军"的尴尬，现在居然连我的命令也敢抗拒！他申文转奏崇祯皇帝，意思很明白：立此存照，准备秋后算账。

事实证明，左良玉判断正确，他二月四日进入太平县，即在枸坪关报捷。此时，贺人龙、李国奇、张令、罗尚文、张应元、汪云凤诸路官军都到达，有十万之众。二月七日，在左良玉的指挥下，包围玛瑙山。

玛瑙山去太平县六十里，山势险峻，峭壁撑天，山前溪水环绕，只有一条小路迂回盘旋可通山上。张献忠在小路上伐木筑栅，层层修筑工事，以逸待劳，准备痛击官军。左良玉等包围玛瑙山后，兵分五路，发起进攻，但每次进攻都被义军击败，官军死伤多人，损失惨重。左良玉一看强攻不行，立即改变战术，围而不打。待张献忠粮尽人心涣散，再一鼓歼之。

山上的粮草日见减少，张献忠不禁焦躁起来！他命令部卒下山打粮，然而官军四面围定，就是抢也没地方抢。张献忠不得已下死命令：打到粮的回营有赏；打不到粮的一律斩首。

就是这条命令铸成大错！

大部分士卒打不到粮，害怕被杀，只好投降左良玉。左良玉一看有机可乘，急调早先投降朝廷的闯塌天刘国能来军前效用。他授计刘国能押送粮草上山，言明专程前来支援张献忠。只要赚开寨门，就依计行事。

闯塌天刘国能是明末早期农民起义著名的首领之一，崇祯十一年正月投降左良玉。他是真投降，死心塌地为明朝效力，利用自己洞悉义军内部情况的优势，专剿义军，每战必克，沦为朝廷的走狗和爪牙。

刘国能来到山前叫门，张献忠闻报大喜。张献忠知道刘国能在自己之前受抚，但当时义军降叛不定，以为刘国能和自己一样复叛，当即下令打开寨门，放刘国能进入。

他又一次铸成大错！这一放可不得了，刘国能当即夺取寨门，砍瓜切菜一般杀上山来。左良玉一看刘国能得手，驱动五路官军冲上玛瑙山，大肆砍死义军。张献忠一看上了刘国能的当，立即组织义军反击，但为时已晚，许多义军战士无路可退，只能从后山跳崖，摔死无数。

张献忠面临灭顶之灾。此刻他倒沉静下来，兵法所谓"置之死地而后生"。他大声对义军将士说："我自谷城突围，转战千里，身经数十战，未偿少挫。今至此，彼众我寡，彼锐我疲，若非沉船破釜，大决死战，则尽为虏耳。且死于墨吏，不如死于锋镝！"

主帅的镇定和勇气，大大感染了陷入绝境的义军将士。大家不再惊慌，齐声回答："愿效死命！"

这是一支没有退路的军队，这是一支慷慨赴死的军队。将士们只有一个愿望：冲出去！冲出去才有活路！往日严加保护的老营家小，现在顾不得了！张献忠亲冒矢石，一马当先，挥动手中的大砍刀，向山下杀去。上山的小道上挤满了官军，张献忠率领义军将士，凶神恶煞，亦是砍瓜切菜一般砍杀官兵，挡我者死，避我者生，硬是杀开一条血路，终于突出重围，向玛瑙山以东城口厅方向的柯家坪撤退，当时冲出来的精骑有一千多人。

玛瑙山一仗，张献忠蒙受巨大损失。折损士卒两万多人，头领百余人。许多著名将领被杀被擒。谷城投降张献忠的张大径被杀；前营头目霍宗、中营张守安、老营齐一治、朱之翰等战死；军师徐以显、潘独鳌被俘；老营被破，张献忠的妻妾养子七人被俘；兵符印信、辎重财物、珍宝玩器，损失殆尽。"溪涧山谷，尸骸枕藉，旗帜器械，弃置如山"。义军从别处逃脱者，又被副将贾登联、莫宗文追获，有的被擒，有的被杀。

再说左良玉，玛瑙山大捷，歼敌二三万，俘获一万多，连张献忠的老营也给捣毁，取得前所未有的战绩，总算报了罗睺山失败的一箭之仇，出了一口恶气。他命令严查俘虏、尸骸，寻找张献忠，又派出大批军队搜山，都未能找到张献忠，知道张献忠逃脱。便下令总兵方国安驻守皮窝铺，川将张令、楚将张应元、汪云凤向太平县东穷追张献忠。郑崇俭率秦军在太平县休整待命，自己率部经陕西紫阳返回襄阳报捷请赏去了。从此之后，左良玉眼睛长在头顶上了，任谁也瞧不起，猖狂已极，简直到了肆无忌惮的地步。

这场胜利，对于杨嗣昌来说，多少有些尴尬。左良玉抗命不遵，竟取得如此大捷，不是反证自己调度无方？本想秋后算账，现在，却反要为其请功请赏。不过，杨嗣昌有杨嗣昌的行事方式：我是督师阁部、总指挥，不管你们谁取得的胜利，能说不是我的功劳吗？

杨嗣昌飞奏皇上，疏曰："为奏明大捷事。臣岩穴陋质，樗栎庸才，荷蒙圣眷，谬膺台鼎。倚之以盐梅，寄之以干城。似蚊之负山，类蚁之扛鼎。早夜孜孜，惟覆餗是惧。赖圣主威灵，皇天眷佑，杀伐用张，流寇奔北。"

向皇上报捷，先不说胜利，先把自己表白一番，什么"岩穴陋质，樗栎庸才"，什么"早夜孜孜"，"杀伐用张"，其自我标榜的用意太明显不过了。

"本年四月，内接陕抚郑崇俭，总兵左良玉塘报，称太平县玛瑙山于二月内大破逆贼张献忠，赶杀三十余里，贼仅以身免。所获献忠妻妾敖氏、高氏及抚子惠儿等七人，生擒贼目飞山虎、过天龙、扒山虎、走山飞、过天蟒、钻天鹞、上得天、下得海、展翅飞、霍宗等，招降一根葱、老管队、十反王、关索景四等，斩首扫地王曹威、白马邓天台等。伪造镂金虎符、文篆'天赐灵验'金鞭一支；镂金刀一口，篆'天赐飞刀'；虎符、篆'西营八大王承天澄清川岳'印；卜卦金钱三文；大令箭十二支、小令箭二十支；敕赐熊文灿准招安献忠书一道，所获骡马万余匹，甲胄弓矢忻称。是赖陛下威灵，将士用命，破贼之日，天朗气清，三军踊跃。逆贼釜底游鱼，待日而擒矣。谨修捷表以闻。"

玛瑙山战役的胜利，一扫往日失败的阴霾。尽管杨嗣昌没上战场，但"破贼之日，天朗气清"这样描写天气的句子都用上了，看得出当时他的心情特好！

过了几天，杨嗣昌再次报捷："为生擒逆党献俘事"，专讲擒获张献忠的军师潘独鳌一事。

潘独鳌原是湖广应城县的秀才，"富而吝"。吝的起因是，应城知县以抗击"流贼"为名，修筑城守，垂涎潘独鳌有钱，就摊派其现银一万两。潘独鳌自恃是缙绅，最多出五千两。知县唆使邻人诬告潘独鳌"勾结流寇"，将其关入大牢，并示意狱卒整治潘独鳌，潘独鳌在狱中吃尽苦头，切齿痛恨贪官。潘独鳌的家人变卖田产，多方行贿才得以获救。

潘独鳌出狱后，业已破产，怨恨不已，伺机报复。正好张献忠进犯应城，潘独鳌带领家丁入城值守，很受官绅赞赏。张献忠挥兵攻打应城时，潘眼见报仇的机会来了，随即内应。之后参加义军，追随张献忠出谋划策，被张献忠尊为军师。

玛瑙山被打散后，潘独鳌、徐以显在深山溪谷中东躲西藏，被搜山的官军捕获。潘自称黄岗生员刘若愚，被张献忠掳掠营中，实非自愿，但其“昂视阔步，疏诞自若，口称计足缚献，舌能抚曹，有平治天下之略，欲献朝廷”。潘独鳌一番自吹自擂，引起怀疑，杨嗣昌为证实其真实身份，审问张献忠的书办尹曰凤。尹供认不讳，潘的真实身份暴露。杨嗣昌未能抓到张献忠，现抓获潘独鳌，认为其“罪恶不在献贼之下”，不但上报朝廷，还将其与张献忠妻儿一并关入襄阳大牢，待擒获张献忠时一并献俘北京。

徐以显就比潘独鳌幸运。他承认是谷城生员，被张献忠胁迫而去，审问后被放归回乡。

崇祯皇帝朱由检览奏大悦，认定杨嗣昌才干出众，非同一般。随即加封杨嗣昌太子太保；晋左良玉平贼将军、太子少保；诸将论功升赏。另赐杨嗣昌服物鞍马，发帑金三万两，锦帛千端用作赏功。一时朝廷为之一振，人民均有太平之望。

且说张献忠杀出重围，又被追杀三十里，所率六营将士除左、右两营未上玛瑙山参战得以保全外，前营、中营、后营和老营损失殆尽，只逃出精骑千余。张献忠进入左、右二营驻地收集亡散将士，队伍还有三万多人，立即拔营向太平县以东方向撤退，经水石坝、走岔溪、千江河、转入柯家坪，据地立营休整。这一带万山重叠、道路险阻、层林选翠、人迹罕至，是理想的休整场所。官军追了一阵，畏险惧伏，杀山中百姓回去冒功。只有川将张令还想立功，率五千官军步步深入柯家坪。

在杨嗣昌眼里，川军“孱弱不足恃”，可张令是个例外。是年张令已七十三岁，在马上还能开五石（一石三百斤）之弓，射人“必贯革洞胸”而死，号“神弩将”。攻打玛瑙山时，左良玉用他为先锋，杀死义军最多。奉命与他一起追赶张献忠的楚将张应元、汪云凤遵循“穷寇莫追”的古话，找个借口回去了。张令在柯家坪追上张献忠，反被张献忠以数倍兵力包围。

张献忠对张令狗皮膏药一般的死缠十分恼火，骂道：“龟儿子想咬蛋，咱老子让你好看！”一定要报玛瑙山之仇。张献忠下令切断张令水源，组织义军天天进攻厮杀。张令的五千人马被围十三天，折损一半，饥渴已极的将士只能收集雨水或砍断野藤润喉，摘野果充饥。如果没有救兵，张令死定了！

驻在太平县的郑崇俭不是不知道张令被围，所以不救，一是畏惧山险路远；二是即使出兵相救，恐怕也来不及了，很可能张令所部已被歼，只能为其收尸。张令被围第九日，恰好郧襄道张克俭奉杨嗣昌之命前来犒师。张克俭劝郑崇俭出兵相救。他说：“即使救援来不及，也不能让五千将士暴尸沟涧。”

郑崇俭知张克俭是杨嗣昌亲信，慑于杨嗣昌之威，决定出兵。他命方国安为一路,曹变蛟、左光先为一路,贺人龙、李国奇为一路,张应元、汪云凤为一路,四路大军十万余众,共赴柯家坪。一到柯家坪,就听到喊杀之声震天,张令正与张献忠鏖战。很快,十万官军反包围张献忠,张献忠腹背受敌,又一次陷入险境。

柯家坪之役怎么打的,史书没有记载。但是,据杨嗣昌给皇上的奏报,结果是张献忠又一次吃了大亏。

杨嗣昌奏报云:"为王师异常大捷事。本年六月内,据陕抚郑崇俭率领总兵方国安、副将贺人龙、李国奇、张应元、汪云凤、曹变蛟、左光先、贾登联、莫宗文等,大破逆贼张献忠于柯家坪,救出副将张令并士卒三千人。四川总兵罗尚文等生擒二千七百余人,斩首三千余级。再据郧襄道张克俭报称,韩溪寺招降四千余人,皆张应元、汪云凤、贺人龙、李国奇等冲锋破敌之功。三据罗尚文报称,我兵追至木瓜溪,擒斩三百五十八级。四据副将张令报称,张、汪二副将追奔二百余里,至板箱沟,掩杀俘斩,军器辎重尽为我有。五据川抚邵捷春报称,招降贼将一只虎,又总兵方国安追擒壮贼七十六、妇女小口三十二。六据郧襄道张克俭报称,副将李国奇追斩首级二千有余,零贼招降无算。七据陕抚郑崇俭报称,献贼只身逃走,其亲子及心腹精壮尽数招降,贼入瘦驴岭,现在收捕,务要拿获等情。塘报沓来,臣愚应接不暇,谨摘其大略,飞驰捷报上闻。"

杨嗣昌檄令十万官兵,紧追张献忠,务要一鼓歼之,除恶务尽。官兵深入大山深箐中,却连张献忠的影子也找不到,功令紧迫,就将当地山民杀了,回去报功,直杀得这一带的人民见兵就躲。可怜当地老百姓没有造反,下场却与造反的义军一样。

张献忠在柯家坪没能吃掉川将张令,到口的肥肉却飞了,心里很不受用!又被官军大败,连左、右二营头目薛成才、贺国观都投降官军,损失惨重。他只率千余精骑溃围逃脱,经寒溪寺、盐井、木瓜溪、黄墩,一路有官兵追杀,一直跑到白羊山,才摆脱官军的追杀搜寻,在当地驻下,收拾亡散,休整将息。

张献忠的军纪一向严格,比官军好得多。他不但不杀百姓,还和他们公平交易,买米买盐,买布买药。还有更高明之处:花钱买情报。当地士民有谁提供官军的动向,张献忠即给现银奖励。张献忠义军的做法与官军杀人抢掠形成鲜明对照,深得当地贫苦百姓和士绅的拥戴。相反,若官军侦骑盘问百姓张献忠的下落,人民群众反倒封锁消息。

史书记载了这样一个情节:为了查明张献忠的下落,杨嗣昌派都司曹进功、白显、曹志耀等率二百精骑入山侦察,入百子溪,到铁义铺、小锋口、朝阳洞。这里距张献忠隐藏的地方非常接近。官兵“登极顶四望，寂无烟火”。官兵登上最高的山峰四处眺望，寂然无声，也看不见烟火。看到的是“山民自刈燕麦”，盘问山民，山民“得贼贿，不言踪迹，乃还”。正是因为有人民群众的掩护，才使张献忠经过数百次血战锤炼出来的骨干力量得以保存下来。

十四　一反失败的阴霾，张、罗联军土地岭大捷

当张献忠在四川太平县屡遭重挫，几近被全歼时，他的盟友“曹操”罗汝才呢？

罗汝才驻军远安、兴山一带。

杨嗣昌没有围剿罗汝才。为了集中优势兵力，各个歼灭敌人，杨嗣昌只打张献忠，不打罗汝才，非但不打，还派出使者进入罗汝才大营，洽谈招抚罗汝才事宜。

实际上杨嗣昌在欺骗罗汝才，用当下流行的说法，美美地把罗汝才“忽悠”了一把。

杨嗣昌担心罗汝才出兵分散追剿张献忠的力量，为了让其按兵不动，故特与罗汝才周旋。

杨嗣昌派出的使者叫姚崇中，号冷冰道人。你听听这个道号，冷若冰霜，这样的人怎敢相信？此人从崇祯十三年正月进入罗汝才大营，劝说罗汝才投降，一直到四月。其间广泛与罗汝才所部九营头目接触，有的头领竟然被说动。比如说关索王光恩，已经是“身在曹营心在汉了”。后来，罗汝才受挫后，所率九营竟然有八营投降明朝，不能说与冷冰道人劝降没有关系。

当杨嗣昌把当时势力最大的张献忠打入深山老林后，顿时神气起来，“流寇不足畏”！他离开襄阳，进驻彝陵（今湖北宜昌），重新调整军事部署。他调集禁兵、楚兵、镇兵、竿兵、秦兵、川兵分布于房、保、巴、巫一带，北起房、竹，南至巴、巫，对义军构筑大的包围圈。其中以宁、竹、房、保为之尾，兴山、大昌为腰腹，再至归州、巴东则为头。下令步步紧逼，重兵集于夔、归，“图献、曹而闯亦在其内”。他的这个部署，矛头直指张献忠和罗汝才，把闯王李自成也包括在内。

直到此时，曹操罗汝才始知受到愚弄，感到异常愤怒，把杨嗣昌派来说降的冷冰道人“执而杀之”。四月十三日，离开兴、远，率九营尽走巴东、巫山一带，意图入蜀。

罗汝才入蜀的命运并不比张献忠好，先是被官军阻于大昌的三十二隘口。杨嗣昌为实现其“以蜀困贼”的战略，命令川抚邵捷春放开川楚两省交界的三十二隘口，专守夔门。邵捷春愤怒地说：“令甲失一城，巡抚坐；今以蜀委贼，是督师杀我也。”邵捷春不知如何是好！

此时，不该发生的事发生了。

隘口守将覃思岱与杨茂选不和，覃思岱诬告杨茂选。邵捷春也不调查，就把杨茂选给杀了，还把杨茂选所率士卒交给覃思岱统领。没想到一军皆怨，相率溃去。隘口无人把守，罗汝才部乘机鱼贯入夔门，罗汝才殿后，官军遥望不敢逼。

五月五日，罗汝才与过天星惠登相、关索王光恩分兵。过天星、关索二将率二营走开县；罗汝才走云阳尖山坪。当时，官军秦、楚、蜀兵都聚集在云阳这一带，罗汝才与官军打了一仗，罗汝才失利。

十七日罗汝才从云阳折返大昌。石柱女土司、总兵秦良玉率三万白杆兵大破罗汝才于夔州。秦良玉在马家寨袭击罗汝才，斩首六百余级；罗汝才败退留马垭，秦良玉追来，杀罗汝才将领东山虎；又在谭家坪大败罗汝才。接着在仙寺岭又一次攻破罗汝才大营，活捉罗汝才副手什塌天等六人，甚至连罗汝才的大纛也被秦良玉夺得。大纛是军旗，标志军队的荣誉。大纛被夺，可见罗汝才的狼狈。

一个女土司就把罗汝才打得狼狈不堪，何谈别的官军！所幸，罗汝才率三营强渡巴雾河，即折入大昌县的上下田坂一带。然而，整十万黑云祥一营来不及渡河，迫于无奈，投降了杨嗣昌。

罗汝才三营从上、下田坂走大宁，与秦将固原总兵郑家栋接战于马溺溪，又战于平南漕和窦山，入大宁后又被左良玉所部阻击，不得已只好转入兴山地界。七月十四日，罗汝才三营再败于丰邑坪，罗汝才精骑及部曲多亡散。小秦王白贵、混世王武自强溃走羊山角，随即投降杨嗣昌；满天星、一连莺奔散。罗汝才势益孤。进入四川的过天星惠登相遭到川、楚、秦兵的连续进攻，不得已亦东走，八月兵溃，走竹山，投降左良玉。至此，罗汝才所部九营，除亲自率领的一营外，其余八营全部投降官军。

此时的罗汝才，人马还有一千多人，倍感凄惨。也只有在这个时候他才想起昔日的盟友张献忠。他深感后悔，悔不该不与张献忠联合，结果被各个击破。

张献忠也在兴、巫间。

当张献忠进入兴、归山区休整时，“四月，良玉进屯兴安、平利诸山，连营百里。诸军惮山险，围而不攻”。就是说，左良玉离张献忠最近，左良玉部下多降卒，张献忠藏在哪里，如果左良玉认个真，张献忠是藏不住的。

张献忠和李自成能从百余股义军中脱颖而出，必有其过人的地方。这不，张献忠为了从容休整，利用左良玉贪财好利的弱点，派部将马元利携重宝厚贿左良玉。马元利对左良玉说：“献忠在，故公见重。公所部多杀掠，而阁部猜且专。无献忠，即公灭不久矣。”这句话的意思是：张献忠活着，因此您被阁部杨嗣昌看重。您的部队所到之处又杀又抢，杨阁部猜疑心很重又容不得人。如果没有张献忠，您的死期不远了。

别以为左良玉忠君爱国，他谁也不忠于，只忠于自己；他谁也不爱，只爱自己。左良玉的军纪实在太坏，远不如义军。史书记载：“流寇如梳，官兵为篦。”义军只有攻破城池才能抢掠，而官军可以堂而皇之入城，可抢掠起来比义军还要细，篦比梳密得多。有些城池官民拒绝官军入城，左良玉就攻城，甚至屠城。左良玉这支军队，说白了就是穿着号衣的贼寇。这一切，杨嗣昌知道，朱由检知道，全国人民都知道。之所以姑息至今不治他的罪，是因为他还能打仗。左良玉有什么不明白的，自己一旦丧失使用价值，“鸟尽弓藏、兔死狗烹”就是必然下场。

左良玉被说动了。如果张献忠活着，能救自己的命，那又何必一定要让他死呢？史书不绝于耳的“养寇自重”，在左良玉身上得到最好的诠释！

尽管张献忠近在咫尺，左良玉睁一只眼闭一只眼，权当不知道。

鉴于左良玉驻地的重要，杨嗣昌屡次命其乘胜追击，左良玉偏按兵不动。不得已，杨嗣昌亲笔写信给他晓以利害：

“圣意所重，全在逆献一人。深箐四壁，险峻难逃。将军在彼，严督穷搜，断可必得。……万一不能，而逆献终逃不获，将奈之何？将军万万再画必然之策，勿胶奇正之言，果人兵回兴，须驻彼调度，期擒渠而止。毋令旁观忌嫉之夫谓贼在掌握而复纵逸为患也。”

杨嗣昌檄令不得，改为苦口婆心的劝说，然而丝毫不能打动左良玉。左良玉仍然“高卧竹溪，屡檄不动，不肯协心，穷搜深箐”，不但不出力，连工都不出。

杨嗣昌书生带兵，最忌别人小瞧自己，加之抓住张献忠求功心切，对左良玉屡次抗命，愤懑难平。他写信给兵部尚书陈新甲，拟以陕西副总兵贺人龙取代左良玉佩“平贼将军印”，让左良玉继续当“无印将军”，看你还敢不听命。陈新甲将杨嗣昌的意见上奏朱由检，立即得到批准。朝命下达之际，杨嗣昌不禁又犹豫起来。不说临阵易将，兵家所忌，就单从实力和声望相比，贺人龙与左良玉不在一个档次。只得又请求朝廷收回成命。

杨嗣昌在换大将这件事上，患得患失，显得十分笨拙。汉武帝征讨匈奴，起用出身低微、年纪很轻的卫青和霍去病，他们的资历和声望，远不能跟当时的飞将军李广比，但他们却能建不世之功。假如杨嗣昌起用贺人龙为“平贼将军”，贺人龙的表现一定会很好，前一段与张献忠、罗汝才作战就很卖力，而且这样做对左良玉也有警示鞭策作用。现在的结果是，大将没能换成，尽失两将之心。消息传出后，左良玉大为不满，越发不听话了；贺“人龙闻佩大将印，踊跃动三军；报寝，不无怏怏”，对杨嗣昌出尔反尔也怨恨不已。张献忠正是充分利用明朝将相之间深深的矛盾，不仅休养生息，而且在这之后取得土地岭战役的重大胜利。

张献忠在兴、归山中休整，由于当地百姓的支持和掩护，迅速恢复元气。被打散的将士陆续归队，有些义军将领投降官军，但其部卒不愿投降，千方百计跑出来，投奔张献忠继续与官军战斗，其中，不少是罗汝才所率八营投降官军的士兵。到七月，张献忠的队伍又扩充到数万人。

七月十九日，走出大山的张献忠与罗汝才在巫山会合。当时，这是在蜀楚交界处仅存的两股义军。张、罗会师联合作战，极大地刺激了杨嗣昌的神经。杨嗣昌更愿意与这两个人单挑，像前几个月那样各个击破，不愿意两个对手同时站在自己面前。为此，他做两手准备：一是分化瓦解张、罗联军；二是重兵围歼。

八月，杨嗣昌命令已经投降官军的金翅鹏设法劝降罗汝才。金翅鹏觉得不靠谱，就派出部下飞上天前往巫山以北罗汝才大营劝降。飞上天不敢面见罗汝才，只是找到熟识的罗汝才大营管队黑旋风，把招降的意思告诉黑旋风，让黑旋风转告罗汝才。黑旋风更不敢将这话告诉罗汝才。还在相互推诿间，消息即被张献忠侦知。张献忠迅速抓获飞上天，并转告罗汝才。二人在张献忠营内共同审问了飞上天。

张献忠“日说曹操，毋为官兵所惑”，他严肃地对罗汝才说：“杨阁部已俘过天星献阙下，尔慎自为谋！”过天星即惠登相，此人长期追随罗汝才并肩作战，此时已降左良玉，并未被“献阙下”。张献忠以此警告罗汝才，原因可能有二：一是惠登相八月投降官军，张献忠所获情报不准；二是张献忠故意以惠登相投降反被献俘阙下的事实，坚定罗汝才不降的决心。以张献忠的狡黠，后者的可能性更大。

果然，罗汝才拍案而起。心想，骗了我一次，还想骗第二次？他下令杀飞上天与黑旋风，决定与张献忠组成联军，再度进军四川。

张献忠与罗汝才再度走到一起，具有历史性意义。

张献忠与罗汝才率部由大昌、大宁向巫山进军，勇闯巴雾河。

巴雾河有川将刘贵、秦翼明把守,竭力阻拦,义军被阻河边。这时,后面追兵将至,危急万分。张献忠手执一根白木大棒立马江边督战,“虽屡败气益盛”。士卒有畏葸不前的,张献忠上前一棒,立刻脑浆迸裂。狭路相逢勇者胜,义军战士争相死斗,刘贵等终于抵敌不住战败逃走,义军遂得渡江。在万顶山、苦桃湾扎营,别部营于红茨岸、青平寨,于是夔巫大震。

杨嗣昌的监军万元吉闻讯,发石柱女帅秦良玉白杆兵增援夔州。秦良玉得知巴雾河失守,尽撤三峡兵自随,一时人心浮动。

杨嗣昌的第二手准备就是重兵围歼。他檄令贺人龙、李国奇、张应元、汪云凤、张奏凯等部集结夔州之土地岭,等待义军到来围而歼之。先期到达这里的楚兵张应元、汪云凤部计有六千人,其中一半是未经战阵的新兵。张应元、汪云凤在土地岭等了一个月,都未等到贺人龙、李国奇部。原来,贺人龙因为杨嗣昌没把“平贼将军印”给自己,怀恨在心,借故缺饷,“三檄不至”,后来竟扬言部队哗变,率部扬长西去。真是南辕北辙!

张献忠、罗汝才此时已到达土地岭。侦察发现,官军没有后继。张献忠果断决定歼灭土地岭这支楚军,报玛瑙山、柯家坪一箭之仇。战斗从早晨打响,义军猛烈冲击官军,前后合围,悉锐攻之。张应元、汪云凤指挥硬弩射义军,义军不能近。叛徒李长茂射张献忠管队刘东阳坠马,张献忠挥舞一根白棒飞驰来救,一棒把李长茂胳膊打断,几乎坠马。这时,官军将领白显飞马来救,张献忠一棒打去,马蹶坠地,白显步战,被张献忠一棒打死。

战斗打到中午,未分胜负。此时,一支流矢射中张献忠,张献忠负伤并未退出战斗。张献忠仔细观察战场形势后,派出精骑三千,从后山驰下,冲入张应元、汪云凤大营。守营官军都是新兵,还未接战,阵脚已乱。义军趁机前后合围,大砍大杀。张应元见大营被踹,自知败局已定,稍一分神,被一支流箭射中,已不能再战,在亲信部卒保护下,死命突围而去。汪云凤更是狼狈,从一条小道突出重围,仓皇撤回巴雾川。汪云凤从早到晚苦战一天,滴水未进,又走山路,渴极了,嗓子眼不是冒烟,而是冒火。到了驻地一口气喝了一斗水(斗为计量单位,一斗等于三十斤),不料“血凝臆”,夜里四更暴死。一斗凉水要了一员战将的性命,这大概就是暴饮暴食的可怕之处。

土地岭一仗,张、罗联军歼敌五千余人,楚军主将一死一伤,阵斩敌将白显、潘映,取得入川作战以来第一场胜利,一洗往日之窝囊,士气大振。

张献忠、罗汝才在园渡坪扎营稍事休息,九月六日进军大昌,向上马渡,观音岩、三黄岭、磨子岩杀来。之先，四川巡抚邵捷春驻大昌，听信观音岩守将邵仲光建言，以大昌的上、中、下马渡水浅地平，难以防守，在观音岩建水寨，“临流筑寨，严兵以守”。九日，义军已到渡口，窥上马渡无备，就连续突破上、中、下三马渡。守将邵仲光一看大势已去，丢下观音岩隘口，自己先逃跑了。义军即由观音岩、三黄坎越过大昌，西至上田霸。

邵捷春在大昌城内无法救援观音岩，十分着急。万元吉、邵捷春檄令沈应龙、罗洪政、贾登联、莫宗文随同总兵方国安扼守谭家岭、小岭子、七箐坎、乾溪，企图堵住义军西进。十四日，胡汝高、罗文垣、罗于莘、贾登联、莫宗文率五营屯云兴。邵捷春又调罗洪政、沈应龙协助张奏凯防守净堡。官军部署不能说不严密，但不堪一击，十五日，张献忠、罗汝才自竹菌坪攻破净堡防线，二十日进至开县。

杨嗣昌闻报大怒，即将观音岩守将邵仲光斩首军前。

张献忠乘胜进军开县，向驻守竹菌坪和黄泥隘的张令、秦良玉发起攻击。善射张令不把张献忠放在眼里，张弓搭箭，射倒义军骑兵多人。张献忠知道，张令不除，后患无穷。他把这件事交给义子刘文秀去办。

刘文秀从军中挑选一善射军校站在自己身后，自己策马向前，对张令喊道：“谁是张将军？”张令拨马前出。刘文秀说：“听说将军善射，今与将军一比高下！”说话间，身后埋伏的军校硬弩发矢射中张令咽喉，张令坠马，被救回营，夜半死去。可惜，善射张令死于箭，而且死于无名军校之手。

张令既死，所率七千人马大溃，发一声喊，四散奔逃。奉邵捷春命驻守竹菌坪的秦良玉闻张令败死，前出力救张令军，但已经来不及了。义军猛冲过来追杀张令溃卒，冲动石柱土兵阵脚，顿时大乱。秦良玉回顾自己所率三万白杆兵，都在逃命，无一驻者。秦良玉急忙召集余众边退边战，被张献忠、罗汝才杀得七零八落。史书记载，屡立战功，少有败绩的秦良玉这次失败得很惨，三万白杆兵几被全歼，不得已，“遂单骑入重庆城”。

秦良玉，有史学家称其为千古第一奇女子。她是石柱土司，将石柱壮丁训练成劲旅，替明朝讨平播州、兰州、水西叛乱，两次出援辽东，两次勤王京畿，抗击满清立有大功。崇祯皇帝平台召见，封夫人，赐诰命，授援都佥事，官总兵。是明朝地位很高而又知兵的女性。

既然知兵，为什么会失败得如此惨呢？其实事出有因。有一次，陆逊之代表邵捷春进入秦良玉营垒劳军。秦良玉置酒相待，席间叹了一口气说：“邵公不知兵,吾一妇人,受国恩,应死国;所恨与邵公同死耳!”邵公(邵捷春)不懂军事,我一个妇人,深受国恩,理应为国而死;遗憾的是与邵公一块死!

陆逊之请教为什么这么说。秦良玉说:“邵公移某自近,去其所驻重庆三四十里;而遣张令守黄泥隘,固已失地利矣。贼在归巫万山之上,俯瞰吾营,铁骑建瓴而下。张令破,次及我;我败,尚能救重庆之急乎?”邵公命令我移师与他近一点,离他所驻重庆不过三四十里;而调遣张令防守黄泥隘,这本来已失去地利。如果贼在归巫万山之上,窥探我营,铁甲骑兵从高处一冲而下。张令被攻破,下一个就是我;我失败了,还能救重庆之急吗?

秦良玉又说:“且阁部(指杨嗣昌)驱贼入蜀,无智愚皆知之。不及此时争山夺险,令贼毋敢即我;而坐以设防,此覆军之道也。”

现实冷酷地验证了秦良玉的预言。张令战死,全军覆没;秦良玉三万白杆兵被歼溃散,女土司单骑逃入重庆。秦良玉不改往日的忠诚,一见邵捷春就说:“战事很紧急了!全部征发石柱兵卒还可得两万。我自己可以拿出一半军粮,另一半要官府拿。这支队伍足以破贼。我们土司调兵,以一双筷子、一把扫帚为最急。筷子以能吃饭者都要到;扫帚意味着扫地出门,倾巢出动。请巡抚大人决断。”

秦良玉的耿耿忠心令邵捷春感动得热泪盈眶,但其谋不能用。二万人的吃饭问题,即使一半,邵捷春也无现粮供应;再则三万精锐白杆兵被义军击溃,再来二万老弱焉能与强敌对垒。想到杨嗣昌与自己意见不合,执意驱贼入蜀,蹂躏全川,邵捷春顿觉心灰意冷。他让秦良玉收拾残兵驻守梁山。

史书说,官兵“诸军观望不前,远蹑贼后,侦探不明。关隘防兵多虚伍,或远离戍所”,张、罗联军智取强攻,乘隙而过,一步一步突破重关险隘,全军顺利进入四川。杨嗣昌原本在楚蜀接壤的巫、巴、宁、竹一带部署了一个大包围圈,企图在此全歼义军。至此,大包围圈被突破,杨嗣昌的第一步计划彻底破产。几次战斗,义军缴获“骡马兵器无算”,壮大了队伍的实力,鼓舞了士气,为以后义军“以走致敌”提供了条件。

这次胜利也进一步激化了明朝统治阶级内部的矛盾。原来是左良玉抗命,现在连贺人龙也明目张胆“不奉檄”。邵捷春公开反对杨嗣昌“驱贼入蜀”的策略,但又无力抗拒,处置失当,被义军接连突破防线,招致大败。杨嗣昌不从自己身上找原因,反而归罪邵捷春,让邵捷春当替罪羊。他秘密上奏朱由检“劾奏蜀兵玩寇疏防,秦兵噪归挟饷”。朱由检下诏,“逮四川巡抚邵捷春,削陕西总督郑崇俭”,四川巡抚由廖大亨出任，陕西三边总督由丁启睿出任。总兵贺人龙、副总兵李国奇暂时代理原职务，戴罪杀贼。而邵捷春毫不知情，还在那里左支右绌，和张献忠、罗汝才做殊死搏斗。

邵捷春的事，我们后面还要说到。

十五　黄陵败，
张献忠、罗汝才伏虎诛杰

大概张献忠、罗汝才也不会想到，竟然能取得土地岭和消灭张令、秦良玉部如此巨大的胜利，一扫往日屡败的阴霾，士气大振，大步向川北、川西迈进，甩开膀子“以走致敌”，“蜀中由是大乱”。

这里，我们有必要交代一下全国和四川的形势。史书载：“崇祯无熟岁”。崇祯皇帝朱由检执政十七年，尽管勤勉有加，却没有一个年头是丰年。非但没有丰收年，而且连年凶荒，民不聊生，群起造反。你敢造反，就杀你的头，而且杀头的成本还要百姓埋单，于是就有了正常赋税之外加征的辽饷、剿饷和练饷。这是一笔相当庞大的赋敛，人民群众缴不起，缴不起是不行的，地方吏胥催科如同催命，抓你打你，打的百姓鲜血四溅，有的就死于官府的杖下，于是破产的农民活不下去了，少壮者投奔义军，老弱者死于沟壑。

因为天灾人祸，百姓没得吃，中国历史上曾出现过人吃人的惨景，这并不多见，然而翻开明末史籍，记载人食人的地方比比皆是，“父食子”“妇食夫”……更有甚者，旅店里公然卖人肉。纪晓岚先生《阅微草堂笔记》载：“明季，河北五省皆大饥，至屠人鬻肉，官弗能禁。有客在德州、景州间（流贼并未来过这里），入逆旅餐。见少妇裸体伏俎上，绷其手足，方汲水洗涤。恐怖战悚之状，不可忍视。客心悯恻，倍偿赎之。”把人像猪羊一般捆住手脚，洗涤干净，杀了卖肉。被杀者恐怖战栗之状，令人不忍看视。

纪晓岚还讲过同样的故事，有客人路旁餐馆就餐，吩咐店家快一点做饭。店家说“那就先卸一蹄膀”。只听一声惨叫，一个女人的胳膊被砍下来了。原来所谓的蹄膀就是人的胳膊、腿。

四川称“天府之国”，物产丰饶，然而到崇祯年间，阶级矛盾和阶级斗争日趋尖锐，已经到了不可调和的地步。

欧阳直历经明清换代之际，他撰写的《蜀警录》对四川统治阶级和富商地主有这样的描述：

"即如一服饰也，厌薄缟素，竞侈罗绮，僭制造奇，月异岁变；

一宴集也，淡泊是鄙，丰厚相尚，邱糟肉林，海错山珍；

一居处也，华堂绣户，卷雨飞云，园榭必花木盛植，池亭必鱼鸟备观；

一烹宰也，只顾适口，不惜物命，刳脔极殄极虐，炮灸极怪极惨；

一田土也，富连阡陌，贫无立锥，侵谋膏腴，占人世业，欺夺孤弱，全我方圆。

甚之交易则利己损人，营求则重息撒债，结处则口是心非，刁唆则唇枪舌剑，纵欲则贪刻奸淫，逞奸则阴谋下石，见人得志则嫉妒横生，闻人不幸则幸灾乐祸；

又甚至贪官污吏，学霸势绅，士棍土豪，衙蠹宦仆，猫鼠固结，鱼肉善良。倾人之家，破人之产，鬻人之子，骗人之财；坏人之功名，害人之性命，淫占人之妻女，拆散人之婚姻；

绅衿棍蠹莫不万亩千楹，更锦衣玉食；

乡农庸贩唯有佃田租屋，且啼饥以号寒。

怨气结为氛沴，乐土转为恶域。"

欧阳直以自己的亲身经历，给我们描绘了一幅四川活生生的经济社会生活图景，既真实而又残酷！

贪酷成性的统治阶级和富绅地主互相勾结，"猫鼠固结"，残酷压迫和剥削贫苦百姓，利用催征赋税和各种饷禄的机会，肆意索取贿赂，鱼肉百姓，欺男霸女，暴殄天物，穷极奢靡；另一方面是贫苦百姓"贫无立锥"，"涕饥以号寒"，使天府之国"怨气结为氛沴，乐土转为恶域"，终于激成民变。

民变始于彭县。彭县知县出行，排场很大，除旗伞鼓吹之外，还有八个衙役手拿鞭子排成两行，在前面清道。谁如果不及回避，阻挡了县老爷的出行，鞭子就会甩在谁的身上。而这八个衙役的工资却要百姓分摊，叫鞭银。时值岁末，避乱回家的百姓正发愁拿什么过年，县令却带领衙役催逼鞭银，而且立马就要，不缴就抓人。呼寒啼饥的百姓拿不出银子，被抓不少，许多人就要在大牢里过年。明朝的大牢是不管饭的，如果家里不送饭，饿死活该。

此时，人心汹汹！聚集在现场的百姓对官府的巧取豪夺憎恨到了极点，人人怒目而视。担任保正的王纲、王纪也面临被抓，就大喊一声："打衙蠹！"

由于县衙里胥吏衙役作威作福，早已被百姓切齿痛恨。这一喊不要紧，像点燃了一根导火索，百姓的怨戾之气突然爆发，人人喊打，顿时将在场的几名衙役打死。唯独不打知县,要知道知县是朝廷任命的官员,打知县是造反。——民变和流寇还是有区别的。这还没有完,现场聚集的一千多人又冲进县衙,将能找到的胥吏一一打死,甚或找到民愤最大的胥吏家里,将家人也打死打伤,“尽毁役之家”。

始于彭县的民变,新繁县效之,很快像燎原之火,燃遍全川一百二十多个州县。其间,打“衙蠹”变成了打“五蠹”,可见民变在发展中不断创新。

“五蠹”即:

“衙蠹”,指州县胥吏衙役,代表政府,作威作福者;

“府蠹”,指投靠蜀王府的不法之徒,狐假虎威,营私作恶者;

“豪蠹”,指土豪劣绅,武断乡曲,欺压百姓者;

“宦蠹”,指官宦人家子弟及养子,恃势欺人,勾结官府,败坏纲纪者;

“学蠹”,指秀才、举人之类的读书人,包揽词讼,勾结官府,计害良善者。

打“五蠹”的群众运动蔓延很快,连成都都不能幸免,数万百姓“揭竿拥从呼噪城下”,四川府院官员多方劝导无效,最后武装镇压才得以击溃。而其他州县打死活埋的吏胥豪强无数,“捶击死与糜烂鼎釜,活埋土中者无算”。

当然也有两个县例外,“唯新都、金堂两县令善,未变”。新都县令翼圣、金堂县令程大典自己清廉,治吏很严,不让胥吏狐假虎威欺压百姓,当打“五蠹”成燎原之势时,这两个县却平静如常,胥吏得以保全。可见严格管理,是对手下人的最好保护。

严重的社会不公,促使广大人民群众迫切要求改变现实。即使没有张献忠挥师入蜀,当地也会产生“李献忠”“王献忠”。这样一种严重阶级对立的局面,为张献忠、罗汝才“以走致敌”提供了良好的社会环境。记得当年张献忠、李自成误入车厢峡时,当地百姓站在高处向峡内投掷火把、石块,伙同官军攻击义军。而这次这样的事情没有发生,人民群众反而为义军提供情报,充当向导,甚至直接参加义军。反倒是官军,连个向导都找不到。

九月,张献忠侦察得知渠县以下渠江水深湍急难渡,达河水浅,便与罗汝才一道从开县、新宁(今开江县)西进,势必西渡。若不得渡,就要杀掉老营妇弱以减轻负担。川将方国安抄近道至达州,企图阻止义军西渡达河。二十八日,义军悉锐突攻,方国安不能敌,遂渡过达河进攻达州。总兵方国安与达州举人李长祥招募一千土司兵防守达州,张献忠围攻五日不克,随即长驱西进。十月十五日攻克剑州。十七日过剑阁,北向趋广元,直走阳平关。如果从小道绕过百丈关,就能进入汉中。显然，张献忠、罗汝才有意回陕，以打破杨嗣昌在四川的围剿计划。此时，总兵赵光远在阳平关集结兵力死守；总兵贺人龙、副总兵李国奇也整顿兵马赶到百丈关阻击义军北上。

张献忠见北上不行，突然经过昭化挺进川西。十月十九日，川兵在剑州追上义军，但因情况不明，反遭义军伏击，官军四名将领被义军活捉。十月二十一日，副总兵张应元合川、楚兵在梓潼进攻张献忠，张献忠佯败，却在梓潼县上亭铺设伏以待。当官军进入埋伏，义军突然跃出冲杀，斩首二百，叛徒张一川和官军将领张得寿、杨载福被擒，当即处以剐刑。

总兵方国安由广元尾随义军至梓潼，在县城南门相遇，义军急忙后撤。方国安率部由南门入城，当一半士卒进城时，义军突然发动袭击，拦腰从中截断，分割包围，集中围歼。方国安部损失殆尽，还缴获大量辎重。

看张献忠打仗，用智多于硬干。有时看似被击溃逃走，实则设伏以待；或突然袭击，分割围歼，花样层出，不一而足。

还在川东时，川抚邵捷春招募新军两万，自己带领。当时，有少数义军投降邵捷春。有一天，一个投降的义军士兵对邵捷春说："我投降您有些日子了，您不用我，是不是怀疑我?"

邵捷春说："你说的是军国大事吧！你刚刚从贼营来，肯定不能无疑。"

这个人一下子激动起来，说："我过去被贼掠去，恨自己失身事贼；现在投降您，就是想以身报国。您怀疑我就请快点把我杀了；不杀，请用我的计谋。"

邵捷春问："你有何计谋?"

此人说："现在，流贼张献忠大部分士兵饥饿疲劳不堪，乘此可以歼灭。倘若有别的流贼接济他们粮食，您就是有众百万，也恐怕无能为力了。"又说，"我熟悉流贼习性，能找到他们的所在。"

邵捷春听从了他的话，让部队跟着这个人去找流贼作战。

看来这个无名氏很能吹。进军路上，他改口说他知道张献忠把金银财宝埋在什么地方，等到了那个地方挖出来给将士们享用。人，最大的弱点是爱听好话，骗子说的都是人们爱听的话，所以即使是欺骗，一时也能骗倒不少人。

行军路上，遇到的都是饿得快死的人，一点人色都没有。有饿死者，官军剖腹查验，肚子里装的不是米粮，都是草叶和树皮。这一下，将士都说此人的话可信，越发来劲了。不想这不过是张献忠用的反间计，"新募卒两万人，深入皆覆没焉"。

张献忠派出一个能侃的无名氏竟灭川军两万，可史书上连这个人的名字都不知道,只能用“某”来标代。

十月二十四日,张献忠在梓潼西南的绵阳县与官军接战,之后攻克绵州。随即渡绵河而西,经绵竹南下什邡、德阳、金堂、新都、汉州(今广汉市),于十一月到达成都,遂围成都。义军所过州县,除汉州、新都有地方武装抵抗外,“所至空城而遁”,“府库为之一空”。

接报张献忠到了成都,吃惊最大的莫过于邵捷春。成都是蜀王封藩所在,万不能有一点闪失,这可是性命交关的大事。此公勤勤恳恳、兢兢业业,十分敬业,一路尾随张献忠,尽管一路上损兵折将,始终紧追不舍。他从绵阳一路狂奔,进入成都,立即部署防守,调兵遣将,自是忙得不可开交。张献忠原本没有打算攻成都,只是路过。围了几天,一看人家有准备,马上开路,经简阳、资阳,东向安岳县的周礼场,扎营休整。

邵捷春正为张献忠退兵撤围、保全成都庆幸时,意想不到的事发生了。皇上朱由检派出逮捕邵捷春的锦衣卫缇骑到了成都。宣布圣旨后,一副冰冷的铁链套在了邵捷春的脖子上。杨嗣昌打秘密报告,邵捷春一直蒙在鼓里,丝毫不知情,现在终于明白了,自己的死期到了,杨嗣昌到底放不过自己!一丝悲凉涌上心头,自己按照杨阁部的部署拼命干活,认真工作,换来的不是嘉奖,而是“论死”,能服气吗?他为杨嗣昌借皇帝之手诿过于己深感愤怒!

又一个意想不到发生了!

邵捷春巡抚四川期间有“政声”,成都官绅士民都认为邵巡抚勤勤恳恳干活,认认真真工作,特别是保卫成都有功。有功反而降罪,这是怎么说呢?人们自然把怀疑的目光瞄向了远在重庆的杨嗣昌。

四川人无论聪明的,还是愚笨的,无论是妇女,还是小孩,都知道杨阁部“以川困贼”的大政方针。他说过“吾以川困贼,势不得不先困川”。四川人还知道因为杨阁部是湖广人,所以“不欲一骑蹂楚”,把流寇都赶到四川。邵捷春作为四川的军政长官坚决反对杨嗣昌的这一计划,然而“争之不能得”。邵巡抚是按杨阁部的战略部署干活,打了败仗,却要替领导背黑锅,这个领导也太不地道了!

成都士民愤愤不平,上万人涌入巡抚衙门,把锦衣卫缇骑给包围了,请求不要把邵巡抚带走。威风八面的缇骑哪里碰到过这样的情景,这不反了吗?举起马鞭子就抽,抽了十几下,一看没把人镇住,也傻眼了!这时,有人想出了办法,请求蜀王替邵捷春说情。蜀王朱至澍知道,要解决问题,还得找杨嗣昌,俗话说:“解铃还须系铃人。”于是写封信送到重庆:看在朱至澍的面子上把邵捷春放了。杨嗣昌接信一震，我换了那么多巡抚、总督，还是第一次碰到这样的事。邵捷春还是个人物。不过，谁让他不听话。他回信了，既不能伤蜀王的面子，更不能让步："逮捕邵捷春，是圣躬独断，我无能为力，士民不得违抗。"

替邵捷春鸣不平的，多是官吏缙绅，真正的老百姓没那份闲情。如果说邵捷春是好官，那么一百多个州县的"打五蠹"怎么解释！士绅一看杨嗣昌态度坚决，也没戏唱了，乖乖地让缇骑上路。邵捷春逮到北京以后被杀。

杨嗣昌调动十几万官军，由军前监纪万元吉率领，整天跟在张献忠后边追。要知道义军都是骑兵，而且一人两匹马，机动性很强，忽而向西，忽而向南，忽而向北，忽而向东，"所至飘忽如风雨"。官兵骑三步七，硬件不占优，跑得人困马乏，精疲力竭。要么追不上，即使追上了，劈头盖脸挨上几家伙，被打得晕头转向。官兵士气低落，怨声四起。而接连打胜战的义军反而意气风发，斗志昂扬。听听他们唱的歌：

前有邵巡抚，常来团转舞；
后有廖参军，不战随我行；
好个杨阁部，离我三天路。

大意是，邵巡抚指邵捷春，跟得最紧，走在前面团团转；其后是廖大亨，摸不着仗打，只好随行；即使是督师阁部杨嗣昌，离我也不远，只有三天的路程。

义军将士用歌声辛辣地嘲讽敌人的低能愚蠢，表现出大无畏的英雄主义气概。

军前监纪万元吉发现了官军进止不一的问题，或者说他是个虚心的人，接受了义军的批评，重新调整了官军兵力配置。他抽调步骑两万余名（其中有一部分是左良玉的部下），由总兵猛如虎任总统统一指挥，张应元为副总统。

猛如虎大概不是汉人，应该是蒙古人。少数民族将领大多死心眼，执行上级命令不走样，甚至不过夜。由于官兵的机动性也提高了，追赶张献忠的积极性自然很高。追了一段时间，官军里又流传两句话："想煞我左镇，跑煞我猛镇。"

什么意思？左镇指左良玉，总兵在明代也称总镇。原意是想死你了，我的左总兵；跑死我了，我的猛总兵。史书说这是军中流言，大概不敢像义军那样高喉咙大嗓门地唱出来。因为猛如虎统率的骑兵中有一部分是左良玉的部下，这部分人因为左良玉敢抗命不遵，大部分时间悠闲自在；自从跟上死心眼的猛总兵，可真是遭殃了，累得半死不活，连以后的命运也很难预测，所以牢骚满腹。

远在重庆的杨嗣昌先生本来对"以川困贼"信心满满。但几个月过去了，收效似乎不大，反而折损将士不少。读书人就是脑子好，又想到了分化瓦解义军的办法。十二月，他下令赦免罗汝才，只要投降就给个官做，放风给罗汝才，阁部大人等你来报到。他采取的第二个措施针对张献忠：有能擒斩张献忠者，赏万金，爵封侯。把这条措施制成布告，在四川境内广为张贴。重赏之下必有勇夫，说不定张献忠身边的人会提着张献忠的脑袋找他请功。

令杨嗣昌万万想不到的是，他下令张贴榜文布告的第二天，一夜之间，重庆城大街小巷，甚至他的公堂、厨房、厕所（堂皇庖湢）都贴有一张传单，传单上写："有能斩阁部杨嗣昌头来献者，赏银三钱！"

怎么回事？一个土匪头子的人头值万金，位高权重的当朝宰相的人头才值三钱？这也太小瞧人了吧！况且，这些传单怎么能贴在杨嗣昌的办公室和卧室？张献忠的间谍太厉害了！杨嗣昌对此瞠目结舌，大声训斥身边的人，心中不免怀疑自己的左右都是贼！

也许你认为这太夸张了吧！可史书上的确就是这么写的。

十二月，张献忠、罗汝才由隆昌、永州向泸州前进。泸州位于长江与沱江交汇处，三面环水，形同半岛，易守难攻。泸州知府苏琼早有准备，利用地利，充分设防，据说还安置了神机毒火、草龙地网。苏琼很自信，泸州将是埋葬流贼的墓地。

张献忠决定智取。又是用智，可见张献忠的脑瓜很好用。尽管此人文化不高，却敢跟读书人玩计谋，而且把才高八斗的苏琼知府玩残了。

为了加强泸州守备，朝廷调松潘兵备使黄谏卿任泸州兵备道，此人正在赴任途中。张献忠侦知这一情报，事先在泸州城外设伏以待。

这个埋伏怎么设的，史籍没交代，但有一点，肯定不能让泸州城内看出。黄谏卿到达泸州城下，苏琼打开城门放行，一眨眼的工夫，张献忠的骑兵夺门杀人，大破泸州城。

进入泸州的张献忠只杀了知府苏琼一人，其他人一个不杀。不杀人，这个时期张献忠的作为可圈可点。反倒大造舆论：义军只杀楚人，不杀川人。用意很明显，杨嗣昌"以川困贼"，义军的对头是楚人，不是川人。川人本来就对"以川困贼"怨恨不已，听到这个口号，真以为打仗是楚人跟流贼之争，与己无关。从此，再不相助官军，反倒给义军提供情报、充当向导，更有大批贫苦百姓直接参加义军。就连附近永川县官员也望风而逃，无心守土。把抵抗义军的责任推给杨嗣昌、万元吉、猛如虎。

随后追来的万无吉，根据泸州的地势，判断张献忠必然会由唯一的陆路通道立石站北走，不会南渡长江进入少数民族地区。他下令在玉蟾寺埋伏重兵，待张献忠北走时，突然袭击，可以尽歼。这个计谋非常高明，也非常阴险，然而，张献忠的行动大出万元吉之料，因为玉蟾寺的和尚出卖了万元吉，让张献忠尽知万元吉的计谋。

此时，贺人龙、赵光远屯驻小市厢，隔水排开阵势；猛如虎、张应元于九日赶到立石站，准备在这里袭击张献忠。情势无比险恶。

当天晚上，猛如虎突然发现长江江心有竹筏顺流而下，连续不断。竹筏上点有灯火，明灭不定。黑暗之中，似乎看见竹筏上有人影晃动。

"坏了，张献忠从水路跑了！"黑灯瞎火，猛如虎也看不清竹筏上是真人还是假人，紧急下令所部沿江追击，连原先设在玉蟾寺的埋伏也撤掉了，一定不能让张献忠顺水逃脱。少数民族将领就是死脑筋，也不想想，哪有夜里黑灯瞎火在大江行船的，何况不是船，而是竹筏。

其实，这是张献忠的又一次用智。竹筏上空无一人，故意点了几盏灯，扎了几个草人迷惑对手，对手却轻易上当。趁官军追赶竹筏之际，张献忠移营从南溪向荣县、仁寿方向转进。十七日越过成都，走汉州、德阳，渡绵河，进犯盐亭、南部、仪陇等县。崇祯十三年大年三十，攻破巴州（今巴中市），杀知州卢尔敦，同知张连耀、教谕钱相珂，释放囚徒，给穷苦百姓散发库金。把追赶的官军远远地甩在后面。

在中国，过年是神圣不过的事情。即使是刀光剑影、烽火连绵的战时，作战双方的将士也要过年。张献忠占领巴州后，就在这里过年，举杯痛饮，将士同乐。

哪怕是过年，张献忠也不放松警惕。他巡行巴州城，从一户人家门前走过，听到屋内有争吵声，就进入查看。这户人家是秀才陈世达的家，陈世达的母亲年老抱病在床，几个义军士卒大概是索要什么东西不果，威胁要带走卧病的陈母。陈秀才是个非常孝顺的人，愿以自身代老母，叩头流血，张献忠称赞陈世达是个孝子，"义而舍之，母子得无恙"。

张献忠又来到一家门前，听见里面喧闹，进去一看，有一少女吊死屋内。据邻居说，这是贡生周朴忠家，女儿十六岁，全家出逃时，怕受辱连累父母，投缳自尽。张献忠说："这是烈女之家，不许骚扰"，把一支令箭插于门前。张献忠于是下令，严明军纪，不许杀戮无辜，奸淫妇女。违抗者，军法从事。

崇祯十四年（1641）正月初三，张献忠、罗汝才率部离开巴州，走达州。八日，渡达河趋川东，九日，到达开县。

历史又回到原点。一年前，在杨嗣昌的压迫下，张献忠离开房、竹流窜四川，被左良玉打得大败。四月，罗汝才入川重蹈张献忠覆辙，九营人马或降或散，只剩一营。八月，张、罗组成联军再度入川，短短半年的时间，从川东到川北，到川西、川南，再到川北，现在又回到川东。然而，与再度入川的半年前相比，张、罗联军已不可同日而语，数次取得重大战役胜利，已然是兵强马壮。张献忠、罗汝才率领义军像大游行一般在四川转了一大圈，说明杨嗣昌调集十几万官兵“以蜀困贼”没能困住，很有点虎头蛇尾的感觉。

看来，张、罗联军就要出川了！

再说官军。当张献忠从南溪北进时，万元吉因为官军行动不统一，无法作战，主张从近路出梓潼，派重兵守住进入川东的道路，防止义军回窜，这样可以持重万全。万元吉的确有先见之明，如果按照这个意见办，以后官军的悲剧也许不会发生，但是杨嗣昌不同意分兵，命令全力追击，不准流贼逃往他处。

事实证明，杨嗣昌错了。由于官军在川东一带不设防，张献忠北进东返，一路上未遇到像样的抵抗(归路尽空)，势如破竹，大步向前。猛如虎步骑两万人，自己率领的宁夏固原兵只有六百，万元吉调给骑兵三千，其余都是左良玉的部下，左部“骄悍不奉进止”，猛如虎只有头痛的份。贺人龙从泸州到广元不想干了，想回陕西，屯兵不进。中军陈可立拥众牛头山，饮酒奏乐，当起了观众，看官兵与义军斗。万元吉檄令其追击敌军，竟“背道驰去”。

干活的只剩下一个猛如虎，连副总统张应元也没跟上来。死心眼的猛如虎紧追慢赶，于正月十三到达开县黄陵城。这时，张献忠在这里已经等了四天了。

猛如虎到达黄陵城时天已经快黑了，正在下雨。时值隆冬，天气阴冷潮湿。为了御寒，将士们把棉衣穿在铁甲外面，一下雨，绵衣湿了，“身重路滑”，好不容易才到达目的地，已然是“士卒疲惫，人无斗志”。

此时，发现了敌情。张献忠、罗汝才高踞山上，虎视眈眈。怎么办？

众将领见此情状，心里一惊！感觉疲惫不堪，请求猛如虎休息一晚，待天明雨停后再战。不想半路杀出个程咬金，参将刘士杰求功心切，毅然说：“自泸州开始追赶流贼，马不停蹄四十多天，唯敌是求。今天幸亏追上了，却遇贼不战，如果流贼趁机逃跑，纵敌失贼，谁能承担这个责任？”

他又吹道：“吾束发时，单骑击贼，屡建大功。今年近四十，反不如儿时？请为诸君先！”说完，也不等猛如虎下令，就率部挥戈猛进。猛如虎也怕休息一晚张献忠趁机跑掉，下令率军跟进。

刘士杰不愧是一员猛将，一出手连连得胜，把义军逼得纷纷后退。所谓退，只能往山巅退，这也不知是真退还是假退。

张献忠立马山巅，凭高远望，见官军并无后续部队，就知是猛如虎孤军深入，马上意识到可以一战。他大声发布命令：不准后退，拼命搏杀。义军骑兵往来驰骋，忽上忽下，把官军大队分割包围，肆意砍杀。官军身重路滑，上山手脚并用，哪里还有机会还手！张献忠又命令三千铁骑从山谷绕出，出其不意出现在官军背后。山上的骑兵建瓴而下，正面冲击；绕到官军背后的骑兵从后往前砍杀，形成前后夹击之势，大败官军。刘士杰和游击郭开、李仕忠最先被杀。猛如虎的两个儿子猛先捷、猛中捷陷入重围，只得背靠背相依，引弓射箭。箭射完了，不愿做俘虏，双双自杀。猛如虎身负重伤，仅率士卒千余，在部将的保护下，溃围逃脱，军旗、军符、印信丢得精光。

开县黄陵城一战，张献忠、罗汝才痛歼尾随官军精锐两万多，战将多人。猛如虎连自己的两个儿子都丢了，可见有多狼狈！这次战斗胜利，意味着杨嗣昌“以川困贼”战略企图的彻底破产。史学家非常重视黄陵城战役，认为这一战标志历史性转折，义军与官军的力量对比发生变化，义军不仅消灭不了，而是越战越强；相反，从此之后，官军的优势逐渐丧失，很难再组织起像崇祯十三年初那样的全面围剿和进攻。

更为重要的是，张献忠、罗汝才在四川吸引了明朝能调动的所有主力部队，吸引了明朝的全部注意力，歼灭官军有生力量七八万人。这就为其他义军的再起创造了条件，特别是为久困汉南山区李自成的再起，提供了难能可贵的支援。

十六　李自成痛饮“福禄酒”，张献忠借“朱”头、杀“杨”头

自崇祯十一年八月，李自成兵败四川梓潼，蛰伏汉南深山，一直到十三年冬天两年时间里，少有动静。其间，陕西三边总督郑崇俭阻断函谷关，左良玉扼守南武关，使得李自成倒霉透顶，动辄得咎。深山老林，吃没得吃，穿没得穿，日子过得非常窘迫，许多部下逃散。满天星、张妙手、邢家米及大队总管大天王、镇天王、一条龙、小红狼、九梁星相继投降官军。李自成所部只有几百人，而面临的主要问题是既没饭吃，又无路可逃。

李自成伤透了脑筋，就是想不出办法。

当然，办法是有的，可惜李自成不愿做，这个办法就是投降！

不投降，那就只有死路一条。据史书载：“食且尽，自经者数。”职业革命家李自成既然革命不成，那还不如死了算了！他几次上吊自杀，都被其养子李双喜救下。李双喜早就发现这个干爹郁郁寡欢、行为怪异，于是就多了个心眼，紧紧跟定李自成，如影相随。

李自成是真英雄，宁可死，也不投降，哪怕像张献忠那样的假投降。原属罗汝才部下的关索王光恩投降左良玉后，主动劝李自成投降左良玉，都被李自成严词拒绝。

李双喜劝告李自成不要死，眼下官军合围甚密，看起来没出路，但百密一疏，只要有这样的时机，即可突出去。只要突出去，就大有希望。

李自成叹息道：“人言我有帝王命，穷蹙如此，何来此说？”

身边大将刘宗敏、李过等人怂恿李自成去附近的庙里卜一卦，看天命是否眷顾闯王。

他们来到庙里，连卜三卦，三卦皆大吉。这三卦的作用大得出奇，不仅坚定了李自成继续革命的决心，也坚定了他身边人追随他的信心。刘宗敏认定李自成是

真龙天子,回去就将自己的妻儿杀了,发誓说:"这辈子我跟定你了,死生不变!"其他人也纷纷杀妻杀子。没有了后顾之忧,只等大展拳脚。

机会终于等来了。或者说,张献忠这个老战友在关键时刻伸出了援手。

阁部杨嗣昌在四川与张献忠打得不可开交,为防止张献忠从川东回窜入楚,杨嗣昌檄令左良玉移师堵夔门。左良玉一向不把杨嗣昌放在眼里,而且认定张献忠必然不敢入楚,以致"十九檄而不至"。但是上级有命令,也得做做样子,于是集结部队,做出一副入秦的样子。

左良玉一动,引起了李自成极大恐慌。李自成以为左良玉要消灭自己。他召集部将说:"我等在网罗中久困不得出,现在左良玉要来,与其坐以待毙,不若死中求活。如果数百人突破网罗,就可以东西南北自由驰骋。今日必须拼老命决死战,至于众寡强弱已经顾不得了!"刘宗敏、李过等人齐声回答:"闯王说得是!"

李自成选精锐五十骑为先锋,直接攻击左良玉所部。挑选了半天只有五十骑,足以看出李自成当时的困顿程度。左良玉自玛瑙山大捷后,傲气十足,不但不把杨嗣昌放在眼里,更不把流贼当回事,"目中未尝有贼"。何况此时只为掩饰抗拒杨嗣昌檄令,做做样子而已,并不是要消灭李自成。他的部队缓缓行进,不意李自成突然而至,竟然被打了个措手不及。李自成是死中求活,破釜沉舟;左军压根儿没想到,毫无准备。就这样,左军被打得大败,落荒而逃,一溃三十里。

李自成意外脱险,冲出重围。安营后一一去看望将士,拱手祝贺大家获得新生,勉励大家再接再厉。

左良玉是那么好惹的吗?当他灵醒过来后,立即派重兵追赶李自成。李自成急忙率领精骑不战而走。为了安慰左良玉,沿路将一些用不着的行囊丢下,随便捡。左部尽管追了几十里,结果可想而知,永远别想追上。李自成由商洛入豫,"如虎出柙,遂不可制"。

关键时刻,许多事坏在左良玉之手。

此时的河南,连年灾荒,人民"生路绝矣"。河南一名叫王汉的知县在奏疏中这样写道:"食草木者,经二年;食人者,经一年。秋冬以来,至有父子、兄弟、夫妇相食而重刑不顾者。皆黄腮肿颊,眼如猪胆,饿尸累累。强者食人,弱者为人食。始而强者为贼,继而弱者亦为贼。贼生如蝗蝻,随捕随起不可尽。""最可恨者,百姓因饥饿做贼,今富室旧家尽成饿殍,村落丘墟,人烟断绝,贼亦无处打粮矣,贼亦食贼。做贼为逃死,今一战之下,馘首千百人,兵士尽脔其肉,即食人者,亦为人食矣。"

这就是河南的现状，人食人，“贼”食“贼”，连官兵也食“贼”。

本来，李自成五十骑，数百人能成什么事！可一到河南，情况为之大变，可谓是苦尽甘来，物极必反，到处是饥饿的百姓，到处是逃死的“土贼”。李闯王站在高处振臂一呼，响应之人何止万千！什么瓦罐子、一斗谷、一条龙，纷纷依附，远近响应，队伍一下发展到十数万。

李自成是条硬汉，有了人马就打呗。第一仗围永宁县，云梯肉搏攻城。城破，杀知县武大烈。后攻破四十八寨，接着攻破宜阳，杀知县唐启泰。李自成乘胜出击，连破偃师、灵宝、新安、宝丰诸县，河南为之震动。拿下这么多地方，李自成有吃有喝，追随他的人就更多了。

连路人都知道，李自成下一个目标是河南府。当时的河南府不是郑州，是洛阳。洛阳有一个了不得的人物——福王朱常洵。朱常洵是万历皇帝朱翊钧和郑贵妃所生，当年被万历皇帝爱得死去活来，如果不是朝中大臣拼死反对，那后来的皇帝就不是朱常洛了，哪里还会有什么天启与崇祯。朱常洵没当上皇帝，却当了倾天之下的第一大富翁。万历皇帝将宫中的财物任其取用，厚赐多多。朱常洵又是朱由检的亲叔父，你看此人了得了不得？

明朝有个规定，封藩之地是不能失陷的。否则，藩王被杀，有关大臣是要杀头的。于是河南巡抚不敢怠慢，立即派出总兵王绍禹率刘、罗二副将驰援洛阳。

朱常洵实际上是个昏庸浅薄的人，非常贪财而又吝啬。被封到洛阳二十多年，除了残酷地剥削压迫人民，大肆敛财外，好事一件没做。等到天下大乱，连岁饥荒，民无食，军无饷，盗贼遍野，民不聊生，朱常洵府库里粮食因时间太久而腐烂，穿钱的绳子也因年头太久而断裂，“粟红贯朽”。即使如此，他仍然舍不得拿出一部分哪怕是腐烂了的粮食赈救饥民，或者拿出一部分钱粮犒赏军队，以保自己的平安。

崇祯十四年正月十六日，总兵王绍禹率部来到洛阳，此时李自成也到洛阳附近。王绍禹这支军队因缺饷，士兵大多吃不饱饭，知道福王是个大财主，自然心里热热的有想法。有军队来保护自己，福王很高兴。召王绍禹和刘、罗二副将三人入城，设宴招待，很是热情。至于王绍禹的部下，对不起，就留在洛阳城外，派人送了点酒食算是犒军。

十七日，王绍禹请求带兵入城防守，福王却不批准。

这就怪了，既然要王绍禹保卫洛阳城，却不让军队进城，不让部队进城还怎么保卫城市？其实朱常洵的小九九就是怕花钱，数千人进城，要吃要喝要赏钱，他觉得是割他的肉。已经是生死攸关的时刻，朱常洵仍然是要钱不要命！

王绍禹请求三次，朱常洵拒绝三次。王绍禹出离愤怒了！老子来保护你，你不让进城防守，怎么保护？保护不了你，还要杀老子的头。这活没法干了！王绍禹强行带自己的部队入城，管你批准不批准！但把刘、罗二副将的部队留在城外。刘、罗二将本想这次保卫福王，这个大财主多少会给点钱，不想大财主一毛不拔，还把自己扔给李自成。要知道李自成带甲十数万，自己的这点人马无险可凭，岂不是鸡蛋碰碌碡。既然你不仁，就休怪我无义，走着瞧吧！

城内根据分工，兵备副使王胤昌、知府冯一俊、通判白尚文、知县张正学分守各门，总兵王绍禹及推官卫精忠巡游策应。

十八日夜，留在城外的刘、罗二将生怕自己被李自成吃掉。俩人一合计，觉得为福王卖命不值得，既然自己像弃儿一样被抛弃，还不如主动投降李自成。于是放火烧洛阳城西关，率部投奔李自成。第二天早晨，带领李自成围攻洛阳城。

李自成用大炮攻城，城守岿然不动。要知道，洛阳城是历朝古都，历史与长安一样古老，城墙高且厚。黄昏，李自成停止攻击，似乎在等待什么。

初更，王绍禹全副披挂，策马在城内奔驰，遍呼于城上，城上齐声回应。奇怪的是城外围城的义军也齐声呼应，开始是新降刘、罗二将所部回应，后变成围城义军的回应。

这时，王绍禹在城上的守军将西门守将王胤昌挟持，把刀架在脖子上要钱，不给钱就要杀头。王绍禹闻报想制止，自己的部下却说：“流贼就在城下，总兵你能把我们怎么样？”说着，挥刀在城头乱杀，守城者猝不及防，纷纷坠城。很显然，城上守军叛变了。李自成指挥义军云梯爬城，部队不失时机地爬上城堞。在叛军帮助下，打开城门，义军一拥而进，洛阳城没费多大劲就被攻破。王绍禹、卫精忠从城墙跳下逃走，通判白尚文从城上掉下摔死，其尸体立刻被饥民给吃了。王胤昌、冯一俊、张正学被活抓。

福王朱常洵听说城破，和世子朱由崧逃出王府。朱常洵是个三百多斤的大胖子，走不动，他的儿子朱由崧丢下自己的老子，自顾自跑了。城门被义军把守，出不去。朱由崧跑上城墙，碰上一个叫刘正学的皂隶，也在逃命。他对刘正学说：“你能救我出城，以后自当还你富贵，我是福王长子。”刘正学看他肥肥胖胖，就找来一堆破旧衣物，替朱由崧包裹头面和躯体，找一城垣斜坦处令其滚下，又跳城给其解开，助其从小道逃脱。朱由检死后，朱由崧在南京即帝位，国号弘光，但其和他的老子一样浑蛋，骄奢淫逸，不久即被清朝灭亡。

朱常洵摇摇晃晃、上气不接下气,也跑上城墙。被人用绳子从城墙上吊下去,再也走不动了,只好在迎恩寺暂时喘口气。

李自成进入洛阳,第一件事就是逮捕朱常洵。福王宫中未能找到,即在全城搜捕,终于在迎恩寺找到,随即逮捕。

二十日清晨,肃清残余抵抗后,李自成下令停战,进驻王府。李自成打开福王府库及洛阳富室粮仓发米谷数万石,银百万两赈济饥民。"饥民荷旗而往,应之者如流水,日夜不绝,一呼百万,而其势燎原不可扑"。从此之后,闯王所过无坚城,所遇无劲敌,原因在于"得人心"。

福王被抓时,前南京兵部尚书吕维祺也被抓。吕维祺很看重名节,对福王说:"名节甚重,王好自为之,不要自取其辱!"这时候的朱常洵哪里还顾得上名节,一心想求活,见李自成叩头求饶,"泥首乞命"。李自成看着眼前体重三百多斤的福王,仇恨不打一处来。多少百姓饿得骨瘦如柴,又有多少百姓饿死沟壑,看你吃得这一身肥膘,哪一块不是你搜刮的民脂民膏,今天断然饶不了你!

李自成端坐王府大殿审问朱常洵,厉声斥责道:"汝为亲王,富甲天下,当如此饥荒,不肯发分毫帑藏赈济百姓,汝奴才也!"

审问吕维祺时,李自成讥讽道:"吕尚书今日请兵,明日请饷,欲杀我曹,今定如何?"下令将吕维祺处死。

李自成面对涌入城中的百万百姓,响亮地宣布自己造反的宗旨:"王侯官吏富绅剥削穷人,视其冻饿而不管。我所以杀他们,就是为了你们!"李自成的宣示,一针见血,极大地鼓舞了人民群众反抗官僚地主的革命热情,纷纷报名参加义军。

此时,有人告诉李自成王府后苑养有野鹿。李自成一下有了创意:今天要摆"福禄宴",喝"福禄酒"。贫苦农民出身的李闯王,诚然智商不低!

李自成下令,将福王洗刷干净,和野鹿一块杀了。把福王的肉和鹿肉炖到一块,取名"福禄(鹿)宴",将福王的血和鹿的血沥入酒中,谐称"福禄(鹿)酒"。于是,致酒高会,大享将士,庆祝夺取洛阳的伟大胜利!

残忍吗?是残忍!然而放在当时的具体环境下,那么多人被饿死,那么多人被吃掉,我们又似乎没有多少理由指责农民革命的这种过火行为!

革命是什么?革命就是对原有秩序的质疑和批判。

革命是很痛苦的,有大量的血腥和恐怖。然而,正是历史上历次农民起义,推动人类社会不断进步。

我们不掩饰革命的残酷,不掩饰才能把握革命的本质。残酷的革命告诉人们:任何国家、任何人不能无视人民群众的正当权利。

李自成在洛阳停留十多天,竟然没什么人敢来收复失地。河南巡抚李仙风不知干什么去了。二月二日,李自成委任原洛阳掾邵时昌为洛阳总理,负责洛阳城守,随后率领数十万之众兵分两路,一向鲁山,一向汝州进发。

李自成委派官员募兵守洛阳,是义军夺取城市后建立政权的第一次尝试。《河南府志》载:“贼置官留银,妄意作开国始基。”尽管不久之后,洛阳被李仙风攻克,邵时昌被杀,但农民革命建立地方政权的尝试却不能抹杀。

取得黄陵城大捷的张献忠、罗汝才部长驱东进,正月十六日至云阳,过净堡。十九日至夔门。二十日,张献忠、罗汝才由天罗寨东下巫山、大昌。万元吉在夔门,登上白帝城远望,看见张、罗骑兵整队东进,却不敢拦截。他能做的是赴开县替猛如虎收集残兵,掩埋尸体,祭祀阵亡将士。

杨嗣昌闻开县败报,吃惊不小。大概从此时起,这位阁部大人才意识到“以川困贼”已成不可能。很明显,张献忠、罗汝才东进必然出川,亦必然入楚,可“东路尽空”,没有兵力防堵,阁部大人连肠子都悔青了,为什么就没有想到这一点呢?自己没想到,万元吉想到了,为什么就不能采用万元吉的建言呢?“吾悔不用万监军言”。

那么,左良玉呢,左良玉不是一直在兴山、房县一带驻守吗?这里距夔门很近,调左良玉堵张献忠、罗汝才东进之路,还有什么烦恼?问题是左良玉此时并不在兴、房。

原来,当张、罗联军入川西渡达河时,杨嗣昌判断二人必然要入秦,檄令左良玉自兴、归入汉中,南下追贼。杨嗣昌派出的使者估计不是官二代,就是富二代,走到半路,“惮行”,吃不了苦,原路返回复命说:“平贼将军去汉中了。”继而一想又觉不妥,马上派人告诉左良玉说:“流贼向汉中方向去了。”

史书说左良玉用兵“静若处子,动若拔山”,不无溢美之处。但左良玉敢抗命却不假,仍然高卧不动。后来,杨嗣昌改变命令,要左良玉从彝陵进剿,堵夔门。左良玉不听。杨嗣昌派出的使者往返十九趟,就是指挥不动左良玉。左良玉还说:“先前如果按照督师的命令返回兴安,那还有玛瑙山的胜利?”不过,督师催促的次数太多,也不能不有所动作,干脆撤兴、房一带驻军,向汉中进发。这才有李自成溃围突入河南。左良玉离开兴、房之时,恰值张、罗联军进至夔门。史书说,左良玉与张、罗“若相避者”。这是冤枉左良玉,但不能否认的是,左良玉的确让开楚西北，给张献忠攻占襄阳提供了机会。

张献忠下一步会去哪里？这个问题是任何一个军事指挥者必然思考的问题。杨嗣昌自然也不例外。

襄阳！张献忠下一步的目标。

想到这里，杨嗣昌不是吃惊，而是惊悸。他急忙移驻彝陵，火速传令加强襄阳守备。

襄阳，历来是兵家必争的军事重镇，是朱明王朝襄王朱翊铭的封藩之地，也是杨嗣昌督师专剿义军的大本营，粮草山积、军械充盈。襄阳不能丢失，也失不起。当然，阁部大人还是有信心的，毕竟襄阳地势险要，又有重兵把守，张献忠即使能到得了，也攻不下来。

张献忠势如破竹，很快到达当阳。他将沿途七百里的驿站全部焚毁，切断官军的通信联络。信息，不但现在重要，古代也很重要。在通往宜城的路上，张献忠意外地截获杨嗣昌派往襄阳解领军饷的关防文书、军衔印符。

这真是重要得不能再重要的收获了，估计张献忠高兴得要蹦起来了！如果说之前张献忠对于攻取襄阳能不能得手而犹疑不定的话，此刻，他不再犹豫。

他当机立断：智取襄阳。

部署如下：

鉴于郧襄巡抚袁继咸陈兵房、竹、均、郧，令罗汝才率部出安、远，与袁继咸相持，牵制其部不能援救襄阳。左良玉在汉中，一时半会来不了。

令义子刘文秀率二十八骑扮作官军模样，持令箭军符，以督府调粮为名，潜入襄阳做内应。一旦得手，放火为号。

令另一义子李定国率精骑两千，潜伏襄阳城外，城门一开，立即杀入。

张献忠率义军大队随后接应。

刘文秀一日夜驱三百里，二月四日晚，率二十八骑到襄阳城下叩门。负责襄阳守备的郧襄道张克俭亲自验看兵符。张克俭我们在前面说过，是个很有责任心的人。川将张令柯家坪被张献忠包围，没有张克俭主持公道，张令早死半年有余。这次，张克俭以他一贯的负责态度验看兵符令箭，可惜张克俭不是孙悟空，没有火眼金睛，看不透官军号服后面是兵还是“贼”。见兵符令箭一一相符，下令开门放入，将二十八骑安置城内承天寺住宿，明天给兄弟们办事。

当晚三更时分，张克俭与襄阳知府王承曾等开完研究城防守备会议，准备回衙时，发现承天寺起火，接着南门、端礼门、襄王府相继起火。顿时，全城火势熊熊，火光冲天，城内百姓官绅乱作一团，传言纷纷，莫衷一是。张克俭被突如其来的大火搞昏了头，赶忙下令灭火。

刘文秀放完火，立即赶到城门砍杀守门军士，大开城门，放下机桥，放李定国的骑兵杀入城中，立即进攻襄王府、襄阳府制和理刑厅等处，活捉襄王朱翊铭。张克俭混战中被杀，知府王承曾化装逃脱，知县李大觉自杀。

五日平明，张献忠率大队人马进入襄阳城。杨嗣昌苦心经营的专阃大本营，一夜之间被张献忠夺取。张献忠打开监狱，释放所有囚徒，其中就有玛瑙山被俘的军师潘独鳌和张献忠的妻妾敖氏、高氏和其他头领的家眷。阁部大人堆积如山的粮草、军械、甲仗，收归己有。襄王府偌大府库的钱粮全部没收。就连左良玉搜刮的百万两寄存在襄阳的家私，张献忠也笑纳了。

一下大发了的张献忠，没有忘记贫苦百姓，拿出数万石粮米、五十万两白银赈济饥民。发榜安民，不许部下滥杀无辜。贫苦百姓成群结队，像过盛大的节日一样，来义军手里领取救死的钱粮，此情此景，亦如李自成夺取洛阳一般。

忙完了这一切，还有一件大事要张献忠办理，那就是审问襄王。

张献忠踞坐襄王府王爷的宝座上。襄王朱翊铭年七旬外，须发皆白。一见张献忠，倒头便拜，说：“求千岁爷爷饶命！”

张献忠大为惊诧：“你是千岁，怎么倒叫我千岁？”

朱翊铭说：“宫中金银、宝玩任千岁爷爷搬用。”

张献忠觉得好笑，回道：“你有何法禁我不搬哩？”

张献忠觉得没必要扯淡了，倒了一杯酒，捧到朱翊铭面前说：“我想割杨嗣昌的头，可杨嗣昌远在四川，今天就借襄王你的头，使嗣昌以陷藩之罪伏法。希望王爷你努力一下，把这杯酒喝了！”

张献忠下令把襄王绑起来杀了，把尸体投入火中烧掉。同时被杀的还有贵阳王朱常法。

张献忠实在太狡猾，竟然以这样一种借头杀头的把戏要杨嗣昌的命。

一个农民出身的土包子，也敢跟当朝大学士玩权谋！结果却是，土包子把大学士玩残了！

李自成陷洛阳杀福王在先，朝廷为此有争论。有人说：“贼自蜀中来。”兵部尚书陈新甲立刻反驳：“贼自秦中来。”试图为杨嗣昌开脱。这次，“贼”不但来自蜀中，而且把杨嗣昌的大本营给踹了，杨嗣昌还能有何话说！

失魂落魄的杨嗣昌从彝陵来到荆州。荆州是惠王朱常润的封地。杨嗣昌去拜会惠王，不但吃了闭门羹，还听到下人捎出的这样一句话："先生欲见寡人者，请先见襄王。"这岂不是在伤口上撒盐，杨嗣昌惭痛不已！此时，杨嗣昌又得知李自成陷洛阳、杀福王的消息，禁不住捶胸大哭，说："无面目见圣上"，大有走投无路的感觉。

杨嗣昌来到沙市，收到左良玉一封信。左良玉作为部下，落井下石，竟然以平起平坐的行文方式污辱阁部大人，信中指责杨嗣昌"玩寇贻患"，把本该自己戴的帽子扣在阁部大人的头上。杨嗣昌惭愤不已，说："出师经年，糜饷百万。情见势屈，责我者四面而至矣！"他在写给湖广巡抚宋一鹤的信中说道："天降奇祸，突中襄藩。仆呕血伤心，束身俟死，无他说矣！"

崇祯十四年三月一日，这位显赫一时的督师阁部在沙市徐家花园仰药自尽。"盐梅干城"就这样结束了自己的生命，死时年仅五十余岁，正当壮年。

对于杨嗣昌之死，史书多载其自杀，但其子杨松山力辩其诬，说其父是病死的。根据万元吉所记，杨嗣昌当时已病重，病中闻福、襄二藩相继失陷，必然惊怖不能自已，加重病情。即使死于病，也绝对与时局有关。

张献忠的阴谋得逞了。洛阳、襄阳两藩失陷后，杨嗣昌不等朝廷问罪，自己就把自己结果了。单就这一点来说，杨嗣昌是个敢于负责任的人，不推诿，不狡辩，不抵赖，全部责任一肩扛，一死了之。较之朝中某些官员，他是高尚的。

然而，朝廷的某些人不这么看，特别是那些言官。据说，明朝的言官很是厉害，不怕扣工资，不怕降职，不怕充军，不怕打屁股，甚至不怕杀头，想骂谁就骂谁。现在好不容易逮住杨嗣昌了，即使你死了，也不放过，大有焚尸扬灰、痛打落水狗的架势。兵科给事中张缙彦上疏说："襄、洛再陷，南北咽喉拱手资贼，中原腹心，千里流血。"张缙彦在朝廷没见做什么，大概是攻击别人卖力，后就任兵部尚书。让人大跌眼镜的是，李自成攻占北京，此人立马投降。骂人比干事的确容易得多！

刑部主事雷演祚认为杨嗣昌死一次不够，应该死六次，奏曰："两失藩封，楚蜀中州亡州亡县亡算，一可斩也；边变既逃五案之诛，寇患每参抚臣自卸，二可斩也；献忠鸱张入川，乃云单袴脱逃，说谎欺君，三可斩也；《华严》灭蝗，神咒消贼，妖书妖言，四可斩也；贿赂一人，即题监军，五可斩也；熊文灿主抚误国，调度护庇，六可斩也。"《华严》指《华严经》，杨嗣昌得意的时候，曾说过诵读《华严经》可以消灭蝗虫，这个把柄被人抓住了。河南道御史叶初春、掌左府事定国公徐允祯、户科给事中左懋第、吏科给事中章正宸等群起弹劾。

朱由检招架不住了，下令五府九卿科道等官共同勘定杨嗣昌功和罪。结论是，杨嗣昌奉命督师，失陷两藩及三州十九县，罪案昭然，“按以祖宗之法，诚非一死可宽者！”就是说，死了也不行，死了也不能放过他！

在古代，有些人死了，埋入地下多年。有一天，有人攻击他，皇上认为他生前有罪，把死人挖出来打一顿，烧掉，把骨灰给撒阴沟里了。连那位当了十年首辅，对明朝发展做出巨大贡献的大名鼎鼎的张居正，差一点就遭受如此境遇。如果按照大臣们的判决，杨嗣昌恐怕埋都不要埋了，照此办理即可。焚尸扬灰，是古代最严苛的处罚，也是一个人一生最失败的下场。

朱由检不认可大臣们对杨嗣昌的判决。重用杨嗣昌是朱由检的圣躬独断，把杨嗣昌说得死有余辜，那不是要朱由检背黑锅吗？他下诏：“故辅杨嗣昌奉命督剿，无城守专责。乃诈城夜袭之檄再三严饬，地方若罔闻知。及违制陷贼，专罪督辅，岂是通论？且临戎二载，屡著捷功，尽瘁殒身，勤劳难泯，还从公议奏。”朱由检的意思很明白，杨嗣昌奉我的命令督师专剿，他没有守城的单方面责任，守土之责自在地方官吏。至于严防用诡计诈谋突袭城市，这样的檄令杨嗣昌再三发布严饬，而地方官吏好像没有听见。等到流贼攻陷城市，却把罪责推给督辅，难道这能是公论吗？况且杨嗣昌亲临前线二年，屡次报捷，现在尽瘁身死，勤苦劳动不能泯灭。

一看皇上替杨嗣昌开脱，大臣们不好再多说什么。杨嗣昌的儿子杨松山又一再上疏替父亲喊冤，加上朱由检几次梦见杨嗣昌浑身是血地站在面前哭诉，恻然心动。于是，下旨“诏雪其罪，归丧武陵”。费了好大劲，杨嗣昌终于能回归故乡入土为安了。这对于生前死后饱受争议的杨嗣昌是个不错的结果。

李自成、张献忠在旬日之间攻陷洛阳、襄阳二藩，意义重大。表明农民起义军与大明王朝在军事实力对比上发生翻转：义军转入战略进攻，官军转入战略防御。毫不夸张地讲，的确是明末农民革命战争史上的转折点。彭孙贻在所著《流寇志》中叹息：“呜呼，襄、洛之陷，明室所由以兴亡也。”他认为，襄阳、洛阳被义军攻破，大明王朝由此走向灭亡。

十七　骄兵遇上一心想报仇的疯子，结果可想而知

张献忠夺取襄阳后，本应在这座较大城市里休整一段时间，一年多来，在四川成天被杨阁部追着屁股打，连追赶的人都精疲力竭，被追的人安能不累！然而，张献忠没有休整，只在襄阳住了两三天，收编了数千名投降的官军，带着无数粮草、军械和银两，于二月初八离开襄阳，由白马洞横渡汉江，一举攻克对岸的樊城。接着，分兵两路，一路南下当阳破之，一路进入河南，活动于汝宁、信阳一带。

张献忠为什么不在襄阳稍事休整呢？有的史学家说，为了扩大战果，更沉重地打击敌人。其实不然，张献忠、罗汝才所以迅速弃襄阳而东，是顾忌盘踞在郧西、兴汉一带的死对头左良玉。

左良玉在玛瑙山获胜后，一年多时间里，大肆收罗义军降叛，所部编制两万人，实际有十万之众，实力在各部官军中最为强悍。再者，张献忠把左良玉存放在襄阳的全部家私和财物没收了，着实把左良玉气坏了！我辛辛苦苦积攒半辈子，全部家当被你抢走，我拿什么养老？之前为了活命，你还送给我不少钱财，莫非你当是存银行？想存就存，想取就取，最后连银行也抢了！还有，左良玉因襄阳失陷，受到朝廷迄今最为严厉的处罚，“违制避贼，削职，充为事官，戴罪平贼自赎”。要恢复“平贼将军”的职务，就看你战场上的表现了。此时的左良玉恨不得把张献忠、罗汝才吃了，安能让其在襄阳城悠游自在！

以张献忠的狡黠，罗汝才的精明，自然不会等着挨打，所以，在左良玉回援之前，即刻离去，能打的城池多了去了，和你死拼还不是时候。三月，张、罗联军架设云梯，强攻光川（今河南潢川县），杀典史魏光远。四月间，一度折入湖北，二十五日攻克随州，杀知州徐世淳，把随州城垣拆毁。不久，又北上河南，转战于枣阳、光州、商城、罗山、息县、信阳一带，相继攻克信阳、罗山、息县、新野、商城。

张献忠有一小妾长得很美，又善于饮酒，很得张献忠喜爱。有一天她喝醉了，

策马飞驰。她的马快，随从数十骑没有一个人能跟得上。她一直跑到商城县，酒都未醒，被商城官府巡逻的人抓住，揪入城中。之后赶到的随从见夫人被捉，惊恐万分，匍匐城下，求之甚哀。要知道，张献忠军纪甚严，丢了夫人，随从没有好果子吃！

随从要求拿金钱赎买小妾，商城知县不答应。随从说："如果能让她活着回来，我们会告知八大王，永远不侵犯商城县。"知县还是不答应。不得已，随从晓之以祸福，说："如果不放她回来，八大王一定强攻商城，并屠城。"商城知县不但不答应，还找来一群僧人，把她的衣服剥光，光天化日之下，就在城堞上轮奸了她。之后将她杀害，把尸首从城墙上扔下。

这件事彻底激怒了张献忠，率部强攻三日，破城。知县及一干胥吏和守城者全部被杀，"街巷无烟，沟中伏尸犹有活者，止一人矣"。一座县城，活下来的只有一人，还是藏在沟中死尸中得以幸免。

这个事件来自《豫变纪略》，作者郑廉抨击商城知县"以暴易暴，所为又甚于贼"。他甚至认为，"破而屠之，宜哉！"

之后，张献忠又分兵为二，一上茶山，一走应城。五月六日夜，乘天降大雨，攻入泌阳，杀知县姚昌祚。泌阳破，南阳震动。五月七日夜，张献忠派前队秘密到达南阳府外，先派精壮士兵百余人乘着下雨爬城强攻。南阳知府颜日愉有准备，指挥军士分垛守望，攻不上去。城下义军乱箭如雨一般上射，颜日愉中箭身亡。

张献忠、罗汝才在楚、豫攻城略地，搅得鸡鸣狗叫。当地政府告急文书雪片一样飞向朝廷，朝廷急调驻守郧襄的左良玉入豫追剿。这次左良玉没敢抗命不遵，立即率部进入河南。

左良玉率部离开郧襄进入河南，张献忠乘郧襄空虚，挺进郧西。真所谓"大路朝天，各走一边"。

曹操罗汝才没有离开，仍留在河南。自内乡、淅川走邓州、南阳。结果可想而知，在邓州被左良玉拦击，大败；接着在淅川又被左良玉战败。实力受损的罗汝才很是后悔，悔不该跟张献忠分兵，不得已只好北上投奔李自成，与李自成合兵，共同抗击官兵追剿。

关于罗汝才与张献忠分兵，后与李自成合兵一事，是明末史上一件大事，史书记载截然不同。彭孙贻著《流寇志》说："曹操与张献忠有郄。"即感情上有裂痕，以致有分兵一事。

郑廉著《豫变纪略》说：罗汝才"与张献忠合营，相视如兄弟，行则并辔，止则并垒”。联想到张献忠、罗汝才同起于米脂十八寨,郑廉之说相对真实,彭孙贻所述似无根据。罗汝才与李自成合营,应该是被左良玉击败后时势所决定的。信阳战败后,张献忠投奔李自成,李自成不容张献忠。如果说罗汝才与张献忠感情有嫌隙,何不落井下石,致张献忠于死地呢?怎么还会全力相救,并资助良马五百匹,劝张献忠南合革、左,尽快离开是非之地呢?

张献忠乘虚挺进郧襄后大展拳脚。七月二日围攻郧阳,郧阳守将即叛徒关索王光恩,发大炮轰义军,未能攻克。七月十四日,张献忠向郧西进发,包围郧西县城。在这之前,张献忠安排部下老当当假降郧西知县黄同升,老当当得以入城为内应。七月二十七日,张献忠里应外合一举攻克郧西县,杀知县黄同升。八月初,张献忠再次打败当地的官军,斩获甚多,贫苦百姓纷纷参加义军,义军扩展至数十万人,从郧襄至河南信阳一带都成为张献忠义军的活动之地。

当年,杨嗣昌督师围剿张献忠、罗汝才时,罗汝才所部有八营叛变投降官军,叛将家属多安插在郧西一带。张献忠进占这一带后,将叛将家属尽行杀戮或抓走。

张献忠此举令人难以理解,令人扼腕叹息,令人不齿!

我们知道,普通的农民因天灾,因苛捐杂税造反,参加义军是为了救死活命,义军的部队往往庞杂是因为带着妻儿家属。救死活命,不仅是救自己的命,也救父母妻儿的命。义军将领叛变与否,与家属有什么关系?大杀义军家属的,我们前面讲过,无非是洪承畴、曹文诏之流,而且他们的做派为万人所不齿。即使是杨嗣昌,在玛瑙山抓获张献忠的妻妾也没有立刻杀掉,而是关进襄阳大牢。现在,因为这些人叛变把妻儿家属都杀了,等于把这些人彻底推到自己的对立面而无法转圜。事实也是如此,王光恩把守的郧阳城,无论是张献忠,还是李自成、罗汝才都没能攻克。王光恩拼死抵抗,他觉得昔日的自家弟兄很可怕,连妻儿老小都不放过,不能落入他们的手中。

张献忠很快就遭到报应,那就是史上有名的信阳之战。

八月上旬,张献忠挥师东进河南信阳,左良玉侦知这一情报,即从南阳出发,纵兵迎战。左良玉部卒多降叛,得知张献忠尽杀其在郧襄妻儿老小,多恨得咬牙切齿,以百倍的疯狂前来寻仇。而此时的张献忠“屡胜而骄”,“且谓良玉不足畏”。骄兵遇上一心想要报仇的疯子,结果可想而知,“大破之”。张献忠的先锋黑沙被杀,万余战马被夺,数万义军被迫投降。张献忠也在战斗中胳膊、腿受伤,乘夜色掩护,改换百姓服装逃脱。

信阳一仗,左良玉声威大震,降附日众。左良玉命令马进忠、周继光、王允成分兵龙岗、苏家坡、牛头岭紧追穷搜,被击溃的张献忠所部再次被打散。马进忠即当年荥阳大会的十三家头领之一的混十万,此人较早投降左良玉,大概他的家属也被张献忠收拾了,所以打张献忠既残忍又卖命。

逃出来的张献忠收集亡散,有数千人之多。八月十五日,张献忠返走郧阳。杨嗣昌之后,朝廷任命的督师丁启睿命令党世玉、田禄率部赴郧追剿。党、田二部追上了义军,但是不敢接战,不但不敢接战,反而不战自溃,二千官军投降张献忠。可以想见,此时的张献忠已然是穷寇,自古有"穷寇莫追"的告诫。

当时,义军将士多负伤不能驱驰,还要保护军中妇女儿童,一日只能走三十里。这与以往一日夜驱驰三百里,相去甚远,处境甚是狼狈。不过,张献忠头脑很清楚,西去是不行了,他立即转身北上南阳,因为死对头左良玉一定会追过来的。

果然,八月二十三日,左良玉进入郧阳。督师丁启睿大集官军,企图一举彻底解决张献忠。不料大雨连下五日,江涌路断,举步维艰,不要说打仗,就连从兴安往东输送军饷的道路都断绝了,士兵们饿着肚子还怎么打仗!

等到雨霁天晴,左良玉从郧北出发追击,张献忠早已过了南阳地界,把官军甩得老远。左良玉所谓追击,也只是做做样子,追来追去,老追不上,左良玉就烦了。以致有监军御史汪承诏"劾行间将士观望纵贼"的奏折。

张献忠又一次战败了。这次失败虽说没有玛瑙山之战惨烈,但几十万人马死的死,降的降,散的散,张献忠顿觉孤独无助。此时,罗汝才派人招其北上,回想与罗汝才合营转战川、楚、豫期间,扭转危局,杀张令,破秦良玉,败张应元,猛如虎,智取襄阳,杀襄王,逼死杨嗣昌,一连串的胜利,是何等的惬意!张献忠明白:合则势众,分则力薄。他怀着某种强烈的期待,率部北上,准备与李自成、罗汝才合营,共图大业。

李自成以垂绝之命,突入河南夺取洛阳后,即暴兴于豫,追随他的部卒有几十万之众。他相继攻克汝州和鲁山,乘河南巡抚李仙风率开封副将陈永福回援洛阳,开封城守空虚之际疾走三昼夜,于二月十二日出其不意直抵开封,遂展开第一次围攻开封之战。

开封俗称汴梁,曾是北宋的都城,城高且厚,据说城高五丈,厚十丈。城内居民百余万户,是一座人口众多、异常繁华的大都市。

李自成命令全军进迫,百道俱攻。列战车数百辆于阵前,屏障步兵,挖地道至城下穿凿城墙,战况甚是激烈。河南巡按高名衡、推官黄澍、祥符知县王燮等凭恃高厚的城垣拒守。开封是周王朱恭枵的封地,朱恭枵是明朝宗室中唯一不吝钱财的藩王。为了保证封地不失守,第一次他拿出五十二万两白银,买米面日夜造饭犒赏守城将士,并发布通告:“民间有能出城杀一贼者,赏银五十两;擒一贼者,赏银一百两;有能从城上射杀一贼者,赏银三十两;有能射伤或用砖石击伤一贼者,赏银十两。”

这个悬赏通告,对李自成来说是致命的。

守城官兵人人欢欣鼓舞自不待说,就是城中百姓也个个踊跃,携带刀枪弓箭登城防守。他们非但不怕义军攻城,唯恐义军离城太远而不能立功请赏。真是“重赏之下必有勇夫”!

李自成也不含糊,十四日就把城墙挖了六个大洞,义军伏在洞内继续挖,可叹城垣太厚,里面不是土而是巨大的条石、磨盘,挖不动。而城上守军从上穿穴而下,俯而击之,义军不能藏身。十五日,义军改变战法,架云梯百余座抬至城壕边准备强攻,又被城上炮火击退。

副将陈永福在洛阳听说李自成围攻开封,责任所系,不敢耽搁,昼夜兼程回援开封,十六日深夜至开封西关,突破义军包围进城,两名哨兵被杀。十七日,李自成混杂在义军中窥探官军城防,陈永福之子陈德在城上审视其气度不凡,是个头目,张弓搭箭,一箭射中李自成左眼。李自成大叫一声,栽倒马下。主帅受伤,义军大为惊恐,蜂拥护持李自成离去。之后,城中才知道中箭者是闯王李自成,“闯瞎子”之名从此传开。

李自成负伤后,知道不能取开封,遂于十八日撤围离去。接着攻破密县,走登封。四月,李自成率军北走灵宝、陕州,屯卢氏、永宁。卢氏县举人牛金星莫名其妙就被县令关进监狱,后得知遭人诬陷,怒而投奔李自成。这是第一次有举人投奔农民革命。李自成大喜,尊为谋主,凡事每每请教于牛金星,如左右手。

史书说,在明末农民领袖中,“李自成最为雄杰”。尽管他“智略不如高迎祥,骁捷不如罗汝才,权谲不如张献忠。而能为群贼冠者,虽目不识丁,而用人能尽所长”。而在用人问题上,尽管张献忠有潘独鳌,罗汝才有玄珪,但都比不上李自成会用人。“及得牛金星而用之,则鱼冲骇浪,鸦闪残阳,两凶相济,搏其翼而拼以飞,其势遂不可复禁!”

牛金星又推荐术士宋献策于李自成。宋献策进图谶“十八孩儿主神器”与李自成。十八指木,孩儿为子,木、子为李;神器指江山神稷。也就是说,李自成将夺取天下。李自成喜不自胜，奉宋献策为军师。从此更坚定了推翻明朝统治，取而代之的决心。同一时期，杞县举人李岩，史称李公子者也投奔李自成，也被李自成奉为谋主。

对于李岩李公子其人，史书记载大相径庭。《杞县志·李公子辩》否认有李岩这个人，但是综合史书记载，李岩李公子实有其人。当然，他可以不是杞县人，也可以不是李精白之子，也没有杀死知县宋玖。我们都知道，在当时，即使是一个普通农民造反都要起一个绰号隐名埋姓，何况举人出身的李岩呢！

同时有这么多知识分子加入义军，李自成又是一个"用人能尽所长"的统帅，义军在政治主张、军事战略上有了重大改变，特别在争取人心、建立地方政权方面大有改进。一些极富号召力的口号，比如说"不杀平民，唯杀官"，"均田免粮"，"不当差，不纳粮"就是在这一时期提出来的，这些口号极大地争取了人民群众的拥护和爱戴，贫苦百姓纷纷参加义军，到崇祯十四年九月，李自成已拥众五十万，"其势遂不可复禁"。

张献忠就是在这一时期与李自成会面的。

张献忠与李自成并起于陕西北部，长期以来，张献忠雄踞义军诸部之上，特别是攻陷襄阳，逼死杨嗣昌之后，自认威名远在闯王之上。这次北上与李自成会合，是作战失利后的权宜之计。本意是联合作战，击败官军，有合有分，壮大自己的实力，仍保持往日部伍的独立性。

而此时的李自成已今非昔比，拥众五十万，声威在各股义军中一枝独大。"十八孩儿主神器"，自诩天命在身，当然要有王者的霸气，不仅要消灭明朝官军，也要统一义军各股。罗汝才造反的资历和年龄都在李自成之上，与李自成合营后，却纡尊降贵，以兄长尊崇他，李自成也就姑且容忍之。在李自成眼里，张献忠兵败势孤来投奔自己，就应该屈尊为下，服从自己的统帅地位，然而一见面，张献忠仍然是往日的张献忠，桀骜不驯，谈笑风生，俨然与自己平起平坐，没把自己当老大，心中自是老大不悦。

寒暄之后，李自成言归正传，说："八大王远道来投，我自是不会亏待于你。给你个旅长、师长的干干，地位不在刘宗敏之下。等夺取天下，也不失拜将封侯之机。"

张献忠闻言大吃一惊。这不是要把自己当作部曲对待吗？胜败乃兵家常事，安知数月后，我不能拥众几十万？何至于做你的部将！他回答："多谢李兄好意。今官军尚强，我等单打独斗，胜算无多，易被各个击破。你、我、汝才合，则可纵横天下。当然,有合有分,我可窜扰江南,李兄可专事北方!”

李自成见张献忠不愿为下,脸上顿现杀气。罗汝才见机不好,立即和稀泥、打圆场,说张献忠鞍马劳顿,需要休息,事情缓后再说。

张献忠离开后,李自成对罗汝才说:“此人狡黠多诈,桀骜难制,很难为我所用,不若杀了,以绝后患!”

罗汝才不同意,说:“大敌当前,不宜自家兄弟残杀。与其杀他,不如让其窜扰江南,以分朝廷之兵。”

李自成未置可否,终是耿耿于怀!

有史学家认为,如果是李自成投奔张献忠,张献忠不会杀李自成,谷城就是一例,即使强大到像眼下的李自成那样也不会杀。这与两人的性格有关,张献忠“狡黠”,李自成“阴鸷”;张献忠打仗多用智,李自成打仗多用力。反映在接人待物上,张献忠圆滑,谷城就抚时,可以给熊文灿下跪;李自成生硬,即使自杀,也不投降。李自成有了帝王之心后,唯我独尊,专制已极。“曹操”罗汝才、革里眼贺一龙、左金王蔺养成,都服从李自成的号令,终不免被李自成杀害。李自成统一义军各股,不是以德怀柔,而是以力杀戮,杀害自家弟兄一点不比杀害明朝官吏手软。

罗汝才稳住李自成,立即来见张献忠。张献忠岂是等闲之辈,已经意识到眼前的危险,就要率部离去。

罗汝才说:“你现在我营中,暂且无事,不过,此处终非久留之地。我给你五百骑,可东去联络老回回、革里眼、左金王诸部,再图发展。”

准备就绪,乘夜色掩护,罗汝才“阴令他徒”。张献忠昼夜兼程,一路东奔,经商城、固始,进入英、霍山中,与老回回、革、左五营会合,拒险自保。从此,在张献忠眼里,李自成也是一个敌人,与明朝的左良玉、黄得功没什么两样。

也许是性格的缺陷,也许是阶级的局限,终于使曾经风雨同舟、患难与共的两位势力最大的农民起义首领成为仇敌!

十八　此时的庐州已经是“谍者满城中”，而当官的竟浑然不知

久据英霍山区的老回回马守应、革里眼贺一龙、左金王蔺养成等五营义军，由于势孤力薄，少有行动。直到崇祯十四年李自成、张献忠在楚、豫屡奏大捷，受到鼓舞，重又开始活动。六月攻破宿松，七月破潜山，一度围攻麻城。他们听说张献忠东进的消息后，更是欢欣鼓舞，随即率部前出罗田、光山一带，迎接张献忠。张献忠也乘机攻破亳州，与回、革、左相见，“皆大喜”。

十月，张献忠、老回回、革里眼、左金王自霍山出发进攻舒城，参将孔庭训严防死守，舒城未被攻破，但孔庭训被义军声威震慑，也不敢出城追击。

十二月，张献忠进攻桐城。总兵黄得功与周遇吉、刘良佐率部解桐城之围，与张献忠联军激战于鲍家岭，互有伤亡。接着又战于潜山，这一仗一连打了十天，总兵黄得功受刀伤。义军闯世王马武和张献忠养子三鹞子战死，义军损失也不小。

黄得功，凤阳人，骁勇敢战，战必先登。所将步骑只有三千人，但每战评功，他都是第一名。身经百战，未曾受过伤，这次在潜山作战，被三鹞子砍了一刀，三鹞子也被其杀死。在义军眼里，这是一个左良玉式的对头，给他送个绰号“黄闯子”，“黄闯子”之名遂闻天下。

潜山知县李令嘉是个酷吏，贪鄙成性，鱼肉百姓。义军和官军在城外打得不可开交，他却催饷逼赋，把百姓打得皮开肉绽。潜山百姓忍无可忍，冲进县衙将李令嘉和典史沈所安绑起来，送到张献忠营中，张献忠历数其罪恶，就在营中将二人处死。崇祯十五年（1642）正月十一日，张献忠进入潜山县城。二月，再次攻克亳州。革、左等部向东攻克全椒等地。

四月，张献忠再次围攻舒城。此时舒城无县令，参将孔庭训率领千余军士与编修胡守恒守城七月余。孔庭训军无饷，士兵饿得受不了，有的士兵有抢掠的行为，舒城士绅大为不满。三月底，孔庭训率部出城，归来时被胡守恒拒之城外，不

得人。孔庭训深恨之,恰值张献忠移营来攻,遂投降张献忠,引导义军攻城。义军洞车穴城,胡守恒率城中士民死守,义军掘开的城墙又被填充如初。张献忠写劝降信射入城中,胡守恒在城墙上将劝降信当众烧掉,以示决心。义军续攻三天,城破,胡守恒被杀。张献忠改舒城为得胜州,在这里第一次建立农民政权,以医士胡立浦为丞相,并设吏、刑二部。

义军占领舒城后,受到当地人民的热烈欢迎。五月,张献忠老营屯舒城七里河、汪家滩,招当地农民割麦,王家河人民抬着猪和羊犒劳义军。人民的拥戴感染了张献忠,他拿出白银五十两,牛八头奖赏当地百姓。致令当地人望风投顺。

接着,张献忠又联合回、革、左诸部进攻六安州。川将覃世勋与乙邦才、王宪防守六安。覃世勋索饷不得,将六安知州朱谋贤痛打一顿,激起六安绅衿的不满,将覃军逐出城外。覃世勋怒不可遏,"又要马儿跑,又要马儿不吃草",哪有这么好的事! 覃世雄率领的是川兵,经常遭受当地将佐和官绅排挤。他想,"老子下死命保护你们还不落好,老子不干了!"于是转而投奔张献忠,带领张献忠攻打六安,六安遂被攻破。六安州莲花寨一带农民大批参加义军,张献忠实力大为加强。

下一步就是夺取庐州。

庐州,即今之合肥,是安徽省政治、经济、文化中心。我们前面说过,张献忠对庐州垂涎已久,早在崇祯九、十年间,张献忠曾两次围攻庐州,均未成功。庐州城墙又高又厚,城基全都是大条石砌成,加上又宽又深的护城河,自古就有"铁庐州"之称,不管架云梯强攻,还是穴城爆破,难度都很大。

早在夺取舒城后,张献忠已经做夺取庐州的准备,他选了几百名英、霍山籍士卒化装成商人、医卜混入庐州侦察敌情作为内应,又派侦骑探察庐州官军防守情报。侦骑前出至白露寺,得知参将廖应登率三千人屯近郊,护卫庐州。进入城内的侦探得知兵备使蔡如蘅一贯贪污暴虐,人民切齿痛恨,官绅不附,就连其属下部队也多不听指挥,庐州城防不过尔尔。

此时,又得到一个重要情报:督学御史徐之垣五月七日要入庐州"较士"。张献忠当即决定:智取庐州。

五月初,他又选派精壮士卒化装成赴试诸生入城,分宿各旅店,作为内应。此时的庐州已经是"谍者满城中",而知府郑履祥、兵备蔡如蘅之流竟然浑然不知。

张献忠的保密工作的确也做得很到位。余瑞紫在《张献忠陷庐州纪》中记载:五月五日是端午节,张献忠设宴招待众头目。有个叫郭尚义的人归顺义军,任副将,在座。

他给张献忠献计说：“庐州可以破。”

张献忠故意说：“攻城乃下策，杀人一万，自损三千，未可动兵。”

郭尚义说：“近日庐州不似先年。自前两年蝗灾旱灾后，人心思乱，都希望老爷您去，求之不得。何况人马在此养久，如今只去偷袭；若破之是大幸，即不破亦不伤一人，不折一箭。策马而回，再作商量，有何不可？”

这话说到张献忠心上，但他仍不露声色，只淡淡地回道：“让我好好想一下。”

其实他早就想好了。五月七日，张献忠伏兵督学御史徐之垣必经之路，使精壮之士化装成书役迎接督学御史。徐之垣一到，瓮中捉鳖，一刀砍死。随即让一名头目装扮成督学御史，在数百名身着蓝袍、肩负书卷的“学子”的簇拥下，乘高车走向庐州叫门。庐州知府郑履祥虽是进士出身，却昏聩无比，丝毫不怀疑学使的真假，亲自下令打开城门，放“御史”和“诸生”进城，并亲自迎接，安排在贡院休息。也正是在这个时刻，郑履祥才发现，陪同“督学御史”的几百名“学子”，个个身佩短刀，当即吓得目瞪口呆。郑履祥一干官员企图逃跑，但为时已晚，郑履祥当场被杀。事先埋伏在城中的义军战士乘机放火响应，进攻官军和各处衙门，城中顿时大乱。

与此同时，另一路义军走小路由蜀山将军庙攀上城墙，杀散守城官军，大开西门。张献忠大队义军主力一涌进城。经此内外夹攻，“铁庐州”就这样轻而易举地被张献忠拿下。

庐州城内官吏，除知府郑履祥已死外，通判赵兴基、经历郑元绶、南京光禄寺卿钱策、云南布政司参政程楷、把总金玉度先后被杀。那位负责城防的兵备道蔡如蘅打仗无方，逃跑有道，和合肥知县汤登贵趁乱从城墙上翻下逃跑。没能逮住这位贪官，张献忠恨恨不已！在城外防守的参将廖应登连义军的面也没见就将庐州丢失，急忙返城巷战，妄图挽回败局，但是见义军主力进城，声势很大，亦不敢再战，收拾残部，出城向巢湖方向逃去。

占领庐州后，张献忠亲自接见愿意归顺义军的庐州卫百户李禹花四人，每人赏银一千两，并任命李禹花为都指挥使，让其协助义军“安抚百姓”。张献忠很是尊重读书人，称其为“相公”，也重视裁缝和医生这样的有技术专长的人，一律予以优待，他的头领对读书人说：“天下大乱，我老爷应运而生，相公可同我共成大事。”

根据余瑞紫《张献忠陷庐州纪》，义军进入庐州，东西只要两样，一是骡马，一是绸缎。骡马供行军打仗驱使，绸缎则用于做衣服和铺在草堆上睡觉。至于金银，普通士卒一毫不取，遇则掷之。这大概与张献忠严格的军纪有关，军纪规定：

普通士卒携银不得超过三钱,余者上缴,不缴杀头。义军掳掠来的人众一经进入大营,则视为参加了义军,万不能要求回家。及至询问要不要回家,也不能说想回家。如果说想回家的另立一边,全部杀掉;说不想回家的则根据其所长安排使用。即使掳来的人众也不允许私藏金银,一经发现也要杀头。分配给余瑞紫的“相公娘子”就因私藏金银被杀。

张献忠的军纪相当严格,不让干的事,绝不能干。搜查金银时,许多人把携带的金银交给“相公娘子”保管,人们的想法是,“相公”余瑞紫很受张献忠尊重,“相公娘子”自然不在搜查之列。不想“相公娘子”也免不了要搜。一位十四五岁、平时侍候余瑞紫的小卒说了一句“相公娘子也敢搜?”就被责罚打了四十大棍。

对于掳来的人众,男女分开,先点男,分上、中、下三等各处站立;后点女,也一样分等站立。随后上等男配上等女,中、下也一样。若有某男看上某女,要跪请张献忠:“求老爷赏!”张献忠会如所请,据说这也是营中惯例。对于掳来的人众也不是全部留下,点完名后,大部分还是放了。

史书多说张献忠性格残暴、嗜杀如命,破一城,无噍类也。噍类,即活人。著名明清史学家顾诚说:“在封建史家笔下,张献忠大概是被歪曲得最厉害的一位历史人物。”余瑞紫被裹挟入义军营中半年之久,食则与张献忠同桌,常随其左右议事,并无随意杀人的记述。被杀者要么隐瞒军情,要么违犯军纪。破庐州后,余瑞紫被义军掳去,其老母妻子在庐州,连仆人也毫发无损。

五月七日张献忠破庐州,八日即移师出城,仍到桃镇、七里河驻扎。城破两月有余,未见官兵收复庐州,可见明朝廷可战之兵捉襟见肘的困窘,直到七月六日,张献忠才拆毁庐州城墙,率部离开。

张献忠破庐州,又一次震动朝廷。朱由检下令逮捕安庐巡抚郑二阳、凤阳总督高光斗,起用黄配玄巡抚安庐,马士英提督凤阳军务。

之后一直到崇祯十六年三月,张献忠一直战斗在皖、楚、江苏一带,与官兵互有胜负,但越战越强,严重威胁明朝南都南京。

七月,张献忠连破和州、含山、巢县、无为等州,南京一度戒严。八月,义军自陶冲分兵,一走六安,一趋庐州,一进庐江。八月十日围六安。张献忠晓谕城上人说:“你们早早开城投降,秋毫不动。若是攻开,鸡犬不留。”十二日,城上射一信与义军,大意是“西营八大王气概英雄,像你这样的豪杰当代少有。如你不杀来使,我们派人来见”。张献忠信以为真,说:“不但不斩来使,还要赏他。”但等到晚上,也不见城中有人出来。十三日,探马报有官兵来援,张献忠才知道中了缓兵之计,气得暴跳如雷，下令撤退。城上官兵见义军撤兵，大骂：“狗贼，大兵来，砍你狗头！”六安城内的挑衅，激起义军极大的义愤。张献忠下令停止撤退，继续攻城。十四日，在城下凿开一大洞，置火药千余斤于内，用绸布缝成引信，劈开大毛竹，把引信放在毛竹中，长有数十丈，上面用土覆盖。十五日凌晨，点燃引信，随着一声惊天巨响，灰尘迷天，城墙炸塌一大段，义军随即冲入城中，六安被攻破。

午后，张献忠决定惩罚欺骗和辱骂自己的六安人，“断民臂，男左女右，各一”。

当时就在现场的余瑞紫也有记载：“如各营之头目，又吩咐在左营者去左手，在右营者去右手。”

这是史书最早记载张献忠断人手臂。不过，在义军营垒内部，无论是李自成，还是张献忠，作为一条军纪，都有断手臂惩处犯罪士卒的记录。张献忠把义军内部的纪律延伸到反抗自己的军民身上。

尽管事出有因，但这样的惩罚也实在过于残忍，即使被砍掉左右手的仅是守城官兵的头目！

太监卢九德、黄得功和刘良佐率所部救六安。张献忠撤出六安，当官军追到夹山时，双方打了一仗，官军被张献忠打得大败。卢九德一路后撤，一直跑到凤阳；黄得功逃归定远。义军的这次胜利，使“江南大震”。之后，义军又连克庐江、黄安，再回舒城，屯兵舒城白马、金牛诸洞，控制了桐城、芜湖、英山、含山、巢湖一带。义军连营数十里，“止则布幕数千，庭庑堂室俱备，方圆数十里如城郭”。

在巢湖以西的三河，义军截获双樯巨舟三百多艘。为适应在江河纵横的江淮一带作战，又在巢湖大造战船，创建了义军第一支水师营。有了水师营，张献忠联合老回回、革左老哨三十二营、小哨二十四营，有众数十万，水陆俱集于皖口，“声言渡江出芜湖，犯南都”。

消息传到北京，在明朝廷引起极大恐慌。以往义军没有水师，朝廷都怕其进犯南京，现在有了水师，顺流东下南京，那还不是顺便的事。朱由检在兵力不孚的情况下，不得不调淮抚史可法移驻扬州，应抚王希宪移驻句容，以防万一。又檄令黄得功、刘良佐伺机进攻。

张献忠放弃进攻南京，于九月七日打下枞阳，转而向西北进攻桐城。桐城防守坚固，义军包围月余，未能攻破。其间意外地活捉参将廖应登，张献忠让其向城上守军说降，廖应登不屈被杀。这时，总兵黄得功和刘良佐又赶来援救桐城，张献忠即撤围向庐州和潜山方向转移，于九月下旬到达左城、长岭二山中。这里地势险要，前阻大沟，后枕山险。张献忠本意在此息马休整，以为长久之计，不想碰上不要命的黄闯子。九月二十四日半夜，黄得功、刘良佐从山背后攀登而上，向张献忠老营发动突然袭击。义军正在睡觉，突然惊起，仓促应战，溃不成军。前面横着一条大沟堵住去路，许多义军将士跳崖跳涧逃生，摔死不少。在舒城、庐州建立的新营几乎被歼，老营且战且走，被“追奔六十里，斩首万余节”，“夺其骡马数万”。

史书上一说到官军战胜义军，把战果写得很大，义军被斩首多少，俘获骡马战利品多少，妇女小子多少，追杀多少里，详尽且夸大；而只要是官军打了败仗，只一句“我师败绩”，很少写受到多大的损失。在六安附近的夹山一战，义军大败官军，卢九德从六安逃到凤阳、黄得功逃到怀远，是几百里，岂止几十里，所以，我们有理由怀疑古城、长岭之战，张献忠是被偷袭了，损失并没有那么大，正像著名明史学者王纲写的那样“牺牲战士上千”，不然，张献忠在此后还怎么作战？

但是，张献忠终归是打了败仗。

失败的直接后果是导致与回、革、左作战联盟的破裂。在这一年里，老回回、革里眼、左金王一直与张献忠联合作战，有分有合，沉重打击了明王朝的统治，在沿江一带开辟了农民革命的新局面。九月，回、革、左五营人马受李自成的召唤，决定北上与李自成合营，向河南方向移动。张献忠有上一次的教训，没有随行，留在江北继续自己的事业。然而，革左五营开拔后，他因兵力太少独臂难支，对付不了聚集在东南的明朝官军，尽管在十一月曾攻克无为州和太湖，但终因势单力薄，在安庆被刘良佐击败，丧失骡马五千余匹。

正在张献忠踌躇不决时，意想不到的事发生了。死对头左良玉慑于李自成的强大，害怕被歼，主动离开武昌东下，湖北一带空虚。张献忠不再犹豫，当机立断，放弃已经占领的东南沿江一带，率部向西南的湖北进发。

十九　你竭力想得到的，并非想象的那么美好

李自成与罗汝才合营后，“自成之兵长于攻，汝才之兵强于战，两人相须如左右手”，声威大振，成为大明王朝的最大威胁。崇祯十四年八月，李、罗联军由豫西经唐县进入湖北枣阳、随州地区，准备寻机攻打承天。陕西三边总督傅宗龙害怕承天有失，急忙带领总兵贺人龙、李国奇赶到承天。承天是嘉靖皇帝的祖陵所在，不能有失，防守相当严密。李自成、罗汝才侦知这一情报后，改变作战计划，取道应山回师河南。

傅宗龙见义军不战而走，还以为是前些年的“流贼”，一见官军就胆怯，所以带着二万秦兵紧随不舍，伺机消灭李、罗联军。九月初，保定总督杨文岳率领总兵虎大威与傅宗龙部在河南新蔡会合，合计官军主力四万人，然后搭浮桥赴项城，企图决战项城。

面对四万明军主力，特别是号称强悍能战的秦兵贺人龙、李国奇部，李自成没有跑，而是做出严密的军事部署，把精锐部队埋伏在孟家庄一带的松树林中，另外派出一支队伍在颍河上游也架设浮桥，制造退却的假象。

像这样声东击西之计，以往李自成少有运用，估计是牛金星、李岩几位知识分子起了作用。

九月六日，官军派出的侦骑还报说：“流贼开始渡河了！”官军马上出发。过了一会儿，侦骑又报说：“流贼渡过一半了。”傅宗龙、杨文岳传令跑步前进，疾走三十里直趋孟家庄。此时已到中午，人马疲惫，贺人龙、虎大威说：“士兵累了，明天早晨再战罢！”于是结营休息，解甲放马。士兵一见附近有村落，就去搜刮百姓的粮食和草料。不想，松树林中突然黑压压冒出大批义军步骑，见官兵就杀，把官军营垒冲得七零八落。贺人龙见事不好，率领所部带头先逃，虎大威紧随其后，一直逃到任邱。李国奇开始还想迎战，一上手才知今非昔比，惊恐之下也跟着贺人龙、虎

大威猛跑,才避免被全歼。

战场上只剩陕西三边总督傅宗龙、保定总督杨文岳,收拾残卒几千人退屯火烧店。李自成命令步兵进攻,官军发大炮还击。日暮义军停止进攻。傅宗龙军屯西北,杨文岳军屯东南,义军乘势将两位总督合围。初七日夜,保定张副将扶持杨文岳杀出重围,逃往项城、陈州。傅宗龙却被李自成团团围住,无法脱身。傅宗龙命令所率直属标营挖壕堑死守,同时,亲笔写信召贺人龙、李国奇火速回救。贺人龙、李国奇大概是被李自成吓破了胆,不但不救,反说:“这封信是从贼中来的,怎么能知道不是假的呢?”

前面说过,这是一封亲笔信,真与伪,主帅的笔迹还能认不出来?

傅宗龙挖战壕自保,李自成也在其外挖战壕以困之,知道你军无宿粮,看你能坚持几天!

到五天之后十一日,傅宗龙断粮,杀战马充饥。十六日,战马杀完了,就把战场上的死尸拖回充饥。十八日,傅宗龙再也耗不下去了,率六千残卒拼死突围。在义军的顽强阻击下,士卒星散,傅宗龙也在距项城八里处做了义军的俘虏。

义军将士把傅宗龙带到项城城下叫门:“我秦督官兵也,请启门纳秦督!”企图利用傅宗龙的身份乘机夺取项城。傅宗龙不愿被义军利用,大声对城上说:“我是秦督,不幸被俘,左右都是流贼,不要上当!”义军恼恨不已,唾傅宗龙脸。傅宗龙说:“我朝廷大臣,要杀就杀,休想利用我骗开城门!”义军头目抽刀击傅宗龙头部,傅扑倒,大骂不止。义军一刀把他杀了,随即攻陷项城。

项城之役,李自成夺官军衣甲器械,战马辎重无数,“尽获秦师士马”,而且当阵斩杀声威显赫的陕西三边总督。义军造反十余年,俘杀如此高官还是第一次。不过,俘获如此高官,不应当阵斩杀,应交给最高统帅李自成处理。

项城战役后,李自成、罗汝才乘胜连破商水、扶沟、洧川、许州、长葛等豫中州县。十月,包围叶县。叶县守将刘国能,曾是义军的一位重要头领,号闯塌天,崇祯十一年投降官军后,死心塌地为朝廷效力,专以屠杀自己昔日的战友为能事,张献忠在玛瑙山就吃了此人的大亏。几年来,刘国能军功累积至北舞阳渡副将。罗汝才闻知刘国能守叶县,策动李自成围攻叶县,志在必得。

刘国能竭尽全力防守七昼夜,力绌难支,便自己缒城而下,进入李自成大营,做出一副忠臣孝子、悲天悯人的样子说:“所有防守叶县的责任在我,与叶县士民没关系。现在我力已用尽,不忍心城破后百姓被杀,特地来请死!”李自成很够意思,劝其投降,说:“你若投降,连你也不杀!”刘国能要做忠臣,说:“我曾是大逆不道之人，受朝廷厚恩，不敢背叛。”语毕，拔剑自刎。

十一月四日，义军攻克南阳，明唐王朱聿镆被执处死，击杀总兵猛如虎、刘光祚。猛如虎自开县战败后，随杨嗣昌至荆州。杨嗣昌死后，丁启睿接任督师，调猛如虎驻守南阳。李自成围南阳，用大炮攻城，数日城陷。猛如虎持短刀巷战，大呼杀贼，手及袍袖流血数升，力竭不能战，被义军一刀从前胸戳透后背而死。

接着，李自成、罗汝才联军攻克镇平、新野、唐县、泌阳、舞阳、汝州、许州、禹州、新郑、鄢陵、尉氏、陈留等州县，俘杀明延津王朱常淪。

十二月二十四日，李、罗联军第二次进围开封。

此役，李自成、罗汝才重兵压境，有众五十万。李自成的指挥部设在北门土堤外应城郡王花园，李自成所部称“老府”；罗汝才指挥部设在城外繁塔寺，称“曹营”。李、罗联军连营二十里，声势浩大。

义军一到开封城下，立即展开进攻，很快攻占北关的月城。有的义军士兵爬进瓮城，被官兵挺长矛捅下城去。月城离大城仅数丈，架设大炮，对城楼日夜攻打，弹如雨下，城楼一带满目疮痍，几无完壁。没多久，月城仍被官军收复。

第二天，督师丁启睿带领从南阳调来的三千官军援救开封。三千对五十万，丁启睿的脑子一定进水了！三千官军想打进开封，不是一触即溃，而是一触即降。还好，毕竟丁启睿的马快，紧跑几步，逃入开封城。不然，又要创个纪录——数省督师被俘杀。

二十六日，李自成指挥义军进攻开封东北角，战线从曹门至北门环亘十余里。义军顶着门板攻到城下，用铁钎凿城。城上守军用砖石、弓箭还击，战斗异常激烈。义军在东北角挖开一个大洞，安放大炮对准城上猛轰。炮弹摧毁城楼，打碎堞垛，守城官军死伤惨重，几不能支，开封情势紧急。关键时刻，巡抚高名衡率援兵赶到，也架起大炮回击义军，击杀义军甚众，遏制了义军的攻势。

二十七日，义军在曹门城壕边扎一大营，督促战士挖掘城墙。没多久，掘开二丈余一大洞，排列大炮十余门，对准城垣猛轰，城垣随声而坠。趁此，义军步兵先登，骑兵继之，眼看就要爬上城墙。危急时刻，总兵陈永福赶到。陈永福一把将头盔扔掉，指挥开炮还击。随着炮声响起，爬上半城的义军纷纷坠落，一拥而下，进攻受阻。

李自成不甘心就此退却，继续组织进攻。当天夜里，对攻数十次，临近拂晓，攻势稍息。像这样的攻与守，成为常态。

好在开封城异常坚固，河南巡抚高名衡在周王朱恭枵的鼎力支持下，依托坚城拼死防守,直到这年底也未被攻破。

新年来临了,敌我双方都要过年。义军在城外欢欣鼓舞,官军在城内惶恐不安,但是时光老人并不因为谁的心境如何而放慢历史的步伐,坚定地走进多事的崇祯十五年(1642)。

然而,这个年只过了一天,只过大年初一。

初二,义军的进攻又开始了。李自成命令伐柏木做高台,长十余丈,宽五丈,高有三丈许。台上可容纳百余人,把大炮吊上高台,对准城墙猛轰。因为炮位抬高,守城官兵死伤惨重,活着的被打得眼都睁不开。城上一看,如法炮制,就在城墙上立长柏木三根,架一高台,致大炮其上,对准义军高台还击,因为城上高台高出城外的柏木台,炮口俯射,柏木台被打塌,台上士卒多死亡。

初四日,李自成看炮轰箭射不能奏效,就改用穴城法:穿凿城墙。他命令士兵靠近城墙,每人每次只要取一块城砖,就算完成任务,可以归来。因为义军人多,千万人同心协力,一面城砖几乎被拔光,然后挖掘城垣,初只能容一人,渐至能容十人,直至洞穿。很快城上防守官军发现了义军的企图,为了阻止洞穿城墙,城上也垂直往下挖,一直穿透义军穴城的大洞,从上往下攻,把义军赶出洞外。

曹门外义军挖一大洞,可容五六十人,上面也被官军穿透,官军拼死争,义军在洞内拼死抗拒,官军不能入。巡按任浚思谋这个洞必须拿下,否则后果不堪设想。他当即宣布:谁能夺取这个大洞,赏千金。赏格有了却无人响应。他又将赏金加至两千两,并将银两放在城墙的洞口边。重赏之下果然有勇夫。有一个叫朱呈祥的人带十余人,愿意接受任务。他先用柴禾拌上火药吊入洞内燃烧,不断添加薪柴,洞内极热,浓烟滚滚,烟熏火燎,留在洞内的义军衣服着火,呼吸困难,被赶出洞。朱呈祥立刻往洞内注水灭火,跳入洞内,大洞遂被官军占领。像这样大小的墙洞共有三十六处,全被官军夺取。

也许有人要问:城墙有多厚,挖个洞就能容纳五六十人?

前面说过,开封是北宋故都。北宋灭亡后,金朝又将开封城加固增厚,城墙厚达十丈,相当于三十三米,卡车可以并停十辆。在这么宽的城墙上挖丈许容纳数十人的洞,好像并无大碍。

初八日夜,天降大雪。巡按任浚令挑选奇兵五百,出城夜袭义军。奇兵衔枚从水门出,约以暗号,分数股杀入义军营垒。李自成根本想不到城内官军还有力量出城反击,没有防备,着了家伙。义军睡梦中被惊起,不及穿衣,操起家伙还击。官军奇兵得手,即刻退走城壕内。义军随后追来,各洞藏兵齐出,截断追兵归路,奇兵又杀回来，砍杀义军七百八十多人。义军吃了大亏。

李自成拥众五十万攻打开封，原以为旦夕可破，不料遭到顽强的抵抗。“攻愈猛，守亦愈坚，半月依然不动也！”如果换了别的首领，早就撤军远走，能打的城池多了去了，何必非得啃这块硬骨头！李自成显然与别人不一样，越是硬骨头，越是要啃；越是打不下，越是不服气。此人性格倔强，意志坚强，做事执着，不投机，不取巧，霸王拉弓——硬上！

开封打不下来，李自成很生气。他给攻城部队下死命令，攻不进去就不要回来！他派出数十骑持刀站在城壕边督战。战士们冲上去，城上砖石箭矢如雨，劈头盖脸打来；稍稍接近城墙，潜伏在城洞内的官兵纷纷出击。不得已退回城壕，督战骑兵挥刀就砍。如是者往复多次，持续数日。

十二日，李自成调集重兵，重新部署攻城。在城壕边光大炮集结一百余门，齐燃轰城。瞬间，烟浓火烈，声震如雷，一百余门大炮喷出的弹火将一面城墙轰塌，倾颓如坡。义军步兵发一声喊，从斜坡登城而上，手执红旗高声喊杀。有一百多人上城。陈永福顾不了已经上城的义军，急忙指挥士兵掉转炮口，对准从斜坡爬城的义军，高喊“点炮，点炮”。炮响，斜坡上的义军皆成肉糜，斜坡遂成一道血坡。尽管付出极大牺牲，并不能阻止义军攻城，后续部队像蚂蚁一样前赴后继往上爬。陈永福一看，急了！马上命令在大车上装满土，从斜坡推下，车碾炮打一刻不停，终于减缓了义军进攻的速度。陈永福脱去甲胄，持一长矛堵在缺口处，刺杀爬上来的义军。主帅的威猛，激发了士兵的斗志，官军虽然伤亡惨重，但终于成功阻止了义军的进攻。趁着义军重新组织进攻之机，官兵在义军进攻的斜坡上泼水，当时正是滴水成冰的季节，顷刻之间泼在坡上的水冻成了坚冰，义军一步一滑，再也爬不上来了。

强攻受阻，李自成再次改变策略，决定用“放迸”即爆破的方法轰开城墙。义军先在开封城东北角挖一大洞，深约一丈，长十余丈。每日用布袋装运火药堆积洞中，一直把十余丈长的大洞填满，不知用了多少万斤火药。外面用土石将火药掩埋，然后置引线两条，长四五丈，有一个人身那么粗。在爆破设计者看来，只要点燃引线，引爆火药，开封城焉能不摧？

正月十三日凌晨，一切准备就绪。李自成命令精骑配以步卒共数万，齐集城壕边。骑兵披甲按辔，步兵执刀列队，只等一声巨响，城崩之际，即一拥而入。点火之后，一个火球沿引线迅速向城根移动，随着一声惊天巨响，顿时天崩地裂，黑烟迷蒙如深夜，被炸起的城砖杂以条石、磨盘磨扇飞舞半空中，碎落直到城外二三里。守在城壕边准备发起冲锋的义军步骑因距离太近“皆成血糜”，遍地是死尸和受伤嚎叫者，有的人被炸死，战马受惊仍狂奔不止。相反，守城的官军伤亡很小，城墙几乎被摧毁，只有内城还剩一尺多，“兀兀峙立如故”。

爆破攻城变成一出误伤自己的悲剧！

悲剧就在于李自成、罗汝才，包括牛金星、李岩之流不懂科学。穴城只有一丈，里边还有九丈，火药的外面用浮土掩埋，实际上“内坚而外浮”，充其量是一次定向爆破，所定方向必然是城外。姑且不论城墙能否炸塌，爆炸的冲击波一定会向城外扩散，爆炸物也一定会抛向城外。这样，就把攻城义军的生命安全置于一个危险境地。加上求胜心切，让进攻部队守在爆炸冲击波范围内的城壕边，误伤自己的悲剧注定不可避免。这一炮炸死多少义军不得而知，但光重伤就有三千八百多人。

这一炮给李自成以巨大伤痛，他百思不得其解，炸敌人怎么反倒把自己炸了。这一炮也炸出了罗汝才与李自成的矛盾。迷信的罗汝才无法破译其中的科学道理，却怀疑明朝是不是气数未尽，天意仍眷顾明朝，一度思想动摇，斗志消沉。

打扫完战场，李自成也萌发退兵的念头。十四日逡巡不进，攻打放缓。正在这个时候，接到一个重要情报，左良玉援救开封的部队已经逼近。当时的左良玉威名赫赫，需要认真对待，李自成遂于十五日撤围南走。历时二十一天的第二次围攻开封无果而终。

左良玉拥众十万，是所有与义军作战的明官军主力中实力最强的一部，奉朝廷之命，前来解开封之围，此时已进驻杞县。

李自成刚开始围攻开封，左良玉就奉命救援。他磨磨蹭蹭来到汝南，屯兵不进。河南巡抚高名衡、巡按任浚望眼欲穿，就是等不来。于是，派人持书飞骑督促，信中说：“将军名满天下，威震华夷，国家所以倚之为长城者也。今狂贼围汴，危如累卵。您的雄师靠近汴梁，却看不到旌旗。对于将军来说，胸中自有成竹，并非我们这些腐儒可以看透的，但倘若贼攻陷汴梁，不知将军怎么向朝廷交代？”

真是急病遇上慢郎中。左良玉不着急，直至正月初五，进抵雍丘后，才给开封官员复信：“我兵单弱，未能办贼。如果遽然临城一战，贼知我实力深浅，开封益发失却依靠。我打算暂时屯驻杞县，分散贼的注意力，姑且作为牵制之计，等待机会再说。”左良玉很坦率，我的这点兵，打不过贼，别指望我了，我能起的只是牵制作用。这封回信，让高名衡、任浚气得吐血。

尽管第二次打开封出师不利，义军伤亡惨重，但真正促使李自成撤军的主要因素还是左良玉。多少年来，左良玉多次重创义军，威名在外。李自成担心左良玉来援，在开封城下形成内外夹击，所以毅然撤兵。在朱仙镇点阅伤亡后，向郾城进发。左良玉一看机会来了，尾随追击至郾城白沙河，连战数日，小有斩获，但感觉李自成实力了得，今非昔比，急忙进入郾城不敢再追。

我们说李自成是真的猛士，是铁骨铮铮的硬汉，就在于他敢硬碰硬。他没有像张献忠那样一听左良玉来了就跑，而是主动找上门，寻左良玉决战。他看透了左良玉的色厉内荏，于正月十八日将左良玉围于郾城，日夜攻打。正在双方打得不可开交之际，被朝廷倚为长城的秦师也出关东向，加入围剿李自成的行列。

项城之役陕西三边总督傅宗龙兵败身死后，朝廷于崇祯十四年十一月提升巡抚汪乔年为陕西三边总督。汪乔年新官上任，飞檄各边调集兵马，紧锣密鼓整治军械粮饷，准备提兵入豫。汪乔年尽管饱读诗书，却迷信风水。在他眼里，李自成一介农夫，竟然成此大气候，是不是与李自成的祖坟风水有关！

他密令米脂知县边大绶把李自成的祖坟刨了，相信风水一破，李自成必败无疑。这帮迷信而又无能的明朝官吏在战场上不能取胜，就把对农民革命的仇恨尽情发泄到李自成先人的枯骨上，还把从坟墓中捉到的一条小蛇，视为“龙化之灵物”，郑重其事地带到西安。

崇祯十五年正月，汪乔年登坛誓师，“斩蛇以徇”，好像杀的不是蛇，而是李自成，以此为自己壮胆。二月，他率领逃跑将军贺人龙和郑嘉栋、牛成虎、张国钦、张应贵等统兵三万东出潼关，寻李自成作战。当秦师到达洛阳时，李自成、罗汝才在郾城围攻左良玉的情报也传来了。汪乔年灵机一动，顿时觉得这是与左良玉共同歼灭李自成的大好时机，这真是“斩蛇”之后上天赐予的宝贵机遇。兵贵神速！他当机立断，将步兵留在洛阳，率领二万精骑昼夜兼程，于十二日夜进入与郾城相距仅百里的襄城近郊。

此时的襄城已被义军攻陷，汪乔年尽管气壮如牛，实则胆小如鼠，逗留不敢进。义军攻陷襄城时，受到打击的地主豪绅逃出城外，焚香道路两边，迎接汪乔年，并告以义军虚实。汪乔年觉得襄城民意可用，顿时神气起来，说：“流贼虚实都被我看到了，我一定为你们扫荡流贼！”他下令贺人龙、郑嘉栋、牛成虎三总兵分作三路，进至距襄城以东四十里，同被困郾城的左良玉遥为声援。因为秦师的到来，占领襄城的义军主动撤出，汪乔年率张应贵部四五千人入屯襄城。

得到陕西官军来援的情报，李自成没有因为遭受东西两面夹击而慌张。既然左良玉在郾城不好打，那就先歼灭远道而来的秦师。他做出一个大胆的决断，立即撤出包围郾城的部队，集中优势兵力西向迎击陕西官军，对郾城只放出警戒部队。

二月十三日，汪乔年还没有做出任何进攻性举动，忽然接报，义军到了襄城，接着就传来总兵张国钦战死的消息；还没等汪乔年灵醒过来，又一个更为凶险的消息传来，贺人龙、郑嘉栋、牛成虎三总兵皆不战而逃。

这仗也不知怎么打的，十二日夜才到襄城，只过了一夜，战局就打成这样。不说东西夹击李自成，汪乔年转瞬间就成了光杆司令。汪乔年错愕自不待说，其左右随员已慌成一团。有人劝汪乔年放弃襄城，马上出城向郾城的左良玉靠拢，以求生路。殊不知这是做白日梦！就在李自成撤围郾城，寻找秦师作战时，左良玉总算长出了一口气。被围郾城，左良玉算是领略了李自成的厉害，想跑都跑不了。乘李自成撤围西向，左良玉率十万大军匆忙向东逃窜，哪里还有心思和你汪乔年搞什么东西夹击，有能耐自己试试！只不过左良玉东走悄无声息，襄城人包括汪乔年并不知情，还一厢情愿地指望左良玉来救呢！

昨天晚上还在城外说大话“扫荡”李自成的汪乔年，十三日就被围困襄城，面临被扫荡的命运。汪乔年只好振作精神守城，凡五昼夜，也经历了穴城、爆破、强攻，最后矢尽援绝，力不能支，城被攻陷。总兵张应贵被炮火击毙，汪乔年自杀未遂，被俘，在城北韩家庄被李自成下令处死。继傅宗龙死后，不到半年时间，又一位陕西三边总督死在李自成手里。

在襄城被杀的还有一个著名人物李万庆。李万庆，号射塌天，与张献忠、李自成等同起于延绥，是早期卓越的农民革命头领之一。崇祯十一年投降左良玉，专以镇压农民起义为能事，堕落成了义军的死敌，军功累积升任副总兵，镇守舞阳、襄城、郏县、郾城等处。城破后被俘，李自成劝其投降，李万庆说：“我是朝廷命官，岂能与你做贼！”李自成大怒，下令将李万庆乱箭射死。

襄城一战，李自成再败秦师，获战马两万匹，收秦师降卒数万，军资兵器无数，威名震动河洛。

此时的李自成业已坐大，攻无不克，战无不胜，纵横中原无敌手。但是两围开封无功而返，李自成一想到此就感到胸中憋闷，英雄气短。牛金星、李岩分析原因，除义军自身出了一点问题外，多路官军救援开封，迫使义军撤围对敌是主要原因。他们认为，要取开封，必先据其外围，即开封附近的州县；占领了开封外围，才可以绝其外援。既然要占领，打下一城，就不能轻易放弃，要设置官吏和军队负责管理巡守，改“流动不居”为“守土不流”。牛金星、李岩以知识分子的视野，提出“据河洛以取天下”的战略目标。这个提议被李自成接受，并且成为李自成所部义军的奋斗方向。

之后，李自成、罗汝才横扫开封、归德（即商丘）附近州县。到五月底连下四十六州县，河南境内黄河以南地区除开封、汝州外，其他州、县大部分被义军攻占。

五月二日，李自成、罗汝才再次进抵开封城外，开始第三次围攻开封。李自成大营屯于城西大堤外的阎李寨，罗汝才屯于横地铺，义军数倍于前，号称百万，连营数十里，鳞次栉比，连绵不断。

开封官军面对如此强敌，自是有一番新的防守部署，可从外面看去，城上只树旌旗而已，城门大开，不设守具，门口只站三四名军士，一副若无其事的样子。

这种外松内紧的防守策略，不是做样子，而是不畏强大对手的自信的表现。明季，在义军与官军无数次城市攻防作战中，开封城守当属一个特例。李自成三次围攻开封城，能用的手段都用上了，就是拿不下开封城。开封城内，什么样的艰难困苦都遇上了，就是信心不倒，岿然不动。

这次，李自成知城内有准备，不可以攻。马上决定在开封城四周挖长壕以困之，围而不打，作长久围困之计，务期必拔。

在开封城内指挥作战的河南巡抚高名衡想利用义军初到，安营未定时，突袭义军。就派出三营官兵数千人出城发起攻击。义军步骑齐发，三营官军一触即溃，覆灭殆尽。本想捡个便宜，却吃了个大亏，从此以后，守城官军再也不敢越雷池半步，只能龟缩城内负隅顽抗。倒是李自成优游自在，在围城之隙，又攻占郑州、荥阳、上蔡等地。

李自成第三次进围开封，引起明朝廷极大恐慌。汜水知县周腾蛟上言“汴城系河南枢纽腹心，南北咽喉也。汴城不守是无河南，河南不保是无中原，中原不保则河北咽喉断，而天下大势甚可忧危也。”安庐巡抚郑二阳也奏道：“中原为天下腹心，开封又中原腹心，闯贼眈眈窥犯为谋甚狡。虽幸固守无恙，然属邑丘墟，则开封亦块然孤城。倘一旦沦陷，天下事尚忍言哉！”

开封城重要的战略位置，明朝廷认识到了，“为谋甚狡”的李自成岂能认识不到！史书说，李自成再而三地围攻开封，是为了“子女金帛”，是看上了这里的繁华。这种说法如果不是刻意侮蔑，那实在是小瞧了李自成！在提出“据河洛以取天下”之后，李自成的真实想法是夺取开封用来建都，以号召远近。

正是因为这个原因，朱由检连发数道诏书给督师丁启睿，命其调动一切能调动的官军火速救援开封。丁启睿乃大集保定总督杨文岳和总兵左良玉、虎大威、杨德政、方国安等一起援救汴梁，兵力人数达到十八万，号称四十万。五月十三日到达朱仙镇，连营四十里，声势浩大，想以此迫使李自成撤开封之围。

在李自成眼里，不管是丁启睿，还是杨文岳，都是手下败将。丁启睿在第二次围攻开封时，如果不是马快，早做了俘虏；杨文岳在项城之战时，如果不是被部将裹挟逃得快，下场肯定不会比傅宗龙好。这次又来了，来了就打，谁怕谁！

五月十六日夜，李自成、罗汝才移营离开开封，全师迎战援汴官军。为了防止开封守军出城夹击义军，李自成派骑兵持伪造的左良玉令箭，到城下对城内守军说："贼旦夕成擒矣，但恐其潜遁入城，汴兵无多，当严守，不可轻出！"一个小小诡计，居然骗过城内的巡抚、总兵。城内深信不疑，还给传讯的骑兵赏赐红缎银两，果然闭门不出。

义军与官军在朱仙镇摆开战场，义军营于朱仙镇之西，官军营于朱仙镇之东。各路官军见义军人多势众，从心里感到恐惧。李自成越来越会打仗，根据官军安营的地势，他首先派部队挖断官军赖以生存的水源，动摇敌方军心，使之无法持久。接着在官军四周的要道上挖掘长壕，深二丈，宽二丈，环绕百里，尽断官军归路。又在己方阵地大大地堆筑一座土山，山上架起大炮，居高临下，轰击官兵，官兵死伤惨重。一切部署停当，即指挥全军全力进攻，猛烈冲击官军营垒。

督师丁启睿并非知兵之人，统御无方，加之各路官军是临时纠集来的，将领之间各怀心思，矛盾重重。在义军的沉重打击下，特别在退路被断的情况下，无论将帅，还是士兵，想的是如何保住性命逃出去，哪里还有什么斗志！仅仅相持了短短几天，就溃不成军，纷纷逃窜。

首先逃窜的不是别人，是曾经让义军避之唯恐不及而被朝廷倚为"长城"的左良玉。左良玉率部向襄阳方向逃跑。丁启睿听说左良玉跑了，惊慌失措，借口要追回左良玉，拉起队伍南走许州。虎大威、杨德政一看都跑了，还等什么呀，拉上杨文岳快跑快跑，只恨爹娘少生两条腿。一时间四镇十八万大军皆溃，不复成军。李自成率百万大军马步齐出，乘势追击，其势雷霆万钧，所向披靡。

问题在于逃跑的路上横亘着义军挖掘的深堑大壕，能跑得了吗？这下可就彻底乱了。最先逃跑的左良玉部到达壕堑，因壕堑太深，过不去，不得不下马攀越壕沟。此时后面逃来的丁启睿军、虎大威军、杨文岳军一拥而上，互相践踏，人体、马匹顿时把壕堑填平了。后军就从前军的人马身上踏过，踩踏致死伤者相枕藉，不计其数。损失最大的当属最先开跑的左良玉，其将士下到壕底来不及爬上去，就被后军踏倒填平壕堑，左良玉“仅以身免”。无利不起早的左良玉，这次因起得太早吃了大亏。督师丁睿逃跑时敕书印剑全部丢失。义军追杀四百里，歼敌数万，缴获战马七千匹，招降官军数万。

这就是历史上著名的朱仙镇之战。十天时间，李自成、罗汝才联军大破明朝二总督四总兵十八万之众。朱由检接报，愤恨不已，下令逮丁启睿下狱，杨文岳撤职，杨德政砍头。而“倡逃在先”的左良玉，朱由检却不敢动他。其部下大半为义军降将，诸如过天星惠登相，混十万马进忠、九条龙马士秀，以及杜应金、董学礼等。动了左良玉，这些人必定复叛，越发不可收拾了。

明季，左良玉现象是个特例。以朱由检的性格，成事不足败事有余的左良玉早该收拾了！然而左良玉非但没被收拾，朱由检还极力讨好。丁启睿被逮处死后，山东总兵刘泽清上疏，建议起用侯恂任督师，理由是当年在辽东，侯恂慧眼识人，把左良玉由一名士兵破格提拔起来当将军的，直至现在的总镇。若能让侯恂统军，必能使左良玉为朝廷所用。

为用一将而择帅，刘泽清出的什么狗屁主意？看看刘泽清在战场上的表现，恰是第二个左良玉，打仗不出力，抢掠百姓很卖劲，绝对不是个好鸟，然而就是这么荒唐的建议朝廷竟然批准了。当时，侯恂还被关在监狱里，把老人家从牢中放出，挂帅出征。侯恂至陈桥，檄令诸将集结，有的至，有的不至。这时候左良玉已跑到襄阳。侯恂檄令传至襄阳，“左良玉不为动”。看来，即使是最早提拔自己的老上级来了，也指挥不动左良玉。朝廷的心思白费了！据说，左良玉还是尊重老上级的，至少有书信往来。侯恂在辽东和清军打过仗，很会带兵，很会用人，史上评价很高。但眼下只有几千人的军队，能干什么？他移师柳园，只能是从长计议，“徐图合围”之计。

同一时期，孙传庭也被从监狱放出来。陕西军队两次败于李自成，无人出任主帅。朱由检四顾无人，这才想到孙传庭。

傅宗龙也是从监狱放出来出任陕西三边总督的。看来，监狱是朱由检的人才库。人才储存在监狱中，却放任左良玉之流为所欲为，明朝能不亡吗！

五月二十五日，李自成、罗汝才回师复围开封，仍然采用围而不打的方略。为了争取城内文武官员放弃抵抗，李自成以文告形式，射入城中劝降。文告曰：

“奉天倡义文武大将军李示：仰在城文武官吏军民人等知悉。照得丁启睿、左良玉俱被本营杀败，奔走四散。黄河以北援兵俱绝。尔等游鱼釜中，岂能常活？

可即开门投降，一概赦罪纪功，文武官员照旧录用，断不再杀一人，以干天和。倘罪重孽深，仍旧延抗，本营虽好生恶杀，将置尔等于河鱼腹中矣。慎勿沉迷，自贻后悔！”

在这篇文告中，李自成第一次自称“奉天倡义文武大将军”，与以后称“奉天倡义文武大元帅”一脉相承，说明明末农民革命领袖越来越明白自己的历史使命。他们造反，不再是为了救死扶困，苟延旦夕，而是打碎旧的国家机器，为建立全新的农民政权而奋斗！

这篇文告“文武官员照旧录用，断不再杀一人”，宣示以李自成为首的义军在政治上的成熟，表达了减少双方伤亡和结束城中百姓苦难的愿望。同时，也是针对开封城内广为流传的一个谣言。李自成第一次攻打开封，被陈永福的儿子陈德射瞎左眼，城中盛传李自成破城后要报复屠城。谣传李自成军中有这样一首歌谣：“攻的开封破，不留人一个；就是笤帚头，也得刀三剁。”李自成高调宣示“断不再杀一人”，文武官员不但不杀，还可以“照旧录用”，就是为了让城内官绅百姓释疑解困，放下心来，不要作无谓的抵抗。

然而，以高名衡为代表的官绅集团视文告为“妖言”，“忠孝天性，妖言岂能转移哉！”他们要效忠朝廷，百姓的苦难不在考虑范围之内。城内兵不够用，就成立民间军事组织：义勇大社。“下令民间有男子一人不上城者，立斩以徇”，把所有男人都绑在抵抗李自成的战车上。

围城时间一长，粮食成了问题。到八月，巡抚高名衡下令买粮。全城百姓都没粮吃，却要买粮，上哪儿买去？开始要百姓报粮，自报你家有多少粮食。没人报，官军就开始搜粮。史书说：“至于搜粮之令下，则宗室、乡绅，一切贵贱，皆不得免。”官差如狼似虎，持刀控弦，每天不知要来几次，“掘地拆屋破柱以求”。为了得到粮食，不惜拆百姓的房子，挖地三尺。搜粮的命令一下，“于是十室十空”。开封城内开始人吃人，“人头一颗，值四十两”。

八月十七日，为节约粮食，打开城门放妇女出行，一次放三万余口，任其所往，是死是活，顾不得了！

城中百姓没得吃，就吃牛皮、皮袄、药材、水草、鱼虫、瓦松、马粪，连胶泥也成了食物。到了九月，“城中白骨纵横，断发满地，巷陌无复人行，兵民饿死者日数百计。城头寥寥，时闻鬼哭。”就连王府贵族、官府将校，也“枵腹乘城，北向而哭。”整个开封城鬼哭狼嚎，陷入绝境，成为一座死城。

这时候，李自成如果出兵攻打，不费吹灰之力即可拿下开封，但李自成“亦漠然若罔闻知，不复再来攻城矣！”李自成志在必得的开封城像熟透了的桃子，李自成却懒得伸一下手去摘。这让许多研究明史的人大惑不解！

眼看开封城不攻自破，高名衡等官员害怕城破陷藩，朱由检追究自己的责任，遂用推官黄澍之谋，再度挖开黄河河堤……

为什么说是再度掘堤？在六月份高名衡就约河北巡按御史严云京掘堤引黄河水淹义军。官军偷偷掘堤一昼夜，被义军发现，将官军赶走。

到了九月，暴雨连下十天，黄河骤涨，汹涌澎湃，怒发有声。当时即使不掘河堤，也有可能破堤，然而正在危急时刻，严云京轻而易举地将河堤挖开。十五日，黄河水突如其来，义军驻扎城西南的急忙往高处转移，可驻扎在城东北者，因地势低洼，被淹死数万人。十六日黄河决口扩大，河水如山崩而至，声若巨雷。开封北门顷刻间被巨浪吞噬，大水穿城而过，贯穿南城而出。城内尽入水中，深数丈，最深处达六丈，城内城外一片汪洋。城内最高的建筑钟鼓楼和周王府紫禁城只露楼顶和屋脊。

巡抚高名衡、总兵陈永福事先备有船只，大水一到，就驾舟直入周王府，将朱恭枵及宫眷五六百人救出，可谓是城陷藩未陷。全城百万户百姓，溺死者不计其数，史书载“盖存者万中三五耳”，一万人能活下来的只有三五个，而城内官员没听说有谁溺毙。

决堤后的巨浪狂涛不仅使开封城遭受灭顶之灾，附近州县人民葬身鱼腹者更是不计其数，房屋田地变成泽国，即使侥幸逃生，也因生计断绝而颠沛流离难以活命。

这是一场惨绝人寰的人为浩劫，死亡人数在数百万之众，黄河也因之改道。二十五日，黄河淹睢州，又席卷东南灌亳州，沿涡河流向东方。这一切都是因为战争，因为政治。战争就是破坏，政治像怪兽，扭曲人性，改变人的本质，使人残忍、疯狂，做事匪夷所思。

关于掘黄河河堤淹开封一事，史上说法颇多。一说是李自成农民军掘堤；一说是官军和农民军都掘堤互淹；一说是官军掘堤自淹以逃避城破陷藩的罪责。

说李自成农民军决堤灌城，有《明季北略》《绥寇纪略》《明史纪事本末》《烈皇小识》，此说站不住脚。《豫变纪略》对此说持异议，很明确地说：“世传开封之陷者不一。有谓贼决黄河灌之者，非也。”《平寇志》载：“癸未（十五日）马家口、朱家寨一时并决，大声震百里……贼营亦沉数万人。”《罪惟录》亦说“贼亦沉万人”。

如果说李自成决堤灌开封,怎么会把自己的营盘给冲没了,以致使数万人死于非命;李自成志在必得的开封城,夺取已易如反掌,他怎么舍得沉于黄水中?此说显然不通。

于是就有了官军与义军并决河堤之说,目的在于让双方共担责任。载有此说的有《怀陵流寇始终录》《平寇志》《罪惟录》《明季遗闻》等。《流寇志》云:"明援兵掘朱家寨口,闯、曹反决马家口以灌城。"双方决堤之事有之,但时间不对。

此事发生在六月,而非九月。据《汴围湿襟录》载:"巡抚高名衡随差谍者潜渡河北,书约巡按严云京举事。果使卜从善大营驾舟南岸掘一昼夜。""河未成而贼觉,突至冲散。""逆贼恨甚,亦于朱家寨顶冲河口直对北门挖掘小河一道。……止引细流至城下,深才三四尺,随溢随落,竟不为害。"又如《大梁城守记》云:"六月……十四日,贼决河口上流。先是贼老营在阎家寨,适当黄河旧决故道,河北诸公议决之以解困城之急。我所决者仅没坑坎……贼所决注满城壕。城反持以无恐。"《豫变纪略》也说"六月壬子(十四日),水仅满濠,城固得其助矣"。因为灌城不成,反而帮了守军的忙,李自成大怒,"乃杀主谋者"。

九月十五日的再次掘堤,孙承泽《山书》云:"城内食尽,高名衡与推官黄澍议:城不能支,不如引黄河水灌贼。……共启周王,然之。乃使掘堤。"官军这次决堤,黄澍主谋,高名衡参与,最终得到开封城最高统治者朱恭枵的同意,由巡按严云京具体实施,造成惨绝人寰的悲剧。

事后,朝廷有官员要求追查开封官员自行决堤、残害人民罪责。《国榷》载:"九月辛卯(十五日),河决开封。……推官黄澍凿渠道之。忽横溢,沦溺数十万人。无不切齿者。""十一月庚午,科给事中陈燕贻劾黄澍决水灌城之失,不问。"朝廷有人弹劾黄澍,朱由检不予理睬。

"甲申年十一月丁亥,参将张某上言黄澍决河事。有旨:黄澍倡决河之议,使汴百万生灵皆殒,罪在万世,俟楚事堪结再夺。"当再有参将上疏指斥黄澍时,朱由检终于有旨了,但是高高举起,轻轻放下,仍然不追究黄澍的责任。至于严云京,史书载他自己都承认决堤灌城。尽管民意汹汹,朝廷仍置若罔闻。

朱由检不仅不追责,反而对高名衡、黄澍、严云京、陈永福之流加官晋爵,奖励有加,充分暴露明王朝与人民为敌的反动本质。这样的政权不灭亡,天理不容!

李自成第三次围攻开封就此结束。

李自成倾全力想得到开封城,现在得到了。然而竭力想得到的,并非想象的那么美好!

李自成本想攻占开封作为开基立业的根本，以号召远近，实现“据河洛以取天下”的战略目标。现在，开封残破已极，不复存在，让为之付出沉重代价的李自成叹息不已。但并不影响李自成下一步行动。于是，他东出汝、颍，西据陕、洛，南跨荆、襄，夺取天下的步子迈得更大了。

二十 “杀牛羊，备酒浆，开了城门迎闯王，闯王来时不纳粮”

崇祯十五年实在是多事的一年，也是大明王朝走向全面衰落的一年。

当李自成、罗汝才在中原腹地指东打西、所向披靡，张献忠、回革诸部在东南沿江攻城略地，闹得沸沸扬扬时，辽东前线出事了。

两年前，清军出动十二万精锐骑兵包围锦州，与锦州守将祖大寿相持不下。朝廷派出最为得意的统帅洪承畴接任蓟辽总督，率全国最为精锐的关宁铁骑十三万军马解锦州之围。由于洪承畴错误部署，自己也被清军围于松山，在相持半年之后，松山被清军攻克，崇祯十五年二月，大名鼎鼎的明军统帅洪承畴被清军俘虏。

在朱由检眼里，洪承畴即使战败，也一定会舍生取义、杀身成仁，一厢情愿地为其主持隆重的追悼大会，还为其修建了代表明朝最高规格葬礼的祭坛。

然而，让人大跌眼镜的是，洪承畴没有死，相反，他投降了清朝。

这个双手沾满饥寒农民鲜血的刽子手原来并非英雄，而是个无耻的叛徒。

尽管洪承畴在清朝统一中国时立有汗马功劳，贡献突出。但国势平定后，清朝剥夺其一切官职，让其回家休息。洪承畴死后，清廷给他的爵位也只是个三等轻车都尉，从三品。而其在明朝时，已是从一品太子太保。

到了乾隆年间，乾隆皇帝编辑出版了一本经典著作《贰臣传》。所谓贰臣指在两个敌对的朝代都当大臣，实则是叛徒。在这本传记中，洪承畴光荣入选，是为叛徒中的甲等。

可见，洪承畴即使投降了清朝，为清方卖命，其贪生怕死亦为对方不待见。

由于洪承畴兵败投降，困守孤城的祖大寿也开城投降，辽东前线一败涂地，明朝军队只好退守宁远城，山海关外土地城廓全部沦陷。

十月，清军大举进攻明朝。十一月从界岭口突破长城防线，攻陷蓟州。北京戒严，清兵蹂躏畿南重地。十二月，侵入山东，攻破州县八十八个，直达江北徐州、渝州，残破大明数千里。杀鲁王朱以派，屠杀临清百姓百万，所过州县屠戮殆尽。第二年清军北返时，掳掠子女三十六万余人，抢掠金银二百多万两，牛马牲畜及其他财帛不计其数。

清朝，是明朝之后中国的统治者。清军在夺取政权和统一中国时，绝不像史书上说的是什么“仁义之师”，屠城、抢掠、奸淫、烧杀，无恶不作，只不过夺取政权后，掌握了话语权，加上大兴文字狱，使得汉族的知识分子噤若寒蝉，不敢秉笔直书，只能歪曲历史，替统治者歌功颂德罢了。

强势的李自成在三围开封期间，与援救开封的官军打了三仗，史称“中原会战”，三次中原会战，杀两个陕西三边总督，尽破其军。按说，陕西军民尽力了，应该把陕西放过。不！在朱由检看来，陕西军队能打，那就继续打下去。他想给能打的秦军找个统帅，这个统帅要让流贼从心里感到害怕。然而洪承畴降了，卢象升死了……突然，他眼前一亮：孙传庭。此人曾生擒闯王高迎祥，屡败李自成，是个合格的人选。

崇祯十年，孙传庭奉命率师勤王，被任命为保定总督。后来因为与兵部尚书杨嗣昌意见不合，矛盾激化，忧谗畏讥，就谎说自己耳朵聋了，请求致仕。朱由检最不能容忍大臣不听话，将孙传庭锒铛下狱，一关就是几年。现在需要其卖命，放出来。在平台召对时，朱由检问他需要多少兵力可以破贼？孙传庭坐牢时间久了，对外面的战事并不了解，还以为“流寇”和往昔一样，随口回答：“有五千精兵足矣。”朱由检十分高兴，实在是个人才，别人几万，十几万都奈何不了李自成，孙传庭只要五千，真是太好了！马上任命其为陕西三边总督。

至于那位因左良玉而被任命为督师的侯恂，由于手下无兵无将，一筹莫展，驻扎柳园，进退失据。开封被淹后，周王朱恭枵上书告发侯恂“坚壁河北，拥兵观望不援汴”。曾经举荐侯恂出任督师的山东总兵刘泽清，也翻脸了，上疏言其军抢掠百姓，打压地方种种不法事。朱由检大怒，下令逮捕侯恂下狱（把这个人才又储备在监狱中），让吕大器接任侯恂。

孙传庭接任后才发现今非昔比，李自成拥百万之众，五千人岂不是肉包子打狗！而且秦兵残破，非重新练兵不可。于是他上疏：练兵非得两万，军饷也不得少于百万两。朱由检见其出尔反尔，大怒，说：“你说五千即可破贼，怎么突然要两万？何况百万饷银哪能即刻凑齐？不过饷银一到，立即出关！”

还没开局就处于被动,孙传庭也无可奈何。只得加紧招募和训练新军,整饬军纪,同时调集延绥、宁夏、甘肃、固原四镇兵马,齐集西安。

前面几次会战失败,多因各镇将领拥兵自重,不战先溃,其中表现最恶劣的当数总兵贺人龙。襄城之战,朝廷颇疑其私通李自成。朱由检密令孙传庭将贺人龙逮捕正法。孙传庭顾虑贺人龙所部多是投降的流贼,其中以副将高杰人马最骁勇强壮,担心杀了贺人龙,激成大变,所以没敢立刻行动。

孙传庭入关后,与陕西巡按御史张移孝密谋此事。张移孝沉吟良久,说:“有了。”

原来,高杰的妻子邢氏,拜总兵孙守法的妻子为干妈,时相往来。现在只有通过孙守法做高杰的工作。张移孝密召孙守法入巡按衙门,嘴对着孙守法的耳朵悄声说了皇上的旨意,并把这件事交由孙守法去办。

孙守法回家后,备了一桌酒席,命妻子把邢氏叫来。席间,孙守法的妻子哭着说:“贺人龙图谋不轨,朝廷要杀他。就因为高婿人马精壮,大费周折。在我看来,高婿即使与贺人龙私交甚好,难道就会舍弃自己的前程和他人共同做逆吗?不过,万一发生不测,就会玉石俱焚,那时候,我母子可再也不能相见了!”说着,抱着邢氏大哭。

邢氏一听,吓得不轻,也哭了,说:“那可怎么办?”

孙守法见火候已到,便说:“你回去后告诉高婿,教他约束部下,按兵不动。事定之后,贺人龙总兵的位子就是高婿的了。”

邢氏回家把这爆炸性的消息告诉高杰,自然吹了不少枕头风。高杰踌躇良久,难以决定。说贺人龙通贼,显然不是事实。面对李自成强悍的攻势,想逃的不只是贺人龙,说良心话,那时候高杰也一样,只有想死的人才不想逃!为此背叛贺人龙,实在于心不忍,可是一想到贺人龙死了,自己可升任总兵官,心里又热热的放不下。高杰左思右想,一宵未眠,终于决定遵从孙守法约定:约束部下,按兵不动。

高杰从来不是一个讲求信义的人。高杰曾经追随李自成一同起义,绰号“翻山鹞”,深得李自成信任。不想这小子不地道,把李自成媳妇勾引到手后,投降贺人龙。高杰现在的妻子邢氏即李自成当年的媳妇。孙传庭这回许愿为其加官晋爵,这小子又把贺人龙给卖了,安抚部下为孙传庭卖命。

有了高杰的保证,孙传庭不再犹豫,传檄各镇将领大会西安。孙传庭置酒宴请诸将。酒罢,令刀斧手逮贺人龙于门旗下,历数其开县、项城、襄城率先逃跑之罪。他说：“你奉命入川剿贼，在开县噪归，致使猛如虎总统孤军失利，张献忠、罗汝才冲出罗网；皇上天恩，不追究你的责任，命你杀贼自效，你却遇到敌人率先逃跑，将两任三边总督送入贼手。把你杀了，能说冤枉你吗？”下令将其斩首示众。杀了一个贺人龙，震慑全军，“一军股栗”。孙传庭不食言，提拔副总兵高杰接任总兵，统辖贺人龙所部。

贺人龙被处死的消息传到河南，义军祝酒相贺曰：“贺疯子死了，夺取关中如同拾取一把小草一样容易！”这话史书上有记载，其实做不得准。李自成义军此时谁都不怕，岂能怕一个逃跑将军贺人龙。

十月，孙传庭声言大军出潼关，而密遣别的将领率部分军队出武关，自南阳趋宝丰。孙传庭亲自率领高杰、左襄、白广恩、郑嘉栋、牛成虎等翻越太行，由汜水渡河而南，在大山中秘密行进，突然出现在禹州（今禹县）。

李自成、罗汝才离开开封后，声势盛极。接报孙传庭出关，就一路向西，寻找官军作战。朱由检起用孙传庭，本想在声威上压倒对手，给对方以心理压力，不料眼下的李自成不吃这一套，孙传庭怎么了，莫非三头六臂？他主动西向，准备打败孙传庭后，即入关攻占陕西。当李自成来到郏县之东，与疾驰而至的官军不期而遇，随即在讲武场附近展开一场大战。

当时，总兵牛成虎将前军，郑嘉栋将右军，左襄将左军，高杰将中军。孙传庭令郑嘉栋、左襄、高杰设伏以待，让牛成虎领兵接战，引诱李自成进入埋伏。接战没多久，牛成虎佯败后撤，李自成驱动精锐追赶。当义军进入埋伏后，牛成虎不跑了，回头和义军死斗。此时，高杰从正中突起进攻，左襄、郑嘉栋左右夹击，大砍大杀。秦军能战，绝非虚有其名，只要团结一心，还是很能打的。这不，义军遭遇伏击后，渐渐抵挡不住，遂大败，四散逃窜。官军乘胜追击，追奔六十里，一直追至塚头寨。

双方刚开始接战时，罗汝才所部还在后面没到。

李自成立马高处观察，见官军衣甲鲜明，盔甲反射的光芒如连天白雪，自山侧驰出，喊杀之声震天响，就知中了埋伏。再看义军，已溃不成军。这位屡胜而骄的统帅脸上此时也不禁掠过一丝惊恐，随即镇定下来。他纵马带领士卒冲了下去，力求挽回败局。双方短兵相接，官军收起弓箭，人手一条铁鞭，遇着便打，往往一鞭毙命，义军不能支，遂大败。阵地上，“生擒李自成”的呼喊声震天响。李自成见形势不妙，即下令折断代表主帅位置的大纛，也加入逃跑的行列。不想慌张中从马上坠落，战马跑了；亲兵立即给他换了战马，率众南逃，渡过汝水而去。逃跑中为了迟滞官军追击,就把军中辎重、衣物、金银珠宝丢得到处都是,连妇女和跑不快的马骡也丢下。

长期缺饷的官军将士,一见路上有这么多宝贝,谁还有心追赶,都下马捡拾。原先高喊“生擒李自成”,现在阵地上寂然无声。有的把捡到的财物塞在怀里,有的系在马鞍上;有的为了争抢财物,拔刀相向,乱成一团。本来打胜了军队应该乘胜追击,可谁还有心思打仗,“失伍离次,无复为战备”。

战场形势瞬息万变。

正在这个时候,罗汝才从后面赶上来了。罗汝才立马高阜,已经观察了一会儿了。李自成败北已逃离战场,他看见官军士兵胸腹鼓胀,一个个像孕妇,连腰都弯不了;骑兵的马上都是财物,马鞍像驼峰,心想这马还怎么骑!罗汝才惊诧官军的贪婪和军纪败坏!他想,要是义军在战场上碰到这么多财物,绝不会有人去捡去抢。此时不动手更待何时?

足智多谋的“曹操”认为是时候了,命令曹营全线出击,突然扑向敌人,战场上顿时又是杀声震天。罗汝才义军从四方八方涌向官军,大砍大杀。变起仓促,官军不知所为,加之骑兵不能驱动,步兵不能俯仰,几无还手之力,死者没法计算。损失最大的当属高杰、左襄、牛成虎,所剩士兵寥寥无几,不成建制。倒是白光恩、郑嘉栋的部队因为跑得快,受损不大。而孙传庭派遣出武关、由南阳赴宝丰的那一路官军,竟然不见踪影。贺人龙死了,仍然有人不听军门节制,使得孙传庭南北夹击李自成的计划落空。

郏县之战,又叫塚头寨战役,史称第四次中原会战。孙传庭先胜后败,好不容易网罗的秦兵被歼上万,光将校被杀七十八人,只好收罗败军退入潼关。孙传庭上疏自劾,朱由检再也找不出比孙传庭更强的人,只好让其立功自赎。

罗汝才会合李自成屯兵郏县,收拢被打散的士卒,休整部队。查点塚头寨战役,李自成损失精锐部卒八千有余。李自成一声叹息:“我自进入河南,还没有遭受如此重大失败!如果不是汝才后至而相救,后果不堪设想。”他对罗汝才的感激之情溢于言表。本想打败孙传庭后即入关西向,夺取西安。现在看来秦军尚强,不能大意,西向夺取西安的计划只得放一放。李自成、罗汝才召集高级将领和军师、谋主会议,决定进攻汝宁,向南发展,入楚先攻占荆襄,再作打算。

十一月,老回回马守应、革里眼贺一龙、左金王蔺养成、争世王刘希尧、治世王贺锦五营人马从安徽来到河南,在汝宁附近与李自成合营。这在义军的发展史上是一件大事,走向统一的义军超过百万,声势更大。

闰十一月十二日义军前哨飞骑驰至汝宁,十三日,大队义军尽抵汝宁城下,遂包围汝宁府,四面围攻。汝宁有杨文岳率保定兵守西城,监军孔贞会率川兵守东城,竭力防守。朱仙镇溃败后,杨文岳被削职听勘,但仍率领保定兵,待罪困守汝宁。攻守相持一昼夜,川兵首先被击溃,被杀数百人。义军尽夺其骡马,集中兵力进攻杨文岳率领的保定兵。李自成指挥义军四面环攻,义军战士头顶门板遮挡城上矢石,数百架云梯壁立城墙边,勇敢的义军战士不顾墙头像下雨一般发射的矢石和炮弹,战鼓声中百道俱进,一鼓攻破汝宁。

汝宁封藩崇王朱由愩害怕城陷被杀,主动投降。汝阳知县文师顺战死,汝宁知府傅汝为跳水自杀,杨文岳、孔贞会被俘。

义军将士押解杨文岳等见李自成和罗汝才,李自成对杨文岳说:“先生是朝廷重臣,自然不应该屈服,但是时势到了这个地步,你又能做什么?”李自成话里有话,试探杨文岳可否为我所用!知识分子出身的杨文岳却像个粗人,破口大骂:“我恨无兵杀贼,今日但有死耳,不想说什么!”且骂不绝口。李自成被骂躁了,命令把杨文岳绑起,押至城南三里店,用大炮把杨文岳崩了。

又一名封疆大吏死于李自成之手。

不过,李自成很佩服这位官军统帅,把杨文岳下葬并立墓碑:“忠臣杨文岳之墓”。即使忠于朝廷,李自成也表达出对其足够的敬意。

汝宁战役后,除黄河以北几个府外,河南全境都被李自成攻占,李自成设官防守,之后席卷信阳、泌阳、唐县而西,直驱湖广襄阳。

据守襄阳的是左良玉。

左良玉自朱仙镇溃败南逃,就屯扎襄阳。其手下降附甚众,拥众三十万,但是左军编员只有二万五千人。这二万五千人朝廷给予军饷,其余几十万部众全靠抢掠为生,荆襄一带百姓士绅饱受其苦,恨之入骨,亟盼李自成早日入襄,一解倒悬之苦。李自成大军一到,襄阳一带的士民备酒浆、牵牛羊,沿途迎接。

之先,左良玉料到李自成饶不了自己,就在樊城大造战船,准备顺江而下南遁。襄樊百姓怨其淫掠,夜间一把火把左军新造的战船全部烧毁。左良玉大怒,将荆襄一带民间商用大船全部抢来,装载抢来的妇女和金银财宝先行运走,自己则率诸将扎营樊城高处。樊城西面多浅滩,令降将过天星惠登相据守羊皮滩,游击于跃鳞防守钟家滩。又担心李自成绕到背后偷袭,就在必经之路埋设伏雷(类似地雷)暗弩,妄图阻挠义军攻占襄樊。

十二月三日,李自成数万精骑驰至樊城,立即展开进攻。左良玉凭借地利开炮还击,义军死伤颇众。进攻受挫,李自成转攻羊皮滩、钟家滩,也不能渡。饱受左良玉官军蹂躏的襄樊人民,为了解救家乡于水深火热之中,表现出令人惊叹的英勇行为。他们告诉李自成,可以从别的道路绕到左良玉背后攻占襄樊。左良玉在义军进攻的道路上埋设地雷,襄樊人民便主动引导义军避开地雷阵,由白马滩临江欲渡。

突然出现在面前的义军,让左良玉大为惊恐,与郧襄巡抚王永祚合兵据守。这时候,襄樊百姓"又复抵死为贼抬架铳炮,协拥大队过滩"。义军大炮、鸟枪、弓弩集中发射,左良玉不能遏。左良玉也不得不承认"此时民情响应,势若沸羹"。在人民群众的支持下,李自成经过一昼夜激战,就将左良玉击败,占领襄阳。

拥众三十万,号称名将的左良玉凭险据守襄樊,仅仅坚持了一天,真让史学家大跌眼镜!十二月四日,被李自成吓破胆的左良玉拔营东遁,所过之处,"焚庐舍,夷井灶,鸡犬无所留,千里一空"。在崇祯末年,不仅左良玉如此,几乎所有的官军都如此。官军所过,"里井为墟"。而地方官吏为了供给军需,催促百姓交纳赋税,急如星火,吊打用刑,无所不用其极,百姓处于水深火热之中。而李自成领导的义军则恰恰相反,其军纪严明,秋毫无犯。攻占一地,则安抚流亡,募民垦田,给种子,赈贫困,撤关卡,通商贾,积极恢复生产。对贪官污吏、豪门富绅,则没收全部财产,以资军用,致使民得安居,人心大悦。凡所到之处,受到人民群众热烈欢迎,主动送上马、骡、粮草、弓箭,并为之歌曰:"杀牛羊,备酒浆,开了城门迎闯王,闯王来时不纳粮。"史书载:"由是远近欣附,不复目以为贼。"

"不复目以为贼",说明义军在人民群众心目中角色的转换。农民起义军其所以所向无敌,根本原因是代表了人民群众的利益。明朝统治者把义军斥为"盗",可百姓的亲身感受并非如此,真正的"盗贼"是官军和敲骨榨髓的地方官吏,所以他们的心向着义军。义军所到之处,"易得城,易得饷,易得人",官吏望风而逃,李自成建立政权的条件日益成熟。

李自成占领襄阳后,明荆州藩王朱常润,偏沅巡抚陈睿谟以及文武官员相率潜逃,荆州城门无一卒把守,义军不用动武就占领荆州。随即分兵连下枣阳、宜城、光化、谷城等地,继续向承天进军。

承天(今钟祥市)是明嘉靖皇帝朱厚熜的"龙潜之地"。明武宗没有儿子,兴献王朱佑杬的儿子朱厚熜被朝臣选中入继大统,因此设立承天府。因为嘉靖皇帝的老祖宗埋在献陵,这里有重兵把守,然而,义军一到,城内百姓大书"恭迎王师"的标语,打开西城门迎接义军入城。崇祯十六年元旦,承天府被攻破,负责城守的湖广巡抚宋一鹤自杀,总兵钱中选被击毙,巡按李振声被俘,钦天监博士杨永裕投降。李自成下令把献陵给刨了,并拆毁献陵享殿。

李自成所部继续东进。正月十五日攻克汉川县,距武昌只有百十里路。年前从襄阳逃到武昌的左良玉,屁股还没坐热,就慌了神,急忙率部又从武昌逃往江西九江一带。当然,左良玉逃走时,不忘再抢一把,“十六日掳两岸船只几尽”。有几千户老百姓就住在船上,左兵一登船,百姓请求不要抢船,结果是:“刀声人语,鱼乱水飞,可怜哉!”“酸泣之音,十里相接焉。”谁阻挠抢劫,就是一刀,尸体扔进江中,以致有鱼乱跳、水飞溅的情景,这是多么悲惨的情景呀!

史书载,此时的左良玉已经萌发异志。慑于李自成的强大,他不敢对抗,企图顺流东下夺取南京以自立,不再为朱明王朝卖命。恰值朝廷召南京吏部侍郎李邦华入京任左都御史,坐船泊于湖口,听说左良玉军变,觉得事关南京安危,挺身而出,写信给左良玉,软硬兼施劝其不反,信中说:“顷传麾下全军南溃,所过杀掠,江流中断,远近惶骇,陵寝震惊,何轻易举动如此!以列圣英灵,主上神武,群丑游魂,膏斧不远。贵镇不以此时枕戈砺剑,舆疾讨贼,而乃甘自菲薄,贻误身名,本部院所不解也!旧京文武足高喙长,倘不谅贵镇心迹,飞章入告,贵镇其何辞以对?十五国岂无豪杰?人各有心,各镇及麾下将领,安保无从中观变者?举事一不当,辱身而汙青史,为千古笑端,智者所不为也。贵镇宜即日严戢兵丁,疏通江路,捩舵回船,刻期还镇,慎勿过安庆一步,以实流言……”

左良玉捧檄心动。

李邦华之后又亲自到左良玉营中劝说,开陈祸福,晓以大义。又让安徽巡抚拨库银十五万两,补给军饷,才使得左军驻守九江,没有继续东下。

左良玉是个老兵痞,从来“无利不起早”。不管谁做他的领导,想听就听,不想听就不听,杨嗣昌、丁启睿就是例子。给左良玉讲忠孝节义,那纯粹是扯淡。大明王朝风雨飘摇,岌岌可危,左良玉岂能不早做打算!李邦华讲了那么多利害关系,是有可虑之处,但是真正让左良玉害怕的是李自成。你左良玉顺流东下,可以夺取南京,难道李自成就不能顺流东下,从你手里夺取南京吗?左良玉手上沾满了农民起义者的鲜血,无论是李自成,还是张献忠,都不会见谅于他。与其几面树敌,不如继续依附于朝廷,以观其变。这才是左良玉没有发动军事政变的原因所在。

左良玉正月十六日撤离武昌,李自成十八日就攻取汉阳。十九日渡江进攻武昌,被风浪打翻不少船只,只好作罢。二十一日还师云梦。此时罗汝才也从德安还军,于是同时起营,回到襄阳。

两年多时间,李自成、罗汝才席卷黄河以南中原地区,所过无坚城,所遇无劲敌,现在又占有荆襄诸府,与河洛连成一片,于是急于建立中央政权,遂定都襄阳。二月,改襄阳为襄京,李自成就任“奉天倡义文武大元帅”,担任中央政府最高首脑;牛金星任丞相。同时设吏、户、礼、兵、刑、工六政府,分设以官吏。罗汝才封为“代天抚民威德大将军”。军队分为作战部队和地方守卫部队。作战部队分为五营,由李自成的亲信将领统率。随着“守土不流”政策的确定,每占领一地,分设多级地方政权,为保卫地方政权,则分地定卫,共增设卫帅十三人。

李自成在襄阳建立的中央政权只能是个雏形,没有国号,也没有改元,文移布告俱以干支纪年。有的史书将襄阳政权称为“大顺”政权是不对的,大顺政权实则建于西安。

二十一　机遇，属于那些大胆捕捉的人，张献忠就是其中的佼佼者

既然南京一时难以夺取，张献忠就将目光转向武昌。早在崇祯十五年十月，张献忠曾派军师潘独鳌潜入武昌，侦探敌情，作为内应，不料事机不密，潘独鳌被人出卖，被捕杀害，袭取武昌一度受挫。

十二月，张献忠率部进入湖广东部，由于李自成占领荆襄东向，整个湖广为之震动，许多负责城守的地方官吏如惊弓之鸟，纷纷逃窜，给张献忠进军提供了有利机会。二十三日，张献忠进攻黄梅，知县张联芳闻讯逃之夭夭，不战而胜。张献忠进至广济，广济生员胡默，叩马军前，愿为向导，"果不烦一矢，倾城遂下"。

崇祯十六年(1643)正月十五日，张献忠破黄安。二十六日，张献忠强攻蕲州(今蕲春县)，乘夜大雪，架云梯入城，占荆王宫，杀荆王。三月五日破蕲水。三月二十三日，张献忠飞骑驰到黄州(今黄冈市)，乘大雾迷蒙，攻克黄州，受到当地士民的热烈欢迎。知府周大启逃跑，知县孙自一被杀。黄州是湖广东南重镇，张献忠大量没收官僚地主的财产，以资军用，贫苦百姓纷纷参军，军事力量和政治影响进一步扩大。"逆奴、惯盗及游手、游食之徒，从者如市，良民无不呼千岁，间呼万岁，其辎重之多，供奉之役，皆未可名状"。

张献忠农民军消灭贪官污吏和打击地主豪绅的义举，政治影响巨大，直接导致黄州、麻城一带的"僮仆起义"。

明季，土地兼并十分严重。少数官绅地主拥有大量财富，田连阡陌，而大批破产农民因失去土地啼饥号寒。拥有大量田产的富绅需要有人耕作，便乘机以少量钱财购买农民作为自己的僮仆。僮仆除了要伺候主人的饮食起居外，还要种地。从成本上来说，购买僮仆要比雇用佃户耕种低得多。这是更为残酷的剥削和压迫，但是对于失地农民来说别无选择。

僮仆，就是奴仆、奴隶。被地主官绅买来的僮仆要和主人订立卖身契约，即今

天所说合同。契约规定:一旦被买,不仅自己终身为奴,连自己的子子孙孙也不能脱籍,必须永世为奴仆,是为世仆。湖北黄州、麻城一带盛行蓄奴,富绅地主以蓄奴为荣,不仅比拼财富,也比拼蓄奴的多少。麻城地区的梅、李、田、刘四大强宗,蓄奴都在三四千人之多。当时就有"楚士大夫仆隶之盛甲天下,麻城尤盛"之说。

奴仆的地位十分低下,处境十分悲惨,他们被主人役使,食不果腹,衣不蔽体。女奴的地位更加低下,未等完婚,就被主人破瓜;妇女未生子,先被主人尝鲜。奴仆的生杀大权握在主人手里,连起码的人身自由都没有。

张献忠义军的到来,使得处于水深火热之中的僮仆们看到了自身解放的希望,他们相率成群,成立"里仁""真道"两个组织,推举汤志、洪楼先为会长,发动起义,与平日作威作福、残酷剥削压迫他们的官僚富绅旧主做斗争。奴仆造反,官僚富绅岂能容忍,他们组织乡团武装,准备前来镇压。汤志悄悄出城,投奔张献忠,请求张献忠带兵攻打麻城,"里仁""真道"二会在城内接应。张献忠大喜,随即率部于四月六日进入麻城,消灭地主乡团武装,逮捕处决与乡团武装组织有关的诸生六十人,并处死麻城教谕萧颂圣、县丞李体明。改麻城为长胜州,让曾经支持和参与里仁会的诸生周文江为知州。武进士出身的乡宦洪正龙率千余人准备镇压僮仆起义,义军一到,不敢炸翅,即向张献忠投降。张献忠"优礼以待",洪正龙十分感激,执戈前驱,在以后的战斗中立有大功。

里仁会、真道会的奴仆要求参加义军,这些处于社会最底层,受尽苦难的阶级兄弟正是农民革命的中坚力量,张献忠为这些人成立了"新营",就让会长汤志担任头领。新营的战斗力出乎人们的意料,在以后的战斗中,特别是进攻武昌的战斗中,表现出异乎寻常的强大。

汤志建议攻打武昌。这个建议正中张献忠的下怀。机会千载难逢!

早在正月,李自成就攻取汉阳。如果不是这位老兄急于在襄阳建立中央政权,武昌早已成为囊中之物。按照这位老兄的想法,襄阳建政后,挥师东下,再夺取武昌也不迟。然而人算不如天算,因不满革、左和罗汝才对自己的不尊,采用火并的方式解决义军内部的分歧,结果,光稳定内部就迁延时日,腾不出手来。加上降将关索王光恩盘踞郧阳,严重威胁襄阳政权,李自成四次围攻,不能奏效。而且退入关内的孙传庭,时不时传出要出关的消息,大大分散了李自成的注意力。李自成分身无术,只能将此事搁置一边。

再说左良玉,郧襄是其防地,本当严防死守,可李自成一来,一逃武昌,再逃江西九江,致使荆襄失陷,献陵被毁。按照明朝法律,陷藩毁陵,其罪莫大,尽管朝廷对左良玉无可奈何，但地方官吏极端鄙视左良玉。他们认为，左良玉没有死于李自成之手，也应该死于大明法律，跑到东南沿江想干什么，名不正言不顺。左良玉到了九江，没人供给军饷，几十万人吃饭成了问题。左良玉会抢，谁都知道，可跑到别人地盘上抢，总得有个理由！跟随左良玉一块跑出来的楚将方国安说："不如竖起一面勤王之旗，沿江淮北进。这样不仅可以解决吃饭问题，还可以稍稍自赎陷藩毁陵之罪，不比死于法律或死于贼好一些吗？"

所谓勤王，指带兵援救皇帝所在的京城。南京不是北京，是陪都，皇帝不在这里，勤王的理由实在太勉强。左良玉哪里还管得了那么多，声言"勤王"，从九江来到池口驻扎，派出步骑沿江南行，焚烧抢掠池州、安庆、芜湖，夺大船三百艘，又抢了贵池、繁昌，"所至为虚"。在新安掳漕运粮米大船十三艘，杀漕运官员王学仁，以致引起"南都大震"。抢贵池漕米七千三百石，又抢大通驿民仓漕米八千五百石。只要有饭吃，左良玉哪里还管得了漕米不漕米！

这时候，左良玉的所作所为哪里还有一点官军的样子，以致南京刑部尚书熊明遇通告沿江各地："烽火如此，安问为兵为贼，必击之！"所谓的兵，就指左兵。于是，各地组织士民上城防守，和左良玉干上了。城上发大炮轰击左兵，左兵伤亡不小。左良玉上书兵部，称"皖民从贼拒兵，将士饥疲乏食"。饥疲乏食的左良玉又要跟官斗，又要跟民打，自是无暇西顾。

没有了李自成和左良玉的威胁，武昌就像熟透了的桃子，自是张献忠的囊中之物。

武昌是湖广的省会，是长江中游有名的富庶之地，自古就有"湖广熟，天下足"之说。明楚王朱华奎的封藩就在武昌。据说，楚王又是一个富甲天下的藩王，仅船舶有千艘，田连阡陌，为其淫乐的女伎就有千余。武昌地处长江与汉江交汇处，不仅是著名的商业口岸，在军事上也有其极为重要的战略地位。一旦控制武昌，顺流东下，可直捣南京；沿江而上，可控荆襄，进而取川蜀；南进可夺取整个华东、华南。

尽管武昌在政治、军事、经济上的地位举足轻重，然而当地军事防御守备废弛已久。明朝廷赋敛甚重，都用于御边和剿寇，武昌城缺兵缺饷，城内官绅都知道，尽管外面大架子不倒，内里却十分空虚，处于朝不保夕的境地。一些敏感的官绅与有钱人裹挟财宝逃之夭夭，以致"司府县多空署"。城里留下的官员唯一能指靠的是，楚王朱华奎拿出一笔钱来养兵设防。湖广布政使司、按察使司和都指挥使司的文武官员齐集楚王府，请求朱华奎捐银数十万两作军饷，对抗义军。楚藩是明太祖朱元璋封就的宗室,屡屡搜刮,积累数百万财富,朱华奎骄奢淫逸,挥霍无度,但要其出钱养兵,竟一毛不拔,连说没钱。文武官员只好齐刷刷地跪在楚王面前,把捐改为借。暂借王爷银两募兵守城,待后归还。此时,致仕在家的大学士贺逢圣也来到王府面见朱华奎,晓以利害。贺逢圣说:“城在,人在,财宝也在;一旦城破,连人都没有了,不是等于为贼保管财富?王不见福王、襄王的下场吗?”

明王朝的宗室藩封制度,的确造就了一批贪婪昏庸的王室成员,即使福王、襄王的例子就摆在面前,朱华奎也不答应。不仅不答应,还十分恼怒,偌大一个武昌城又不是只住我楚王一家,其他人为什么不出钱?看着眼前文武群臣眼巴巴的样子,朱华奎心一横,拿出一把包金椅子,说:“此可佐军,他无有!”

那把包金交椅如果放在现在,作为文物,可能值几个钱,可在当时,能值几何?贺逢臣等绝望了,哭着走出王府。

直到张献忠进攻汉阳,情势十分危急之时,楚王才拿出十万两白银,招募一批被李自成打败的游兵散勇组成所谓“楚府兵”,企图自保,然而正是“楚府兵”加速了楚王的覆灭。

五月一日,张献忠率部攻破汉阳,临江欲渡,武昌大震。此时,城内官员欲尽撤防守江汉的部队入城,以加强城防。参将崔文荣说:“守城不如守江,守江不如守汉。磨盘、煤炭诸洲,江水浅不过马腹,纵之飞渡,而婴城坐困,非策也。”武昌城内人心惶惶,崔文荣的提议虽正确也无人采纳。张献忠出奇兵绕道而行,从鹅公泾直趋鸭蛋洲,五月五日攻克武昌县。武昌县距武昌府百余里。二十三日,张献忠果然从煤炭洲南渡,直逼武昌城下。二十九日完成对武昌的包围。开始攻城。

武昌城内一片混乱。监军道王杨基恰好接到升任郧阳巡抚的任命,借口赴任,不顾武昌死活,遂渡江而去。楚府兵张其在因不满楚王贪吝,口出不逊,被打了一顿,即出城投降张献忠,并告知,楚府兵可作内应。三十日,张献忠全师进击,猛攻大东门和文昌、保安三门。张其在见楚府兵在城上,随即发出暗号,楚府兵乘机起义,大开保安、文昌二门,接应义军入城。至是,武昌府城破。崔文荣战死。贺逢圣被俘,张献忠敬重他是个忠臣,又是清官,放他回家。贺逢圣说:“我是朝廷大臣,不想苟且偷生。”自己跑到滋阳湖王会桥投水自尽。

楚王府宗室人员大多投降张献忠,他们将朱华奎交给张献忠。宫中库房金银各有百万两。张献忠指着朱华奎鼻子骂道:“有如此金银不能设守,朱胡子真庸儿!”下令将朱华奎装进一个笼子里,沉入长江处死。

张献忠攻克武昌后,所属二十一州县很快被占领。湖广全省十五个府,张献忠占有八个。张献忠和李自成一样，也是有帝王梦想的人，既然占有大半个湖北，自认为称王的时机成熟了。此时，军师潘独鳌已死，在攻打桐城时参加义军的秀才汪兆龄接任军师。此人善于阿附，也竭力劝进。

六月，张献忠正式建立大西中央政权，称大西王，铸“西王之宝”，作为大西朝的国玺。将武昌府作为京城，并改名为天授府。张献忠入居楚王府，改楚王府为西王宫。在王宫门口竖立两面大旗，上书：“天与人归，招贤纳士”；又在九门城上，也竖起大旗两面，写着：“天下安静，威镇八方。”

大西朝中央政府设吏、户、礼、兵、刑、工六部；又设五军都督府：中军、前军、后军、左军、右军；还设五城兵马司。中央政府的官吏任命，史书只有兵部尚书为周文江的记载，丞相及其他各部官吏没有记载；张其在为总兵前军都督，其他四军都督也没有记载。

大西朝地方政权沿袭明制，以省、府、州、县为政府机构，设巡抚及府、州、县官。张献忠进入湖广后，很有一批知识分子追随，参加了义军，张献忠都委以重任。任命李时荣为湖广巡抚，谢凤洲为守道，萧彦为巡道，李时雍为监军道，陈驭六为学道，各授官印。任命周宗文为天授府（武昌）知府，沈会霖为汉阳府知府，黄元凯为黄州府知府，王尔忠为黄冈知县，张以敬为黄州通判。任命麻城僮仆起义首领汤志为游击，率领四千部队驻扎麻城，防御凤阳、安徽南面的官军；任命张以泽为总督蕲、黄游击将军。同时，也任命二十个州县的官员。

随着大西政权的建立，降附州县大量增加，需要大批文职官员赴州县任事。张献忠为了争取知识分子为农民革命事业服务，在武昌首次开科取士。他委派李时华主持考试，录取进士三十二名，授官给印，又补四十八人为廪膳生，授府、州、县佐。相当一部分读书人参加大西朝的科举考试，求取功名，“伪提学试士，士往试者亦十二三，其高第即授伪官，亦有稍稍能笔墨者趋之若鹜焉”，说明农民政权得到知识分子的认可。读书人的这种选择，表明大明王朝不再是正统的惟一合法的政府。

张献忠还任命道学等专职人员管理学堂，并亲临学府勉励学子。当时任大西政权教授的龙贯记录张献忠视察学府的情景：“西王以七月十五日幸学，诸生其先期齐集，考古天子幸辟雍仪注，以不负先王。矢其文德，恰此四国至意，勿忽。”

旧史籍中，关于张献忠占领武昌后的记载，多有诬蔑不实之词。《明史》说：“录男子二十以下，十五以上为兵，余皆杀之。”《流寇志》：“屠戮士民数万，投尸于江。尚余数万，纵出城，以骑围而蹙之，尽跳江中，浮胔蚁动，水几不流逾月，人脂厚累寸,鱼鳖不可食。”

如果按照上述史籍的描绘,当时的武昌就是惨绝人寰的地狱。张献忠在这个没有士民百姓的城市还怎么建立大西政权?把士民百姓都杀了,大西政权还能统治谁?封建文人因为他们依附的大明王朝被农民革命推翻,就以百倍的疯狂和仇恨肆意行诬蔑诋毁之能事,捕风捉影,无限扩大,“水几不流逾月”,试想,即使扔进上万条尸体,长江水浩浩荡荡,可能“水几不流”吗?还“逾月”。文笔很生动,就是不真实。

张献忠占领武昌后,对楚府宗室和反动官吏是进行过惩处,但是这正是被压迫、被剥削的百姓所要求的,并且这种惩处有严格的界定。即使是朱明宗室,“送降者不杀”。我们前面讲过,任过内阁辅臣的大学士贺逢圣是上城带兵防守的重要官员,被俘后,张献忠说他是好官,称他为“先生”,把他放了,是他要尽忠明朝而跳江自杀。贺逢圣死后,也是史书载“尸沉百七十日不坏,十一月始葬”,人死了,一百七十日尸身不坏,那还是肉体吗?对此,能相信吗?还有一条记载:武昌有一人,平时学好向善,长年念诵《金刚经》,武昌城破,此人跃入长江逃命,眼前只见桑田,就如同走在田地中一样,并不知是江水。步行三十里,至青山夹登岸,回到家一点事都没有。如此荒诞不经的事也进入史籍。

对于同样一件事,史书记载截然不同。彭遵泗著《蜀碧》载:“献忠初破武昌,有大志,不甚残杀。”同样是《绥寇纪略》,吴伟业在别的章节中也说:“初,献忠踞武昌,有大志,故于属城不甚残杀。尝题诗黄鹤楼,令其下属和,诈收人心,发金以赈武昌、汉阳难民。”

张献忠已经做了大西王,哪有王爷将自己子民杀光的道理,他必然要争取人心。事实是,张献忠拿出大笔金银赈济武昌及附近的难民,受到贫苦百姓的热烈拥护,“蕲、黄二十一州县悉附”。如果说张献忠把武昌人杀光了,拿出大笔金银去赈济谁?吴伟业先生作为明清治学严谨的学者,同样一件事,却出现截然相反的两种描述,确实令人遗憾!

事实上,张献忠义军进入武昌后,不仅不乱杀人,即使是武昌明朝官员,只要愿意服务农民政权者,都给官做。沈会霖曾杀害了张献忠的军师潘独鳌,张献忠也既往不咎,委任他担任了汉阳知府。

崇祯十六年上半年,李自成、张献忠相继建立中央政权,又一次极大地震动了明朝廷。满清早已在东北建国,现在又多出两个农民政权,矛头都是对准明朝。

国家残破如此，朱由俭寝食不安，却拿不出丝毫有效解决问题的办法，不知听信什么人的建议，又重出赏格：凡能擒斩李自成者，赏万金，世袭侯爵；擒斩张献忠者，官一品，世袭锦衣卫指挥，赏五千金。对于拥众数十万甚或百万的献、闯来说，岂非一张废纸？只能是朱由检的自我安慰罢了。

张献忠占领武昌，称大西王，极大地刺激了李自成。李自成据有中原、荆襄，视武昌、南京为囊中之物，不意张献忠乘虚袭取，犹如在其胸口上插了一刀，心中愤懑自不待说。为了发泄胸中的不快，李自成决定派使臣赴武昌"祝贺"张献忠称王，贺信是他亲笔书写，内容特别，两个字：恫吓！信中说："老回回已降。曹操、革里眼、左金王皆为我所杀，行将及汝矣！"

一向强势的李自成，再次显现以势压人的霸气。张献忠造反十数年，出生入死，身经百战，岂是吓大的，但是西有李自成，东有左良玉，暂时不能跟李自成翻脸。有道是"大丈夫能屈能伸"。张献忠又一次表现出"狡黠"，重赏来使，又派出骑兵三百人，多带珠宝金银，"报礼于闯"，祝贺并尊奉李自成为"奉天倡义文武大元帅"。李自成见张献忠屈从，怒气少息，不仅收下礼物，连三百骑也笑纳了。张献忠对此深以为恨，却又无可奈何！

曹操罗汝才、革里眼贺一龙、左金王蔺养成都是张献忠最亲密的战友，在张献忠最为困难的时候，他们与张献忠联合作战，不断战胜官军，求得自身的壮大发展。他们没死于官军的镇压，却死在既是战友又是首领的李自成的手里，张献忠既为他们感到惋惜，又为李自成的专横感到气愤。想到李自成"行将及汝"的恫吓，张献忠不寒而栗！

关于李自成火并罗汝才与革、左的记载，史籍多有不同。大概属于义军内部高层领导之间的矛盾，详情不易为外界所知。综合多种记述，大致情况如下：

罗汝才率部北上与李自成合营，李自成强于攻，罗汝才强于战，二人甚是相得。罗汝才无论资历还是年龄都长于李自成，但尊李自成以兄礼，屈身为下，听从号令，只是仍然自成一军，并非李自成部属。随着农民革命形势的发展，李自成一支独大。李自成并不满足罗汝才听令于己的现状，渐有兼并之心。罗汝才焉能不知，于是产生隔阂，"阴相猜贰"。早在李、罗联军围攻开封时，明朝廷曾经"谕河南总兵左良玉、陈永福以数千金行反间，使自成杀汝才"，"贼必变自内生"。

果然，河南巡抚高名衡伪造了一封给罗汝才复信："前接将军密书，已知就中云云。及打仗时又见大炮苗头向上，不伤我兵，足见真诚。一面具题，封拜当在旦夕。所约密机,河北兵马于九月初三日子夜由下口渡河,专听施行。”这封密信不仅故弄玄虚,还故意送到李自成手里,使李自成对罗汝才产生怀疑。

罗汝才为人豪爽粗疏,一直蒙在鼓里,并不知别人心里有病。罗汝才好酒纵欲,光老婆就有几十个,李自成打心眼里瞧不起罗汝才生活腐化,斥之为“酒色之徒”。

李自成在襄阳建立中央政权后,令老回回攻澧州,革里眼和左金王攻德安,窥视黄、麻。革、左到了黄陂受阻,俘虏左良玉官兵八百名回到襄阳。二人讨厌李自成有兼并之心,想自成一军,加之和罗汝才关系好,没有先向主帅李自成报告军情,而是先跑去跟罗汝才见面,相谈甚欢。不料犯了李自成的大忌,认为没把“大元帅”放在眼里,深恨革、左,也忌恨罗汝才。

有一次,李自成与罗汝才喝酒。李自成不无试探地说:“我和你同起于草泽,没承想发展到现在这么强大。等打下关中后,我与你划割土地,封你为王。”按照李自成的想法,罗汝才要么接受,要么逊谢。不想,罗汝才喝醉了,瞪大眼睛对李自成说:“我等以横行天下为快,要土地干什么?”在李自成看来,天下很快就要姓李,“割土分王”你都不干,还想横行天下,这不是大逆不道是什么? 越发加重了对罗汝才的猜忌。

因为罗汝才不是李自成的部将,打仗时一些难啃的骨头多交给罗汝才。王光恩驻守的郧阳难攻,就让罗汝才去。罗汝才拼全力攻打四十余日,没有攻下,马步精锐损失数千,罗汝才部卒多恨李自成。李自成部卒恃其势大,也有凌辱罗汝才部卒的情形,最直接的是用他们的劣马换罗汝才部卒的好马,甚而抢夺而去。据说有一个姓陈的书生,客寓襄阳,因为才智出众被李自成看重。这个陈姓书生又通过罗汝才的谋主玄珪与罗汝才交好。可惜,这个书生不是个好鸟,出于固有立场,他私下想以口舌播是弄非,离间闯、曹,让二人火并。

他对李自成说:“罗汝才私通左良玉,必定会叛变。”李自成听了没有反应。陈生又来到罗汝才处,说:“李自成部卒以劣马换你的良马,你就没办法? 为什么不在马的身上烙字,以示区别?”罗汝才觉得是个办法,说:“好,你替我办去!”陈生把曹营的马分为前、后、左、右四群,分别在马身上烙字,以示区别。先烙“左”字为一群。随即跑去报告李自成说:“罗汝才私通左良玉证据确凿,连坐骑也用‘左’字为号。”李自成派人看了,竟然相信了,动了杀罗汝才的念头。

罗汝才的谋主玄珪感觉到危险正在逼近,提醒罗汝才说:“李帅是个不能容忍别人的人,将军怎么还不早做打算呢?”罗汝才听了默不作声,似有所动,但没有做出有效的防备。

三月十日夜，李自成设宴召罗汝才、贺一龙、蔺养成赴宴饮酒。罗汝才大概意识到是"鸿门宴"，推说有病不去。李自成深以为恨。贺一龙和蔺养成去了，这顿酒席一直吃到深夜。李自成就在席间将革里眼和左金王杀了，接着兼并革、左二营部卒。次日清晨，李自成亲率精骑百余人来到罗汝才大营，说有重要军情同罗汝才商议，还没等通报，就直接闯入罗汝才卧室。此时，罗汝才还在睡觉。李自成一刀将罗汝才杀于温柔乡中。出来才向曹营将士宣布罗汝才所谓通敌的罪行。

没有人相信李自成的鬼话，曹营立刻大哗，将李自成团团围住，讨要罗汝才通敌的证据，险些要了李自成的命。李自成有备而来，早已把曹营包围，以大队人马胁迫曹营将士不得轻举妄动。李自成让罗汝才的叔父罗戴恩统领曹营。又拿出曹营军簿点名，仍让原先旧将分领各部。罗汝才之后，只杀谋主玄珪，其他一人不杀，还收养罗汝才的儿子为己子，素服为罗汝才发丧。

李自成出于一己私利，在义军内部搞血腥清洗，造成极大的混乱。曹、革、左营旧部与李自成部互相仇视，几至火并。尽管李自成笼络革、左五营的贺锦、刘希尧暗中收买贺一龙、蔺养成旧部，然而"汝才部下初多不服，自成百计笼络，半月始定"。其实，这种安定也只是表面现象，之后不久，就有义军将领率部出走，有的甚至投降官军。罗汝才亲信将领杨承恩、外甥王龙等跟李自成结下仇恨，率部散去，先后都进入关中，投降陕西总督孙传庭，直接站在李自成的对立面。李汝桂带领数百骑走安卢，投降左良玉；罗汝才其他部将如杨山、朱养民、王可怀、郝有法，皆侧目思报；罗汝才另一骁将杨承祖，率部降于郧阳守道高斗枢。李自成力攻郧阳不克，史书说全赖杨承祖之力。当时，义军降将惠登相、王光恩在郧阳，暗地里派人招罗汝才旧部，曹营许多人出逃奔降。孙传庭等将帅自是欢欣鼓舞，连当时的大学士蒋德景也认为是"真天欲亡闯一机"。

"天欲亡闯"，不对，是"闯欲亡闯"。一个热衷于内部折腾，不要盟友的人又能走多远？李自成与孙传庭塚头寨一战，如果不是罗汝才后至而发，李自成必然溃不成军，又安能在襄阳建政？试想，如果罗汝才、革、左不死，李自成与吴三桂、清军交手后，又怎会一溃千里，毫无还手之力？如果不是李自成与张献忠交恶，李自成完全可以与拥众百万的张献忠合营，共同抗击清军，何至于在九宫山孤身被杀。我们只能又一次扼腕叹息，叹息李自成的目光短浅和专横！

李自成杀罗汝才，是明末农民革命史上的一件大事。当代史学家多为李自成唱赞歌，认为是农民革命走向统一的必然，找罗汝才的种种缺点为李自成辩解，但是这种辩解太过牵强，显得苍白无力。曹、革、左已经统一于李自成，没有任何反叛行为，听令行事，各有建树。所谓统一，能站住脚吗？清朝在统一中国的过程中，还封吴三桂等三人为王，此后三人谋反，被削平。一个少数民族统治者能做的事，李自成为什么就不能尝试一下呢？

至于那位播弄是非、借刀杀人的陈生，阴谋得逞后被李自成发觉，李自成愤恨不已，将其碎尸万段。

杀完曹、革、左，李自成还想杀老回回马守应。马守应此时在澧州，听说罗汝才等被杀，非常害怕。李自成几次檄令马守应回襄阳议事，马守应拒不听令。马守应比罗汝才聪明，没有被所谓的“兄弟”情谊蒙住眼睛，识破了李自成的兼并之心，才得以保全性命。

二十二　朱由检既不是战略家，也不是战术家；既不是将军，也不是士兵

到了崇祯十六年，随着李自成和张献忠在襄阳和武昌分别建立农民革命政权，明朝廷与义军在军事力量的对比上发生根本性逆转。李自成拥众百万，张献忠也有劲旅数十万，有实力攻取他们想要攻取的地方，而明朝廷同时面对清军和李自成、张献忠三股力量，可用兵源捉襟见肘，可用之人寥若晨星，再也无力组织像样的进攻，大明王朝处于风雨飘摇之中。

朱由检将在中原和湖广地区的一连串失败归咎于大臣不肯卖力。他说："自杨嗣昌死后，督师无人，致有今日。"他钦定的督师是在晋、秦两省任过巡抚的大学士、内阁辅臣吴甡，要求他前往湖广，指挥官军与李自成和张献忠所部义军作战。

吴甡早在崇祯初年，曾带着十万两白银前往陕西赈灾，救济百姓，后担任山西巡抚，因调度有方，几十股义军在秦、豫两省闹得沸反盈天，却不能越黄河一步。与崇祯七年前山西的乱象相比，吴甡确实是不可多得的能臣。

吴甡对时局了然于胸。中原沦丧，长江以北残破不堪，李自成与张献忠业已坐大，建立政权与明王朝分庭抗礼。皇上能指望或者一厢情愿想要指望的只有孙传庭和左良玉，然而恰恰是这两员大将，都新败于李自成。孙传庭或许还忠于皇上，而左良玉有不臣之心，路人皆知，"杀贼"不用命，所过之处烧杀淫掠，比"贼"还贼。当年杨嗣昌声威显赫，有诸多手段可以挟制左良玉，终不能制，自己现在光杆司令一个，左良玉凭什么听令于自己？

对于皇上的钦定，吴甡一方面表示接受，即使粉身碎骨、肝脑涂地也在所不辞；另一方面提出条件，必须调拨精兵三万，挑选敢战能战之将统驭南征。自己先到南京，以直属三万精兵挟制左良玉部，取得统驭之权，其后促左良玉西入湖广，与东进的孙传庭协同作战，对李自成和张献忠进行东西夹剿。

不能说吴甡的战略意图不对，没兵没将这仗怎么打！但朱由检不能接受，或

者说等不起,你以为李自成和张献忠他们会等着你来？他们一天也不会等。只要认为有必要,他们会毫不犹豫地攻取任何地方。再者,朱由检又何尝有兵可派,在如此内外交困的情势下,要抽调三万精兵谈何容易。高层领导做事在于会哄。朱由检就是这样一个领导,不但会压,更会哄。尽管他对左良玉弃守襄阳恨得牙根痒痒,此时却为左良玉说好话:"左良玉败退,不能全怨他,也是因为地方官员不给筹措粮饷所致。朕不但不处分他,还加意激励他,就是要留下这支劲旅助先生半臂之力!"

吴甡从封疆大吏做到内阁辅臣,应该是人中之杰,岂能听不出朱由检的鬼话!心想:左良玉连你都指挥不动,我既没你的权,又没你的钱,怎么可能让其助我半臂之力？杨嗣昌、丁启睿、侯恂奉命督师,哪一个没吃过左良玉的亏！因此,不管朱由检怎么忽悠,吴甡要兵要将的决心毫不动摇。

朱由检是个非常专横的皇帝,不能容忍臣下和自己意见相左,心里自是十分恼火,但是他也明白,吴甡的意见是对的。既然三万精兵无法调集,那就先调兵一万随吴甡出师吧。兵部尚书张国维建议抽调总兵唐通部七千人、马科部两千人,再从京营抽出一千人,凑足一万,然而想不到的是,连一万兵也无法调集。三个月过去了,新任命的督师吴甡"未出都门一步"。朱由检不从自身找原因,反而恼羞成怒,先让吴甡退休回家,之后觉得不解气,又将其逮捕充军。

好在孙传庭还算听话,就任命孙传庭为七省军马督师,一再催促其出关与李自成决战。孙传庭本来就是带兵之人,没来由再跟皇上要兵;再给你个高帽子,不怕你不为皇上卖命。朱由检的小算盘打得可谓精明!

塚头寨之役,孙传庭失败后退还关中,不幸的陕西人民苦难再次加重。孙传庭为了挽救垂死的大明王朝,不顾陕西兵员枯竭,加重对当地百姓的搜括。孙传庭下令,每三户人家出银五两,募一边兵,充当正规军士;又勒令每三户出一丁壮,作为正规部队的补充,真可谓"一头牛身上剥两张皮"。

为了对付李自成强大的骑兵部队,又打造战车,曰"火车营"。战则列车以抗拒骑兵,止则环绕以自卫,还可以载运粮草和后勤补给。于是将全省各州县工匠尽数征集,日夜打造"火车"有两万辆之多。任命白广恩为火车营总兵,高杰为副总兵。恃火车营为军中锋锐,企图以此与李自成决一死战,获取胜利。同时,孙传庭再次从延绥、宁夏、甘肃、固原四镇抽调兵马。所谓抽调,实则扫地出门,将所有驻守兵马悉数征调,加上新募兵力,大概有十万之众,齐集西安加紧训练,大集粮饷,好端端地把陕西各地折腾得鸡飞狗跳,陕西百姓士民怨声鼎沸。

对于孙传庭出关与李自成决战，明朝廷内部分歧严重。朱由检竭力主张孙传庭早日出关，希望与在长江中游一带的左良玉东西夹击，合歼义军。陕西官吏以及在朝中做官的陕西籍官员因为孙传庭征兵增饷，加重陕西的负担，抱着送“瘟神”的心理，也督促孙传庭早日出关。

孙传庭本人被李自成、罗汝才击败过，知道自己的对手的分量，指望多多争取一些时间练兵储饷，加强自身实力，当然想拖延出关的时间。所以五月就叫喊出关，一直不见行动。

朝廷内的有识之士对朱由检一再督促孙传庭早日出关忧心忡忡，忐忑不安。他们心里明白，朝廷现在兵力充其量只有三部分：退守山海关的关宁铁骑抵挡清军都力弗能支，自然指望不上；左良玉号称数十万，兵多将广，实则畏敌避战，跋扈难制，占个便宜抢个东西个顶个，若让其与李自成作战，简直是白日做梦；可以与义军作战的只有孙传庭的秦军，秦军一向强悍敢战，谁都知道是一支劲旅。孙传庭所部倾巢出动如果真能取胜，那真是阿弥陀佛了！但是一旦被义军歼灭，明王朝的覆灭就无法避免。正是因为这个原因，他们极力主张慎重行事。有的大臣向朱由检直陈利害：孙传庭不出关，义军要进攻北京或者进攻南京，都不免要提防孙传庭，不能专注。哪一方有事，孙传庭可提兵勤王，牵制义军进攻。即使李自成主动攻打陕西，孙传庭依托防地，固守潼关，比孤军深入中原要有利得多。兵部侍郎张凤翔深知官军早已转入战略防御，哪里还有力量主动进攻，所以恳切地说道：“孙传庭所有皆天下精兵良将，皇上只有此一副家当，不可轻动。”

朱由检既不是战略家，也不是战术家；既不是将军，也不是士兵。他压根儿不愿承认官军与义军力量对比的反转，否认官军进入战略防御阶段。他只知道李自成、张献忠严重威胁大明天下，只要一口吃掉他们，天下就太平了。只是他从来不想一想他的胃口够不够大！他狠狠地瞪了张凤翔一眼，这一瞪眼，不但让张凤翔噤声，又让那些揣摸上意、趋炎附势之徒得到机会，异口同声并且义形于色地支持皇上的意见。

如果说大明王朝还有谁让能李自成另眼相看的话，那么这个人也只能是孙传庭。历史上此人曾生擒闯王高迎祥，献俘阙下；现实中塚头寨之战差点败于此人，如果不是罗汝才及时赶到的话。五月，听说孙传庭出关的消息，李自成不动声色地做迎战准备，不断调兵北上。其间，还向张献忠征调精锐骑兵六千。张献忠为迎合李自成，慨然应允。李自成在郏县和襄城间修筑连城四座，城上遍布大炮和鸟铳，并加固汝宁、邓州、襄城等七座城池，把主力部队部署在郏县以南地区，决定在战略上采取诱敌深入的方针，在这一带聚而歼之。另一方面，李自成在襄阳大造战船，声言沿江东下夺取南京，给明朝廷造成一种假象，让沿江的官兵不敢出动，使孙传庭这位新受命的七省督师处于孤立无援的境地，便于集中优势兵力将其一举歼灭。

李自成制造的进攻南京的假象，不仅迷惑了明朝廷，也让刚刚在武昌建立大西政权的张献忠上了当。张献忠心里知道，自己在同是湖广的武昌建立政权，在李自成眼里，无异于与襄阳政权分庭抗礼，是绝对不被容忍的。李自成如果要攻取南京，武昌首当其冲。怎么办？硬拼，显然不是办法，自己的实力远不如李自成；臣服，罗汝才、贺一龙就是例子，自己恐怕连性命也保不住。最好的办法是不要挡李自成的道，自己远走高飞，另辟疆土。这样，既可保持自己的独立性，又不至于造成义军队伍内部火并的局面。

张献忠选择南下，向大明王朝一向较为安定的后方湖南和江西挺进。辟疆拓土，壮大实力，为最后夺取天下做准备。

七月初，张献忠命令张其在和巡抚谢凤洲率几千人驻守武昌，令汤志、周文江守麻城，自己则亲率大西军水陆两路向南移动。由陆路南进的大西军先破咸宁、蒲圻、临湘，杀临湘知县林不息；由水路南进的大西军攻克洪湖、嘉鱼到达岳州（今岳阳）以北的城陵矶。偏沅巡抚李乾德、总兵孔希贵率兵二万守城陵矶。李乾德见张献忠势大，放弃城陵矶，退守岳州。

就湖南官军的实力，没人能抵挡大西军的进攻，不说岳州，就是湖南重镇长沙也是如此。但是，明偏沅巡抚李乾德、总兵孔希贵不甘心就此灭亡，在城内设伏以待。他们打开城门欢迎大西军进城，却让官军士兵伪装成百姓，埋伏城内，进城的先头部队中了官军的埋伏，死伤众多。官军将被俘的大西军士兵留下四人，每人割一耳，另一只耳朵贯穿一箭放回，借以侮辱张献忠。敌人的暴行激起大西军将士的强烈愤慨，于是水陆两路二十万猛攻岳州，百道俱进。八月初五日，岳州城破，李乾德与监军道许璟狼狈逃窜长沙，总兵孔希贵没有李乾德跑得快，只好退屯湘阴，不想湘阴官民百姓逃跑一空，成为一座空城。孔希贵发扬连续逃跑的精神，遂走长沙。大西军占领岳州，打开了入湘的门户。

接着，张献忠率大西军主力直指长沙，所过州县明朝官吏逃跑一空。八月二十二日到达长沙城下。李乾德与巡按御史刘熙祚知道长沙守不住，在大西军到来之前，就簇拥着吉王朱慈煃和逃亡这里的惠王朱常润向衡州（今衡阳市）逃窜，投奔桂王。大西军水师营首先控制长沙城北的三汊矶，向北城发动进攻。大西军步兵在戴家湖、白果林一带与官军总兵孔希贵交战，孔希贵哪里是对手，很快被包围歼灭，那位割大西军士兵耳朵的孔希贵受到应有的惩罚。

这时，长沙城守责任落到了推官蔡道宪的肩上。长沙城内已经大乱，藩王重臣逃跑，百姓士民大奔。蔡道宪与副总兵尹先民发誓领军民固守。蔡道宪清廉有贤名，“贤能夙著，民皆爱之”，据说，吉王府朱姓宗人作奸犯科，欺压百姓，蔡道宪不因他是宗室不敢惹，不作为，先抓他治罪，后才上门通报吉王。大西军至城下，访得蔡道宪贤能，“服其威望”，攻城之前发动劝降攻势，喊话说：“我军中都知道你的名气，快点开门投降，免得自讨苦吃！”蔡道宪不降，“强弩射之”。张献忠挥军强攻三日。此时副总兵尹先民、何一德和吉王府左丞黄明治见大势已去，开门投降，二十五日，大西军占领长沙，蔡道宪被俘。张献忠一贯喜欢清廉贤能之士，先让尹先民劝降，不从；张献忠又亲自劝降，只要蔡道宪投降，马上任命他做长沙监军道。蔡要做忠臣，大骂不止。劝降不成，张献忠只得挥泪斩蔡道宪。

大西军占领长沙后，即着手建立政权，张献忠发布一个著名的文告，阐述大西政权的政策：

“孤提天兵临长沙，一日之内两府三州归顺。副总兵尹先民、何一德带兵效顺，即愿前驱进取江西。孤甚嘉之，封先民、一德世袭伯，所部将领皆为总兵。升岳州知府、原任朱朝通判任维弼为分巡监军长岳道，升蒲圻知县吕凤起为知府。所属州县士民照常乐业，钱粮三年免征。军民人等，各宜投册归顺，庶免屠戮。天兵临城，玉石俱焚，毋遗后悔。”

“士民照常乐业，钱粮三年免征”，这是张献忠自起事以来，第一次以文告形式宣布的革命政策。这个政策针对性很强。在明代，湖广农民负担的钱粮非常沉重。首先，因为地处南方，本来就是明朝廷的财赋之地，只要朝廷有需求，这里首当其冲。其次，湖广辖区少数民族较多，明朝廷在镇压少数民族作乱时，往往就地摊派钱粮，加重当地负担。再次，明朝宗室“分封楚地最多”，计有十四个。这些封藩兼并大片土地，无情压榨和残酷剥削贫苦农民，早已站在人民的对立面。尤其到了明末，统治阶级为了镇压农民起义，加征剿饷和练饷，地方官吏“催粮严急”，严刑峻法，经常逼死人命，致使农民对官府异常仇恨，阶级矛盾和阶级斗争十分尖锐。

据史书记载，明朝后期湘赣不仅钱粮农民不堪重负，徭役也十分繁重。主要有四种：里甲之役、均徭之役、驿传之役、民兵之役。四役的主要对象是农民，连残疾、病废、牧竖、乞儿也不能免。官绅阶级残酷的压迫和剥削,使得贫苦人家"家徒四壁而追呼不离门"。活不下去的百姓要么逃亡,要么造反。据记载,崇祯年间,这里的农民和矿工暴动几乎年年不断。即使张献忠不来,这里也难得太平。现在,张献忠来了,而且发布文告。这个文告深得人心,为大西军顺利占领湖南全境和出兵江西提供了有力的政策保证。

大西王张献忠接连攻破长沙所属湘潭、醴陵等地,分设官吏,又自率大西军主力继续南下,矛头直指衡州。途中,缴获湖南巡按御史刘熙祚的仪仗、邮符,便化装成官军模样赚城。将邮符交衡州守城官军验看,以巡按刘熙祚已抵城下为由,令其开门。守城官军验查属实,即开门迎入,衡州城不战而破。

其实,因衡州防守空虚,在大西军到达之前,封藩衡州的桂王朱常瀛和逃到这里的惠王朱常润已经出城向永州府(今永州市)逃跑。史书记载衡州桂王"最淫暴",其后宫光美人和女乐有近三千人。朱常瀛逃离衡州时,丧心病狂地将其中两千人"聚而燔之,号呼震天,并宫殿俱付之一炬"。自己得不到的东西,也不让别人得到。朱常瀛的心理确实阴暗。衡州知府张任、巡道金九升也弃城跑了。副总兵孔甲率领一批溃兵将城内洗劫一空,在桂王府又放了一把火,把宫室烧得只剩主殿残楼。张献忠见桂王府不能居住,连叹可惜,下令将残留的主殿木材拆下运往长沙,准备建造宫殿。

张献忠不给敌人以喘息之机,又向永州进发。巡按刘熙祚组织官军水师企图顽抗,谁想一战即溃。大西军进攻永州的先头部队只有五六百人,而从长沙、衡州逃到永州的明朝官军有四五万之多,但这些人如惊弓之鸟,"望风奔溃,自相残踏,死者无算"。永州人民欢迎大西军的到来,开门迎降,大西军顺利进入永州,巡按刘熙祚被俘。桂王和惠王先大西军一天到达永州城外,风闻大西军追来,仅距一百二十里,慌得连永州城都不敢进,立即逃往桂林,将从水路逃往永州的家眷都丢了,甚是狼狈,侥幸逃得一命。

刘熙祚被俘后,大西军劝其投降,不降,将其囚于永阳驿。刘熙祚闭门绝食,数日不死。当时,张献忠屯宁乡,命将刘熙祚送到宁乡,好言相劝,不听;临以刀剑,不怕。尽管张献忠挨了不少骂,仍然不杀他,又派降将尹先民劝降。刘熙祚仍是大骂不止,尹先民回报张献忠,这才将其杀了。

现在我们来说说左良玉。左良玉拥众二三十万,在朱由检眼里,无论如何都是一支劲旅,对其寄予莫大的厚望。其实,左良玉只是明王朝的精神鸦片。看着可以，用不得；一用，不起好作用，反而遗害无穷。左良玉所以没公开反叛明朝，主要障碍是李自成和张献忠。明朝大势已去，左良玉心知肚明，必然不会为其卖命，但明朝之后，无论是李自成还是张献忠都不会见谅于自己。现在能做的就是借口抗击义军，烧杀淫掠，涂炭百姓，过一天算一天，吃一口少一口。

左良玉获报张献忠离开武昌南下，觉得机会来了。七月十六日，提兵出湖口，连营西上。派副将毛显文、参将常国安、郎启贵、游击马士秀、于自成等进犯武昌。二十四日，明总兵方国安亦提兵从陆路进军，会合左良玉部徐德懋、马士秀进抵大冶。当时，蕲、黄一带地主武装乡兵土团到处林立，号称四十八寨，与大西政权作对，官军一来即响应官军。官军与乡团乘夜袭破大冶县城，杀大西知县奚县玄等守城军卒。

八月，毛显文、常国安直犯武昌，进屯鸭蛋洲。蕲、黄四十八寨的乡兵土团数万人也赴武昌参战。大西军守将张其在开汉阳门迎战，四千人马自然敌不过毛显文等数万人。初五日，弃城南走，武昌遂告失陷，谢凤洲自杀。明总兵方国安也袭陷黄州，又暗通周文江作内应，再陷麻城。大西军守将、著名的僮仆起义领袖汤志被杀，武昌二十一州县俱告沦陷。张其在追上进入湖南的大西军主力，合军南下。左良玉这下神气起来，连连向朝廷报捷，大肆吹嘘"恢复"武昌的功劳，蒙蔽朝廷。然而朝廷也不乏明眼之人。有人就明确向皇上指出："左帅虽遣前锋收复武、汉、黄三府，而皆是献贼杀掠搜劫之余，空城仅存，委而去之，非云战胜攻取也。"

张献忠"委而去之"，本意将武昌"委"于李自成，李自成忙于应对孙传庭，无法分身，不想却让左良玉捡了便宜。左良玉得了便宜还要卖乖，其后，给张献忠夺取江南造成很大的麻烦。

在朝廷的严旨切责下，孙传庭终于于八月六日率部出关。对于这次主动进攻，孙传庭胜算几何？据史籍载，孙传庭顿足叹道："吾固知战未必捷，然侥幸有万一功。大丈夫岂复能对狱吏乎！"

看来，三年牢狱之灾给孙传庭留下了难以忘却的痛苦记忆，明知此行"未必捷"，却抱着"万一"的"侥幸"心理，就是不想再次坐牢，面对狱吏。

当然，孙传庭抱着"侥幸"取胜的心理出关作战，也不完全单靠运气。李自成在襄阳建政后，任用了一批明朝投降的官吏，其中有一个叫丘之陶的人担任兵政府侍郎要职。此人秘密与孙传庭取得联系，约定李自成北上与官军作战时，即捏造左良玉进攻襄阳的假情报，迫使李自成回师，然后乘机起事，里应外合击败李自成。还有,罗汝才被杀,其亲信将领杨承祖投降孙传庭,尽将义军内部情报告诉孙传庭,并发誓报仇。孙传庭觉得义军内部并非铁板一块,在一定条件作用下,义军还会分化。再者,孙传庭认为上次塚头寨之役先胜后败,事出偶然,证明秦军还是有战斗力的,只要指挥得当,可以与李自成一决胜负。

孙传庭以总兵牛成虎、卢光祖为前锋,会河南总兵卜从善、陈永福于洛阳;又以总兵白广恩、高杰率火车营为中军;命令川将秦翼明出商洛,为掎角之势;令总兵官抚民率延绥、宁夏兵为后劲;又檄令左良玉率部赴汝宁夹击。左良玉自是指望不上。还让驻守郧阳的徐勇、惠登相进攻光化、谷城,牵制襄阳义军。部署就绪,孙传庭督促全军兼程而进。

前锋牛成虎、卢光祖一路东进,并无阻挡。八月十日督师孙传庭到阌乡。李自成在洛阳以东陈兵待战,步兵营沿河列守,伐木结阀,每人配三个葫芦,做出一副渡河北进的架势,干扰官军东进。先期千余义军渡河,河北守将刘洪起把义军赶回南岸。河南巡按苏京大惊,飞檄调陈永福回河北。孙传庭不同意,说:"北渡黄河的是零星流贼,卜从善还在河北,防守绰绰有余。流贼大部队在黄河以南,我军岂能迂回避贼呢?"他命令陈永福屯兵大河南岸,前驱至洛阳与牛成虎会师。陈永福以督师有令,谢绝河南抚按北渡的檄令。然而陈永福内心很紧张,屯驻大河南岸按兵不动,未向洛阳靠拢。十二日,牛成虎知会陈永福在洛阳会师,陈永福侦知黄河北岸没有李自成的部队,告知牛成虎,自己奉河南巡抚、巡按的檄令,又北渡黄河。

因为陈永福的出尔反尔,打乱了孙传庭的部署,孙传庭上疏弹劾陈永福、卜从善避贼,削去二人总兵官衔,以参将的身份戴罪渡河,杀贼自赎。陈永福、卜从善被李自成声威震慑,在这次中原会战中乏善可陈。

原来李自成为了诱敌深入,从陕州到郏县,都不设城守。十六日,牛成虎、卢光祖攻占洛阳。牛成虎令降将杨承祖招降李自成将领高继祥等五十二人。牛成虎追亡逐北,二十二日追至龙门,义军拔营先走,明军一直追到汝州,义军又退走宝丰。牛成虎孤军深入,犯兵家大忌,孙传庭令其退回渑池屯扎。

孙传庭入据洛阳后,有人建议不要急于冒进,以洛阳为基地,修缮城守,招抚流民,在此储粮积草,开屯田,为长久计。这样进可以攻,退可以守,以便恢复中原。此举系四海之望,"堪比祖逖之镇雍丘、宗泽之复东京"。孙传庭不会不明白这个道理,但君命难违。他说,我据潼关不出,就是为了持重万全。现在陕西将士弃家人跟随我出征,怎能泄了士气!况且贼旦夕可灭,遇到贼不打,不是什么好计策。于是挥师南下，九月八日到汝州，营于城东长阜镇。

降将杨承祖游说李自成部下都尉李养纯率部投降，尽告义军内部消息。孙传庭得知义军老营家属在唐县的情报后，做出了一个令人不齿的决定：派出一营将士万人，从小道疾趋唐县，乘义军不备，一举攻克。将住在唐县的义军家口不分老幼妇孺尽行杀戮，逃出的义军家口不足十分之二三。更借口义军老营屯扎唐县，将唐县城中百姓尽行屠戮殆尽。消息传到李自成军中，前线将士“哭声满营，切齿思报”。

不错，孙传庭是带兵打仗的大帅，是岌岌可危的明王朝七省督师，但孙传庭是个读书人，知礼义，识廉耻。一个饱读诗书，为许多史学家景仰的孙传庭竟然犯下如此令人不齿、令人切齿痛恨的暴行，让人震怒！孙传庭此举简直是狗急跳墙，注定必然失败！

九月十日，孙传庭亲率大军来到宝丰城下，叫门劝降，守城的义军用火炮和箭矢作为回答，孙传庭遂围城。李自成派轻骑援救宝丰，被白广恩、高杰等击败。注意：李自成派出的是轻骑，实际仍在诱敌深入。十二日，李自成又一次派出骑兵数千，进攻官军，虽被击退，孙传庭却觉事态不寻常。他说：“宝丰攻不下，贼救兵大批涌来，我军将腹背受敌。”于是亲自督战，猛烈攻城。宝丰城内地主士绅二百八十八人私开城门出降，城遂破。官军蜂拥而入，到处杀人放火，“火光照若白昼”。宝丰牧陈可新、州判姜鲤被杀，城里百姓也不放过，多被杀，借口是“为贼固守”。就连开城出降的二百八十八人也不相信，“择二高年，命一一指名，不能名者十余人，疑为贼，斩之”。

这时，隐藏在农民政权内部的内奸丘之陶认为时机已到，利用其窃据的兵政府侍郎的要职，向前线总指挥李自成谎报军情：左良玉率部数十万，溯江西上进攻农民政权的都城襄阳，后方形势十分危急，请求李自成立刻回师保卫襄阳。如果真有这种情况发生，可真够李自成喝一壶的。可惜情报是假的，并且李自成已经觉察。

原来早在丘之陶与孙传庭取得联系，献上这个计策后，孙传庭不仅报告了朝廷，还专门写一封回信，派人送往襄阳给丘之陶。只是这封回信没有落到丘之陶之手，而是被李自成的侦骑截获。当时，李自成不动声色，但在暗中加强了防范，丘之陶的一举一动，尽在掌握中。现在丘之陶的假情报一到，李自成当即将丘之陶从襄阳带到前线，拿出之前孙传庭的回信给丘之陶看，当面揭穿其阴谋，暴露其内奸的真面目。丘之陶无言以对，李自成下令将其处死。在义军中制造混乱的内奸被除，孙传庭浑然不知，还在那里等待奇迹发生呢！

孙传庭出关以来，一路高歌猛进，轻而易举地一直打到宝丰。这意外的胜利非但没有引起孙传庭应有的警觉，反而由原来的心虚胆怯变为头脑膨胀。他三天一次向朝廷报告行止，连连奏凯。殊不知李自成为诱敌深入，“每战辄匿精锐”，孙传庭斩获的多是难民老弱，但这些战绩让孙传庭“志益骄，屡疏奏捷”。并且大言不惭地上奏皇上：“有自贼中逃回者，言贼闻臣名皆惊溃。臣誓肃清楚、豫，不以一贼遗君父忧。”

孙传庭进攻郏县。九月十三日，李自成亲率万余骑兵迎战，在郏县城东与官军大战。官军前锋奋勇死战，夺李自成中军大纛，李自成也几乎被擒。果毅将军谢君友被擒杀。当时，孙传庭前锋牛成虎、卢光祖尽收“曹操”罗汝才、革里眼贺一龙、左金王蔺养成被李自成兼并的余部，这些人深恨李自成，投降后，每战必尽死力，以故李自成多败北。

无奈，李自成退屯襄城，但义军精锐尽集郏、襄间，还在郏县之东挖深沟筑高垒，坚守不战。孙传庭孤军深入，离后方军需粮饷供应基地越来越远，恰值滂沱大雨连下六天，官军输送军粮的车辆被阻泥泞之中，日行三十里，不能及时跟上，前线的将士和马匹饥饿不堪，“军中皆怨”，士气低落。官军求战不得，进退失据。有人劝孙传庭回师就粮，孙传庭却说：“师已行，即还亦饥，不如破郏县就食。”郏县又小又穷，孙传庭费了九牛二虎之力攻破，只搜罗到骡羊二百头，十万士卒“须臾分脔尽，士不得饱”。这时，孙传庭才感觉陷入重围，危机四伏。他命陈永福守郏县，疏通后方粮道，而自率大队官军，继续东进，欲借此以突围。

当孙传庭陷入困境时，李自成命令权将军刘宗敏率精骑万余人由间道抄袭官军后路，在汝州白沙切断官军粮道，绝其饷。官军待粮不至，在饥疲而又困顿中听到粮道被断的消息，军心遂不战自乱，“军噪汝州”。大惊失色的孙传庭不得已问计于诸将，高杰主张出战，可遭到火车营统帅白广恩的反对。他说：“我军饥疲，不宜出击，应该分别据守要害之处，步步为营搏击贼兵。”孙传庭很不满意白广恩所说，反问道：“你害怕什么！为什么反不如高将军？”白广恩对孙传庭急功近利、一味冒进本来就不满，现在听其指责自己不如高杰，一怒之下率所部八千人先行撤出战场西去。孙传庭无奈，命令河南总兵陈永福留在郏县抵挡义军进攻，掩护官军西撤，自己率领嫡系秦军西撤迎粮。

九月十七日，李自成倾营出动，驱大军进攻官军，官军部伍大乱，遂全线崩溃，陷泥淖死者数千人。各将不知军门所在，莫相统属，各率所部西走。高杰登高一望说："失败了，支持不住了！"带领所部急急败退。李自成乘势疾追。白广恩逃跑时，将火车营拉车马匹解下骑上就跑，以至火车翻倾路上，将道路堵塞，官军欲逃不能。此时，义军数万铁骑腾越而来，高喊为妻儿报仇的口号，刀光闪烁，人头落地，鲜血喷溅。义军步兵手持白木大棒猛击官军，"中者首与兜鍪俱碎"，官军大败。李自成率大队义军急追，"一日夜驰逐四百里"，一直追到孟津。十八日，巡按苏京走孟县，督师孙传庭逃到孟津，立即搭船北渡，回头望去，岸上自己的部卒被义军追逐逼迫，多挤入黄河溺死，禁不住号啕大哭。孙传庭想跳河自杀，被左右拦住，劝道："公一身系国家存亡，今徒死何益？不如急入关，据险收兵，以图再举。天下事尚可为。"果然，孙传庭由黄河北岸趋潼关。

这一仗，"官军死亡四万余人，军资甲仗马骡数万尽为贼有"。不可一世的"火车"没等发挥作用，就成了李自成的战利品。白广恩跑得快，得以进入潼关，高杰也逃到孟津渡河北去。至于留在郏县殿后的陈永福所部，见孙传庭西去，让自己留下当替死鬼，大为不满，也跟在秦军后面退却。官军全线溃败后，干脆率部北走，哪里还顾得了孙督师的死活。史书说："盖是时，师饥宵溃，传庭北走，诸将西奔，偏裨参佐各鸟兽散耳。"

郏县之战，史称第五次中原会战。孙传庭挟关西健儿之威，鼓曹、革、左诸降卒之勇，出关以后，占洛阳，破汝州，陷宝丰，侵郏县，屡挫李自成锋锐。然此非本质，李自成拥百万之众，士饱马腾，所向披靡，岂独败于孙传庭乎？是其诱敌深入之计也。及至郏、襄间，李自成奋勇一击，再败秦师。史书曰："孙白谷与贼战，败于郏县，而明事不可复为矣！""一败涂地，而明社遂墟。"此役之后，明朝廷再也无兵可兹进攻，只能坐等灭亡。

二十三　穿窬之雄乎？
为什么不攻取南京

李自成攻坚克锐、摧强陷猛，连续五次取得中原会战的胜利，把中原腹地的明军全部打垮，“据河洛”之势已定。

下一步怎么走？此时，李自成开了一个会，参加会议的大部分是军师、谋臣、军中高级将领，共谋“取天下”的计划。牛金星请先取河北，直走京师，夺取北京；杨永裕谋沿江顺流东下南京，断漕运之道，北京不战自困。一北、一南，这是两个截然不同的方案，自是引起一番争论。此时，顾君恩说：“这两个方案，皆非上策。金陵势居下流，虽济大事，其策失之缓；直取京师，万一不胜，退无所归，其策失之急。不如先定关中，为元帅桑梓之邦，秦都百二山河，最宜建国立业。然后旁略三边，资其兵力，攻取山西，后回京师。”这样一来，“进有可攻，退有可守，方为全策”。李自成认为顾君恩的主意是难得的好计策，决定先行入关，夺取西安，下一步的行动计划就这样决定了。

孙传庭河南惨败后，收集亡散，据守潼关。而逃回的将士仍然还有四万余人，但离心离德，已成惊弓之鸟，多不听孙传庭号令。他命令高杰扎营关外通洛川，白广恩扎营南门外西山头，阻挡义军进攻，自己则率众上城值守。

李自成决定入关后，也做了两手准备。其一命令一只虎李过率众十万，从潼关正面进攻。其二召集铁匠打造攀越山险的铁钩、铁钉数万套，自己带领数万将士绕道到潼关附近的山崖，利用铁钩、铁钉爬上山崖，出潼关后夹攻。李自成攀爬山险，整整用了一天的时间，不禁叹道：“假使有千人守在这里，我怎么能够飞渡呢？”十月六日，李过所部十万将士进抵潼关城下，奋勇攻打。高杰不战而走，向西逃窜；白广恩抵敌不住，也望风而溃。不管“逃”也罢，“溃”也罢，都要入关，别无他路。官兵士卒害怕被歼，急于入关，不惜劈开南关水寨栅栏涌入。官军是进去了，义军紧随其后也进去了，李过正面进攻，李自成从关后夹攻，官军大溃，潼关被李自成占领。

孙传庭知大势已去，决心以死报国，跃马横刀，冲锋陷阵。他的数百亲兵都逃散了，跟随他陷阵的只有监军副使乔元柱，结果双双战死。这位显赫一时的七省督师连尸体也找不着了。孙传庭最后一次出关作战，自念必死，有点割舍不下妻儿，行前悄悄地对夫人张氏说了。夫人倒也慷慨，说："大丈夫以身报国，不用担心我！"

史书载："公死而天下事以去！"

孙传庭身边将佐作鸟兽散，四散奔逃。高杰奔延安，白广恩奔固原，陈永福奔秦州，高汝砺奔汉中，总兵牛成虎不知所往。

潼关一破，西安的门户洞开。义军长驱而西，直达渭南，知县杨暄吆喝一帮子弟企图固守，不想本县举人王命诰却打开城门引义军入城，渭南遂破。十月十日，李过攻破临潼，明朝关中州县，所至瓦解，十月十一日李自成就到达西安城下。

由于陕西的强兵悍将都归孙传庭率领，也就是说所谓的关西健儿已经都被李自成消灭，所以西安的城守十分单薄。正好有一支由副将王根子率领的川军途经西安，被陕西巡抚冯师孔劝说留下协助防守。古历十月，西安的天气已经很是寒冷，川军衣着单薄，无法御寒，将士们冻得瑟瑟发抖。

西安是秦王朱存枢的封藩之地，秦王的富有堪比福王、楚王。地方官吏劝秦王朱存枢拿出一笔银子，为守城的将士置办棉衣，好让他们为自己卖命。吝啬的秦王却坚决拒绝。在他眼里，西安又不是只住我一家，岂能只让我一个人出钱？明季，那些封藩各地数不清的亲王，除了周王，没有一个不吝啬的。

王根子对此深恨之。你不仁，休怪我不义，他决定献城投降。王根子写一降书，射到城外，到时大开东城门迎接义军入城。王根子所以同意留在西安，是因为李自成入关，自己无路可走。即使秦王好言抚慰，厚饷供养，他也不一定会卖命！以区区几千川兵与李自成百万雄师硬拼，岂非以卵击石？

当日，王根子大开东门，李自成不烦一矢占领西安。陕西巡抚冯师孔、按察使黄炯被杀，布政使陆之棋投降。李自成出榜安民，"下令不得妄杀一人，误者将吏偿其命"。就连那位异常吝啬的秦王也没有杀，还授予将领中的最高职位——权将军，以表彰他保全财产，奉献义军的不朽功勋。秦王，始封于洪武三年，近三百年的聚敛，拥资数百万，富甲天下，至此，全为李自成所有。秦王的世子妃刘氏很有点瞧不起老公公的意思，对李自成说："国破家亡，愿求一死。"李自成敬佩这位女子的气节，但不杀她，把她送还娘家。

占领西安后，李自成派兵占领关中各州县，所向城镇迎降唯恐落后。李自成改西安为长安府，准备正式建立政权。十一月，在长安开科取士，士分三等，一等给六政府，即六部；二等给州县；三等充作佐贰。作为农民政权，不愿加重农民负担，就将官绅富豪捉来，要求其捐资助饷，很有点打土豪的味道。

为解除下一步东渡黄河进兵北京的后顾之忧，李自成立即部署肃清三边明朝各处残余势力。李自成亲率李过、刘芳亮等部进攻延安，夺取陕北；田见秀率部南下汉中，追击明总兵高汝砺，打通南下四川的道路；刘宗敏、袁宗第西向追击白广恩部，攻取宁夏、甘肃、西宁等地。

李自成于十一月到达延安。先期逃到这里的高杰，不敢与李自成对抗，自知作恶多端，李自成饶不了自己，也不敢投降，乘黄河结冰，带着部队逃入山西，后又由山西逃到江苏扬州，一路奸淫掳掠，所过皆空。后来崇祯帝死了，这小子还活得滋润，成为南明弘光政权的四大主力之一。和高杰一道逃到延安的总兵王定，继续往榆林逃。

夺取延安后，李自成继续北进，一路势如破竹，沿途戎马万匹，旌旗百里，军容之盛，莫过于此时。李自成衣锦还乡，受到陕北父老热烈欢迎，各州县主动纳款归诚，没有受到任何抵抗。

来到米脂，李自成第一件事就是归葬祖父、父亲遗骸，筑土封之。崇祯十四年，米脂知县边大绶奉陕西总督汪乔年之令把李自成的祖坟给掘了，遗骸焚弃。祖先遗骸被弃，始终是李自成的一块心病，此时入土为安，也算是了却一桩心愿。李自成访求李氏同宗之人，相谈甚欢，临别时赠以金银，皆大欢喜。对于边大绶，李自成竟然没有杀他，充分体现出领袖人物非凡的度量。

大概连李自成也没想到，进军榆林却遭到顽强抵抗。

榆林，是九边重镇之一，是一座兵城。这里的居民要么当兵，要么是当兵者的家人，或者与当兵有关的人，也是一个将领辈出的地方。而且这里所出的将领都参与过镇压农民起义。许多早期镇压过农民革命的将领此时已赋闲在家，比如说尤世威、尤世禄、王世钦、侯世禄、侯世极、李昌龄、李国奇、惠显等。在他们眼里，无论李自成，还是张献忠，不过是被他们赶着跑的流寇，现在居然打到老巢榆林，这还了得！难不成让你进城，你进城我们怎么办？过去带兵抢劫、克扣军饷赚到的那点钱，不都成你的了！倒是还在任的将领知道现时李自成的厉害，比方说总兵王定从延安跑到榆林，一看李自成来了，借口去塞外借兵，带着属下几十人开门朝蒙古跑了。榆林道都任和卸任总兵王世钦、尤世威、侯世禄、侯世极调集各堡精锐入城，大集将士，商议对策。尤世威问道："面对强敌，你等是守城呢，还是投降呢？"人们齐声回答："愿效死无二！"于是，决定据城顽抗。

李自成先礼后兵，派出使者携银五万两入城游说，招降榆林诸将。谈判从十一月十二日开始，谈到十五日，毫无结果，城内还把义军使者给杀了。于是义军决定攻城，十万大军将不大的榆林团团围住，用大炮猛轰城垣。城上也用大炮弓矢还击，战斗打得异常激烈。榆林城内兵很少，大概是因为涉及城内居民的切身利益。全城的居民能上城的都上城防守，连妇女都上去了。

这在明朝末年全国的城防史上是个奇特的现象，没有兵的榆林城在"频年饷绝，军士饥困"下竟然坚守了十三个昼夜，"毙贼万人"。指挥攻城的制将军、一只虎李过不得不改变策略，改强攻为洞车穴城，洞车就是以战车为屏障，遮挡炮火和箭矢，然后战士靠近城墙在城下挖洞，填埋火药爆破。榆林城建在沙土上，这项工作进展顺利。二十七日，东南城墙被炸开数十丈一大段，义军将士蜂拥入城，还遭到"分部巷战"，每前进一步都付出不小的代价。史书载："自午至暮，矢尽刀折，杀伤殆尽，无一降者。""诸将死事者数百人。""合城妇女俱自尽。"不过，有些记载不可信。"无一降者"，尤世禄不就投降了么！有人为其辩解，说投降是为了保护尤姓家族的性命。既然如此，哪里还有"合城妇女俱自尽"的事？榆林城除了当兵的，还有农人、商贩，手工业者，他们的家人犯得着为当官的殉命吗？尤世禄后随李自成东征，在山西宁武大开杀戒，滥杀数千人，给大顺军声誉造成极大损害。

田见秀部南下汉中，沿途州县望风归顺。十一月十六日攻克城固县。明总兵高汝砺兵败投降。田见秀留下贺珍、韩文领兵镇守汉中，自己返回西安。

刘宗敏、袁宗第领兵西进，兵至固原，明总兵白广恩投降。续攻宁夏，遇到明总兵官抚民的顽强抵抗，三败义军。李自成闻讯，亲率大军前往支援。李自成非常看重白广恩归降，携手共饭，相对极欢。当年，李自成与白广恩是结拜弟兄，一同起义。后白广恩投降洪承畴，分道扬镳。眼下，兄弟同心，李自成能不高兴吗？总兵左光先听说后，感觉李自成有领袖风范，可成大事，遂投降。李自成派白广恩前往秦州招陈永福投降。陈永福的顾虑就大了。当年，李自成围攻开封，其子陈德射瞎李自成一只眼。他对白广恩说："汴城之战，永福亲集矢于王之目。今穷而归命，惧无以全腰领。"李自成听说后说："此各尽其事，何害？"并折箭发誓："如加害陈永福，形同此箭！"在得到不算旧账的保证后，陈永福爽然投降。李自成指挥大军复攻宁夏，官抚民不能守，城破之后也投降李自成。义军乘胜又攻克兰州、西宁等地，至此，三边残敌扫清。李自成回师西安，建立大顺政权的条件业已具备。

至此，大明王朝的灭亡已经进入倒计时。

在长江以南作战的张献忠，一直打到湖南南部的永州，附近官军望风而逃，千里一空。大西军席卷湘南的郴州、桂阳、宁远、新田、江华、永明等地，并任命官员管理当地。当地贫苦百姓大批投奔大西军，连临蓝一带的“土寇”李长子等也悉众来附。大西军兵力大增，原先有四营，现扩展到九营。大西军前锋旋即深入到广西的全州和广东的连州，连州守将投降，大西军占领连州。消息传出，以致韶州府（今韶关）大震，毗邻湖南的广东北部州县顿时一片混乱。韶州府的官吏吓得鸡飞狗跳，知府南逃，兵备道王兰孙自杀。其属下的乐昌、乳源、仁化官员，逃窜一空。其实，大西军并未继续南进，只是发了一道传檄，就把有些人活活吓死。

张献忠在永州转了一圈，又回到长沙。以长沙、衡州为基地，分兵四出，攻占湖南全省各州县，到崇祯十六年底，张献忠基本控制湖南全境，革命形势一派大好。

十一月二十二日，大西军攻克常德。常德是明故督师杨嗣昌的老家，大西军以平南先锋的名义发一文告：“照得朱贼杨嗣昌，昔年曾调天下兵马敢抗天兵。杨嗣昌幸早死于吾刃矣。今过武陵，乃彼房屋、土田、坟墓在此。只不归顺足矣，焉何拴用乡绅士庶，到处立团。合将九族尽诛，坟墓尽掘，房屋尽行烧毁。霸占土田，查还小民。有捉杨姓一人者赏银十两，捉其子孙兄弟者赏千金。为此牌仰该府。”

常德知府周圣楷、司理王宇崻是大西政权任命的官吏，当即遵照执行，将杨嗣昌的母亲和叔父捉来杀了。

这个文告中“霸占土田，查还小民”真还有点土地革命的味道，至于其他内容，就有睚眦必报之嫌。就因为杨嗣昌围剿过自己，人死了都不行，还要掘墓烧屋灭九族。张献忠如此作为，历来为人诟病。这不能不说是张献忠的一大性格缺陷，或者是阶级的局限。较之李自成，能饶恕把自己变成“闯瞎子”的陈永福，张献忠逊色不是一点点。

然而，史学界对此有不同声音。有史料显示，掘杨嗣昌祖墓的并非张献忠，而是另有其人，这个人就是大西政权任命的常德知府周圣楷。周圣楷，湘潭人，贡生，有才名，著有《楚宝》一书，汇集古来楚中人物、名胜等，被《四库全书》收存。据清朝王士祯《池北偶谈》云：“圣楷，字伯孔，湘潭人，有才名，后为献贼伪常德知府，发掘杨相祖墓最惨，率为献贼所杀。”王士祯说得很明白，发掘杨嗣昌祖墓的人是周圣楷，掘墓最为惨烈，很快周圣楷就被张献忠给杀了。

那么，周圣楷为什么要掘墓呢？《池北偶谈》说："……严首升、周圣楷辈，为武陵所抑，遂腾谤书……"严首升，华容名士，周圣楷，湘潭名士，二人为杨嗣昌所压制，仕途不顺，遂联手上书朝廷诽谤杨嗣昌。说明周圣楷与杨嗣昌早有过节，心实衔恨，趁改朝换代之际，周圣楷利用手中权力，掘墓戮尸，报复杨嗣昌，亦是顺理成章之事。

张献忠又为什么要杀周圣楷？只能说以大西军平南先锋名义发布的针对杨嗣昌家族的文告违背了张献忠的本意，周圣楷挟嫌报复更是不能为张献忠所容忍。掘墓戮尸事件发生没多久，张献忠路过常德，得知此事后，即把周圣楷杀了。

之先，大西军破长沙，降将尹先民、胡一德就建议攻占江西，张献忠因为衡州未下，后方不稳，没有这样做。现在，条件成熟了，他任命张其在为先锋，张献忠亲率主力为后劲，出师东向，先破浏阳，进军江西萍乡。

萍乡是湘赣边境的咽喉，拱卫袁州（今宜春）的大门。崇祯十年，萍乡曾被临蓝起义军李长子攻陷过。为此，明官府便在当地加强防卫，专门设立守备营，后又在各险要处增兵添将，使萍乡成为"一方雄镇"。张献忠对攻占萍乡很重视，调整了军事部署。他命令驻守醴陵的参将毕登云做先锋，因"登云曾贸与萍市，知萍市虚实"。九月二十五日，毕登云率部进入插头关。他没有正面进攻萍乡，而是绕过有重兵把守的黄花桥，从间道直扑萍乡。突如其来的大西军，让守军猝不及防，守备陈平策被杀，知县徐时震弃城逃窜，其余官军被杀散。九月二十七日，张献忠率大军入城。

饱受地方官吏和官兵欺压的江西人民，苦明久矣！"士民牛酒迎贼，路相属"，热烈欢迎大西军入萍乡城。当时，张献忠远近传檄，大力张布"钱粮三年免征"的政策，深得人心，所到之处"牛酒迎贼"的盛况远近都是。统治阶级诬称张献忠为"贼"，可江西人民把他当作王师，当作救星，热烈欢迎的程度前所未有。这让张献忠也感叹不已！

进军江西首战告捷，大西军乘胜再克分宜。张其在军锋甚锐，直扑袁州（今宜春市）。十月四日，当地农民起义军邱仰寰部归附大西军，奉张献忠之命攻破万载县城。大西军声威日盛，引起地方官吏的极度惊慌。先前移镇袁州的江西巡抚郭都贤，本想阻挡大西军，现在一看大事不好，单骑逃回南昌。袁州附近的瑞安、临江、新喻的明朝官吏，更是望风而逃。十月十日，大西军兵临袁州城下，还没等攻城，城内已经乱成一锅粥，袁州士民逼迫知府霍子衡献城投降，霍子衡怀印潜逃。

袁州人民打开城门，大西军不烦一矢，“安步而入”。袁州士民俱书“顺天救民”字样贴在门上，造册以迎。

袁州的地理位置十分重要，大西军占领袁州，引起明朝廷又一次骚动。御史李邦华上奏：“袁州如江西门户。贼入袁，则江左全省俱坏，则两江咽喉断，而金陵之藩篱撤矣！”袁州失，不仅江西全境不保，连南京也失却屏障。这是多么重要的战略机遇，张献忠如果能抓住这个机遇，江南半壁何愁不能到手？奇怪的是，张献忠在夺取萍乡后，却返回长沙，没有为东进亲力亲为。

这时，明朝廷切责左良玉，令其救援江西。左良玉派遣部将吴学礼入赣，于十月十三日围攻袁州。新参加大西军的将领邱仰寰率部守城，矢石俱下回击官军。吴学礼四面环攻，有一叫高山的都司率先攀上城墙，其他人一拥而上，杀散城上守军，大开城门，放官军进城。大西军随即展开巷战，终因众寡悬殊，不敌战败。邱仰寰率骑兵突出北门逃跑，被官军追及杀害，袁州被官军占领，但大西军主力部队并未受到什么损失。

吴学礼所部军纪败坏，野蛮无耻，占领袁州后，大肆烧杀抢掠，滥杀无辜，其残暴程度，令人发指。史书载，左良玉部下占领袁州后，城内抢完了，就出城搜山。其时，士绅百姓多藏匿山中。所藏之人若被官军发现，尽杀之，割首级以报功，有的士兵一条绳子穿数十颗人头。在林田石洞，左兵对避入洞内士民“以火熏之，死者千余人”。在分宜梁家坊，左兵以同样的方法对付躲入洞中士民，“死者八百余人，仅二人熟知洞径，从石孔中出”。左兵这种灭绝人性的暴行激起人民强烈的仇恨和反抗。有胆大的百姓就说：“杀人者是贼，哪有官兵杀人的道理？”于是，袁州、吉安、临江三郡人民“屯结山险，以拒官兵”，各地出现“兵民仇杀”的局面。

兵剿贼，自是题中应有之义。眼下，官兵在剿杀百姓，百姓在反抗官兵。这和大西军进入江西，百姓“牛酒相迎”形成多么强烈的对比！这个对比不是简单的现象呈现，它深刻反映明季人心变动：以朱由检为首的明朝廷在人民心中失去正统性、合法性，人心求变，人民希望张献忠领导的农民革命能够改变他们的命运。迫于袁州人民强烈反对左良玉所部的汹汹民意，江西巡抚郭都贤只得将吴学礼部撤出袁州，打发他回九江，袁州守备招募当地乡勇承担。

张献忠命令前军都督张其在率十数万人马向江西腹地挺进，夺取吉安等地。张其在干劲十足，相继攻克新喻、临江，一直打到江西中部临江府和瑞州府。沿赣江连克安福、永新、庐陵、吉水、峡江、秦和等府县。十月十八日，大西军到达吉安府。吉安兵备道岳虞峦侦探不设，在城郊阅兵。士兵正练习射箭，鼓声未绝，有人飞报大西军已到郊外。骤然而至的大西军让受阅官军魂飞天外，不等长官下令，士兵把弓箭往地上一扔，像受惊的乌鸦一样一哄而散。岳虞峦仓促之间呼叫轿夫，轿夫早窜了；又呼叫牵马，马童也不见踪影。情急之下，岳虞峦急忙把那一身显示身份和地位的官服脱下，只穿着内衣抱头鼠窜。跟他一块逃掉的还有署府通判朱奉镗、推官韩日将。

城内官兵一听大西军来了，紧急关闭城门，也不管城外该进来的人进来了没有。

此时，只见大西军一名骑兵飞驰城下。城墙上守城官兵觉得诧异，议论纷纷："怎么只来一骑，莫非一骑就想把吉安府拿下！"大概是因为只有一骑，城上紧张的气氛松弛下来，士兵像看表演一样饶有兴趣地看着，甚至把自己的职责也忘了。

城墙靠上一点的砖缝里长了一棵小树，人们习以为常，视若无睹。只见那名骑兵飞驰树下，手里拿个铁钩一下钩住小树，身体脱离马鞍，腾空而起，利用惯性一跃而上，眨眼间已跃上城墙，大喊一声"杀人！"手起刀落，守城士兵的人头就滚在地上。变起仓促，城上官兵大惊失色，纷纷逃窜，只恨爹娘少生两条腿。这名骑兵也不追赶，快速下城，又是一声大吼："杀人！"杀死一名守门士兵，其他守门者也是抱头鼠窜。此时，大西军大队人马正好驰到城下。这名骑兵打开城门，迎接大队人马进城，吉安城告破。

记述这个故事的计六奇感慨不已："贼破吉安，不过一人力耳。一贼破一城，天下事忍言哉？"平日作威作福、鱼肉百姓的官军，当遇到义军时，活脱脱一副贪生怕死样，那么多人竟然败在一人之手，大明王朝还能有什么希望！当然，也从侧面可见大西军勇悍卓绝的战斗力。

吉安一破，所属吉水知县、永新知县、安福知县、泰和知县"皆怀印弃城走"，城不要了，当官的逃命要紧，"吉安诸县同日陷"。张其在分别在吉安和所属州县任命官吏，改吉安为亲安府，庐陵为顺民县。接着，张其在又率领大西军"由峡江、分宜入袁州"，临江、袁州官兵闻风而逃，十月二十五日，大西军再次占领袁州。至此，张献忠基本控制赣西地区，包括袁州四个县，吉安和临江大部分州县，以及瑞州的上高县。

张献忠大西军在江西的胜利，政治影响巨大，使得朝廷上下一片惊慌。兵科给事中曾应遴奏道："倘江省不戒，毋论溯流渡岭，闽粤相邻，江南财赋之地必成中断。将顺风扬帆，直走长湖彭蠡，绕出浔阳之东，江督即拥军十万，艨艟千艘，措手何及乎？此臣为大恐也。"为了阻止张献忠继续东进，十一月十六日，朱由检下旨切责左良玉“濡滞九江,坐失事机”,严令左部进剿。左良玉这才派出两路军队:一路由义军降将马进忠率骑兵驰赴袁州,另一路由义军降将马士秀率水师由武昌水路向临湘、岳州进袭,直逼大西军后路,迫使张献忠返师北顾。

左良玉部署出兵,严重干扰了张献忠的军事行动。在张献忠眼里,左良玉就是个克星,扫帚星。南阳城外、玛瑙山、信阳之役,关键时刻,皆为左良玉所败。每遇到左良玉,张献忠从心里犯怯!如果不是顾忌左良玉,张献忠占领武昌后,何不顺流东下夺取南京?现在,张献忠在湘赣形势一派大好,这不,左良玉又来了。张献忠不得不调整部署,紧急从江西撤兵,于是,大西军大将张化龙率主力从袁州撤至萍乡。十一月二十七日,袁州再次失陷。十二月二日,万载失陷。三日,萍乡也被左兵攻陷。所谓攻陷,还不如说主动放弃,进入十二月,除张其在一部外,张献忠把大西军主力全都撤出江西。

明朝廷为了对付张献忠,于崇祯十六年特设“总督九江地方兼制江西、湖广、应天、安庆军务”一职,这也是江西设置总督的开始。吕大器担任这一职务。趁着左良玉出兵的机会,吕大器率五千人马也来收复吉安。

大西军挺进江西政治影响巨大,所到之处人民群起响应。峡江县人民不堪忍受官僚地主的剥削压迫,自发组织起来,把知县抓起来,等待大西军到来。其间,紧闭城门,多次击败官军的进攻,还夺战马八匹。恰值九江总督吕大器率军救援吉安,来到峡江城下。堂堂的九江总督不敢攻城,化装成大西军模样,打着大西军旗号叫门,骗城里说:“八大王张献忠的大军到了,请打开城门。”城里起义的人民没见过张献忠,信以为真,开门出迎,献上峡江县印,再献战马二十五匹,粮草无数。吕大器入城后,马上露出狰狞面目,释放知县,还给县印,将起事的人民全部斩首,残酷镇压了峡江人民的起义。

吕大器以兵部右侍郎接任九江总督,自然是左良玉的上级。左良玉所部淫掠烧杀,江西人民怨恨不已。吕大器为安民心,发布榜文痛斥各处守将纵兵淫掠的种种罪状。结果,惹怒了左良玉。左良玉发扬一贯不听上级节制的传统,处处为难吕大器,多方掣肘,甚至发展到“兵私斗”的地步。在左部与吕大器分别攻下袁州和吉安后,吕、左两人互不相统,左良玉有兵却观望不前,吕大器想打却兵少,无法前进。

正是利用吕、左之间的龃龉,张献忠派大军长驱直入赣中,十二月一日,沿赣江向东攻克南丰;二日,攻下广昌,分封在这里的益王被迫逃往福建;七日,又克抚州(今临江)。这时“大器无兵不能救,良玉亦不援”。至此,江西大部分地区被大西军控制，又一次引起邻省广东的震动，南雄府、韶州府所属州县官吏大部逃亡，有些官员连大西军影子也没见着，就自杀身亡。

张献忠占领湖南全境和江西大部，看起来革命形势大好，但是事实却不是这样。当张献忠任命官吏值守新占城市，大军离去后，许多城市又被官军和地主阶级组织的武装力量夺取，满怀希望迎接新政权的劳动人民被残酷镇压，一切又回到原来的状态。张献忠的死对头左良玉如影相随，只要大西军主力离开新夺取的城市，左良玉的部队就像幽灵一样跟上来，残杀大西政权的官员，抢掠残害百姓，使农民革命的胜利果实得而复失。

研读这段历史，我们不难发现，曾经不可一世的左良玉这一时期不仅害怕李自成，也害怕张献忠。左兵从来不敢正面阻挡张献忠大西军的进攻，只是在大西军主力离开后才去争夺被占城市。左良玉所作所为很像地方乡团武装的做派。正像计六奇所言："贼来我去，贼去我来，犹如白日鼠见人辄避，夜间趁人睡梦，复出盗米。良玉为将，何以异此！"昔日威风凛凛的左良玉沦为鼠辈，只能干一些鸡鸣狗盗的勾当。

左良玉派出马进忠率骑兵五营进犯袁州、吉安，马士秀率步兵、水师五营进犯岳州、长沙，从后路抄袭大西军，企图前后夹击，挽救江西败局。马士秀占领岳州后，十一月，左良玉又增派部将王世泰、杨文富下岳州，威胁大西军后路。张献忠当时已深入湘西，不得不返师北顾。

十一月三日，张献忠令大西军水师营沿湘江经洞庭湖北上岳州，还击左良玉部的进犯，重新夺回被官军夺走的岳州。大西军步骑沿江设伏，水师营轻舟快艇也在沿江港汊隐藏起来，然后用巨舰满载大量物资扬帆北进。王世泰、杨文富率领三千水师迎战大西军水师，大西军水师营佯败疾走，将满载货物的巨舰全部丢下。左良玉的部队最为贪婪，抢掠是家常便饭，一见这么多物资，连眼都红了，将大船上物资一抢而空。满载抢来物资的官兵战舰已经不是战舰，而成了行动笨拙的货船。还没等抢掠者高兴多久，忽然从港汊里钻出大批轻舟快艇，从四面八方向官兵战舰逼过来，猛冲猛打，上下夹击，官军不能抵挡，可又逃不掉。少数官兵跳水逃跑，又被沿江埋伏的大西军步骑堵截歼灭。官军方国安、马士秀等虽合兵力图援救水师营，却被大西军沿岸部队击败。官军水师全军覆没，仅王世泰、杨文富只身逃脱。

官军水师营被全歼，岳州守敌不战自溃，纷纷逃命，岳州又回到大西军手里。消息传到武昌，以为张献忠要进攻武昌。武昌顿时大乱，有钱人都逃走了，连巡抚、巡按这一级的大员都“浮舟东下”，武昌城内一片风声鹤唳。

进入江西的马进忠、常国安、黑云祥等，攻陷分宜、袁州、万载、萍乡。大西军主力退入湘境。十二月五日官军攻破醴陵，致使大西军前后受敌。根据形势，张献忠决定全师北移，除留少数兵力防守长沙、湘潭、湘阴一线外，亲自率大部队经岳阳北上，十二月十五日由荆河口渡过长江，通好于老回回。左兵马士秀部仍紧追不舍，把张献忠给惹躁了，命令义子艾奇能回师反击。

艾奇能根本不把马士秀放在眼里，早就憋了一肚子气，心想，你不就是一个投降派，想干什么？军锋所指锐不过挡。他四下三十六湾，连克新堤、嘉鱼，马士秀想阻挡其攻势，被打得大败。马士秀一路后撤，退到蒲圻，又一次被艾奇能大败。这位背叛农民革命、跟随左良玉狐假虎威的叛徒，终于尝到了大西军的厉害，再也不敢尾随大西军了，急急如漏网之鱼，逃回武昌。

老回回马守应作为大顺军将领，为李自成镇守澧州。革里眼、左金王和曹操被李自成杀害后，马守应十分恐惧，害怕祸及自身。李自成几次以议事为名调马守应返襄阳，马守应抵死不从，但内心惶恐惊怖，不知如何是好，久之遂染病。张献忠到达后，马守应大喜过望，精神为之一振。他动情地对张献忠说：“当年一块起事的十三家旧部，死的死，降的降，现在只剩你我。李闯甚是不能容人，我决定脱离李闯与你合兵。如果我一病不起，我的部卒就并入大西军。”张献忠极力宽慰。后马守应果然一病不起，张献忠遂并其军。

二十四日，张献忠大西军进驻荆州。原来驻守这里的大顺将领任光荣、孟长庚知道不敌，主动让出荆州，率部退屯襄阳。二十六日，大西军留湘部队尽弃长沙、湘潭、湘阴，全师进入鄂西的华容、公安、石首、监利一带，与荆州连成一片。大西军在荆州一带屯兵数月，一直到崇祯十七年二月。

张献忠率大西军攻占湖南全境、江西大部，把农民革命的烈火烧到江南腹地，所到之处沉重打击官僚地主阶级，受到人民群众的热烈欢迎，意义重大，影响深远。尽管前后只有半年时间，张献忠的军事实力快速发展，拥兵五十余万，达到极盛阶段。以致史学家对此予以极高的评价。

然而，张献忠没有乘胜继续向东和向南发展，夺取整个江南和华南，结果好像只是热热闹闹转了一圈，又回到江北。这让许多同情张献忠的人叹息不已！

现在的张献忠站在历史的十字路口。这大概就是在荆州一待数月的原因所在，张献忠似乎犹豫不决。

自古以来，据有荆襄，西上可取四川，东下可取南京。有人献策张献忠攻取南京，东下吴越，建功立业，但这个策略未被采纳。

张献忠顾虑什么？难道真的像有些史书说的那样是害怕左良玉？真的像彭孙贻所说是“穿窬之雄耳”，“非能攻城略地，摧强陷坚”吗？

按说不会。在中原会战时，左良玉遭到李自成致命打击，“朱仙镇之战，左精锐已尽”，左良玉只身逃脱。后来他“招诱降寇”补充兵员。“贼帅惠登相、常国安、马进忠、马士秀、杜应金、吴学礼皆附之，士马滋益众”，“盖良玉自受降诸贼来，兵势虽张，威权渐损。养子梦庚，跳梁滋甚。良玉久已为土木偶人，而又无忠义之气以激发众心”。

左良玉部号称三十万，“前五营为亲军，后五营为降军”。据史学家估算，这些数字明显夸大了。顾炎武估计，左良玉的军队最多超不过四万人。不但数量有限，其军事素质也大不如前。“向之猛气实力，澌灭殆尽”，“兵非昔日之兵，将非昔日之将”，已经失去战斗力，根本打不了硬仗。最明显的战例就是李自成进攻襄阳，左良玉大掠沿江“漕艘盐船”，一溃千里。张献忠由黄麻进攻武昌，近在九江的左良玉没有丝毫援救的举动。所以，史书说“素负长城之左良玉，当贼辄引避去”。加之左良玉以烧杀淫掠臭名昭著，不得人心，所到之处不仅遭到农民的反抗，就连官绅仕宦也极度仇视他。这样一支金玉其外、败絮其内的腐败军队，丝毫没有可怕之处。

张献忠此时率领的大西军有五十万之众，实力强大，而且所到之处受到贫苦百姓的热烈拥护，和左良玉的不得人心的情况形成巨大反差。张献忠如果像李自成那样下决心与左良玉作战，左良玉绝对不是对手。看看岳州城外张献忠指挥的消灭左良玉水师、恢复岳州的战斗，以及艾奇能两败马士秀，即是实例。何况，此时的左良玉已是老病不堪，甚至于卧床不起，加之军纪败坏，不得人心，书史甚至怀疑左良玉还能不能指挥得了这支主要由农民军叛徒组成的杂牌队伍。就是这样一支表面强大，内里空虚的队伍岂能是张献忠的对手！

然而，当我们总结张献忠得楚失楚，得湘陷湘，得赣丧赣的教训时，左良玉这个因素又挥之不去。是左良玉步步紧逼，张献忠攻占的地方一个一个又被夺回去了。当然，张献忠四处分兵，没有集中优势兵力对付强敌，有战术上的失误，那么，张献忠为什么不能像李自成那样，集中全部主力，专找影响自己统一天下的强敌作战呢？为什么不敢将左良玉这个死对头一鼓荡平呢？为什么老是绕开左良玉走呢？显然，张献忠过高估计了左良玉的实力。

当代史学家把张献忠没有攻取南京归咎于害怕李自成，如果说占据江南半壁害怕李自成统一自己，那么占据四川就不怕李自成？要知道四川离陕西更近，李自成真要进攻四川，张献忠又有几分胜算？

让我们大胆设想一下，假若张献忠东下吴越，攻取南京，有没有胜算呢？

回答是肯定的！

崇祯十六年，是农民革命在全国大发展的一年。长江以北战场，李自成摧强陷坚，攻无不克，明朝的重臣宿将，多被歼灭，给明朝以毁灭性打击。张献忠深入长江以南，摧枯拉朽，如入无人之境，深刻动摇明王朝的统治根基。当时，北京受李自成东渡威胁，惊恐万状，根本无力南顾。南京因直接受到张献忠的压迫，谣传四起，一片混乱。史书载："今荆襄陷矣……我无将无兵无舟船无车马无器仗无斥侯（侦探），奸人勾引盗贼窃发，上何以卫陵寝，下何以固陪京，东南腹腴之地，将蹂践为豫楚齐鲁，而神京何所以恃以无恐，此可为胆寒股栗，蹙然不终日也。天下未有贼据荆襄一日不扑灭，而东南可一日解严者也。……襄阳失而东南随之，天下安有失荆襄而可以固守江南者乎？"因为荆襄被农民军占领，南京无将、无兵、无舟船、无车马、无器仗、无侦探，所以当局者胆寒股栗，惶惶不可终日！

再者，南京方面"地方无赖之徒，又皆趁机倡乱，放火劫掠，聚众以望流贼而至。然此不独池州、太平两府而已也，臣郡京口，江洋大寇舣舟数百余只于黄天荡、青山港等处，待贼至而发难也。江南江北诸郡之凶罡奸棍结党立盟，预瞰某豪宦家子女，某豪宦家资财，待贼至而发难矣。太湖水贼，沿海巨寇高樯大橹，蠢蠢欲动，欲趁机而为贼之所为久矣"。

我们从封建文人的笔下得知，南京方面的"水贼""奸棍""江洋大盗""地方无赖之徒"早就做好准备，眼巴巴地盼着张献忠顺流东下，配合张献忠夺取南京。张献忠之所以能在湖广、湘赣取得巨大胜利，一个十分重要的原因在于地方反明势力的配合，所谓"流贼"与"土寇"的结合。也就是说，如果张献忠毅然夺取南京，南京方面的劳动人民翘首以待，必然全力配合，具有深厚的阶级基础。当时，明朝中央政府面对李自成的猛烈打击，指挥失灵，无暇南顾。南京方面除了左良玉外，战略要地几乎全不设防，只要打垮左良玉，夺取南京若探囊取物。遗憾的是，在如此大好的形势下，张献忠却放弃顺流东下攻取南京，错失历史机遇，让许多研究这段历史的学者很不理解！

在历史的重要转折关头，如何取舍决策，不仅关乎自己的前途和命运，也决定国家和民族的前途和民运。李自成采纳了顾君恩的正确建议，先消灭明朝军队于河南，再进军关中，然后东渡黄河经山西夺取北京，一路高歌猛进。而张献忠放弃攻取南京，选择进军四川，不能不说是在战略上犯下重大错误。

这是因为：其一，当时李自成已削平陕西乃至西北全境，对四川眈眈以视。张献忠入川还要入秦，必然与李自成形成直接对抗的局面。其二，江南特别是江浙一带是明朝廷的财赋之地，放弃攻取南京而选择入川，是舍大求小、舍近求远。张献忠如果能进军南京，其历史作用将是无法估量的，中国的历史也许要重写。

首先，张献忠进攻南京，必然要消灭左良玉这支反动军队，这就从根本上解除了明朝军队对农民革命的威胁。其次，张献忠据有南京，会对江浙一带的地主阶级进行一次大扫荡，彻底动摇地主阶级的统治，促使江南经济社会发生深刻变革。再次，当李自成被清军击败，无处可走时，必然会入川据险扼守。雄踞江南的张献忠必然以民族大义为重，接纳李自成组成统一战线，全力抗清。李自成兵败后，还有几十万军队，和张献忠联合绝对是一支强大的力量，抗击清军绰绰有余。

我们不得不又一次为张献忠的错误决策扼腕叹息！

二十四　大顺王李自成渡河东征，大明王朝轰然坍塌

崇祯十七年(1644)正月初一，崇祯皇帝朱由检上朝视事，百官谒见的钟声早已响过，金殿上只立一大金吾，群臣踪影全无。金吾将军奏道："群臣没听见钟鼓声，以为圣驾没有上朝，来得益发迟了。可令再鸣钟，开东西门，远近都能听到，都会跑快。"朱由检让鸣钟不要停，东西门不闭，然而等了很久，仍无至者。

朱由检是个非常严厉的皇帝，往日谁敢迟到早退！可现在两次鸣钟，"又久无至者"。

朱由检无奈，想先谒太庙，后上朝。呼叫銮驾，马匹又不齐备。只得又传旨，先受朝，后谒庙。

正月初一，北京遭遇罕见的沙尘暴，"大风霾，震屋扬沙，咫尺不见"。朱由检忧心如焚，沐浴焚香，拜天默祷曰："方今天下大乱，欲求真仙下降，直言朕之江山得失，不必隐秘。"

仙即降乩曰："帝问天下事，官贪吏要钱。八方七处乱，十灶九无烟。黎民苦中苦，乾坤颠倒颠。干戈从此起，休想太平年！"

看到真仙如此评价，朱由检"默然不悦"。好在此人抗打击能力颇强，一副"死猪不怕开水烫"的样子。

与北京形成鲜明对照的是西安，一派欢天喜地。同一天，李自成在西安建国。如果说在襄阳建立政权时，没有国号，也未改元，这次都有了。国号大顺，改元永昌。李自成也不再称大元帅，改称大顺王。改西安为长安，称西京；以秦王府为大顺王宫。接着，封功臣，定官制，建军制，开科取士，颁布经济政策。

忙完这一切，李自成决定东渡黄河，彻底推翻大明王朝。在这之前，李自成派先头部队渡过黄河，占领山西荣县等沿河县份，为大军东渡做好准备，并传撤山西

各州县，“刻时度势，献城纳印”。李自成东征，兵分两路。一路由李自成、刘宗敏率领，攻取平阳、太原、宁武、大同、阳和、宣化、居庸关，进抵京师；另一路由刘芳亮率领，渡黄河进入山西，沿黄河北岸进军，攻取怀庆（今沁阳）、潞安（今长治）、卫辉、彰德（今汲县、安阳），进入河北后，攻取邯郸、邢台、保定，与李自成会师北京。这是一个南北包围、环形夹击的大战略，目的是一举攻取北京，让明朝最高统治者无路可逃。

正月初八，李自成统率大顺军主力从西安出发，包括丞相牛金星、军师宋献策、李岩等一大批官员随行。渡过黄河后，于二十三日到达平阳府（今临汾）。平阳府的地理位置实在太重要了，如果平阳不守，等于山西全境失去屏藩。山西巡抚蔡懋德专程从太原赶到平阳设防，但苦于军无粮饷，一筹莫展。他劝说平阳封藩西河王和交城王带头缙绅士民捐饷，被断然拒绝。河防计划尚未落实，晋王却严词让其回太原防守。蔡懋德一走，平阳知府张璘然彻底绝望了。面对五十万大顺军，无兵无饷焉能对抗！张璘然选择最明智的办法：开门投降。山西百姓到处传颂，李自成的军队“不杀不淫，所过不征税，于是引领西望”，犹如大旱之盼云霓，热烈欢迎大顺军到来。人民群众的拥护，给大顺军胜利进军提供了广泛的社会基础。

二月六日，李自成包围太原。蔡懋德此时已经不是巡抚了。巡按御史汪宗友以平阳失守为由参劾他，朱由检不问青红皂白，下令他革职听勘，任命郭景昌为山西巡抚。而郭景昌走到半路不敢走了，明知去了送死，不是太傻了！要说蔡懋德还真是个尽责的人，既然继任者未到，只得硬着头皮值守。太原无重兵，无非是死前的挣扎。蔡懋德督朱孔训、牛勇率兵五千出战，二将战死，一军皆殁，城中为之夺气。晋王朱求桂拿出三千两银子送到城头，奖励杀贼有功之人，不想山西提学黎志升就连这点买命钱也不放过，从中克扣贪污，以致士气更低。八日凌晨，标营裨将张雄开新南门投降，李自成占领太原。城陷时，蔡懋德拔刀自刎，被中军盛应时夺下。后策马进入一书院，上吊自杀，蔡懋德是个瘦子，脖子挂在绳子上，想不到身轻气不绝。盛应时见其决意要死，就解下甲胄披在蔡懋德的身上，增加重量，助其速死——好人做到底。晋王逃出城，被大顺军活捉，随即投降李自成。

李自成在太原休整八天，像占领西安一样拘捕明朝宗室官绅追赃助饷。其间以大顺王的名义，发表了著名的永昌元年诏书：

“咨尔明朝，久席泰宁，寖弛纲纪。君非甚暗，孤立而炀蔽恒多；臣尽行私，比党而公忠绝少。甚至贿通宫府，朝端威福日移；利擅宗绅，闾左之脂膏罄竭。公侯皆食肉纨绔，而恃为腹心；宦官悉龁糠犬豚，而借其耳目。狱囚累累，士无报礼之心；征敛重重，民有偕亡之恨。”“朕起布衣，目击憔悴之形，身切痌瘝之痛。念兹普天率土，咸罹困穷；讵忍易水燕山，未苏汤火。躬于恒冀，绥靖黔黎。犹虑尔君尔臣，未达帝心，未喻朕意。是以质言正告：尔能体天念祖，度德审几，朕将加惠前人，不吝异数。如杞如宋，享祀永延，用彰尔之孝；有室有家，民人胥庆，用彰尔之仁……”

永昌元年诏书，是一篇劝降书，也是一篇檄文。诏书针对朱由检，全面揭露大明王朝的腐朽没落，尽管有“君非甚暗”之语，但“孤立”而被蒙蔽；朝廷大臣朋比为党，擅权行私，公忠极少；贿赂通行，内外勾结，形成庞大的贪腐集团，致使中央的威望日渐湮灭。天下的财富都被朱氏宗室、大官僚、大地主攫取，而“闾左”百姓“脂膏罄竭”，穷困不堪。皇上恃为腹心的公侯大吏都是“食肉纨绔”，而猪狗不如的宦官竟被倚为“耳目”。监狱里人满为患，多为正直无辜之人，以致士大夫“无报礼之心”；税赋饷禄重重征敛，民穷财尽，活不下去的百姓都想推翻现政权，甚至不惜与明朝同归于尽。有鉴于此，出身“布衣”的李自成大声宣告：自己对民间痛苦感同身受，对人民的疾苦有切肤之痛，始终放在心上，现在是解救人民于水深火热之中的时候了。李自成质言正告朱由检：“体天念祖，度德审几”，看清天下大势，尽快投降。只有投降，你才能活命，才能祭祀祖先，彰显孝心；也只有这样，才能顺应时势和民心，显示仁义。

永昌元年诏书的政治影响是巨大的。山西、河北、河南、山东，许多州县大顺军并未到达，而李自成派出的接管政权的官吏只三四个人就将明政府的官吏赶走，堂而皇之地赴任视事。当然啦，这篇诏书朱由检是看不到的，因为朝中大臣仍然在继续蒙蔽朱由检，他们也不敢拿这样的痛砭时弊、言辞尖刻的檄文刺激这位死要面子的末代皇帝。他深感撼不动李自成却又不甘心失败，不愿自动退出历史舞台。

大顺军渡河东征的消息传到北京，朱由检吓哭了。他对内阁辅臣说：“朕非亡国之君，事事皆亡国之象。祖宗栉风沐雨之天下，一朝失之，何面目见于地下。朕愿督师，亲决一战，身死沙场无所恨，但死不瞑目耳！”

一看皇上痛哭流涕，内阁辅臣也痛哭流涕；皇上声言要督师亲征，内阁辅臣个个义形于色，争先恐后地要代替皇上出征。明末，皇上与朝廷大臣之间维系着一种极端虚伪的关系，虚与委蛇，从不赤诚相待。朱由检往往把自己主观独断所犯下的错误，推给廷臣或者地方督抚承担。出于自保，廷臣都要多个心眼，免得遭受不白之冤。

内阁首辅陈演首先报名，朱由检不答应，直至辅臣李建泰报名，朱由检才答应了。李建泰说："臣家曲沃，愿出私财饷军，不烦官帑，请提师以西。"朱由检知道李建泰是个大财主，家资累万，心里正指望其"破家以纾国难"。李建泰并不傻，知道李自成进入山西，曲沃小县必然不保，与其以家财资"贼"，还不如给朱由检作个人情，也可以在历史上博取个美名。美名的确博得，几乎所有的史学家都对其"破家以纾国难"大书特书，只不过李建泰后来的行动却让后世人跌破眼镜。

正月二十六日，朱由检在正阳门大排宴席，为李建泰把盏饯行。朱由检亲自斟酒连赐三杯，连金杯也给了李建泰。这个待遇就比当年的杨嗣昌出师高了许多。昔年杨嗣昌陛辞出京时，朱由检不过吩咐别人替自己把盏。朱由检还当场拿出事先写好的敕书，郑重地交给李建泰。内容有："今卿代朕亲征，鼓朕忠勇，表扬节义，奖励廉能，选拔雄杰。其骄怯逗玩之将，贪酷倡逃之吏，妖言惑众之人，缺误军粮之辈，情真罪当，即以尚方从事。行间一切调度赏罚，俱不中制。"敕书给了李建泰莫大的权力。当年杨嗣昌出师也有尚方剑，但处分督抚总兵一级官员须报皇上批准方可行事，而李建泰没有这个限制，"行间一切调度赏罚，俱不中制"，就是说李建泰认为有必要，可以撤换任何人，也可以杀任何人。

不过重财轻德的朱由检这次又选错了人。李建泰不仅沽名钓誉，还贪生怕死，在朝廷混个大锅饭可以，两军对阵、独当一面实在差得太远。李建泰一出北京，马上感到政治风向的急剧变化。士绅百姓苦于明朝的征输之急，十分痛恨以朱由检为首的明朝统治，大顺军没有来，许多县城的官吏已被士民逐走，等待李自成委派的官员到来；即使是明朝任命的官吏也闭门自守，不认你是大明还是大顺。最时髦的是大河南北都在传唱一首著名的歌谣，就是李岩创作的："吃他娘，穿他娘，吃穿不尽迎闯王，不当差，不纳粮。""朝求升，暮求合，近来贫汉难存活，早早开门拜闯王，管教大小都欢悦。"这首歌谣的宣传鼓动作用是显而易见的，不仅是穷苦百姓，就连一些开明士绅也延颈以待，翘起脚跟盼望李自成早点到来，以解救人民倒悬之苦。明朝廷的合法性在大多数人的眼里荡然无存，人心思乱，人心思变，希望大顺朝能给他们以幸福和安宁。

李建泰的行军路线是出京后经保定向南，然后西向太原。李建泰出京，路上听说李自成在山西兵势强大，烽火甚急，终于从懵懂中清醒过来，又听说曲沃已破，自家被焚掠，为之夺气。没有家私佐军，那还能打仗吗？可大话已经说出去了，只得偶偶而行，一天走不了十里路。兵无饷，将士们饿甚。到了定兴县，县令竟然拒绝这位声威显赫的督师进城。李建泰一怒之下下令攻城。大明朝的宰辅率领禁军攻打大明的县城，这在中国历史上也是不可多见的怪异现象。打了三天，定兴县被攻破，战士们才吃了一顿饱饭。当然啦，李建泰也不忘收拾这里无视他存在的官吏。

李建泰进至邯郸，这时听到大顺军刘芳亮部沿黄河北岸东进的消息。按理说，终于等到敌人来了，李建泰应该调兵遣将，还击敌人，不辜负皇上尊重自己的推毂之礼。不，李建泰一听刘芳亮来了，怯懦怕死的本质暴露无遗，立即下令回师北走，跑得越快越好。途中，号称禁卫军的京营不断逃散。经过广宗县时，李建泰要求入城。广宗知县李弘基瞧不起其熊包样，严词拒绝。李建泰原形毕露，又一次驱麾下攻城。城破，当地乡绅王佐当面严词质问李建泰："阁部受命南征逆闯，赐尚方剑、斗牛服，推毂目送，圣眷至渥。今贼从西南来，正宜迎敌一战，灭此朝食，上报国恩。奈何望风披靡，避贼北遁，陷城焚劫耶？"李建泰恼羞成怒，将王佐斩首，顺便将广宗县城"官帑民舍抢劫一空"，继续北窜，一路跑到保定，此时一万余人的李建泰军，已经逃得只剩几百人，骗开保定城入内。当大顺军进攻保定时，李建泰不顾保定文官武将的反对，夜间派人缒城而出，私下与刘芳亮约定投降。

太原被李自成攻陷后，形势急转直下。"太原以西已成鱼烂，以北势如破竹"，京师"内备外援，一无足恃，"危如累卵。也只有在这种情况下，朱由检才不得不正视现实，召见早就提出"南迁图存"的左中允李明睿。李明睿请屏退左右，趋近御案，对皇上说："贼氛颇恶，今近逼畿甸，诚危急存亡之秋，可不长虑却顾！唯有南迁，可缓目前之急，徐图征剿之功。"朱由检四顾无人，说："朕有此志久矣，无人赞勷，故迟至今。汝意与朕合，朕志决矣，诸臣不从奈何？尔且密之！"李明睿说："臣谋不敢泄，但求圣断。若兀坐北京，坚守危城，无益也。"

"南迁"能不能"图存"，谁都不知道，"可缓目前之急"，谁都明白这个道理。事关"危急存亡"，此事不能拖，也拖不起，所以李明睿"但求圣断"，一言九鼎，立刻执行。然而朱由检担心朝廷大臣反对，竟然让李明睿"密之"，结果坐失良机，后来想走都走不了。

朱由检不是优柔寡断之辈，想做什么事，想杀谁，包括首辅在内的一二品大员，从来都是"圣躬独断"，但是朱由检又是一个死要面子活受罪的人。"南迁"说白了就是南逃，苟延残喘，而朱由检却要做得面子光鲜，人人称道。二月三日，代表皇帝出征的李建泰派人飞章入奏"贼势大，不可敌矣。愿奉皇太子南去"。李建泰是为自己南逃找借口，然毕竟将南迁一事由私下议论公之于众。此时，李明睿也上疏，把"南迁"美其名曰"亲征"，也是为了照顾朱由检的面子。奏疏发给大臣们议论，这一议就议出了麻烦。

李建泰让皇太子“南去”，李明睿主张皇上“亲征”。李明睿认为，皇太子年少，“禀命则不威，专命则不敬，不如上亲行为便”。这也正是朱由检的意思，自己留在北京，终是死路一条。明白这个道理的几乎是全体大臣，既然留下死路一条，还有谁愿意留下呢？大臣们顾虑有二：一是害怕留下来辅佐太子，当替死鬼；二是害怕京城失守，皇上将来秋后算账。于是唯唯诺诺，不置可否。也有大臣义正词严，认为皇上在危急时刻不能走，“皇上自然守社稷”。此时，兵科给事中光时亨跳了出来，不但不同意皇帝亲征，连太子南行也反对。他大声说：“奉太子往南，诸臣意欲何为？将欲为唐肃宗灵武故事乎？”接着又上一疏，将李明睿之说视为邪说，“不斩明睿，不足以安人心”。

光时亨所说“灵武故事”，指“安史之乱”时，唐玄宗逃往四川，让太子李亨去灵武集天下兵马勤王。后李亨称帝，是为唐肃宗，从此唐玄宗大权旁落，尊为太上皇。

光时亨这一搅和，南迁之议遂寝。李自成打进北京，光时亨跪降李自成，并不像先前表现的那样大义凛然，以致有人怀疑其反对南迁，是要把皇上和太子一并献给李自成。

二月十六日，李自成离开太原北上，来到忻州，当地官吏开门迎降。进至代州，五台知县投降。驻守代州的明总兵周遇吉兵少食尽，退屯宁武关，企图顽抗。李自成入晋以来还没有遇到像样的抵抗，心里念周遇吉是条汉子，于是派当年在山西当过总兵，且在榆林投降的尤世禄去劝降。尤世禄当总兵时，周遇吉只是麾下一名偏将，不承想现在也熬到总兵官。尤世禄以为只要自己开口劝说，周遇吉会买自己的面子，何况今日何时，你周遇吉无兵无饷，焉能对抗大顺军！

尤世禄立马横刀站在城下，召周遇吉对话劝降，并警告说五日之内不降将屠城。不想周遇吉悄悄张弓搭箭，对准昔日的上司飕地一箭，差点就要了尤世禄老命。尤世禄心胸狭窄，是个睚眦必报的人，退休后住在代州，为当地士绅所不容，被赶回原籍榆林，现在又差点挨了一箭，自是怒不可遏。李自成见劝降无效，下令攻城。大顺军将宁武关围住，百道俱攻。周遇吉大炮还击，给大顺军造成不小的伤亡。后来火药用完了，守城的军民都很害怕，也劝周遇吉投降。周遇吉已经抱必死的决心，说：“怕什么？跟我力战，大家都是忠义之士；万一支持不住，把我绑起来献给李自成，不过把我剁成肉酱罢了，你们不会有事的。”他下令在城门洞堆积柴草,企图在城破时放火,既阻大顺军入城,又阻城内军民外逃。

攻城从二月二十一日开始,到二十二日城破,周遇吉又指挥巷战,身中数箭被俘。李自成亲自劝降,周遇吉不听,被处死。宁武之战,是大顺军进入山西后,遇到的唯一一次顽强的抵抗,以致李自成曾叹息道:“如果所有的关隘守将都像周遇吉一样,我怎么能这么快就到这里呢?”

大概是在一片不战而降的倒戈声中,周遇吉负隅顽抗是个特例,博得了士大夫阶层一片赞扬声。有些史书作者比如彭孙贻、计六奇不惜歪曲史实,为周遇吉大唱赞歌。说什么宁武之战持续半月之久,周遇吉“每战必胜”,“杀贼万余”,“贼死无算”,还说“贼溃乱,相蹂践,将引还”。试想,周遇吉那点兵力,即使负隅顽抗,怎能让李自成伤筋动骨,“将引还”,岂不是一厢情愿的想象!

尽管李自成恫吓“五日不下屠城”,实际前后两天就攻破。李自成没杀什么人,立即引军东去。但是之后进城的尤世禄痛恨当地人逐其回原籍,为报一箭之仇,杀宁远城数千人。虽然尤世禄是明朝原总兵官,但其挟嫌报复,终给大顺军造成严重的历史污点。

李自成率部继续北进,三月一日到大同。大同对于明王朝来说实在太重要了,朝廷命太监谢文举星夜驰赴大同监军,七日又派一个叫马思理的太监奔赴大同,督兵援剿。然而派个把太监有什么用,太监又不是军队。太监还没到,大同已举城投降。巡抚卫景瑗命令居民上城值守,无人听命。大同总兵姜瓖自知力薄难支,与知府董复开门投降。卫景瑗做了俘虏。卫景瑗是陕西韩城人,见李自成不下跪,坐在地上高呼皇上而哭。李自成说“忠臣也,勿杀”。很诚恳地对卫景瑗说:“我米脂一民耳,今日至此,天命可知。尔真好官,尔降仍用尔抚大同。”过了三天,见其不肯投降,李自成并不生气,还说:“尔真忠臣,我且驿乘送尔还家。”既然你不愿做官,我通过驿站送你回老家韩城。卫景瑗但求速死。李自成说:“我必不杀尔。”后卫景瑗在海会寺上吊自杀。李自成得报后,佩服其气节,仍给了五十两银子,派人把卫景瑗的灵柩送回韩城。

大同的开门投顺,强烈地震动了宣大地区(宣府、大同府),宣大总督王继谟的衙门在阳和(山西阳高县),大顺军还未到,当地军民不是谋求抗拒,而是准备迎接。王继谟贴出告示,严厉警告迎降者军法从事,然丝毫不起作用。其属下各标将领“俱密写禀迎贼”,众叛亲离。王继谟知道这支部队已不能作战,便借口押送万两饷银回京,企图弃关先逃。不想刚走到天镇卫,众兵呐喊震天,将万两饷银和好马尽数抢夺,带着投降大顺军去了。昔日声威显赫的宣大总督只能感叹不已:

“看此时候，无一兵一将一民不反向贼。”大顺军到达阳和，阳和兵备道于重华“郊迎十里，士民牛酒塞道”，隆重迎接李自成的到来。

三月六日大顺军到达宣府（今河北宣化）。在这之前，宣府总兵王通和监军太监杜勋已派人到大同向李自成递降书，并接应大顺军先头部队千人入城。于是满城都传大顺军所过秋毫无犯，“发帑赈贫，赦粮苏困”，仁义之师，“真若沛上亭长，太原公子复出矣”。城中兵民都急切期盼大顺军早日到来。宣府巡抚朱之冯并不知王通已降，还和其分城而守。大顺军到达当天，朱之冯登城指挥防守，发现士卒星散，无法禁止，而自己周围却始终有七八个人，用意不测。不一会儿，朱之冯亲见大顺军已经从南门入城，满城结彩欢腾，百姓胸前粘“顺民”二字，焚香跪接，大顺军骑兵已是充斥街巷。朱之冯不甘心就此失败，他命令身边的人把城上防守用的红衣大炮掉转炮口向城里人群开炮，还说：“你们试着发一炮，可杀几百人。”没人听他的，他就自己试图掉转炮口，却发现大炮药线孔上被铁钉钉住，才知事不可为，急得仰天大哭。后上吊自杀，尸体被人扔进城濠里。

大同和宣府，是九边重镇之一，是屏卫北京的重要关隘，李自成不烦一矢，就将其收入囊中。至此，北京像拆除了围墙的一所老屋，毫无遮掩地暴露在大顺军的面前。

三月十五日，大顺军进抵居庸关。明定西伯、总兵唐通，监军太监杜之秩开关出降，居庸关号称京师“北门锁钥”，这把钥匙轻而易举地落到李自成手里。北京已成熟透的果子，风一吹就会落下来。

李自成逼近京师，大明王朝的“王气”黯然失色。朱由检与廷臣惶惶如丧家之犬，急急似漏网之鱼，陷入束手无策的境地。城中人人自危，有的大臣化装逃跑。大臣们路上相见，默然不语，竟像不认识一样；即使开口说话，也是“怎么办？”“大概无妨”等套语。朱由检每天朝会，日日召对，故作镇定，可是“对罢，未尝不痛哭回宫”。由于总督、巡抚、总兵纷纷投降李自成，朱由检对文武大臣失去信任。他将至关重要的北京城防全部交给身边的太监和勋戚，让文武大臣靠边站。有一次临朝，朱由检俯首在御案上写“文武官员个个可杀”，密示站在身后的司礼太监王之心，随即又擦掉。

朱由检绝望的心情由此可见！

十六日，朱由检继续召对，讨论的问题是与京城防守风马牛不相及的所谓考选诸臣问题。在厄运临头之际，做这样的官样文章，无非为掩饰自己内心的空虚与恐惧。但空虚是掩饰不住的。据参加召对的廷臣观察，朱由检当日“或凭几而听之，或左右顾而哂之，或斟茶，或磨墨，皆亲自为之。如忽忽无绪然，非平时庄莅景象也”。就连笑声也不似往日，“颇失恒度”。召对未及一半，内官忽然递进一密封文件，朱由检一看，面部表情骤变，当即站起走入后宫。参加朝会的廷臣站在朝堂等候多时，也不知发生了什么事，等到太监宣布退朝，出来后才知昌平府失守。

当天晚上，大顺军先头部队抵达北京城下，直接进犯平则门。夜间，火光烛天，人声鼎沸。北京内城外城共有城堞十五万四千多个，按说应该每堞有一名士兵守卫，但城中只有羸弱兵丁五六万，不孚此数，就强制居民上城。不愿上城的人家就花钱雇一些闲杂人员替代，其中多为大顺军早期潜入北京搞情报的间谍。几万人上城值守，竟然不开伙，而是在街上买饭为餐。上城的居民没饭吃，还要家里人送饭，家人提着饭罐走到城下却找不到人，于是大呼小叫，不像守城，倒像逃难。即使上城的兵丁，因为长期欠饷，军心涣散，为鼓励士气，每人仅给铜钱百枚，军心民意无不解体。京师每天要派出几拨侦骑探察敌情，大顺军的间谍将这一情况报告主帅，官军的侦骑都被掠入大顺军营，“厚贿结之，拨马多降贼，无一骑还者”。正因为这个原因，京师变成了聋子、瞎子。有一股几百骑突然奔驰至齐化门，又迤逦来到平则门。当驻城外的京营问对方是什么人，回答说“我们是从阳和来京勤王的部队”，实则是大顺军的侦骑。京城因情况不明，经常一惊一乍，看见远处飞尘滚滚，一会儿说：“贼来了”，一会儿又说：“是我们的人。”生活在极度惊恐中的京师士民，人心汹汹，谣言满天飞，说皇上在太监拥护下已经南逃等等。

十七日早朝，朱由检召群臣商议对策，群臣束手无策。朱由检哭了，群臣也相对垂泪，到了中午，突然有五六十名骑兵弯弓贯矢，疾驰至西直门，高呼开门。这时，城内才知大顺军到了，急忙开炮。须臾，尘土蔽日，万蹄滚动，大顺军大队驰至，立即进攻平则、彰义等门。驻守城外的京城三大营顷刻被击溃，将士大部投降。原来用于防御的火车大炮，都落入大顺军之手，转眼间成了大顺军攻城的利器。大顺军掉转炮口，猛轰城垣，炮声如万雷轰烈，天地震慑，火光冲天。

此时，朱由检已退朝，忧心如焚的大臣却不回家，聚在殿门口议论纷纷。突然，奉命指挥京营守城的襄城伯李国桢单骑驰至，汗湿沾衣，风尘仆仆。他要求见皇上，太监嫌他衣冠不整，呵斥他。李国桢说：“现在是什么时候？君臣能见个面，这种机会不多了！”朱由检一见李国桢，迎上前问战守事宜。李国桢趴在地上哭着说：“守城京营将士不用命，都躺在地上。拿鞭子赶一人起来，原来被赶起来的那些人又躺下了。怎么办，皇上？”朱由检一听急了，哭着说：“诸臣误朕至此！”于是在场文武大臣及太监数十人哭成一片，声彻殿陛。

朱由检当下更觉得文官武将不堪信任，命令宦官全部上城值守。宦官大惑不解，大声问："那么多文官武将干什么吃的？"又说："宦官只会宫内操持，我们甲胄军械全无，能干什么？"不管有什么疑虑困难，几千名宦官包括未成年宦官，一鞭子都赶到城上去了。京城防守大权都落到了宦官手里。自古以来，太监成事不足，败事有余。朱由检是斗垮大太监魏忠贤才坐稳皇位的，危急关头，又把城守大权交给太监，难道是因果轮回？正是他信任的太监，将京城拱手送给李自成。

为了减少伤亡，李自成决定派出使者入城谈判，争取朱由检放弃无谓的抵抗，开城投降。李自成派出的谈判代表就是个太监，在宣府监军而投降李自成的杜勋。杜勋来到城下喊道："城上人不要射箭，我是杜勋。"这一喊城上人大为诧异，因为风传杜勋在宣府已经殉职，皇上为其开了追悼会，还立了个碑。为此杜勋不得不多费一番口舌，并说明来意。当时，提督京城九门防御的是太监曹化淳、王德化之流，太监之间毕竟容易沟通，便将杜勋从城下吊上，入见朱由检。杜勋盛言李自成军势强大，指出朝廷既无外援，内备又不足，根本不是李自成的对手。他转达李自成要求皇上"逊位"的意见，希望皇上为自己、也为百姓着想，早做决断。大学士魏藻德也在，朱由检征询魏藻德意见："此议何如？今事已急，可一言决之。"魏藻德却低头俯身，保持沉默。

对于朱由检来说，这无疑是他有生以来最难决断的事。至高无上的皇帝迫于"流贼"的压力"逊位"，比死都难受，可一旦拒绝，等于立即宣判自己的死刑。求生的本能告诉他不能断然拒绝。巨大的恐惧攫住朱由检的心，让他坐立不安。他不是坐在御案前从容决断，而是站在龙椅背后，再三再四询问魏藻德，而魏藻德始终连屁也不放一个。魏藻德深知大势已去，说什么也没用。此时他不想给皇上出任何主意，任何主意都难让皇上满意，却要背负历史的骂名。朱由检不得已命杜勋回去复命："朕计定另有旨。"

这场谈判一直持续到大顺军攻克北京的前夜——三月十八日夜。朝廷内部知道这事的只有朱由检和几个太监，连兵部尚书张缙彦都不知道。史书载，十八日夜，张缙彦巡视城头，走到正阳门附近，见城头上摆了一桌酒席，上坐者不认识，旁边陪坐的都是太监。太监见是张尚书，站起身来迎候。张缙彦问上坐者何人？太监回答："城下都督爷（大顺军将领）。"张缙彦大吃一惊，问："此人何以得上？"太监拿出一张草纸，上写"再与他谈"四个红笔写的字。张缙彦认得是皇上的御笔，只能默然不语。

十八日是明朝廷最难熬的一天。开始黄沙蔽天，忽而凄风苦雨，接着冰雹雷电交加。恶劣的天气加剧了城内惶恐不安的气氛，人心涣散。大顺军加紧攻城，炮声急迫，沿城一带房舍全都倒塌，流矢像下雨一样落到城内。攻城部队对守城明军喊话："快开门，不然进城屠城！"守城部队害怕了，大炮不装铁砂，空炮向外，听着很吓人，就是没有杀伤力。李自成在彰义门外安放一把椅子，大模大样地坐在上面观看攻城，左、右两边席地而坐的是在山西俘获的晋王、代王。

面对着忽啦啦大厦将倾、昏惨惨油灯将尽的悲惨局面，朱由检在召对时对阁臣说："不若大家在奉先殿完事！"阁臣们想的是如何博取李自成的欢心，延续自己的富贵，没有人愿意当朱由检的陪葬品。只有在这个时候，朱由检才想到不能全家一块完蛋，他召驸马都尉巩永固，让其带领家丁保护太子朱慈烺南逃。巩永固却说："巨等安敢私蓄家丁？即有之，何足挡贼？"这是实话，也是一个软钉子，这个议题只好作罢。

在大顺军的强力进攻下，北京城守难以支撑。正是崇祯皇帝十分信任的大太监曹化淳大开彰义门迎降，放大顺军进城，至此，北京外城被攻克。朱由检获知，急召内阁辅臣说："你们知道不知道外城被攻破？"回答："不知道。"不知这伙大臣怎么想的，还想忽悠！朱由检问："事情很紧急，有什么对策？"都说："托陛下之福，自然没什么可忧虑的。如其不然，我等去巷战，誓死不负皇上所托！"假话永远比真话听着顺耳。还想如何，朱由检心理得到满足，命辅臣退去。

当天晚上，大顺军攻打内城的炮声彻夜不息，朱由检也夜不能寐，"仰天长号，绕殿环走，拊胸顿足，叹息通宵，大呼'内外诸臣误我，误我'！"初更，一宦官奔入告知：内城沦陷。朱由检大声喊叫："大营兵安在，李国桢安在？"宦官答："大营兵逃散，皇上赶快跑吧！"朱由检急忙叫来大太监王承恩出去查看，望见烽火连天。磨蹭了半天，回到乾清宫，用红笔书圣旨谕内阁："命成国公朱纯臣提督内外诸军事，夹辅东宫。"东宫指太子，这道圣旨送到内阁，内阁空无一人。这道命令成了一纸空文，最后落到大顺军手里。

大明王朝的最后时刻到了。朱由检召来周皇后、袁贵妃同坐，吩咐摆酒，痛饮数杯，凄惨诀别。朱由检对皇后说："大势去矣！"

皇帝才说一句话，旁边的宫女就呜呜咽咽痛哭不已。周皇后给崇祯皇帝跪下叩头，也抹着眼泪说："妾事陛下十有八年，率不听一语，至有今日！"怅怨之情溢于言表，随即返回坤宁宫。不一会儿，宫女报说皇后上吊自杀。朱由检急忙入宫看时，皇后已经断气。朱由检连声叫好。

朱由检见袁贵妃也跟了进来，在一旁哭泣，便问道："你为什么还不死？"

袁贵妃遂对皇上拜了几拜，解下腰带，就在朱由检眼前上吊自经。身子一吊上去，那腰带经不住贵妃身重就断了，贵妃掉在地上方才叫了一声“哎哟！”朱由检拔剑连砍三剑，因为手脚发软，未能杀死。朱由检又把自己宠幸过的妃嫔多人杀死。逼张太后速死。此时的朱由检想到了十五岁的女儿乐安公主，把她叫来。公主长得亭亭玉立，有着沉鱼落雁、羞花闭月之容，见到父皇，号哭不止。朱由检叹息道：“你为什么生在我家！”用袍袖遮住脸，挥剑砍去。公主本能地举臂遮挡，被砍断右臂，昏迷倒地。朱由检这时双手发抖，再也下不去手了……

朱由检又把三儿子叫来，分别是太子、永王、定王。给他们换上平民服装，拉着太子的手大哭，说：“尔等今日是太子、王，城破，即为小民也。各自逃生去吧，不必恋我。朕必死社稷。尔等切要谨慎小心，若逢做官的人，老者当呼老爷，幼者呼为相公；若遇平民，老者呼为老爹，呼幼者为老兄，或称为长兄。呼文人为先生，呼军士为长官。万一得全，报父母仇，无忘吾今日戒也。”史书载，太子、二王生于深宫，长于阿保之手，虽经乃父一番谆谆教诲，毕竟少不更事。大顺军进城后做了俘虏，同人谈起大顺军时，还是满口“贼”字，原大学士邱瑜听得心惊肉跳，不得不偷偷在手心写“今后勿言贼字”示之。

拂晓，太子混杂在宫中众人中来到嘉定侯周奎府敲门，周奎是周皇后的哥哥，应该是太子的舅舅，想以舅甥关系寻求庇护，不料门人以周奎高卧未起为由，拒绝传报，也不让进门。太子无奈，又回到宫中，躲入太监的屋内。

口口声声“国君死社稷”的朱由检，当黄泉路近时，又不想死了。他把王承恩叫来，痛饮一番。过了一会儿，改换服装，和王承恩互换了靴子，骑上高头大马，手持三眼枪，在几十名太监的簇拥下出东华门企图逃走，太监都手持大斧。来到齐化门，城上守门的内监看到全副武装的一彪人马，怀疑内部生变。立即掉转炮口，弹矢相向。朱由检跑不出去，想到负责齐化门防守的是成国公朱纯臣，朱由检又跑到朱纯臣府上。守门人的说辞是，朱纯臣赴宴未归，并不在家。鬼才相信这话！人心离散如此，朱由检又是叹气又是臭骂。朱由检还不死心，天就要亮了，无可奈何的朱由检只得回到宫里。

十九日拂晓，朱由检来到前殿，亲自鸣钟召集百官，结果没有一个人来到。无奈，牵着王承恩的手走入内苑，登上万岁山的寿皇亭，也就是煤山的红阁。在这里，朱由检徘徊了很久，忽然叹息一声说：“我待大臣们不薄，今天到了这个地步，那么多大臣为什么没有一个人跟随于我？”过了一会儿又自答道：“想来他们不知道我在这里，所以急切来不了！”

听这话的意思，朱由检临死还想拉几个垫背的，可惜大明王朝的忠臣孝子实在少得可怜。

此时的朱由检身心疲惫，彻底绝望了，于是在煤山的一棵树上吊死。他的右脚光赤，左脚有“绫袜、红方舄”。衣服前襟上有御笔血诏：“朕自登基十七年，致虏叩内地四次，逆贼直逼京师。虽朕薄德匪躬，上干天咎，然皆诸臣之误朕也。朕死无面目见祖宗于地下，去朕冠冕，以发覆面，任贼分裂朕尸，勿伤百姓一人。”太监王承恩很够意思，见皇上孤身赴冥，无人陪侍，就在另一棵树上吊死，总算没有完全辜负皇上对太监的厚爱。

崇祯十七年(1644)三月十九日，李自成领导的大顺农民军占领北京，标志大明王朝的轰然倒塌。上午，大顺军迈着整齐的步伐由外城通过正阳门、崇文门、宣武门进入北京内城，“军容甚肃”。北京士民热烈欢迎大顺军进城，都在大门口“执香立迎”，门上贴“顺民”二字，大书“永昌元年顺天王万岁，万万岁”。

正午时刻，李自成头戴毡笠，身着淡青色箭衣，骑乌骓马，在丞相牛金星、军师宋献策和宋企郊等五骑陪同下，在百余精骑保护下，由德胜门入内城，转大明门，进入紫禁城。此一刻，当年受尽富绅欺辱、谁都瞧不上眼的驿站马夫，被官军围困汉南深山达数年之久的陕北汉子，如今的大顺王李自成禁不住抚今追昔，感慨万千。他立马承天门(今天安门)下，静静地注视着这座象征至高无上权力的皇宫。突然他抽出弓箭，对准“奉天承运”四个大字一箭射去，正中“天”字下，正好为四字中心，随从齐声欢呼，欢呼以天命自居的大明王朝的垮台。

李自成进入内宫，太监王德化率三百名内员跪迎。太子朱慈烺被太监献出，也“跪迎于门左，遂仆地”。李自成命人扶起。接着又找着永王朱慈炯、定王朱慈焕。兄弟三人身着“民间破衣，帽上亦贴‘顺民’二字”。李自成给他们换了衣服，吩咐不要害怕，“今日即同我子，不失富贵”。李自成在宫内看到被朱由检亲手砍伤的袁贵妃和乐安公主，为朱由检的残忍暴行愤怒不已！他下令将二人扶回原来所在的宫室，延请医生给予调理治疗。朱由检亲手杀自己的老婆和女儿，原本担心遭到大顺军乃至李自成的侮辱，现在看来，真乃以小人之心度君子之腹。

李自成，这位起自民间的布衣领袖，更有人性和人情味！

二十五　李自成进京后天天吃扁食(饺子),把四十二年的江山吃成了四十二天

大顺军进城,战事基本结束。李自成拔箭去掉箭镞,向军前连发三箭,大声宣告命令:"军兵入城,有敢伤一人者斩之。"接着大顺兵政府(即兵部)在通衢要道遍贴安民告示:"大师(军)临城,秋毫无犯。敢有擅掠民财者,凌迟处死。"李自成的军纪一向严明,令行禁止,但是新投顺的原明士兵,就有以身试法者。有两名士兵看到前门店铺繁华,就进去抢掠铺中绸缎,被巡逻士兵捕获,当即被剐,手足被长钉钉于前门左栅栏上示众。这个消息像一股清新的风,立刻吹遍全城,民间闻之大喜,社会秩序随之稳定下来。

推翻一个旧的政权,旧的国家机器被颠覆必然引起混乱。迅速稳定局面,恢复京城士民的正常生活秩序,是大顺政权面临的新考验。对此,李自成等高层领导有着足够的清醒,采取许多措施铁腕治乱。大顺军在每个城门口增加守门兵力,盘查出入。随着明军停止抵抗,立刻就"不杀人了"。明工部官员赵士锦亲眼看见,大顺军巡城军士"俱白帽青衣,御甲负箭,衔枚贯走",遇见百姓,"有行走者,避于道旁,亦不相诘",更不加侵犯。"放马兵入城,街坊胡同无不至者,但不抄掠"。陈济生在书中记叙当时的北京:"商民仍旧张肆。兵淫掠者有禁,民抢攘者有禁,城军下城者有禁;犯者立死,断头截体,纵横街衢,虽触目悚恻,而人情稍帖。"

大顺军在恢复北京社会秩序时,首先严明自身纪律,有犯者格杀勿论。这一点,给北京士民印象深刻,甚至可以说,受到北京普通百姓的爱戴。明左谕德杨士聪有这样的记载:"都人嫁女于贼营者甚多,甚以为荣。"就是说,当时许多北京人将女儿嫁给大顺军将士,并为此感到荣耀。而在这之前,这支队伍一直被统治阶级称为"贼"。

恢复北京的社会秩序,包括恢复政治秩序。北京是明朝的政治中心,明朝崩

溃,遗留的朝廷官员有三千多人。这些官员要么是镇压农民起义的决策者,要么是帮凶,如何甄别使用这批昔日的对头,确实是考验大顺领导者的一大难题。在这个问题的处理上,李自成表现并不好。

三月十九日,大顺政权发布文告:"文武各官,于次日投职名,二十一日见朝。愿为官者量材擢用,不愿者听其回籍。如有隐匿者,歇家、邻佑一并正法。"到了二十一日,几千名文武官员齐集皇极殿前,因为人多拥挤,被守门军士推搡赶逐。这些人中,一部分热衷仕途者争先恐后地报名应选,一部分心怀观望者随大流,还有一部分并不愿意为大顺政权服务,可又不敢不来,其中有些人还把头发剃了。这些文武百官一大早就赶来,结果承天门不开,只好露天坐在路边等候。一直到下午四点多钟,李自成才出来,百官已是饿得前心贴后背。

开始点名,第一名就是朱由检破格提拔的内阁大学士魏藻德。魏藻德毕恭毕敬,"泥首膝行前"。此时的李自成陷于一种心理矛盾中,既想用这些人,又担心这些人的忠诚度。他质问眼前的魏藻德:"你受崇祯皇帝特别恩宠,为什么不以死尽忠?"

魏藻德闻言,若兜头浇了一盆冷水,强打精神说:"方求效用新朝,哪里敢死?"李自成、牛金星都笑了。魏藻德叩头求试,李自成挥手让其退下。

词臣卫胤文、杨昌祚、林增志、宋之绳等城破后把头发剃光。牛金星很生气,骂道:"既然已经剃成秃驴,还报什么名?"李自成对牛金星、刘宗敏、李过、顾君恩说:"各官在城破之日,能死的就是忠臣。身体发肤受之于父母,是不能毁坏的,剃发之人,既不忠又不孝,留他怎的!"这几位词臣后来在刘宗敏处追赃助饷时,被夹打最为厉害。

这次选拔官吏,共有九十二名,送到吏政府尚书宋企郊处分等授官。据载,这些人大部分是新考取的进士,而且每个人都被检查是否剃发。之后,又选用五十名。从几千名官员中只选用一百多人,显然太少,大顺政权初创,正在用人之际,却放不开手脚,这对团结旧政权知识分子,巩固建立新政权极为不利。因为全国明朝官吏都在看着北京,看李自成对旧政权官吏的态度。人都有生存的权利,鄙视、挖苦,让热脸贴个冷屁股,本身就不对,是一种权力傲慢的表现;该用的人不用,是将本可以为农民革命服务的一股强大力量推到自己的对立面,把自己人变成敌人,这是多么严重而可怕的错误。

李自成出身草莽,没多少文化,他重用的文官牛金星是举人,顾君恩是拔贡,连一天官也没做过。他们对农民革命有贡献,但他们的学识和视野由于受所处环境的局限,是不能跟朝廷中统筹全局的内阁大臣相比的。而李自成正缺乏能够统筹全局的有识之士。当代有的明史学者主张李自成等大顺领导者应该在注意防范的前提下,对这批人采取先包下来然后逐步清洗的办法,在为新政权服务的过程中甄别忠奸,可惜李自成没有这样做。在用人问题上史学家还将清朝与大顺进行比较,认为清朝廷比大顺要高明得多。清廷在入关以前就网罗了范文程、洪承畴这样一批"引路人"。在决定战略方针时非常注意征求这些人的意见;入关后,对明朝和大顺两个政权的官员全部收揽,还多次命令已经投降的汉族官员延揽人才,动员他们写信招降,把潜在的敌人变成自己人。而李自成规定,明朝三品以上的官员一律不用,就把当时顶尖的人才全部拒之门外。

选拔官员一直进行到夜晚。黄昏,大太监王德化同十几名内员从宫内出来,见兵部尚书张缙彦青衣小帽站在殿前候选,骂道:"你们这帮大臣把国家折腾到这种地步,现在不急着殡葬先帝,倒是热衷功名,急着先推戴新主!"

张缙彦说:"此事自有人做主,我能做什么?"

王德化一口痰唾到他脸上,其他太监一拥而上扇他耳光,拔他的胡子。

在场的魏藻德上前劝架,王德化又训斥魏藻德:"阁下有何面目来这里?"王德化又当面指责百官不先埋葬先帝,于是现场哭成一片。

对于王德化的搅局,李自成并未制止,大有看热闹的兴头。顾君恩当时在场,上奏李自成安葬崇祯一事。

李自成下旨:以帝礼殓葬,以王礼祭祀。百官又奏请以帝礼祭祀,李自成准许。

开始,大顺政权对朱由检的停殓非常简慢,用数千钱买柳木棺材装殓朱由检和周皇后,停柩东华门外示众。至此,改朱由检棺椁为皇帝用红漆棺材。周皇后为黑漆棺椁。殓于东华门的苇厂,四月三日,葬于昌平田贵妃墓中。

李自成率领大顺军能迅速攻占北京,同负责守城的太监开门投降不无关系。这伙平日作威作福的阉党,自以为找到了新的靠山,又可以像过去那样为所欲为了。在北京破城之前太监杜勋奉命代表大顺军与明帝谈判,曾私下对守城太监说:"吾辈富贵自在也,无可虑。"然而,让太监无论如何想不到的是,所谓"富贵"是白日做梦。四月一日,李自成下令"尽驱阉宦出城,不许复入"。"一钱不得随身,都人大快之"。北京街头出现难得一见的情景,"寺人贵贱老少,哀泣奔走,失履裂衣坠帽,首面血淋漓"。北京士民对李自成的这个决定热烈拥护,欢欣鼓舞,"群呼打老公"。

驱除太监，自然让人们想到明朝臭名昭著的特务机关东厂和锦衣卫。李自成对此毫不手软，一律废除。对于东厂和锦衣卫的头目一律严惩，绑出午门斩首。曾经横行几百年的厂、卫特务机构一朝覆灭。

对于明朝勋戚官吏，大顺政权总体上执行一项过左的政策，突出表现在三月二十七日开始的追赃助饷考讯。

大顺政权认为明朝官员的财产大部分是剥削、贪污得来的，谓之“赃”。所谓追赃助饷，就是以强制手段没收朱明宗室、勋戚世家、百官太监的财产充公，以解决大顺政权的财政问题。这项政策始于占领西安之后，在建立大顺政权的地方普遍开展，而北京尤烈。

追赃助饷主要由刘宗敏负责，史书上也提到李过、李牟、李岩等人参与。刘宗敏为此制作夹棍数百具，专门用于不肯就范者。对明朝官员所追银数，也有具体规定。内阁大臣十万；部院正堂、锦衣卫负责人则分七万、五万、三万三等；六科给事中，十三道御史，吏部文选司、兵部武选司则分五万、三万、二万；翰林院三万、二万、一万不等；员外郎以下，则多以千计。唯独朱氏宗室、勋戚世家无限数，直至人财两空而后已。对于上缴的财物，现银每十加二，即十两当作十二两，首饰十不当一，衣服绸缎分等定值，古玩一概不收。

刘宗敏等人充分利用各官员长随仆役了解情况，所以对官员的财产状况多所掌握。在被押的官员中，“有完银多而反被夹者；有完银少而反不夹者；有已完银而仍被夹者；有不完银而终不受夹者”。内阁首辅陈演自称廉相，被刘宗敏追银三万两，方岳贡入阁时间很短，官贫有清望，免夹，就这也纳银四百两。邱瑜被夹纳银五千两。李建泰回京也被夹，追银一万两，李自成出面特赦，才得到礼遇。六部尚书全部被夹。吏部尚书李遇知，自以为和李自成同乡同姓可免祸，结果把他夹足拶指者再三，输银四万六千两还不放，一头在台阶上碰死。也有的官员真的没钱，不能完成规定的银数，被押到前门向店铺借贷，借据上写：“某官同妻某氏，借救命银若干。”史书载，被夹者“肉碎骨裂，号哭动地，声彻数百户”，有些官员被活活夹死。而且这种追比拷问向普通胥吏、家人、军士、商人延伸，以致北京人心惶惶，人人自危。这种残酷的做法终于惊动了李自成，四月七日，李自成来到刘宗敏住处，见庭院夹三百人，哀号半绝。李自成下令刘宗敏停刑，不管是否交足所派饷额，一律释放。北京声势浩大的追赃行动才宣告结束。

北京这次追赃，所得财物甚多，金银、绸缎堆积如山，衣服高与屋齐，价值约一千万两白银。其中十分之三取自宗室勋戚，比如皇后娘家周奎府被追银六十万两;十分之三取自太监;十分之二取自百官;十分之二取自与官员有关的商铺。成绩最大的当属刘宗敏,其他各将所追不及其半,“李牟宽,所进不及半,以己所有凑偿,人皆称之”。

追赃助饷,是农民革命一贯采取的政策。他们每攻取一地,就将官府和富绅的财产抢掠一空。

长期以来,地主阶级利用手中的权力巧取豪夺,国家庞大的财政负担和军饷全部压在农民阶级身上,造成贫苦农民破产、游离失所,最后造反,奋起反抗。农民革命胜利时清算官僚地主阶级,有其一定的合理性,然而,就策略和时机而言,大顺政权及其领导者犯下了严重的历史性错误。

李自成等大顺领导者在占领北京后,被胜利冲昏了头脑,把胜利在望当成胜利在握,以为夺取天下可以传檄而定,严重低估了地主阶级不甘心失败的疯狂反扑。在错误的时间、错误的地点,因循老一套做法,把本可以充分利用的官僚集团推向对立面,人心尽失。官僚地主阶级是一个庞大的既得利益集团,在封建社会,要撼动这个集团根本不可能,农民革命既然不是先进生产力的代表,也根本不可能去推翻地主阶级的统治,只不过是改朝换代而已。再者,李自成进京后,有比追赃更重要的事要做。从万历到崇祯的几十年里,辽东前线一直在打仗,李自成本应派驻重兵于山海关,一防吴三桂的关宁军,二防清军,而他却将注意力全部放在北京,错失大好战略机遇。

受到打击的明朝官员,有的被夹死,有的释放后自杀,有的化装南逃,即使被大顺政权任用的官员也人心惶惶,不知所终。追赃助饷的恶劣影响远近传播,使一大批本来在观望的官员由犹疑不定转向坚决反抗。不能低估官绅的号召力,要知道封建社会赖以存在的基础就是官绅地主阶级。全国多地的形势骤然变化,暗流涌动,大顺政权面临严峻考验。

在此期间,正在忙于演习登基之礼的李自成突然接到吴三桂叛变并攻占山海关的急报,同时也收到吴三桂“为明帝报仇”的檄文。这时才感到事态严重。

早在这年正月,李自成东渡黄河后,明朝廷就商议过撤蓟辽精锐部队入山海关援救京师的问题。辽东总兵吴三桂、蓟辽总督王永吉、巡抚黎玉田奏请放弃宁远,撤关宁铁骑入关。山海关至北京七百里,旦夕可至。提议在朝廷大臣中引起轩然大波,内阁大臣先不同意,说“无故丢弃三百里国土,我们负不起这个责任”,议而未决。之后,大顺军日渐逼近京师,朱由检后悔当初未采纳吴三桂等人的意见。三月,封吴三桂为平西伯,让其放弃宁远入援。吴三桂接到命令,并不急着执行，带领宁远军士和汉族百姓十几万人，慢慢腾腾每天只行数十里。十六日进入山海关，二十日到丰润，此时听到京师失陷的消息，立即停止前行，退屯山海关观望待变。

也许，李自成对满清贵族缺乏认识，但对吴三桂这支辽东劲旅还是相当重视的。占领北京后，立即派遣在居庸关降顺的总兵唐通率领所部八千人前往山海关接管防务，并携银四万两，犒赏吴三桂的军队，劝说吴三桂投降，许以封侯。随后，又派降将白广恩率部进驻永平府（今卢龙县），以防不测。

吴三桂是个很有野心的人。他羡慕李自成一介农夫，居然能打进京师称尊。自己世代甲胄簪缨，却要屈身事闯，于心实有不甘。"乱世出英雄"，"浑水好摸鱼"，可眼下自己的关宁军不是几十万，也不是十万，而是区区四万。就这点兵力，还不知将士是否肯卖命？于是他把密使劝降的消息封锁起来，大集将士，大声宣告："都城失守，先帝宾天，三桂受国恩，宜以死报国，然非借将士力，不能以破敌，今将若之何？"

吴三桂慷慨激昂，企图以"以死报国"激励将士，为我所用，不料大失所望，"将士皆默然"。将士对所谓的"以死报国"噤若寒蝉，连一点反应都没有。吴三桂不甘心，连问三遍，将士都不回应。这让另有所图的吴三桂为之气短。

吴三桂见军心民意尽失，马上转移话题，说："闯王势大，唐通、姜瓖皆降，我孤军不能自应。今闯王使至，其斩之乎，抑迎之乎？"

吴三桂话音刚落，众将士齐声回答："今日死生唯将军命！"明显不过，只要是投降李自成，将士唯命是从。专断的吴三桂发扬了一次民主，竟然是这样一种结果！吴三桂只得暂时打消别的念头，接受李自成的招降，打发使者回报李自成，立即卷甲入朝。也就是说，吴三桂正式投降李自成，准备入朝陛见。

吴三桂带领部众向京师进发，入朝拜见李自成，接受新的任命。三月二十四日到永平府，"大张告示：本镇率所部朝见新主，所过秋毫无犯，尔民不必惊恐"。二十六日进至玉田县却发生了一件意想不到的事。

吴三桂的父亲吴襄官至都指挥使，镇守宁远。正月，朝廷为控制吴三桂，以加强京城守备为由，将吴襄调进北京，提督御营。

明季，无论文臣武将都非常腐败，吴襄一大把年纪了也不自爱，不但妻妾成群，又将丫鬟收为爱姬。得了滋味的爱姬岂是吴襄能满足得了的，就和吴襄身边的老苍头勾搭成奸。害怕奸情败露，趁北京混乱之际，偷了吴襄不少东西连骑私奔，打算找个地方过自己的小日子，不想在玉田县被吴三桂劈面撞见。本想逃离吴家,却落入吴三桂之手,老苍头与爱姬吓得不轻。老苍头随机应变,撒了一个弥天大谎,对吴三桂说:“老将军被大顺军抓走了,吴家被抄了,家里其他人全被看押起来。只我和她逃脱,专门向将军报信。请将军赶紧想办法!”

这真是个弥天大谎。从时间上看,三月二十六日,刘宗敏的追赃助饷还没有开始,吴襄不可能被抓。再者,李自成既然知道吴三桂带甲四万还京,争取其为大顺政权效力,就不可能把吴襄与其他官员等同对待。否则,不仅是粗疏,简直就是缺乏政治头脑。

历史上有关吴三桂降而复叛的原因还有一种说法。皇亲田弘遇前一年游南京,将江南名妓陈圆圆带回北京。田弘遇死后,吴三桂以白银一千两将陈圆圆买回做妾,非常宠爱。大顺军进京后,刘宗敏将吴襄抓去,索要陈圆圆。吴襄为此被拷打,消息传来,吴三桂“冲冠一怒为红颜”。

重大的历史变革往往事发偶然。面对家人的诉说,吴三桂终于找到激励将士反叛的借口,加之其对李自成充满妒忌,于是立刻回师山海关,不再向北京进发。

二十九日,唐通带着吴襄给吴三桂的亲笔信再次招降。信大概内容是:你有今天的荣耀,并非战功累积得到的。不过是强敌在前,皇上给予的异于寻常的恩宠罢了。就像汉高祖刘邦一见韩信、彭越就委以重任一样。可是你空有其名,怯懦观望,致使大顺军长驱直入。而你既无攻战取胜的谋略,又无控制局面的能力,以致事机不在,天命难回。圣上已去,你父命在须臾!识时务者,应该知道该怎么做。往昔徐庶弃汉归魏,不为不忠;伍子胥背叛楚国投降吴国,不能说不孝。如果让我为你谋划,早点投降,不失封侯之位,还能保全孝子的名声。万一不识时势,全无节制,众寡不敌,难免一朝被歼,连累你父无辜被杀。

这封信是牛金星撰写,吴襄的手抄。内容多所指斥嘲讽,哪里还像是家书!

唐通见吴三桂,极力释疑,说:“新主对老总兵十分优待有礼,专等将军进京共图大业。你以后就是开国元勋。”

吴三桂阅信后,完全被这封信激怒了,骂道:“逆贼如此无礼!我忠不成忠,孝不成孝,何颜立天地间?”装模作样要自杀,被帐下众将劝止。此时的吴三桂执意要反,对于父亲吴襄及全家几十口子的安危已全然不顾。但是他也深知,以自己区区几万人要对抗李自成,只能是天方夜谭。他把目光投向满清。早在崇祯十五年,他的上司洪承畴和娘舅祖大寿已投降满清并在朝廷做官,他决定卖身投靠满清,换取清军出兵,以满足自己无限膨大的政治野心。通过昔日的上司和娘舅的关系,吴三桂很容易就和清朝接上了头,得到出兵相助的许可。与此同时,清摄政王多尔衮为坚定吴三桂降清的决心,趁机许以封王。原话是这么说的:“今伯(指平西伯)若率众来归,必封以故土,晋为藩王。一则国仇得报,一则身家可保,世世子孙,长享富贵,如河山之永也。”

有了清朝封王和出兵的许诺,吴三桂觉得腰杆子硬了,立即决定降清,并决心和李自成大干一场。所以这样干,绝不是“为明帝报仇”,而是想在满清朝廷面前充分表现一番,以获取更大政治筹码,借以提高自己的军事和政治地位。

吴三桂是个十分奸诈阴险的小人,当他置民族大义于不顾,卖身投靠满清的时候,还煞有介事地打出“为明帝报仇”的旗号,继续欺骗明朝的遗老遗少,欺骗善良的人们,而明朝的遗老遗少们竟然对吴三桂残杀汉民族的行为高唱赞歌,特别是后来在南京建立的南明弘光政权。这个惨痛的历史教训,值得中华民族永远记取。

四月四日,吴三桂向驻守山海关的唐通军发起进攻。由于变起仓促,唐通猝不及防,很快被打垮,并投降吴三桂,吴三桂遂占领山海关。这时候,吴三桂出尽风头,“为明帝报仇”喊得震天响,并且向李自成索要太子,做出一副拥太子登极的架势,到处发放讨伐大顺军的檄文,这也是史书上一再所说的“东报日急”。

当然啦,吴三桂也没有忘记自己的父亲。吴襄亲笔信中对自己多所指斥,他要写封信臭骂一通吴襄,与这位生身父亲断绝关系。信中对自己没有及时赴京勤王辩护:“儿为力图恢复,以为李贼猖獗,不久即当扑灭,恐往复道路,两失时机,故而暂稽时日。不意我国无人,望风而靡。”接着笔锋一转,对准自己的父亲:“吾父督理御营,势非小弱,巍巍万雉,何致一二日内便已失堕?使儿卷甲赴关,事已后期,可悲,可恨!”将京城失守的责任轻轻地推给吴襄。接下来破口大骂:“侧闻圣主晏驾,臣民僇辱,不胜眦裂。犹意吾父素负忠义,大势虽去,犹当夺椎一击,誓不俱生;不则刎颈阙下,以殉国难。使儿缟素号恸,寝戈复仇,不济则以死继之,岂非忠孝媲美乎!何乃隐忍偷生,训以非义,既无孝宽御寇之才,复愧平原骂贼之勇。……父嚄唶宿将,娇娇王臣,反愧巾帼女子!”骂够了,提出断绝父子关系。“父既不能为忠臣,儿亦安能为孝子乎?儿与父诀,请自今日。父不早图,贼虽致父鼎俎之旁以诱三桂,不顾也。”

在中国历史上,像吴三桂这样赤裸裸地出卖父亲和家庭,致父亲于死地的人绝无仅有。有些人以“父既不能为忠臣,儿亦安能为孝子”为吴三桂辩护,其实,哪里是这个原因?吴三桂认贼作父,因为其有了新的君父,这个君父就是大清。为了实现其无限膨大的政治野心,他将故国明朝和父亲弃若敝屣。

四月九日,李自成接到吴三桂给吴襄的回信,勃然大怒。这时才将吴襄全家三十余口拘押起来。

大顺政权内部一些有识之士也看到了危机的逼近。牛金星、顾君恩以民情将变劝告刘宗敏,刘宗敏听不进去。他说:“这时候只怕军情有变,不怕民情变。军队是我攻城野战的资本,不能满足他们,军队则不为我用。至于士民,我已经牢牢控制,如果他们敢动,只要紧闭城门,不用几时就可尽剿,连战鼓都不用。何况军队增加军费也增加,如果不强行索取,怎么能满足军队需要?”

起自民间的大顺高级将领在进城之后思想上的这种变化,是十分可怕的。但作为丞相的牛金星竟然无法制止,后果更加严重。

被封为大顺制将军、大都督的李岩对时局有清醒的认识,他直接上疏李自成:一、请李自成退出皇宫,等工政府修葺洒扫之后,由礼政府择吉迎入。二、对明朝文臣除投降者外,宜分三等:贪官发给刑政府严格追究,财产全部没收;抗命不投降者追赃后,仍要定罪;清廉官员免刑,助饷多少听其自愿。三、各营兵马仍令退屯城外,不宜借住民房,否则恐怕失掉民望。四、吴三桂叛变复仇,边报甚急,国家不可一日无君,应尽快择吉登极。主上不必兴师,继续招抚吴三桂,许以父子封侯;以大国封明朝太子,奉明祭祀,世世朝贡。

对于李岩的奏疏,李自成“见而怒,不听”。其实,李岩的建议切中要害,很有可取之处。只是时局变化太快,招抚吴三桂已成不可能。李自成召集权将军刘宗敏、李过研究征讨吴三桂事宜,“仓皇未定”。四月十一日,李自成下令将明朝内库和追赃所得金银约三千万两,熔化铸成五百两重的大饼,中间留孔,发骡马车辆数千,将金银运回陕西。

十二日,李自成再次召集刘宗敏、李过等大臣商议东征。李自成希望有大将站出来挂帅出征,然而大概是在进城后诸将贪图享乐,“刘宗敏等逡巡未应”。李自成不得不放弃原定于四月十七日的登基典礼,决策亲征。李自成令牛金星、李岩率一万余老弱守北京,自己统率刘宗敏、李过等精锐部队讨伐吴三桂。

十三日,大顺军出东长安门。随同李自成出征的还有明太子、定王、永王,“黑衣骑而行”,大顺军十四日过通州,十五日至密云。

吴三桂闻李自成出师亲征,惊恐不已。十五日急忙派副将杨坤和游击郭云龙向清摄政王多尔衮报告山海关情势危急,请求清军出师相救。多尔衮与李自成没有交过手,但对大顺军不是没有顾忌。他对英王阿济格、豫王多铎说道:“我曾经三次包围他们的都城北京，不能很快攻克。李自成却一举破之，其智勇必有过人之处。今统率大军亲自来此，志向看来不小，是不是想乘战胜吴三桂后挥师东进，有窥辽之意？不如分兵固守四境，以观动静。”史书载，多尔衮如此一讲，“三帅咸有惧色，遂屯兵不进，驻营于欢喜岭，高张旗帜，休息士卒”，只是派遣使者进入山海关吴三桂营中观看双方作战。

大顺军前锋四万骑兵到达山海关，立即投入战斗，与吴三桂连战十三次，胜负相当。李自成大军到达后，吴三桂只留少数军队和从宁远带来的百姓防守关城，把主力拉到关内一片石摆开阵势。二十一日，李自成带领大顺军主力决战一片石，还派出部队进攻山海关的东罗城、西罗城和北翼城，对吴军实行包围。吴三桂兵力不足的矛盾很快暴露出来，士兵战斗一整天连一顿饭都捞不着吃，只好让关宁百姓穿上号衣假扮军士，虚张旗帜，换回士兵吃饭。大顺军不给敌人喘息之机，猛烈进攻，昼夜不息，吴军已疲惫不堪，据守北翼城的吴三桂军向大顺军投降，吴三桂全军面临崩溃之势。情急之下，吴三桂派使者向多尔衮求救，驻军关外只有二里之遥的清军就是按兵不动。史书载：“三桂使者相望于道，凡往返八次，而全军始至。”

吴三桂接报清军已到关门外，带兵突围出关，驰入清军营中拜见多尔衮，俯首称臣，并且马上将前额头发剃掉，扎起一条猪尾巴一样的小辫子，表示自己已和汉族老祖宗划清界限，一心为大清夺取中原效犬马之劳。尽管如此，多尔衮还是不相信。吴三桂就“以白马祭天，乌牛祭地，歃血斩衣，折箭为誓！”尽情表露自己的汉奸嘴脸。

终于说动多尔衮。此时的吴三桂已经成为清政府的走狗。多尔衮命令吴三桂为前锋，率所部正面与大顺军决战；命令英王阿济格为左翼，率二万骑兵从西水关杀入；命令豫王多铎为右翼，统二万骑兵从东水关杀入；自己统十万精骑为后队，居中推进。多尔衮要等到吴三桂行将崩溃，李自成也精疲力竭时才动手，保证一战能够击溃大顺军，因为他明白：成败在此一举。

驰入关门的吴三桂底气足了，有了清军的援助，顿时神气起来。他下令军民全部剃发，像满人一样扎一个小辫子，不从者杀！但是迫于战事紧急，所部士兵的头一时也剃不完，不剃头就与汉人无法区别，恐为清兵所杀。到了半夜，密令军士撕一条三指宽的白布，缠在手臂上，作为记号。然而一时哪里去筹措那么多白布，无奈，只得把裹脚布解下，撕一块缠在胳膊上。吴三桂又派人通知清军，见到身缠三指白布者不要杀，这是吴三桂的部队。

清摄政王多尔衮也是个狡黠多谋之人，尽管答应吴三桂出兵，却不肯先和大顺军交战，他还要看一看：一看吴三桂所谓的投降是否是真的，二看李自成的战斗力到底有多强。二十二日，李自成指挥大顺军连营疾进，喊杀声震天，战鼓声震百里，关宁铁骑也不含糊，东驰西突，奋力抵抗。大顺军在高处设一指挥中心，挥旗指挥部队冲锋。吴军走到哪里，旗就指到那是，始终三面包围。战阵被冲开又被合围，如此数十交，吴军毕竟兵少，逐渐不支，眼看就要被全歼。

李自成挟持明太子站在一处高岗上观战，眼看胜利在望，不禁喜上眉梢。突然，只见一支白旗军从吴军身后驰出，万马奔腾，如风发潮涌，所到之处，无不披靡，其势锐不可当。李自成是个轻易不认输的人，指挥后军往上冲，死磕白旗军，但吴军与白旗军联手，大顺军根本无法抵挡。这时候，附近寺院里的和尚跪在李自成马前报告说："那些打白旗的，不是关宁兵，必定是清兵。大王赶紧下令撤退吧！"李自成心里一惊，说道："吴三桂果然引清兵进关了！"

对于吴三桂可能勾结满清，李自成不是没想到，只是出于民族大义，不愿相信吴三桂会如此下作。眼下，当白旗军砍瓜切菜般屠杀大顺将士时，一丝悲凉涌上心头，自己太善良、太幼稚了，把吴三桂设想得太好了。然而，他还是不能理解，大顺军从未与清兵交过手，井水不犯河水，清军为什么要攻打自己呢？清军参战，让他猝不及防。他打马走下山冈，向全军发出撤退的命令。

这时天昏地暗，日月无光，突然而至的一场风暴，吹得沙尘弥漫，几步以外看不清人影。连日作战、疲惫已极的大顺军突然遭遇清军骑兵的袭击，仍然奋勇抵抗。尽管接到撤退的命令，但被清军缠斗，一时半会儿也难脱身。这一仗，大顺军损失惨重，勇冠三军的主将刘宗敏中箭受伤，被抬出战场，十五名重要将领被杀，尸横八十里，辎重武器丢失无数。

二十三日，李自成退屯永平，收集亡散。吴三桂派使者与李自成议和，条件是交出太子，"速离京城，吾将奉太子即位"。李自成先交出永王，吴三桂不答应，最后不得不派使者把太子交给吴三桂，请求停战。太子到手，吴三桂答应停战。李自成这才得以退回北京。

奇怪的是，吴三桂向李自成索要太子时，对同样扣押在李自成手里的吴襄却只字未提。李自成离开永平府，在范家庄将吴襄斩首，用一根长竹竿悬首示众。同样具有讽刺意味的是，就在吴襄被处死的同时，吴三桂被满清政府封为平西王。四月二十六日，李自成回到北京，又将吴三桂全家三十四口全部杀掉。

山海关战役是大顺和清军之间十分关键的一仗，这一仗实际上决定了是起自民间的大顺朝还是大清朝建立对全国的统治。由于吴三桂的叛变投敌,导致大顺军失败。事发看似偶然,其实偶然之中包含必然。李自成、刘宗敏、牛金星等大顺领导者攻占北京后,在一片凯歌声中,头脑膨胀,滋长了骄傲轻敌的情绪;贪图享乐不愿再过艰苦生活的情绪;停顿下来不求进取的情绪。不能团结利用明朝的有识之士,自己却对清朝贵族缺乏清醒的认识,及至两军交锋,无论心理准备,还是军事实力,都相差甚远,结果一触即溃,大败而逃。

大顺军到底有多少主力开赴山海关,史书说法不一。有的说是四十万,多数史书说是六万。根据大顺政权每占领一个地方都派驻部队留守,山海关参战部队不会有四十万。以六万之众,战胜吴三桂的关宁军倒还相当,要与有精骑十四万的清军对垒,显然就不行了。

吴三桂投降后,如果李自成能够谨慎行事,不仅派唐通,还能够派大顺重要将领率领重兵驻守山海关,那么吴三桂发动叛乱的可能性就大为减少,即使叛乱,也不可能轻易夺取关门,进而内外勾结,实现其卖国求荣的野心。在这里,我们不得不为李自成犯下的重大错误而再一次扼腕叹息!

李自成退回北京,京城内谣言四起,人心惶惶,旧明官僚地主集团暗中散发传单,要"共辅太子,继明江山"。有些明降官乘机南逃,就连大顺军内部也人心不定,急于逃离北京。有鉴于此,李自成决定放弃北京不守,回陕西。他说:"北兵(清兵)势大,城中人心未定,我兵岂可久屯在此?即十北京,不敌一秦中险固,为今之策,不若退处关西,以图坚守。"四月二十九日,李自成草草登极,追封李氏七代为帝后。丞相牛金星代行郊天礼,六政府各颁一赦书,称大顺永昌元年。做完这一切,大顺政权收拾行李辎重,准备撤出北京。

此时,牛金星对李自成说:"大内金银搜括已尽,但皇居壮丽,焉肯弃掷他人?不如付之一炬,以作咸阳故事,即后世议我辈者,亦不失为楚霸王之英豪!"李自成大概知道,自己是永远再回不了北京了,居然同意了这个馊主意。三十日临行前,在紫禁城放了一把火,同时在京城九门也放火。这真是绝妙的讽刺,永昌皇帝自己放火焚烧自己的皇宫和都城,目的只是博取像楚霸王一样的历史骂名。

从此以后,大顺军在和清军的抗争中,节节败退,没有打过一次胜仗,不仅失守山西诸重关险镇,最后连西安也失守了……

李自成要为大顺政权的失败负上历史的责任。李自成进京之后,如果能够谦虚、谨慎、不骄、不躁,如果能够继续保持艰苦奋斗的作风,他手下的将领就不会“分据百官第”,看谁家的门楼高大、宅院宏丽就入谁家;他的士兵也就不会借住民宅,造成对士民的骚扰。即使追赃助饷也会限定在一定的政策范围内,不至于逼得鸡飞狗跳墙,造成恶劣影响。果真如此,吴三桂之流就难于找到叛变的口实,大顺政权完全能进一步稳住局势,以对社会生产最小的破坏为代价实现全国统一。这样,一个新兴的、领袖人物饱经苦难、起自民间的大顺政权必然会改革明朝腐朽的生产关系和上层建筑,以适应社会生产力的发展,从而推动经济社会、思想文化、洋务外交的发展,使得中华民族继续屹立于世界民族之林的最前列。

李自成由一个穷小子成为百万雄师的最高统帅,纵横大半个中国,击败一个又一个学历比他高、经验比他丰富的明文臣武将,最终推翻明朝廷。在他的故乡陕北,人们为此感到自豪和骄傲。但是李自成进京后,到手的江山得而复失,家乡人深深为之惋惜。陕北民间有这样一个传说:穷小子李自成认为天下最好吃的食物是扁食(饺子),每年大概也就是在过年的时候能吃上一顿。进了北京后,李自成天天吃扁食,结果把应该坐四十二年的江山,吃成了四十二天。

一个发人深省的传说!

借清兵的力量打败大顺军后,吴三桂气焰嚣张,不可一世。得知李自成离京,吴三桂传檄北京:“凡我臣民为先帝服丧,整备迎候东宫(太子)。”已经是清朝平西王的吴三桂以太子的名义狠狠地欺骗了一次人心思定的北京人。五月初三日,北京故明诸大臣迎候于朝阳门外,传呼太子到了,许多官员跪地迎候。等众官抬头看时,从马上下来的是穿一身胡服、留一条长辫子、满脸毛茸茸大胡子的清国摄政王多尔衮,哪里有太子的踪影?众官惊愕不已,急忙退去。作为前导的吴三桂部卒带领清兵上城据守,城头插满白旗。清军曾三次围攻北京未曾得手,此次在吴三桂的引导下,清军兵不血刃,轻而易举就占领北京,看看内奸有多么巨大的危害!

至于太子,到了吴三桂手里后,从此就失踪了。对此史书有诸多猜测,其实不用猜,清王朝绝对不会容忍一个明太子的存在。即使是子虚乌有的“朱三太子”也把清朝折腾了至少几十年。据史书载,朱由检三个儿子,只有定王朱慈焕被大顺军带到河南,后来逃往安徽、浙江等地长期隐姓埋名。到康熙四十七年已经高龄七十五岁了,在山东汶上县当塾师,被清政府抓获。他一辈子颠沛流离,没有从事反清活动。康熙帝亲自审阅了全部案卷,确知是崇祯皇帝的儿子后,却硬给加上一个“伪”字,以“伪朱三太子”之名,将他全家处死,斩草除根。明朝灭亡时,定王只有九岁,六十六年后,清朝仍不放过他,岂能放过当年的太子?

吴三桂是中国历史上的一个怪胎,他先叛明,又叛顺,最后叛清,逮谁叛谁,成为中国历史上反复无常、反叛次数最多的异类。

二十六 “暂取巴蜀为根,然后兴师平定天下”

大气磅礴的李自成攻占北京各地,指望“传檄而定天下”。当然啦,当时盘桓于川、鄂交界的张献忠也接到了李自成的檄文,结果招来一顿臭骂。

张献忠说:“李自成不过是米脂县妓女的儿子,从小就是市井无赖,为乡间所不齿。曾经率领十万人过延安,进犯榆林,一败于丁启睿,再败于贺疯子(贺人龙),见了洪承畴就丧胆,听到左良玉、祖宽的名字连魂都吓没了。战败后仅剩十八骑,向北逃入沙漠。后来回到义军大营,‘曹操’绑他要正军法,如果不是我出面解救,李自成早就做了刀下之鬼了!我给他饭吃,给他衣穿,给他战马甲胄,调养了一个多月,然后满载而去。如今一旦得势,竟敢妄自尊大,传檄侮辱我!我跟他已成两雄并立之势。何况,我如今带甲百万,战将千员,何愁不能飞渡长江,在金陵做皇帝。然后北伐,像汉高祖刘邦活捉秦子婴于咸阳、周武王杀殷纣王于牧野一样,此事易如反掌!”

张献忠其人实在太逗,说李自成是妓女的儿子,闻所未闻。史书上倒是有李自成曾经娶妓女为妻的记载,但是那个李自成家资累千,不是个穷小子。对此,史学家多不采信。至于说害怕洪承畴,义军初期不害怕洪承畴的几乎没有,李自成恐怕是最不害怕洪承畴的一个,所以他敢于长期在陕西活动。给他饭吃,给他衣穿,给他战马甲胄,然后满载而去,好像说的是谷城双雄会。张献忠的话,很有点春秋笔法的味道,表现出不甘人下的气愤,至于是否是事实,当不得真!

从这段话看,张献忠有攻取南京之意。这时候,其军师汪兆龄跳出来了。张献忠身边的文化人远不及李自成,如果说牛金星、顾君恩等人算不上大才,那么为张献忠出谋划策的汪兆龄之流只能是劣才,因为其所出的谋略多为馊主意,贻害无穷。汪兆龄说:“江南未可图也,若欲改号正位,养威蓄锐,莫如秦蜀。然欲取秦,必先得蜀以为根本;根本既固,然后北伐,四征天下,不足定也。”

汪兆龄什么狗屁主意，从谁手里取秦？此时秦地在李自成手里，这不是张献忠与李自成干仗吗？

对于汪兆龄的建议，张献忠一时犹豫不能决定。汪兆龄又来了，说："大王既然心存疑虑不能决定，那就算一卦吧！"张献忠让汪兆龄先以下江南之事占卜，结果显示：不吉。然后又以上四川之事卜卦，结果为大吉。汪兆龄赶紧煽忽："人心固合天意也。大王就不要犹豫了。"于是，张献忠遂决定溯流而上，水陆并进，攻占四川全境。

如此重大的战略决策不是取决于军事会议，不是取决于缜密的反复思考，而取决于占卜，看来张献忠与李自成的差距不是一点点！

其实，张献忠有没有下江南的打算，从他的进军路线可以看得一清二楚。若想进军江南，用不着跑到川鄂边界，舍近求远，甚至用不着沿江顺流而下，只要集中兵力，从湘赣一路东进就完全可以攻占南京。

早在崇祯十七年正月，大西军一部已攻克夔州，进入云阳。四川明军的守备力量相对薄弱，大西军"越下牢，渡三峡，古称天险，如蹈无人之境"，于二月间占领川东重镇——万县。这样，从荆州至万县，长江沿岸均为大西军控制，打通了入川的道路。三月，张献忠率大西军从荆州出发，因为是溯流而上，水陆并进，行军速度并不快。江水湍急，两岸高峰兀立，行进队伍和家属人数庞大，队伍拉得很长。"贼徒健斗者十余万，负载者倍之，置横阵四十里，左步右骑，翼舟而上"。因为长江涨水，给大西军行进造成困难，前锋部队到达万县屯留达三月之久，直到五月大西军才全部到达万县。

这时候，李自成已被清军打败，逃离北京，北京被清军占领。五月，清顺治皇帝在北京即位。如此重大的历史事变，张献忠不可能不知道。如果说李自成对清军缺乏足够的认识，那么，张献忠又何来足够的清醒呢？从史籍中找不到张献忠对这一重大历史事变的任何因应对策。

五月下旬，大西军仍水陆两路向重庆进发，准备夺取重庆。川东兵备道刘麟长调参将曾英在万县境内的湖滩扎营，阻住水道。原四川巡抚陈士奇又调参将赵荣贵守梁山白兔亭，自己赶赴重庆督战。

湖滩地势险要，曾英善战。大西军前锋马元利率军连攻三日，冒死冲突，督斩后退者。曾英中箭负伤，才退到望州关，五月二十六日，湖滩被攻克。接着大西军溯流而上，连克忠县、梁山。六月八日大西军进至涪州，知州冯良谟逃跑，在望州关，曾英被大西军骑兵砍伤面颊，翻身落马，一头栽在山坡下昏死过去，直到大西军通过，才被兵备道刘麟长救起，逃往南川、綦江一带。从万县陆路进发的大西军，向梁山以东的白兔亭发起猛攻，参将赵荣贵不敌溃败。溃败之后的赵荣贵沿途纵兵抢掠，退逃垫江、长寿。紧随其后的大西军又攻克垫江、长寿，“川东上下，鱼溃鸟惊”，大西军所过，横扫残明官兵如卷席。

大西军未能消灭曾英，以后遗患无穷。

阻挡张献忠夺取全川的第一个据点是川东重镇重庆。

重庆城建于长江、嘉陵江交汇处的石头山上，山城由此得名。左右两岸多为峭壁，长江、嘉陵江环绕南、北、东三面，形成天然的护城河。城墙高达十丈，相当于十层楼高，有城门十七座，九开八闭，象征“九宫八卦”。到了明朝洪武初年，在旧城基础上重新改建，全部用大条石代替城砖，修砌成一座易守难攻的石头城，而城基多为岩石。重庆外围，沿长江而上八十里是猫儿峡，江岸两山壁立，无路可通；沿江而下二十里有铜锣峡，真有“一夫当关，万夫莫开”之势。位于重庆西面十里的佛图关，是进出重庆的陆路通道，只不过是在山脊和峭壁上开凿的一线小道，与古栈道可有一比。根据如此地形地势，不说攻占重庆，就是接近重庆，都要付出惨重代价。

因为张献忠在万县屯驻三月之久，也给明军布防提供了充裕的时间。明蜀王朱至澍委托原四川巡抚陈士奇专程赴重庆布防。陈士奇认为，大西军溯江而上攻重庆，必须经过铜锣峡，只要死守铜锣峡，大西军就无法接近重庆，于是他在铜锣峡部署重兵防守；陆上通道是佛图关，他在这里也是投入重兵。控制了咽喉通道，陈士奇对守住重庆信心满满。

在夺取重庆的战役中，张献忠再次显示其杰出的军事指挥才能。六月十七日，溯江而上的大西军到达铜锣峡，与铜锣峡守军正面接战。张献忠很快发现敌军布防的优势，强攻硬拼只能造成很大的牺牲，而且没把握突破防线。张献忠决定采用“声东击西”的战术。他命令大西军一部继续对铜锣峡实施佯攻，声势造得很大，以迷惑敌人；自己率领精锐部队在长江南岸登陆，由大兴场急驰一百五十里，来到重庆上游的江津县，乘敌不备，夺取船只，自江津沿江顺流而下。与此同时，命令骑兵渡江，从北岸沿德威急驰至佛图关前隐蔽待命。六月十八日，大西军出其不意地出现在佛图关与重庆之间的菜园坝，截断佛图关与重庆之间的联系，使佛图关守军腹背受敌。

佛图关与重庆之间只有一条小道相通，一旦截断这条小道，意味着佛图关守军将面临灭顶之灾。当佛图关守军发现大西军在菜园坝登陆，顿时大乱，仓皇向重庆撤退。这时,隐蔽于关前的大西军骑兵乘乱夺取佛图关。佛图关失守的消息很快传到铜锣峡,铜锣峡在佛图关下游,也处于前后受敌的窘境。铜锣峡守军惊恐不已,只好向重庆城内溃败,铜锣峡也被大西军占领。

凭恃大江险关设防的重庆,很快成为一座孤城,陷入大西军的重重包围之中。攻城之前,张献忠派出骑兵绕城喊话劝降。巴县知县王锡问张献忠大西军入川意图何在?大西军回答:“暂取巴蜀为根,然后兴师平定天下。归诚则草木不动,抗拒即老幼不留!”王锡不降,下令向骑兵开炮。张献忠率领大西军将领亲自在城外观察重庆地形,觉得确实难以强攻,于是又一次派出使者入城劝降。防守重庆的几个决策者陈士奇、重庆知府王行俭、知县王锡和兵备副使陈白羽不但不降,还将张献忠派出的使者给杀了,人头从城上扔下。重庆守军的行动激怒了张献忠,他下令攻城开始,首先攻南纪门。大西军架起云梯登城,城上守军倾泻礌石、滚木、沸油,炮矢交加,加上城墙太高,大西军死伤惨重,不能奏效。张献忠改变策略,决定挖地道爆破攻城,发掘了几个地方,城基都是岩石,根本无法掘动。

张献忠的攻城指挥部设在重庆城外的一座寺院里。攻城受阻,张献忠很郁闷,也很暴躁。夜里,无法排解郁闷的他喝酒吃肉,寺院住持破山大和尚在一旁侍应。看到破山和尚,张献忠想逗他开心,命令破山和尚陪他喝酒,把碗里大块肉吃下。破山和尚已知“归诚则草木不动,抗拒即老幼不留”的说辞,忧心张献忠攻破重庆后真的屠城。为了拯救万千生灵,破山和尚决定提个条件,他说:“吃肉可以,但大王破城之后不得屠城。大王不屠城,破山即食肉。”和尚吃肉,有关名节。张献忠答应了破山的条件:破城不屠城!破山和尚大喜,一边吃肉,一边说道:

酒肉穿肠过,佛祖心中留;

世人若学我,如同进魔道!

“酒肉穿肠过,佛祖心中留”,这句话被后世广为引用,但人们不知道这是在逼迫之下的无奈之言。此言后面还有话,更为重要,即“世人若学我,如同进魔道!”只是人们不一定知道罢了。

张献忠没有屠重庆,后人多念破山和尚破戒之功。

第二天,张献忠下了一道命令:我就不信城基都是岩石,没有土。给我找,一定要找到土城基。找不到杀头!人常说“重赏之下必有勇夫”,殊不知,重刑之下也有死士。不久传来好消息,通远门城根是土基。有土就好办,就在这里挖洞爆破。为了防备守军的炮火和箭矢,大西军将城墙外的坟墓挖开,挖出棺木,顶着棺材板冲到城下挖掘地道,前面的战士倒下了,后面的立即冲上去,轮番作业。十九日，地道挖成，将数十桶火药埋入地道内。大西军又将大圆木中间挖空，装入火药千余斤，圆木外边用铁皮包裹，作为引线，抬入地道与火药相接。二十日，派善射的骑兵用火箭射中引线，引爆火药，随着惊天动地一声巨响，地裂山崩，通远门转角城墙被轰塌，城垣被炸开一道几丈宽的大口子，大西军从缺口处奋勇攻入城内，号称“天险”的重庆三天即被攻破。

进入重庆，大西军将负隅顽抗的官吏全部抓捕，其中有从汉中逃到重庆的瑞王朱常浩，原四川巡抚陈士奇、关南兵备副使陈白羽，重庆知府王行俭和巴县知县王锡等。

朱常浩是万历皇帝朱翊钧第五子，分封于汉中为瑞王，是朱由检的亲叔父。大顺军马科部进攻汉中时，瑞王在关南兵备副使陈白羽保护下逃来重庆。虽然躲过了李自成的追捕，却落入了张献忠之手。

张献忠在校场召开大会，揭露官僚地主阶级的罪行，并实行严厉惩处。张献忠问陈士奇为什么不投降，陈士奇门牙被打掉，满嘴鲜血，无法作答。有一官吏伏地答道：“权不在己，乞垂鉴怜。”知府王行俭也跪地乞命。朱常浩、陈士奇、陈白羽、王行俭、王锡都被处死。

在处死朱常浩时，无天云，而雷霆大作。张献忠抬起头对天说：“再打雷，就将他释放了。”话音刚落，雷声又起。张献忠大怒，说道：“咱老子杀人，与天何涉？”命令军士架起大炮对天轰击，连发三炮，奇迹出现了，“雷息天霁”。

老天也欺软怕硬！

大西军占领重庆后，公开宣布打击对象是宗室官僚富绅，“但能杀王府乡绅，封库以待，则秋毫无犯”。这项政策很受久经剥削压迫的农民群众的欢迎，也争取了一部分官员的归降。“各州县畏其暴，唯恐加兵，皆望风送款，贼即择其魁杰者授以知县之职，发兵送之”。

有些史书说张献忠在重庆乱杀人，最残忍的记载是将俘虏的军士“尽断手臂”。《蜀碧》说：“时重庆军士尚存三万七千余人，贼尽断其臂而纵之。”《蜀龟鉴》说：“给官兵降者不杀，计三万七千余人，犹刵耳鼻、断手臂，驱徇各州县。但杀官封府库以待者免，由是所至瓦解。”而《滟滪囊》中没有这一记载。《蜀警录》也没有这一记载，只说：“闻有避匿得者，查出复断其手。”当时的四川按察佥事张一甲上奏南明弘光帝曰：“六月二十一日，张献忠陷重庆。瑞王遇害，旧院陈士奇拷死。绅弁俱歼，兵民斫一手者万计。”《明季南略》说得更可怕：“城中数百万生灵，无一逃者。……砍手三十万，流血有声。”当时，全四川的人口也仅有几百万，重庆城中就会有数百万生灵？四川人写的书说三万人被断手臂，四川的官员说被砍手的士兵和百姓共计万人，到了计六奇先生笔下变成了三十万。

张献忠在重庆究竟有没有断人手臂，成了一起历史疑案。

四川社会科学院研究员、著名明史学者王纲以毕生精力研究张献忠，为了解开这段历史，他不仅研究公开的史籍，更深入各地查阅未发表的地方史志。《巴令王子美传》是巴县令王锡的友人刘道开为王锡立的传记，对张献忠审问王锡等人有真切的记载，但是关于“砍手”的事却只字未提。

子美是王锡的字。《巴令王子美传》这样说：余自辛巳居乡，去城三十里。六月十四日入城晤子美于南纪门，相对叹息。余曰：“事不可为也，盍作变计乎？”子美曰：“城亡与亡，万无逃理！”余曰：“公即当死，宗嗣不可不全。”子美颔之。乃托其门人密护公子出。余与子美洒泪而别。是月十八日，贼抵城下，差一骑绕城说降。子美诟骂，自发炮石击之。至二十二日辰时城陷。贼坐演武场，传瑞王、陈巡抚、关南道陈王熏、重庆知府王行俭及子美至。贼问：“何不早降？”陈抚齿已打落，含糊不成语。有一人伏地曰：“权不在己，乞垂鉴怜。”子美奋起以足蹴其背云：“大丈夫死则死矣，乃向盗贼求活乎？”时暑盛，贼各给茶一盏。某人接茶，子美夺尔掷之，骂不绝口。贼大怒曰：“汝安得速死？”命以钝刀剐之，三日夜乃绝。……有族子在旁亲见之，非风闻也。

作者刘道开的侄子就在现场，亲眼看见这一切。王锡三日夜才死去，其间既没有看见，也没有听说张献忠将被俘士兵全部砍手的事。如果真有其事，确实是骇人听闻的大事，能不出现在刘道开的作品中吗？据此，王纲先生断定，所谓张献忠在重庆断人手臂数万或者数十万的说法“实在可笑”，是对历史的“歪曲诽谤”。

在重庆休整期间，张献忠大会诸将，商议进军成都的路线。

大都督温玉洁向张献忠建言：“四川形势，成都为首，重庆为臀。从来取四川者，不出两条路：一从汉中越七盘岭入广元，经剑阁向成都，这是直取首级的陆上之道；另一由湖广穿越三峡取重庆，走的是截取尾臀的水路。陆路有南北栈道之险，乃是天下第一险阻，马不能联辔并骑，人不能换肩挑担，然一过剑州，便是坦途，无多险阻。只要取得成都，便可传檄而定重庆，算得先难而后易。走水路溯流而上，士马不劳，粮运不匮。一入夔门，沿江大城不难收取，但纵使收得重庆，也不能使西川州县俯首。成都更有许多城池拱卫，夺取仍然不易，这算是先易后难。往昔汉光武帝刘秀平蜀、刘备取蜀、桓温灭蜀，皆走水路，无不成功。前些年，闯王入川，因走陆路，成都不克，失败而去。大王今走水路，已得重庆，收取全川便有把握。由重庆取成都,从来都是三路并进:一由合川、遂宁,攻向涪城,是为内里水路;一由泸州、内江,攻取简州,是为中间水路;一自泸州、叙州、嘉定州,攻向彭山,是为外间水路。成都四望平野,无险可守。专恃守此三条水道沿岸城池,以拒西上之师。今蜀中兵力有限,不敷应用。分守各城,则力弱易破;合守一处,则歧道难扼。大王分兵三路,各用骑兵夹岸,保护舟师,牵挽而进,遇城降则厚抚,遇顽抗则剿灭。如此水陆相护,三路并进。如遇坚城不下,便调他路之军协攻,务可必克。再者,闯王攻破北京的消息已在四川传遍,川人人心浮动,守城有必破之忧,投降有全活之乐,自必相率投降。州县皆归于我,成都孤立,虽有坚城利械,亦不能守。况亡国之人,外援断绝,哪里还能抗拒我呢?”

张献忠非常赞同温玉洁对川中形势的分析,但没有采纳他全部建议。他决定分三路进军。为发挥大西军步骑优势,一路由陆路进军,陆路前锋由都督马元利担任,经永川、荣昌、内江、资阳直向成都;一路由水路进军,水路前锋就是都督温玉洁,沿长江溯流而上取成都;另一路由张献忠率领,也由水路随后跟进,增援走在前面的水陆两路。留少数兵力守重庆,由刘廷举负责。

历史证明,留守重庆的兵力太过单薄,很有军事头脑的张献忠犯下了一个低级错误。

七月四日,大西军水陆并进,开赴成都。不管是陆路还是水路,除泸州外,大西军都没有遇到像样的抵抗,许多州县官员与士民都逃跑一空,有些州县开城迎降,“贼自重庆趋成都,一路州县望风瓦解,烽火数百里不绝”。

只是在泸州,温玉洁遇到顽强的抵抗。为了争取泸州守将罗于莘投降,温玉洁派使者入泸州城谈判,遭到罗于莘拒绝。温玉洁下令强攻,发炮矢,架云梯,大西军一拥而上,罗于莘又招架不住,回话说愿意开城投降。温玉洁信以为真,入城时麻痹轻敌,不加防范,遭到守城官军的伏击,大败逃出,都督温玉洁被俘杀。第二天,张献忠率大队到泸州,闻讯大怒,亲自指挥攻打泸州,须臾城破。罗于莘全家被杀,参将徐明蛟、下川南道副使黄谏卿和协助守城的秀才曾荐祚、方伯元、方旭、韩洪鼎等都被处死。

至此,大西军势如破竹,水陆两路于八月五日到达成都。

成都是四川省省会,蜀王的封地。明太祖朱元璋第十一子朱椿受封成都后,几百年间,其子孙后代霸占大量田土,大肆搜刮民脂民膏,积攒了惊人的财富,过着骄奢淫逸的糜烂生活。崇祯十四年,张献忠、罗汝才部入川与杨嗣昌作战,当时四川兵荒马乱,“瘟疫流行,斗米千线,捐瘠鬻子,死亡满目”,蜀王朱至澍却在王府大兴土木,兴建“励春轩”等楼榭,广选民女入宫供其淫乐,每天吟诗作赋,完全不顾人民死活。

崇祯十七年初,当张献忠集结部队于川鄂边界时,引起成都官绅的一片惊慌,及至张献忠占领万县,“成都大震”。四月十六日,武举朱彝之从北京逃回成都,带来大顺军攻克北京的确信,成都更是一片混乱。朱至澍此时竟然异想天开,企图在蜀地就位监国,做起当皇帝的美梦。他召集文武官员开会,遭到四川巡按御史刘之勃的坚决反对。刘之勃认为朱至澍世系太远,“勤王则可,监国则不可”,起身拂然离去,出端礼门,竟然纵身一跃,跳入金水河,大声喊道:“吾今见二祖列宗及先帝矣!”以自杀表示反对蜀王监国的决心。刘之勃被打捞上岸后,回衙三天闭门不出。经司道官员多次请求才出门任事。

朱至澍皇帝做不成,恼羞成怒,统治阶级内部矛盾尖锐对立,无法达成一致。当大顺军马科、黎玉田从北向四川推进,大西军从东向四川推进时,成都倍感危急,“民怀去意,各携家口辎重,日夜出奔,内外一空。其守兵潜循者,亦以万计”。成都官绅深感局势严峻,企图募兵守城,而府库空如水洗,就连现有的镇元营、威武营都粮饷不济,将士快要断粮了。成都抚按司道衙门各官知道,现在能拿出钱来的,只有蜀王,于是他们集结蜀王府,请求蜀王出钱募兵,明确告知朱至澍,守城就是守王府,希望他不要像福王、襄王为“贼”守财,应该像周王那样散财护藩保城。众人苦口婆心,说得唇干舌燥,差点就给朱至澍跪下了。朱至澍对于大臣反对自己监国,怀恨在心,加之嗜财如命,哪肯就范,冷冷地说:“孤本无蓄,只有承运殿一座,如可变,请先生卖以充饷。”这句话将在场官员气个半死。又是刘之勃厉声说:“殿下,承运殿无人买得起,唯有李自成是受主。”

请饷不欢而散。刘之勃话虽尖刻,却在理。无论是李自成,还是张献忠,会将整个王府收入囊中,只是一文钱也不会付。

明王朝在四川的统治面临末日,人情汹汹,一日数惊。成都士民“每夜呼曰:闯至矣!明日又呼曰:献至矣!”惶惶不可终日。

张献忠攻占重庆后,向成都进军。只在这时,朱至澍才从醉生梦死中清醒过来,想找人保护自己,也只是拿出两万两银子交给官员们募兵。但是成都士民痛恨朱至澍的昏庸吝啬,没人愿为其卖命,“无有应募者”。即使有人应募,无非是一些游手好闲无赖之徒,刚刚拿上兵器上城,转眼之间怀揣领到的饷银溜之乎也。

眼看成都不保,朱至澍想到了逃跑,他不顾抚按大臣的反对,将财宝装数十车,带着姬妾宫女想逃往云南,不想刚出城门,他最心疼的财宝和女人遭到守城士兵的抢掠，无奈又退还王府。

张献忠在向成都推进时，先期派一部分大西军士兵化装成医士、卜卦者、乞丐、商人进入成都，隐于大慈寺、延庆寺做内应。这些“谍者”竟然买通蜀王府的太监，将大西军张献忠责令朱至澍投降的诏书放在蜀王的书案上。朱至澍见到诏书，惊怖惶恐之状可想而知。

八月二日，大西军进至成都以东八十里的大面铺，以迅雷不及掩耳之势将驻守这里的明军全部消灭。八月五日，大西军水陆两路大军齐集成都城下，将成都团团包围。

为了减少攻城有可能造成的损失，张献忠派出使者进城说降。四川巡抚龙文光、巡按刘之勃非但不降，反而杀害了张献忠的使者。明末，四川官员的表现明显比北京官员好得多，无论是勇气，还是气节。

四川总兵刘佳胤在几十万大军围城之际，居然敢于带领区区三千人出城作战。一出城即陷入炮矢火海中，全军覆没，刘佳胤落荒而逃，绝望之际跳入浣花溪自杀。游击杨展也率兵出城，企图一逞，被大西军迎头痛击，仓皇逃入城内，紧闭城门，再也不敢炸翅了。

在成都陷入重围，成为一座孤城之际，龙文光想到引都江堰水灌入护城河，抬高水位，以阻止大西军攻城。他派人到郫县通知县尉赵嘉炜放水。大西军进入成都的间谍得到情报，立即报告张献忠。张献忠迅速派部队到都江堰，捕杀县尉赵嘉炜。

八月七日，大西军已扫清外围，决定架云梯强攻成都。大将闯世王率部强攻，遭到守城部队猛烈的炮火还击，闯世王战死。张献忠见强攻代价太大，随即改变战术，仍用挖地道爆破的方法。他下令在城西北将护城河填平，又在其上竖起一里多长一段木制排栅，用以抵挡城上的炮矢攻击，就在排栅之下挖掘地道，直通城根。成都是大平原，城基全部是泥土，没有攻打重庆时那么多麻烦事，一条百余丈长的地道两天就挖成，直通城基，在城基下填入上万斤火药，连接引线后，又将地道回填。

八月九日拂晓，“大雷电，雨如注”，守城官兵不能站立。须臾雨过天晴，突然围城的大西军纷纷后撤。城上守军望见，以为大西军要撤退了，禁不住在城头上欢呼起来。殊不知这是穴城爆破之前为安全起见的退却，也只退了二三里。大西军点火起爆，顿时火发城崩，声响如雷，烟雾迷天，瓦石乱飞。西北城垣崩塌十余丈。先期入城的大西军在钟鼓楼一齐放火为号，和城内守军厮杀。城外数十万大西军步骑风驰电掣从炸开的缺口冲进城内，迅速扫清残敌，占领成都和蜀王府。蜀王朱至澍和周贵妃在王府投井死。巡抚龙文光在城破后绝望，跑到浣花溪投水自杀。巡按刘之勃、成都推官刘士斗、华阳知县沈云祚、成都知县吴继善被俘。被俘的还有城南守备、蜀府长史郑安民，城东守备鲁印昌和游击杨展等人。

刘之勃是宝鸡人，张献忠念其是陕西同乡，想用他，劝其投降。刘之勃却反劝张献忠拥戴明朝，抗拒满清外寇。张献忠说这是哪儿跟哪儿呀，刘之勃即破口大骂。张献忠大怒，命令乱箭将刘之勃射死，刘士斗、沈云祚、郑安民、鲁印昌都被处死。成都知县吴继善投降，受到张献忠的重用。

游击杨展被俘不屈，张献忠令押出城外斩首。杨展身穿一件五彩斑斓的绵甲，押送行刑的士兵用刀背敲敲绵甲，对杨展说："汉子，把你这件绵甲送我吧。"杨展说："我命都不要了，要衣甲何用？这甲自是你的。不过，杀我之前先将衣甲脱下，免得被血给污了。"押到锦江边，行刑士兵为杨展松绑脱甲，杨展岂是等闲之辈，乘机夺刀在手，手起刀落，将两名大西军行刑士兵砍倒，一纵身跳入水中游走，瞬间不知去向。

这两名行刑士兵在杨展身上表现出的粗疏大意，令人遗憾。杨展其人，崇祯十年武状元，兵马娴熟，身手了得。杨嗣昌曾很器重其人。缚而就诛，易如反掌，怎敢为其松绑？就是这个杨展，一经逃离，便一发不可收拾。后其据有川南嘉定、峨眉、峡江、丹棱、雅州、荣径诸府县，拥众二十万，数次战败大西军，成为张献忠在川中名副其实的对头。"江口沉银"就是张献忠败于杨展后所为，这个故事一直流传至今。

大西军占领成都后，张献忠派出各个将领收取四川各府、州、县和各地土司。定北将军艾能奇前往南充、保宁，收取川东北一带；安西将军李定国攻取嘉定、峨眉一带；平东将军孙可望攻取茂州一带；都督马元利分取川南各州县。大军所至，州县大都望风瓦解，"州县争封府库应伪命"，到这年冬季，四川全境除遵义（今属贵州省）和石柱、黎州土司以外，全都处于大西军的控制之下。这一时期也是张献忠在四川的全盛时期。

二十七　张献忠“既有全蜀”,遂在成都建立政权,国号大西,年号大顺

1644年,明朝灭亡后,李自成兵败西走。五月,满清世祖章皇帝爱新觉罗·福临从沈阳入主北京,是为顺治元年。

也是这个五月,南京旧明官员,拥立从河南逃来的福王朱常洵的儿子朱由崧为明朝皇帝,国号弘光,史称南明弘光政权。

当时,清朝已据有东北、北京、华北的大片国土,在追击大顺军的同时,对江南弘光政权眈眈相向。但是由于弘光政权是江南最腐朽的官僚地主阶级勾结饱受农民革命打击的军阀集团建立的政权,完全继承了朱由检政权反人民的属性,根本看不到国内主要矛盾的转变。不仅如此,他们为清军击败李自成而欢呼,褒奖吴三桂有功,大汉民族“窝里斗”的本性显露无遗。朱由崧的即位诏书将矛头继续指向农民革命,“君父之仇,志图必报”,就连史上颇多赞誉的内阁辅臣、兵部尚书史可法也说:“悉简精锐,直指秦关。”

这时候英勇抗击清军的只有李自成领导的大顺军。大顺军退入山陕后,李自成亲赴山西平阳部署兵力抗清。提拔陈永福为权将军、韩文诠为山西节度使,镇守太原,权将军李过防守保德、府谷;马科坐镇川北及汉中一带。任命刘宗敏为主帅,出击河南、河北:一路由固关攻顺德;一路出宣府、大同;刘宗敏亲自率领一路大军越过太行,由彰德、磁县,直取大名府。权将军田见秀驻军平阳,接应各路。又命牛万才领兵一万出潼关,在黄河以南活动,配合刘宗敏进行反击。

牛万才出潼关,经洛阳直取密县,势如破竹,迅速东进,前锋直抵山东的东昌一带,大河以南,失地渐收。出河北一路,经武安到达临洺关,距顺德仅七十里,以致引起清朝地方告急。大顺军分路出击,一反山海关战败后的颓势,出现了一个自五月撤退后最好的局面。迫使清摄政王多尔衮调兵遣将,入晋与大顺军在忻州、定州一带相持。

当时,所有的政治势力都在攻击李自成,除清军外,在北方的残明势力兴风作浪,屠杀大顺政权地方官吏;南明弘光政权任命樊一蘅为川陕总督,矛头指向李自成,当然也不会放过张献忠。任命原明辅臣王应熊总督川、湖、云、贵军务,反对农民革命的势力顿时活跃起来。连张献忠也不放过李自成,向北川的大顺军发动进攻。

这年正月,李自成在西安定国号,称大顺王,曾派遣使者通好与张献忠。慑于李自成势大,张献忠也言词谦恭地回报李自成,承认大顺政权的正统地位。所以张献忠进军四川,用的是永昌年号。

六七月间,正当张献忠进军成都时,大顺政权四川节度使黎玉田、怀仁伯马科统兵一万从汉中入川,攻占川北的保宁(今阆中)、绵州(今绵阳),后知张献忠要取成都,才停止前进。张献忠占领成都后,得知李自成被清军击败,自认为其成不了大事,再者马科统兵入川,直接触犯了张献忠据有全川的利益,“卧榻之侧岂容他人酣睡”。九月,张献忠命孙可望带兵攻打马科。孙可望岂是权将军马科的对手,被打得大败。张献忠大怒,亲自率领大军进攻马科,马科被击败退回汉中。张献忠为纪念这个胜利,将绵州改为得胜州。张献忠任命一都督镇守川北,自己率大军回师成都。

不要小觑大西军与大顺军的川北一仗,这是张献忠与李自成的第一次兵戎相见,标志着仅存的两大农民革命武装在政治和军事上的彻底决裂。在满清政府入侵中华腹地使全国形势日益恶化的关键时刻,两大农民革命武装没能联合对敌,反而兵戎相见,这不仅对大顺政权不利,而且对大西政权也相当不利。我们不得不再次为他们在政治上的短视而扼腕叹息!

张献忠“既有全蜀”,遂于十一月十六日在成都建立政权,国号大西,年号大顺。以成都为西京,自称西王。命令臣民一律称张献忠为“老万岁”,不论良贱之家,都要立“西朝皇帝万岁”牌位于大门,供以香花。以蜀王府邸为宫殿,正殿为承天殿,昭明殿改为金銮殿,以府门外为朝房。

至此,在中国大地上有四个政权。弘光朝是明朝的继承,除此之外,另外三个政权都以取代明朝为己任。分别是:李自成建立的大顺,年号为永昌;张献忠建立的大西,年号称大顺;清朝在北京建立的政权,年号称顺治。明眼人一看就明白,这三个政权都有一个“顺”字。

相传明朝的开国皇帝朱元璋夺取政权后,想知道朱姓王朝到底有多少年的江山可坐？谁会最终夺取朱明的江山？于是问他的军师刘伯温刘基。刘伯温在手心写了一个“顺”字，让朱元璋看。朱元璋不解其意，问刘伯温“此字何解？”刘伯温答道：“树上挂曲尺，遇顺则止。”树上挂曲尺，指“朱”姓，木字上面一撇一横，形似一把曲尺；遇到“顺”就结束了。朱元璋不解其意，续问何解？刘伯温以“天机不可泄”搪塞过去。朱元璋当然不可能知道二百七十多年以后发生的事。

当时，朱元璋还不死心，又问：“我朝可传几代？”刘伯温答道：“可传万子万孙。”朱元璋一听，大为满意，可传万世，还有什么不满意呢？殊不知，刘伯温说的“万子万孙”，不是万世，乃是万历皇帝的儿子和孙子，即朱常洛和他的两个儿子朱由校和朱由检。朱常洛只当了一个月的皇帝就死了，年号称泰昌。朱由校即天启皇帝，朱由检是为崇祯皇帝。果然传到崇祯年间天下大乱，明朝覆亡。刘伯温所指朱明实非有万世基业。时光在二百七十六年后定格，一一应验刘伯温的先见之明。也是人们常说的所谓“气数”。

说到气数，《明季北略》有这样一个记载：崇祯十一年二月，为抵御满清进攻京师，由太监监工，高起潜在卢沟桥这个地方新修建了一座城池，叫拱极城，意即拱卫京城。城修好后，面向北京的城门题名“顺治”门，面向保定方向的城门题名“永昌”门。“顺治”和“永昌”，正是清朝爱新觉罗·福临和大顺李自成的年号。依靠“顺治”和“永昌”拱极，这难道仅仅是巧合吗？以致计六奇感叹：“数之前定如此，异矣！”

言归正传。大西政权设置左、右丞相和六部、五军府都督等机构，官员任命如下：

左丞相（东阁大学士）：汪兆龄（桐城生员）

右丞相（内阁学士）：严锡命（绵州进士）

吏部尚书：胡默（广济生员）

户部尚书：王国宁（彭县知县）

礼部尚书：江鼎镇（西充进士）

　　　　　吴继善（进士、成都知县）

兵部尚书：龚完敬（彭县进士、临安府推官）

刑部尚书：李时英（道士）

工部尚书：王应龙（弓匠，延安人）

京畿道御史：齐之奂

五军府都督
中军府都督:王尚礼
前军府都督:白文选
后军府都督:王自奇
左军府都督:马元利
右军府都督:张化龙
五城兵马司都督:王尚礼(兼)
皇城都指挥使:窦民望
军事组织
平东将军:孙可望(监十九营)
安西将军:李定国(监十六营)
抚南将军:刘文秀(监十五营)
定北将军:艾能奇(监二十营)
以上四将军都是张献忠义子。
其他武将如狄三品、张能第、刘进忠等都被任命为将军,各将数营。

在原水师营的基础加以扩充,专门设立水师左、右都督,由王复臣、王自羽担任。

大西朝的地方政权机构沿袭明制,按府、州、县建立,任命一批追随农民革命的知识分子和投降的明朝官吏担任知府、知州和知县。值得指出的是,张献忠入川初期,很重视延揽四川当地人才担任中央和地方政权的官员。大西朝颁布命令,要原明朝各府、州、县的官吏入成都觐见,凡拥护大西政权者都予授职。这样做一方面化敌为友,为我所用,另一方面也解决了地方政权缺少能员治理的问题。史书载:"广元有吴宇英、阆中有周建鲁者,竭献忠求仕。献忠即授宇英四川巡抚,建鲁监军。"官员一经任命即由大西朝颁给"大"字编号的正式关防大印。从有关历史记载和现存文物可知,"大"字编号印信发出有一千二百多个,大西政权的组织机构是比较健全的。

经过十几年艰苦卓绝的征战,历经挫折,这位桀骜不驯、狡黠多智的农民领袖张献忠终于拥有了一块相对完整的地盘,爬上了权力的顶峰,实现了自己的皇帝梦。那么,他是如何治理这块地盘的?他的执政能力又怎么样?

说来令人汗颜。张献忠治蜀,不但乏善可陈,其间还犯了不少错误,以致得蜀而后又失蜀,到了走投无路的地步。马背上的张献忠,破坏一个旧世界是了不起的英雄人物，然而，治理或者建设一个新世界，他缺乏统治者起码的素质。

张献忠学历不高，没多少文化，经纶济世，需要知识分子的辅佐，然而他身边的知识分子，除汪兆龄跟他稍早外，其余几乎都是占领成都后新附的四川人。汪兆龄不是什么好鸟，因为害怕四川人受到张献忠的信任，影响自己的地位，以阴暗狠毒的心理，刻意揣摩张献忠的心思，以谗言和谄媚迎合张献忠。他把张献忠捧得高高的，通过张献忠以售其私，巩固其言听计从的宠信地位。大西政权在四川实行的政治、经济、军事政策，无不深深打上汪兆龄与川人划界的烙印。

大西政权建立后，张献忠实行了一系列加强和巩固大西政权的政治措施，“以兵协蜀”，以“刑杀立威”。这些措施，革命性有余，策略性不足，如果与李自成进京后实行的政治措施相比较的话，张献忠要比李自成左得多，走得更远。

张献忠对朱明宗室鱼肉百姓深恶痛绝，到了不共戴天的地步。据有全川后他下了一道命令：“凡王府宗支，不分顺逆，不分军民，是朱姓者，尽皆诛杀。”明朝承平两百七十多年，在四川的王室朱姓人口繁衍生息，分布全川各地。这道命令下达后，各州县积极拘捕这些人，有些逃匿者，也被百姓揭发出来，大概有几万人被送成都，张献忠不分男女，不分老幼，不分顺逆，全部斩杀。蜀王府宗支“多在灌县，乃发兵围之，不论宗室细民皆杀之”。所谓“细民”就是老百姓，覆巢之下岂有完卵？

成都城东有一大慈寺，寺内香火旺盛，信徒众多，光僧人有一千多人。蜀王宗室见大西军搜寻捉拿宗室人员，有人悄悄逃入大慈寺被寺僧藏匿。寺僧想的是，躲过一时，帮这些人逃出城外。不想大西军一支队伍就驻扎寺院，不久真相败露。张献忠为此勃然大怒，下令将大慈寺一千多僧众全部斩首。

李自成攻占河南府州，开始也杀藩王，但从占领西安开始，藩王、亲王一律不杀，秦王、晋王、代王直至明定王、永王以及太子，没有谁死于李自成之手。张献忠与李自成大为不同，不仅杀藩王，连姓朱的也不放过一个，不分军民，不分男女，不分老幼，不分顺逆全部杀，光四川一省，杀二万余人。“不分顺逆”的乱杀，不仅仅是镇反扩大化，而是扩大到没有边际的程度，是滥杀。这对新政权的巩固绝非福音。

在镇压朱姓宗藩的同时，张献忠对原明朝官吏和地主富绅采取同样严厉的措施。他派大西军四处搜寻驱使原明地方官员和富绅入成都朝见，“百姓藏匿官员者凌迟，乡绅不来朝见者，亦如是”。这道命令一出，大长贫苦农民的志气，饱受官僚乡绅欺压的百姓纷纷组织起来，押送官绅入城。大西政权对这些官绅区别对待，清廉有名望而愿意为农民政权服务的给官做；欺压乡里、鱼肉百姓的“追赃”。“拘绅袍富室大贾罚饷银，皆以万计，少亦数千，不问其力之足否”。这些人的财产全部被没收后，也被处死。

张献忠对前来“朝见”的明地方官吏，量才录用，授予官职。被押送或拘捕的官员，开始也是劝说“归顺”，为新朝服务。只有顽固到底，死不回头，才处以死刑。《蜀碧》载：宜宾尹申“历官陕西提学、湖广布政司，以节义文章自负，尤工书法。避乱山中，为贼搜获，大骂贼。贼重其名，欲生致之，舁至井研。骂贼益厉，贼不堪，杀之。”“陈怀西，南充武生，贼诱之官。怀西曰：‘宁作明朝武生，岂为逆贼元老！’贼斩之。”

如果说尹申、陈怀西因辱骂大西政权被杀，那么，张献忠争取渠县人李含乙，足见其耐心。李含乙是明礼部主客司郎中，丁母忧在籍。为争取李含乙为大西政权服务，张献忠派渠县县令杨以为亲至李含乙家祭奠其母，礼聘李含乙出山。李含乙以母丧未葬为由藏匿不出。一直等到李含乙葬母事毕，张献忠又派大将吴之茂、赵万邦带数千人来到渠县邀请。李含乙藏匿不出，吴、赵二将大索村里。李含乙见藏不住，穿一身孝服，驾一扁舟泛流江中，厉声拒绝出仕，随即奋身一跃，投入江中寻死。吴、赵二将指挥众人驾小舟争相救援，李含乙被救起，瞋目大喝，誓死不仕。李含乙兄长李储乙竟然破口大骂。大西将领虽怒，然不加刃。将兄弟二人系之渠县狱中，派兵把守，耐心等待其慢慢醒悟。

然而，李含乙始终没有醒悟。后值地主武装攻破渠县，把李含乙劫走，李含乙遂担任川东北地主暴乱武装的首领，和举人曹司冀网罗巴州、达州、邻水、渠县、广安各山寨武装，公开与大西政权为敌，曾攻破大竹、达州、东乡、太平等城池，俘杀大西政权委派的官吏和守城将佐不下“数千人”。直到第二年六月，张献忠才派马元利平叛，一举击败李含乙，将李含乙活捉并处死。

张献忠很是后悔当初没杀李含乙，以致养虎遗患！自此之后，他也恨读书人。

为了尽快恢复社会秩序，大西政权在成都市建立严密的保甲制度，登记户口，按保甲编册，并实行军事管制。“诸门各设一兵部，二都督，稽诃出入”，盘查甚严。规定：“四城门不许擅行出入。凡城内出者，先赴兵马司处投递手本，上开某街等几铺或某坊某人出到某处，左右邻某人，户首某人，保结某人，有无家口，约某日回城。如至期不回，先拘左右邻及户首斩杀，后拘出城不回之人家口，不拘老幼，尽数斩杀。”

“其城外入者，兵马司盘问明白，填给入票。事毕出城，验缴原票方行放出。

如或有失落原票者，即杀不放。如系本日往还者，则于左颊印一图书，至晚验明图书方行放出。倘或有被汗水摩擦，图书不明者，亦拘留斩杀。”

新夺取一个城市，实行军事管制，出城入城严加盘查无可厚非，但是一旦违规不分青红皂白就杀邻居，杀户首，杀家人，杀本人，未免操之过严。要知道，人命关天！成都人闲适安逸惯了，显然不能适应如此严苛的规定。张献忠的本意是尽快恢复社会秩序，却大大限制了居民的行动自由，造成人们的惊恐失措，他们心里能拥护大西政权吗？

为了巩固大西政权，防止有人“讥讪新朝”，张献忠派出缉事兵丁，也就是我们通常说的特务，化装成平民百姓在大街小巷往来巡查。夜晚，就爬墙头偷听，看一家男女议论什么，如果非议新朝，立即绑赴五城兵马司王尚礼处严惩。有些学者将这种做法讥为特务统治。

一天夜间，有家男人絮絮叨叨说个没完，他的妻子劝止说：“夜深了，睡吧。不要张家长、李家短地说个没完。”夫妻对话恰巧被缉事兵丁听到，第二天就将夫妻二人抓到王尚礼处审问。张献忠接报后笑道：“这是说我张献忠家长，李自成家短，是个良民！”下令奖赏这家夫妇，释放回家。这虽说是则笑话，但说明在张献忠眼里，李自成是最大的敌人。当时的李自成正在山、陕全力抗击清军的进攻，而且力不能支。张献忠仍把李自成看成最大威胁，充分说明他缺乏审视全局的政治眼光，认不清全国的主要矛盾，在错综复杂的斗争面前失去了方向。

在大西政权创建之初，敌对势力还蠢蠢欲动之时，严加戒备是可以理解的，但仅靠听墙根得来的片言只语治罪，实际上剥夺了人民的言论自由，难免使人民感到精神恐惧，疑虑不安，无所适从。

为了争取知识分子对大西政权的支持，张献忠在四道各设学官一人，负责士子的培养和管理。大西大顺元年（1644）十二月第一次开科取士。他命令各州县官员起送士子参加科举，规定若有父兄阻挠子弟赴试的，是要杀头的。当时，地主阶级知识分子对大西政权心怀疑惧者固然不少，但多数人还是热衷于功名的，参加科举的人相当踊跃，“不下千数”。考试的方法也进行改革，改长期因袭的八股文为策论，体现了大西政权在文化教育领域的革命性改变。

考试之前，张献忠亲自写一篇《万言策》，历评古今帝王，以西楚霸王为第一，颁发学宫，供士子学习。在农民革命领袖中，无论是李自成，还是张献忠都对实行霸道的西楚霸王情有独钟。这次考试，张献忠亲自命题，题目是“以兵胁蜀”。考题表露了张献忠治理四川的真实心态。这次考试录取进士一百二十人，以龚济民为状元,取什邡县童生熊某为探花。录取的人员交由吏部量才使用。大西政权的科举考试,包含笼络士子和加意防范双重作用。一方面用功名利禄尽量争取士子为我所用,另一方面又规定“未取童生不许躲闪,已中者不得宁家,未中者不得在乡居住。以为秀才在乡造言生事,连坐九家”,以高压之势控制读书人。读书人思想最活跃,以高压之势企图控制读书人的思想和行动,结果可能适得其反。

文科发榜后,又开武举,张献忠亲自担任主考。武举考试特别注意实战能力的考察。考试骑射时,选狰狞恶劣的战马数百匹,供考生骑射。为了烘托战场气氛,考场发射巨炮,营兵军士大声呐喊鼓噪,结果是马惊人坠……经过极其严格的选拔,华阳人士张大绶胜出。张大绶身长七尺,面如紫铜,虎额龙睛,形象威武,刀蹬骑射,都在别的考生之上。张献忠钦点他做了武状元。

大西朝左丞相汪兆龄窥觉张献忠之意,率一班文士,上表称贺:“天赐英才,辅佐新朝,必能兴师平定天下。”张献忠果然心喜,召见宴请张大绶,随即将宴会所用金银酒具都赐予,又赐锦袍玉带、名马雕鞍、金币弓刀,与新科文状元一起走马游街,让市民瞻仰。成都市民见游走的数人中就数武状元魁梧轩昂,一表非凡,自是指指点点,极口称赞。汪兆龄极会拍马屁,又率群臣称贺:“都中人士都称颂老万岁选拔得人,为大西朝武功极盛之验。陛下宜特加宠赐,以慰众望。”张献忠果又喜不自胜,恩赐张大绶宏丽住宅一所,宫女数名。因为张大绶是张献忠钦点的武状元,就有一班趋炎赴势之徒送上“天子门生”字样的金匾。成都军民每见张大绶出行,无不驻足观瞻,称羡不已。张献忠也时时召见、宴请,似乎须臾也离不开这个人。一日,太监通报张大绶入宫谢恩,张献忠忽然皱着眉头说:“这驴养下的,咱老子爱得他紧。但一见他,心上就爱得过不得。咱老子有些怕看见他。你们快些与我收拾了,不可叫他再来见咱老子!”张献忠日常用语,杀人为“打发”,全部杀了为“收拾”。御营军士立即将张大绶绑了斩首,并将其妻儿家丁包括赏赐的宫女,全部杀死。

轰动一时的武状元张大绶,一次战场也没上,竟然因为老万岁“爱得他紧”,被灭门。这种匪夷所思的逻辑,让大西朝野震惊不已!

在经济政策方面,大西政权没有继续实行在湖南、江西提出的“钱粮三年免征”的措施,但对于四川边沿一带的少数民族地区,张献忠声言:“边郡新附,免其三年税赋”,并派人招抚羌、彝等少数民族土司,发给“援剿营总兵全印”。许多史学家对张献忠的这一做法很是称道。

从现有的史料看,大西政权沿用了明朝末年的赋税政策,而且通过乡绅征收赋税杂供。《大西通纪》记载，张献忠召集大西朝诸大臣研究筹派军粮之事，有人主张不向百姓征粮，只宜向大户（富绅）暂借，宁可使大户渐就于贫，不可使贫者被迫于死。汪兆龄不同意，说：“历代的活术，皆是以官府控制绅衿，绅衿控制小民。朝廷与小民之间，是不发生直接关系的。关于正供杂赋，一切派款，全由绅衿认可，协助征派。虽明知他们借以为利，加害百姓，亦属无可如何。今若不经他们议摊，又有何法？”在关系老百姓切身利益的纳税征粮政策上，大西政权与旧明政权没有丝毫差别，百姓得不到休养生息，反而加重负担，自然得不到老百姓的支持。大西政权在四川征收税赋，近年在江口打捞出水的刻有“大西”年号的银锭佐证了这一点。

张献忠入川之前，由于战争和天灾，四川经济社会已经相当残破，农业生产几近停滞，再也不是“民殷国富，沃野千里”的天府之国了。张献忠据有全川之后，理应采取措施，迅速恢复生产，鼓励农耕，轻徭薄赋，减轻人民负担，改善人民生活，努力发展川中经济。这样，不仅能够争取到川中百姓的拥护和支持，又能解决几十万大西军和各级政权机构的军饷和财政问题。大概是由于残明势力的疯狂反扑，大西政权也没有鼓励农耕，认真组织恢复生产，结果粮食等生活必需品急剧减少。到了大西政权后期，不仅民间缺吃少穿，大西军将士也严重缺粮，不得不又恢复过去流动作战时打粮的做法。很难想象，一个没有产出的社会，政权还怎么能够维持稳定？这也是大西政权难以为继的根本所在。

与大顺政权相类似的是，大西政权也“取富户追赃”，向他们征收钱税，逼迫富绅大贾输银。与大顺政权不同的是，富绅输银后，“事毕乃杀”，而大顺政权在富绅输银后大都释放。客观地讲，士绅阶层接受大西政权的统治，需要双方利害关系一致，也就是说，大西政权应该能够保护士绅阶层的生命财产安全。士绅阶层被迫接受大西政权的统治后，生命安全得不到保护，财产被掠夺，使得他们对这个政权彻底失望，不再愿意合作下去。张献忠对地主阶级斩尽杀绝的政策，激起地主阶级疯狂反抗。这不能不说是大西政权在四川站不住脚的重要原因。

大西政权建立之初，多方保护商业贸易。为促进流通，还铸造了大西货币。大西政权还专门设立铸币局，将没收藩府的古鼎玩器、寺院里的铜像熔化铸钱，叫“大顺通宝”。大顺通宝有的由户部铸造，有的由工部铸造。户部造的钱背面方孔上方有“户”字，工部造的方孔上方有“工”字。大顺通宝因为用料多为优质铜，制作精致，与明末铸造流通的劣质钱币形成鲜明的对照。成都市民对大顺通宝喜爱有加，将钱缀于帽前作为饰品，又象征自己是大西朝顺民。张献忠还下令铸造“西王赏功"钱,钱的成色分金、银、铜三种。张献忠驭下甚严,士兵携银不得超过三钱,给有功将士赏功钱是可以合法拥有的。

张献忠在成都建政之初,礼部尚书吴继善告诉他有两个外国传教士在四川,为避乱藏于山中。这两个外国人一个是意大利人利类思,一个是葡萄牙人安文思,都信天主教,是耶稣会成员。并且说,这两个外国人才德兼优,可备顾问。张献忠长年行军作战,从来没有和外国人打过交道,出于好奇,派礼部官员入山迎聘。安文思、利类思来到成都,受到张献忠的热烈欢迎。交谈中,张献忠从他们那里得知许多以前闻所未闻的知识,大为高兴,待之以上宾之礼。不久,以二人"深通天文地理,又知各国政治",聘二人为大西朝"天学国师",按月每人给银十两,作为俸禄。张献忠以极大的兴趣向两个传教士询问西方各国政治制度、科学技术、风俗人情、天主教义和"教内事件",注意了解西方当时先进的科学知识,询问"算学之事甚多",并且"随同左右辩论,颇有心得"。他委托这两个外国人制定"大西历法",并制造天球、地球和日晷各一座。竣工后,张献忠"视若异宝",饬令将天、地二球排列宫中大殿上,以壮观瞻。

他还多次向传教士索取天文和算学方面的书籍,表现出对西方科学技术发展的极大兴趣。

这两个外国人通过对张献忠的了解,得出的结论是其"智识宏深,决断过人","天姿英敏,足智多谋,其才足以治国"。当时,二人也愿意为大西政权服务。

张献忠尽管十分信任外国传教士,然而对于他们来到中国传教持否定态度。他对他们说:"吾深知尔等之教,活而且圣。唯一天主真神,应受朝拜,尔等当朝拜之。然当在欧洲朝拜之。因我等生于中国,亦有我等之敬礼,谨当守之。尔等之天主亦愿在尔欧洲享受敬礼,因彼处有多数人敬之故也。天主不愿在中国受敬礼,亦不令人尊之敬之,因此地之人心锢闭,随从其祖宗之教故也。是以尔等教律紧要诸书,尔等宜保存之,并耐心等候吾将全国平复后,即当送尔等还乡。彼时烦尔等多遣天文学士及天文诸书惠寄来华。"

张献忠,一个出身于社会最底层的草莽英雄,在关乎中华民族根本利益的大是大非问题上有如此鲜明的立场,如此独到的见解,确实令人佩服。张献忠尊重西方发达的科学技术,但是对他们不远万里来中国传教,以他独特的狡黠,"谓其借传教为名,暗行其私意,侦探中国底蕴,报知外国"。几百年后的清末,从披露出来的外国传教士搜集中国政治、经济、军事、地理等情报,以及横加干预地方情治的情况看,张献忠实乃有先见之明。利类思、安文思曾要求前往澳门,起初张献忠予以批准，还发路费一千两白银，并决定派军士护送。当得知传教士不要军士护送，另有他图后，立即下令“此刻不准放行”。利类思、安文思夜间用外语交谈，张献忠警告他们不准外语交谈：“吾已有命，须当遵守”，“若不遵令，后当处以死刑。”可见张献忠对外国人在国内言行有相当高的警惕。

然而，在对待李自成的问题上，张献忠就很难令人佩服。非但如此，简直就是皇典不清。

当张献忠在成都建政，欣欣然陶醉于皇权的尊严时，中国大地已经发生了深刻的变化，存在着影响中国政治走向的四股力量，即清军、李自成大顺军、张献忠大西军、南明弘光帝的军队，其中包括四川的地主武装。这四股力量构成三种矛盾：即清军与大顺、大西和南明之间的矛盾；南明政权与大顺、大西之间的矛盾；大顺李自成与大西张献忠之间的矛盾。我们在前面说过，这些矛盾所反映的是阶级矛盾和民族矛盾。当清军入主中原，民族矛盾上升为主要矛盾时，所有大汉民族的各股势力面临被各个击破的危险，大汉民族再“窝里斗”，无异于自杀。

李自成处于独力抗击清军的第一线，自然明白这个道理，然而张献忠不明白，仍然认为影响他夺取天下的最大障碍是李自成。

大西大顺二年、清顺治二年(1645)正月三日，当了大西皇帝的张献忠大宴百官，酒酣耳热之际，对众人说：“三国以来，汉中原属四川。现今我定都于四川，如果不取汉中，岂能不使他人得陇望蜀呢？听说闯王派遣马科守汉中，马科庸才一个。我如果不早取汉中，他日闯王派能干之人代替马科，就难办了。这件事我筹划了很久，只是因为四川新定，士民尚须安服，所以迁延不决。目今春天到了，风和日丽，正好用兵，需平东将军孙可望、虎威将军张能第北进，平定汉中。至于川南杨展、王祥不足介意，只是川东曾英，要尽快解决。何况重庆位居楚蜀要冲之地，不可为他人所扼。都督张广才闻名遐迩，远近咸服，应该早灭曾英，以便日后东下。这样咱们就没有什么可担忧的了！”

就这样，从李自成手里夺取汉中在杯酒之间决定了。要知道，这是张献忠第二次主动向李自成发起进攻。

正月，正是李自成最困难的时期。清军主力大举进攻潼关，调红衣大炮猛轰关壕，大顺军尽管顽强抵抗，百计据守，终因伤亡太大而撤退，十二日清军进入潼关。

在陕北，大顺军与清军的战斗也十分激烈。李过、高一功坚守榆林、延安一线,李过勇猛善战,与清军战斗各有胜负。当时的史学家评论说:“唯此一队能与清军相持。”李自成回西安后,听说清英王阿济格一路由宁夏南下,知西安处于东西夹击的境地,不能守,遂令田见秀打开府库,库中财物任由军民随意取用,然后焚烧自己的宫室,携带老营家眷及潼关撤退守军十三万人,于正月十三日撤离西安,由蓝田经商州龙驹寨南走武关。在这之前,派遣护军将军贺珍接替马科守汉中,保留汉南通道,掩护在陕北的大顺军能够由此撤退。

正月十六日平东将军孙可望、大都督张广才两军齐发。张献忠来到成都北门检阅军队,看见人马精壮、器械鲜明,大喜,说道:“有此劲兵三千,可当十万,何况是三万!马科等哪里是我军的对手,应该可以不战自降。”

铁其名、张能第率精甲三万北进汉中,首先到达宁羌(今宁强县),他们并不知道贺珍已代马科守汉中。贺珍受李自成托付,赶往汉中,到宝鸡时,听到大西军进攻汉中的警讯,于是昼夜兼程赶到褒城,随即派出侦骑,探察大西军动向,得知孙可望、张能第抵达宁羌,即在汉中严兵以拒。贺珍深知责任重大,如果汉中失守,远在陕北的李过、高一功所部十几万大顺军将无路可走。

铁其名指挥大西军攻打汉中城。不对!不是说是孙可望率队进攻汉中吗,怎么变成铁其名?很抱歉,史书就是这样记载的。铁其名是不是孙可望呢?据任乃强先生考证,铁其名不是孙可望,因为铁其名多次与孙可望同时出现在同一场合,铁其名另有其人。那么,铁其名是谁呢?任乃强先生推测,铁其名是地位不低于张献忠四个养子的一位高级将领,深得张献忠信任。铁其名是其名号,真实姓名待考。据说,大西政权失败后,铁其名从此隐没人间,但著有反映大西军史的书卷,可惜流传下来的内容不多。

铁其名得知贺珍守褒城,派虎威将军张能第率领一万精兵攻打褒城。贺珍知道,汉中大顺守军只有几千,这一仗只能胜,不能败。贺珍将马步兵埋伏在褒城村落,将城门洞开,分左右两翼以待,命令百余军士一会儿进攻一会儿后退引诱大西军。张能第并不把贺珍放在眼里,大胆轻进,两军一接战,贺珍佯败。张能第奋勇追击,到褒城,大顺军左右翼伏兵尽发,左右掩杀,大败大西军,张能第被贺珍生擒。铁其名败走沔县(今勉县)。贺珍追至园山寨,大西军又一次被贺珍击败,铁其名逃回四川广元。张献忠派刘进忠守朝天关,阻止大顺军南进。

贺珍“以三千败三万,如摧枯拉朽”,并不是说大西军不是大顺军对手,而是铁其名参透天下大势,不愿在李自成最困难的时候落井下石,展现出难能可贵的大局精神,有意手下留情。贺珍作为主将有什么不明白的,将被俘的大西将士尽数释放，其中包括虎威将军张能第。贺珍以此向张献忠示好，说明大顺军战略目标很明确，只有清军才是其主要敌人。只是贺珍并未向张献忠提出联合抗清的建议，不能说不是一件遗憾的事。不过即使贺珍能提出这样的建议，估计张献忠也不会接受。张献忠的性格有严重缺陷，何况还有其深刻的阶级局限。

张献忠做了皇帝后，对大西朝的诏书文告以及上下行文做出改革，规定一律使用白话文，日常怎么说就怎么写，反对使用晦涩难懂的文言文，反对言必称“之乎者也”。张献忠这样做，史书多称因为张献忠读书少，既听不懂也看不懂。这也许是实情，但客观上起到积极作用，大西政权的诏书、文告往往识字不多的普通百姓也能一目了然。大西政权因存在的时间短，这方面留下的史料极少，现仅存的一份文告还是刻在石碑上才留存下来，就是为史学家非常重视的《大西骁骑营都督府刘禁约》。

这份禁约是大西军骁骑营都督刘进忠发布于大西大顺二年（1645）三月，勒石立碑以示郑重，内容如下：

……本府秉公奉法，号令森严，务期兵民守分相安，断不虚假。仰各驿铺□□□约法数章，如有犯者，照约正法，特示：

一、不许未奉府部明文擅自招兵，扰害地方者，许彼地士民锁解军前正法；如容隐不举，一体连坐。

一、不许往来差舍并闲散员役擅动铺递马匹兵夫，查出捆打。

一、不许坐守地方武职擅受民词，违者参处。

一、不许假借天兵名色扰害地方，该管地方官查实申报，以凭枭示。

一、不许无赖棍徒投入营中，擅辄具词诈告，妄害良民，违者捆打。

一、不许守□文武官员擅娶本土妇女为妻妾，如违参究。

这份勒石禁约不仅文白相间明白易懂，还在于真切地反映了大西政权在四川期间严明的组织纪律性和维护社会稳定的具体措施。这份禁约的发布者刘进忠，第二年降清做了农民革命的叛徒，成为残害张献忠的帮凶，但禁约本身体现的是大西政权张献忠治军治政的政策措施。

关于张献忠改革诏告用语，掌握了话语权的地主阶级知识分子在史书中对张献忠多所讥讪。也正是由于这种讥讽嘲笑，我们今天才能看到张献忠的诏告内容。

有一次，夹江知县给张献忠进贡新鲜荔枝。张献忠大喜，可剥开吃时，发现荔枝被盐水浸泡过。张献忠大怒,认定县官大不敬,命令身边太监王珂前往夹江县把知县就地正法。王珂走后,左右大臣说:“盐水浸泡荔枝为了保鲜,都这么做。县令是乡下人,用意是好的,罪不至死。”张献忠马上反应过来,说:“你说得对。”当即传旨出去,圣旨是这样写的:“奉天承运,皇帝诏曰:‘王珂你回来,饶了夹江那个龟知县!’”

张献忠从川北返回成都途经梓潼县,见七曲山有一座庙宇气势恢宏,景象万千。他问随行的右丞相严锡命这是什么庙,庙里供奉的是什么神仙?严锡命说,七曲山为文昌帝君庙,庙中供奉的神仙是张亚子。张亚子又名恶子,是东晋人士,祖上累代为官,为报母仇,杀人后逃入四川,在七曲山修道。道成后帮助姚苌打天下。姚苌称后秦王,张亚子白日飞升,是为文昌,成为禄命之神。文昌神屡受历代帝王尊崇,南宋高宗封其为神文圣武孝德忠仁王,后人称为梓潼文昌大帝。

张献忠听说文昌帝君也姓张,老张家不仅出了一位帝君,还是神仙,让张献忠喜不自胜,就想与张亚子联宗。他令随行文士写一道祭文,表达认祖归宗的本意,不想文人接连写了几篇,都不能如张献忠之意,就大声说道:“咱老子自己做!咱念,尔等记下来。”张献忠的祭文:“咱老子姓张,尔也姓张。为甚吓咱老子?咱与尔联了宗罢!尚享。”张献忠的祭文让在场官员忍俊不禁,却无人敢笑。当天晚上,张献忠梦见文昌帝君持柬来谒,劝诫不要杀害百姓。张献忠说:“咱一家兄弟,何忍杀之!”正因为此,梓潼县士民得以保全。张献忠推尊文昌帝君为太祖高皇帝。拨银五万两重修七曲山大庙,又建关帝祠于庙东,极尽宏丽。张献忠视文昌帝君庙为家庙,至今,“家庙”二字仍然悬挂在文昌大庙的门前。

张献忠还为梓潼大庙作诗一首,镌刻于石碑:

一线羊肠游天堂,
此处万世永无忧;
神是仙来仙是神,
世世流传与天休。

不过,这首诗在梓潼大庙已经找不到了,勒于石的是他的另一首诗:

山前山后皆出松,
地平平地柳成荫。
桃李笑柳柳比松,
千秋万古还是松。

他的诗文语言浅显,像白话一样易懂,只是意境深远,真实含义还真是不好琢磨。

骁骑营都督刘进忠奉命驻守川北广元，训练军马，颇为强盛。在汉中的大顺将领贺珍探知清兵因追击李自成，西安兵力单薄，想收复西安为李自成报仇，即率精兵一万从褒斜道进犯西安。驻守西安的清陕西总督孟乔芳大惊，一边飞报北京求援，一边派人入川邀刘进忠夹攻汉中，给以事成以后，将汉中、兴安划归大西政权。大西军兵败汉中后并不死心，刘进忠认为机会难得，请白文选协守广元，决定出兵。白文选认为此事甚大，劝刘进忠奏请张献忠定夺。刘进忠以军情紧急，机遇稍纵即逝，来不及奏请为由，即行出兵。刘进忠师至洋县，不料贺珍闻讯立刻放弃北进，向汉中杀回，出其不意将刘进忠杀得大败。张献忠闻报，恨刘进忠专权擅断，要杀他。孙可望、刘文秀、李定国等竭力劝阻，对张献忠道：“刘进忠随驾日久，一向忠勇，这次出兵失利，亦为老万岁夺取汉中，并未折损半寸土地。让其奏报出师详情，给个处分罢了！”张献忠闻言觉得有理，决定不杀刘进忠，但心中愤懑无法发泄，就在刘进忠的奏报上写上一段批语，让内侍以诏书发给刘进忠。一日，刘进忠正与将校议事，忽闻大西王圣旨到，急忙率一班将士焚香跪接。传旨人高声朗读圣旨：“奉天承运，皇帝诏曰：咱老子叫你不要往汉中去，你强要去。如今果然折了好多兵马。驴球子造你妈的！钦此。”

这道诏书让在场将士无不伏地暗笑，而刘进忠独羞愤难当，可是又不敢发作，还得谢恩。送走来使，刘进忠越发气愤难挨，也大概从这个时候起，刘进忠即萌发背叛张献忠的想法。张献忠的粗疏随意，不经意间疏离了最亲信的一员大将。

大西大顺二年春季，大西朝给张献忠娶皇后。选中的皇后就是原明内阁大学士井研陈演的女儿。张献忠问左右大臣册封皇后有些什么礼仪？礼部根据明朝册封皇后的仪注，给张献忠提供了长长一个单子。张献忠看后生气了，心想，不就是娶个老婆吗，怎么有这许多繁文缛礼。他说：“皇后何必仪注？只要咱老子毬头硬养得她快活，便是一块皇后矣！要许多仪注何用？”有的史书说，张献忠迎娶皇后，极尽奢靡，“其迎入也，自南门五里外，架桥高十数丈，逾城直达藩府。左右五彩栏槛，上结锦棚，络以明珠，像星辰。首尾悬水晶灯笼，像日月，一望如长虹亘天，迷离夺目”。现在看来，这些记载多靠不住。试想，张献忠把迎选皇后当娶老婆，不要那么多礼仪，还有谁敢去触这个霉头！

张献忠说话粗鲁，爱骂人，是他一大性格特征。这和他的生长环境密不可分。他的出生地柳树涧堡属于古时的“三边”，即定边、安边、靖边。这里是明代的边疆，与蒙古接壤，是农耕文化与游牧文化的交汇处。生活在这里的人受边塞文化的影响，大多性格豪爽，语言粗朗，直到今天仍然如此，说话带把。再者，柳树涧堡常年驻有军队，即使是老百姓也是为军队服务的，军人的豪放粗疏、勇猛顽强对幼年张献忠影响至深。何况，张献忠长成后也进入行伍，几十年奔波不息。作为一名义军领袖，是强者的代表，强者要管束部下，哪有不骂人的！

性格豪爽开朗的人重友情，张献忠也不例外。若有友人来，他必设宴尽欢，不醉不散。友人走时，必厚赠，不吝财宝。日常，每到夜晚，早年随他起事的老战友、老部下，经常是他的座上宾，筵宴嬉戏，没大没小。这时候，不会有谁因为说错话而被处罚的。他和曹操合营的那段时间，"相视如兄弟，行则并辔，止则并垒"。他并不要求曹操服从于自己。曹操要北上与李自成合营，他也不阻拦，体现出平等相待，完全是一种朋友关系。及至后来与老回回、革里眼、左金王等合营，联合作战，也是如此。这不等于说张献忠身上没有霸气，相反，他身上霸气很重，但他不把霸气用于友情，即使当了皇帝也这样。轶其名有意败给李自成部将贺珍，也没见张献忠有处罚轶其名的举动。

张献忠当皇帝，却受不了做皇帝的条条框框约束。有一次，他将皇冠摔在地上用脚踩，"厌苦朝会，掷所御冠，赤足践踏其中，索侍者帽著之"。大概是惯于行军打仗，张献忠不耐久静，不习惯一个人住在皇宫里。他经常在晚上走出皇宫，要么住进军营，和战士们在一起；要么走上城墙，就住在城楼里，体察士卒戍卫肃守的那份荣耀。这本来是一位统帅人物难能可贵的品德，却被封建文人诬蔑为皇宫闹鬼，张献忠不敢住在皇宫里。试想，张献忠连老天都不怕，敢于开炮轰击老天的人，还怕个把小鬼？敢于骚扰张献忠的小鬼有可能还没有出生！

清顺治二年(1645)五月，中国历史上发生了两件惊心动魄的大事：一件是李自成领导的大顺政权灭亡了，一件是南明弘光政权在清军的打击下也覆亡了。

正月，李自成撤出西安后南走武关，经河南向湖广转移，正月二十九日，来到河南内乡。由于在战场上连续失利，大顺军士气低落，加上拖家带口，行动也迟缓，在内乡停留了五十天，直到阿济格率领的清军追来后，才进入湖广。湖广的襄阳是李自成最早建立政权的地方，承天、德安、荆襄一带经过大顺军一年多的占有经营，相对而言是一块比较稳定的根据地。按理说，李自成应该在这个地方组织力量抵抗清军，因为从军队数量上来说，李自成还有二十万大军，远比阿济格所率清军多。当时驻守德安的将军白旺也曾请求李自成固守荆襄，不要轻易放弃苦心经营的这块根据地，但是李自成另有打算，计划夺取东南一带作为抗清斗争的基地，“声言欲取南京，水陆并进”。他对将士们说：“西北虽不定，东南讵再失之？”

这是一个错误的决定，将荆襄、承德拱手让给清军，失却仅有的根据地，就变成了以往的流动作战，一旦遭受失败，必然就会万劫不复。

大顺军顺流而下，由承天进抵汉川、沔阳。镇守武昌的不是别人，是左良玉。左良玉被李自成打怕了，急忙向南明告急。李自成在荆河口击败左良玉部将马进忠，使得武昌大震。常言道“一物降一物”，左良玉的克星就是李自成。尽管李自成在清军打击下一再败退，可左良玉仍然怕得要死，声言“清君侧”，打着讨伐南明弘光政权首辅马士英以及阮大铖的旗号，撤离武昌全师东下，武昌变成一座空城，李自成顺利占领武昌。然而好景不长，清军没多久跟踪而至。刘宗敏、田见秀出城与清军作战，大败而还。李自成只得放弃武昌继续东下。这时候，所谓的夺取东南作为抗清基地已成画饼，恐怕更多的只是逃跑。四月，清军追至阳新县富池口，直冲大顺军营垒，李自成遭受惨重损失。这月下旬，在九江附近，清军再次攻破大顺军老营，活捉权将军刘宗敏和军师宋献策，被俘的还有左光先。吴三桂与刘宗敏有杀父夺妻之仇，请求英王将刘宗敏交给自己，“寸磔以祭父”。英王说：“因法不得任意行刑”，拒绝了吴三桂的请求，只是把刘宗敏绞死。大名鼎鼎的军师宋献策和左光先投降清军。一代悍将刘宗敏的死，给大顺军造成无可弥补的巨大损失。

噩梦不止如此，大顺政权的丞相牛金星也在这个时候失踪了。史书说，牛金星感觉大势已去，竟然不告而别，当了逃兵。牛金星自己跑了，却不忘告诉自己的儿子牛诠投降清朝。牛诠原来担任大顺政权襄阳府尹，投降清朝后，担任黄州知府，后又升任湖广粮储道。而牛金星呢？也没有走多远，一直住在牛诠的家里，照样吃香的喝辣的，直至寿终正寝。清朝统治者不是不知道牛金星的下落，而是因为牛金星和牛诠改变政治立场，不仅对清朝没有威胁，反而服务清政府而听之任之。顺治年间，清吏科给事中杭齐苏、户科给事中常若柱曾先后上疏要把牛金星父子一并处斩。多尔衮不但置之不理，反而斥责“流贼伪官，真心投诚者多能效力，常若柱此奏殊不合理”。还下令将常若柱革职。清朝统治者这种清醒和包容，值得张献忠学习一辈子。

李自成在湖北阳新、江西九江接连受挫，连万艘战船也全被清军掠取。此时，另一路清军由多铎率领，已由河南归德（商丘），安徽泗州直趋南京。形势急转直下，夺取南京的战略意图已成不可能。鉴于此，李自成改变作战计划，决定向西南方向进军，掉头由江西西北部进入湖广。此时，令人意想不到的事情发生了。

五月初，李自成来到湖北通山县九宫山，不知什么原因，这位大顺皇帝身边只带十八骑。由于长期战乱，湖北通城、通山一带的乡团武装非常强悍，这里的农民平时从事农耕，一有警讯，便手执武器甚至农具，蜂拥而至，赖以自保。李自成不走运，或者说麻痹大意，竟然掉进了这样一个全民皆兵的所在，结果不明不白死在这里，令人叹息不已。对于李自成的死，费密在《荒书》中有如下记载：

"自成亲随十八骑，由通山县过九宫山岭，即江西界。山民闻有贼至，群登山击石，将十八骑打散。自成独行至小月山牛脊岭。会大雨，自成拉马登岭。山民程九伯者下与自成手搏，遂辗转泥滓中。自成坐九伯臀下，抽刀欲杀之，刀血渍，又经泥水，不可出。九伯呼救甚急，其甥金姓以铲杀自成，不知其为闯贼也。武昌已系大清总督，自成之亲随十八骑有至武昌出首者，行查到县，九伯不敢出认。县官亲入山，谕以所杀者流贼李自成，奖其有功。九伯始往见总督，委九伯以德安府经历。"

郑廉在《豫变纪略》中说：李自成"独身率二十骑断后，至罗公山，山巅有玄帝祠，自成令骑待山下，独步上山，诣神似有所祷，伏而久不起。时有难民樵于山，群观之，见其布衣内有非常红紫服，疑为劫盗，共以鉏锹锤其首，毙之，检之衣，忽见玺绶，则大惊，从山后荆棘险阻中逃去。山下二十骑待久不下，怪之，乃登山，寂无一人，唯自成横尸祠下，血肉淋漓矣！"

关于李自成的死，史书多所记载，地点不一，时间不一，说法也不一，但有一点是相同的，死于偶然，变起仓促，谁也想不到。《通山县志》载程九伯杀死的叫李延，而李延并非李自成，是李自成的部将。程九伯本人也不承认自己杀死李自成，只说杀死的是李延。程九伯被委任德安府经历，坚决不赴任。为什么？史学家推测原因无非有二：一是承认杀了李自成，害怕当时就在这一带的大顺军报复；二是如果李延不是李自成，就是欺君之罪，清朝廷也饶不了自己，干脆省点事算了。

与李自成随行的十八骑中有其义子李双喜和张鼐，他们逃回大营报告"李万岁爷被乡兵杀死马下"的噩耗，大顺军"满营聚哭"，一片号啕之声。五月四日，大顺军对通山乡兵进行报复性打击。"闯贼数万人入县，毁戮四境，人民如鸟兽散，死于锋镝者数千，蹂躏三月无宁宇"。可是，真正的凶手程九伯却安然无恙，你死我活毕竟是两个人之间的事，当事人不说，别人也无从知道。

既然程九伯不承认杀了李自成，可从此以后李自成销声匿迹，再也没有出现过。李自成去了哪里？成为史学家格外关注的话题。尽管明末清初的史书言之凿凿李自成死了，但有的史学家并不相信这个说法。近代学者大量研究力图证明，李自成并没有死，而是悄悄前往湖南石门县夹山寺削发为僧，佛号奉天玉大和尚。“奉天玉”，自然而然地让人联想到“奉天承运”，“奉天倡义兵马大元帅”，这不都是李自成曾经使用过的专用术语和称号吗？据说，奉天玉大和尚气宇轩昂，谈吐清朗，且十分富有，直到康熙十三年才圆寂。但是所有记载就没有说奉天玉和尚是不是一只眼，说话是否陕北口音？

以笔者之见，李自成牺牲了。像他这样意志坚强的领袖人物，绝不是贪生怕死之辈，不可能为了活命放弃自己的理想和信念，特别是大顺军余部最需要他的时候而撒手不管。反过来说，为了苟延残喘而隐居不出，致大顺军弟兄们的死活于不顾，这样的人活着和死了又有什么不同？

李自成之后，由于没有一位像李定国或者孙可望那样的统帅人物，大顺军余部在以后的抗清斗争中所发挥的作用远没有大西军那样声威显赫，功勋卓著。李自成生前不注意培养接班人，无论是李过、高一功，还是李双喜、张鼐，都无法统合大顺军，只能退据夔东一带结寨自保，没有发挥出应有的历史作用。

李自成，这位中华民族历史上最杰出的农民革命领袖牺牲了，死时年仅四十一岁。他把自己的一生献给了反抗阶级压迫和满洲贵族民族征服的革命事业。他领导的义军猛烈冲击了腐朽没落的封建统治，推翻了残酷压榨人民群众的朱明王朝。他以大无畏的精神，独立承担了抗击满清民族征服的全部重任。然而他没有死于明朝的征剿，也没有死于清朝的镇压，却死于自己以毕生精力为之争取权利的乡民之手。阴差阳错，历史跟李自成开了一个无法承受的玩笑！不管怎么说，以李自成为代表的明末农民起义所创造的丰功伟绩，永远光照史册！

也是这年的五月，南明弘光政权也灭亡了。这个政权仅仅存在了一年，可谓短命。

被凤阳总督马士英捧上皇帝宝座的朱由崧，在民族矛盾、阶级矛盾空前激烈的情势下，政治上毫无主见，生活上极度糜烂。他全面继承了乃父福王贪图享乐的衣钵，集中体现了没落阶级的全部特征。他将弘光政事尽行交付给马士英，自己百事不做，整天沉溺于吃喝玩乐。史书载，他喜欢玩弄幼女，一晚上奸杀两名。如果将其与崇祯皇帝朱由检比较，一个是荒淫透顶，一个是宵衣旰食。宵衣旰食的朱由检尚且丢掉大明江山，荒淫无度的朱由崧岂能不亡？

首辅马士英大权独揽，排挤朝中正直大臣，将阉宦阮大铖任命为兵部尚书，利用到手的权力，公开卖官鬻爵，以致有“弓箭（公荐）不如私荐，人才怎比钱财？吏兵两部挂招牌，文武官员出卖”这样的讥讽之词。任何一个朝代，如果官员能够随行就市，公开买卖，这个朝代也就走到尽头了。可以这样说，如果不是李自成顽强地抗击清军，南明弘光政权恐怕连一年也熬不过去。

对于清朝打败李自成，弘光政权那些高官们禁不住欢呼雀跃，自作聪明地提出"借虏平寇"的方针，企图不费一兵一卒消灭农民革命，然后与满清划江而治，实现偏安一隅的如意算盘。为此，他们派出以兵部右侍郎左懋第、左都督陈洪范、太仆少卿马绍愉为使者，携白银十万两、黄金一千两、缎绢一万匹，进贡清朝，谋求与清朝进行谈判。

南明君臣哪里能想得到，满清的胃口岂止吃掉大顺、大西，他们要一统六合，占有全中国。结果可想而知，所有的进贡被笑纳，谈判被拒绝，首席谈判代表左懋第被扣，只把陈洪范和马绍愉给放了回来。陈洪范和马绍愉秘密投降清朝，所以被放回来是为了在南京做策反的工作，否则一个也回不来。

这年三月，多铎所部清军从河南归德府南下，直扑扬州。驻守扬州的史可法连章告急，马士英、阮大铖借口抵抗左良玉"清君侧"，反对防御淮扬。马士英无耻地说："宁可君臣皆死于大清，不可死于良玉之手。"他瞋目大呼："有议守淮者斩！"四月十八日清军直逼扬州，招降督师史可法，史可法誓死不降。二十四日清军大举攻城，二十五日扬州城破，史可法被杀。

清军占领扬州后，多铎以不听招降为由，下令屠城。扬州居民除少数人城破前逃脱、个别人因隐蔽较好幸免于难外，几乎全部惨遭屠戮，"城中积尸如乱麻"，"杀戮愈甚，积尸愈多"。十天以后，开始焚烧尸体，"焚尸簿载其数，前后计八十余万"，制造了史上骇人听闻的扬州十日事件。什么叫民族征服？这就是。说张献忠在四川杀人多，与清军在扬州一地所杀，张献忠恐怕连小巫也算不上！

五月五日，清军进抵瓜州，与南明隔江对峙，眈眈欲渡。九日，清军开始渡江，此时，左良玉已病死，左良玉的儿子左梦庚吓得要死，带着二十三万部队投降清军，其中光总兵官就有十五名。弘光政权的其他四镇，兴平伯高杰已死，所部在提督李本深和总兵李成栋带领下降清。东平侯刘泽清将自己管辖的土地和人民扔下，自己逃往海上。光昌伯刘良佐率部投降。只有靖南伯黄得功驻军于阪子矶，防备左梦庚，因对京城之事一无所知，故未有所动。

南京高官一听说清军渡江，不做起码的抵抗就作鸟兽散。朱由崧和皇太后以及一群太监逃往黄得功营中。皇帝的突然到来，让黄得功大吃一惊！问明情由，黄得功不胜感慨，无可奈何地说："陛下死守京城，以片纸召臣，臣犹可借势做事。奈何听奸人之言轻出，轻弃社稷乎！今进退将何所据？此陛下自误，非臣等负陛下也。臣营弱薄如此,其何以处陛下?”

清军统帅多铎得知弘光帝出逃,就派刚刚投降的刘良佐带领清军追击朱由崧于阪子矶。刘良佐巧舌如簧,危言恫吓与好言相劝双管齐下,竟然说动黄得功部将田雄、马得功。黄得功与刘良佐长期并肩作战,私交甚好,现在见其如此无耻,忍不住隔河大骂,挥鞭誓死道:“我黄将军志不受屈!”就在黄得功附近的田雄引弓一箭,射中黄得功喉部,黄得功叹息一声“我无能为也!”打马归营拔剑自刎。田雄与马得功随即入营执弘光帝献给刘良佐。“田雄负弘光皇帝于背,马吆唤(马得功)执弘光二足。弘光恸哭,哀求二人。二人曰:‘我之功名在此,不能放你也。’弘光恨,啮田雄项肉,流血渍衣。”(郑达《野史无文》卷十一《黄斌卿传》)

清兵已渡江,可南京当局仍然保密,不说百姓,连朝中大臣也不知确信。十一日黎明,大学士钱谦益路过马士英家,见门口乱糟糟一片。少顷,马士英出门,小帽快鞋,穿上马衣。马士英见钱谦益,拱手一揖,说道:“诧异,诧异!我有老母,不得随君殉国矣。”随即上马而去,后面妇女、家丁百余人相随。这就是朱由崧无比信任的首辅,关键时刻丢下皇帝不管,轻轻一句“我有老母”就把所有的人都打发了。马士英为了逃跑快些,诡称自己的母亲是皇太后,调用黔兵作护卫。从通济门出城,守门军士不放,马士英拿出几个大元宝一扔,立刻抢尽。马士英攫有一围屏,由玛瑙石和各种宝物做成,价值无法计算,是西洋人进贡之物。出城时被抢,百姓将围屏打碎,各取一小块就值数百金。马士英家在西华门,儿子马锡在鸡鹅巷,他一出逃,其家被百姓焚掠一空;马士英在南京贪财累万万,世事一变,财物风流云散,再多有什么用?百姓抢完马士英,接着就抢阮大铖、杨维垣等奸臣,据说,阮大铖家最富,光歌姬就有好几班,一时星流云散。后马士英、阮大铖虽降清,八月还是被清朝杀了。

没有逃跑的文武官员和百姓得知皇帝等出城,也想逃跑,可是已经来不及了。太子太保、忻城伯赵之龙决计降清,关闭城门,要把所有臣民和南京一并献给清军。史书载:“初,豫王(多铎)驻师城外,赵之龙欲迎入,百姓不愿,罗拜于地。之龙下马谕众曰:‘扬州已屠,若不迎之,又不能守,徒杀百姓耳。唯树了降旗,方可保全。’”五月十五日,大开洪武门,赵之龙率百官献册,赵之龙叩首请多铎进城。清军不烦一矢,就占领南京。多铎喜不自胜,加封赵之龙兴国公,赐金镫银鞍马,貂裘八宝鞑帽。赵之龙从伯爵一跃晋升公爵,原来出卖君父子民好处多多,不教历朝历代汉奸如此之多!

赵之龙与清兵并骑入城,清兵开始并不杀人。很快,清军发一告示:从通济门起以大中桥北河为界，城东为兵房，城西为民舍。自此，城东北人民“日夜搬移，提男抱女，哀号满路”。南京城西南一带房价暴涨，一间房子一天租金涨到一两。期限一到，清兵即入城，百姓都狼狈逃窜，动作稍迟，清兵就刀棍交下，立刻毙命，还没搬走的家财什物，悉为兵有。许多人家净身出户，从此沦为乞丐、流民。

二十八　不管是刑杀立威，还是除城尽剿，都没能让张献忠有好日子过

短命而亡的南明弘光政权，存活期间似乎没做什么事。其实不然，它至少给四川的张献忠制造了不小的麻烦。崇祯十七年七月，弘光政权任命米寿图为四川巡按御史。八月任命前明“大学士王应熊为兵部尚书兼文渊阁大学士，总督川、广、云、贵军务，专办蜀寇”，赐尚方剑便宜行事。九月，任命原川东兵备佥事马乾为四川巡抚。十二月，又任命樊一蘅为川陕总督，“专办蜀寇”。王应熊、樊一蘅都是四川人。弘光政权尽管派不出一兵一卒入川，却能利用这些四川官员在当地的影响力，指使他们联络策反，把四川的地主官绅势力组织起来，颠覆大西政权，抗衡张献忠。

王应熊是个责任心很强的官员。他受任之后，坐镇遵义、綦江地区，统筹全局。他传牌各地，大肆宣扬南明弘光政权的恢复，号召全川地主官僚士绅起兵颠覆大西政权。他手中没有多少兵，只有遵义少量驻军和被张献忠打散的溃卒，充其量三两千人，但他手中有空白劄符（委任状），可以根据需要委任文武官员。他的部署是，依靠贵州的兵力和军饷，加上败兵溃卒、地方武装，由綦江、纳溪北上；云南巡抚沿建昌、毕节一线向北推进；樊一蘅提兵转入川北，夺取保宁、顺庆一带，从北面牵制大西军；湖广方面的明军蚕食川东、川南一带，从东南扼制四川。在王应熊的组织和策划下，四川各地反对大西政权的势力骤然活跃起来。

张献忠据有全川时，明朝已经土崩瓦解。当时四川的官绅地主群龙无首，处于惶恐不安的境地。张献忠建立大西政权，四川官吏见张献忠称王，分官任事，以为暴雨之后，云收雨霁，将见太平。他们听说张献忠“有勇有为，能任国事”。于是一班官吏均出任事，“文臣武将，卖降恐后”。应该看到，在大西政权出任的官员心怀疑虑者有之，心怀叵测者也有之，但慑于大西军的兵威，企图作乱者并不多，社会秩序相对来说是安定的。

但是,大西政权从本质上讲是农民革命政权,不是一般意义上的地主阶级的改朝换代。张献忠一方面吸收地主阶级知识分子做官,另一方面严厉镇压朱明宗藩和地主官绅,“搜求仕宦及起送卫所世职,皆杀之”,拘捕官绅追赃充饷,事毕仍杀之。作为被压迫被剥削阶级在执掌政权后摧毁地主阶级赖以生存的社会基础,本来无可厚非,但是,张献忠做这件事时良莠不分,没有区别对待。官绅地主阶级财产被剥夺,到头来连命也保不住,他们对大西政权的失望可以想见。地主阶级接受大西政权的统治,是为了保住身家性命,如果连身家性命也要搭上,地主阶级拼死反抗就不可避免。再者,作为农民革命的领袖,张献忠建立政权后,并没有顾及农民的利益,农民最关心的土地问题没有解决。张献忠杀了那么多地主富绅,丝毫没有触及土地所有权问题,那么多无主田土并没有分给佃农。大西政权反而和明朝一样征收税赋,加重农民负担,因此也失掉了农民阶级的支持。在中国,地主阶级作为封建统治的主体,是封建统治的基石,如果从根本上损害了地主阶级的利益,而又不能发动农民阶级摧毁封建社会的生产关系,大西政权要立于不败之地实属不可能。

王应熊之流的大肆宣传活动,南明弘光小朝廷顿时成了四川官绅心目中的一面旗帜,成为他们反对大西政权的精神支柱,于是官僚地主阶级蠢蠢欲动,四川的政治局势发生剧烈变化。

那位在成都城外被行刑时逃脱的游击杨展,借水遁逃到青城村落。因为是游泳逃脱,一丝不挂,到了村落,“裸体索衣”。当众人得知其为杨展,争着解衣援之,献出酒食犒劳。杨展来到嘉定,收集溃卒两千人,又通知亲友起义兵,打出的旗号是保卫家乡邦族。之后其聚兵赤水、嘉定一带,杀害大西政权州县官员,俨然雄踞川南。

曾在涪州被大西军击败脸部受伤的明参将曾英,被刘麟道救起后逃到綦江一带。到了大西大顺二年(1645),其收罗溃兵,又“驱民为兵”,在南明四川巡抚马乾的协助下,乘大西军重庆防守力量薄弱之际,事先将一部分兵丁化装入城,里应外合,乘机攻占重庆。大西重庆守将刘廷举逃回成都求救。曾英、刘麟道乘时招兵买马,扩充实力,拥兵十万之众。张献忠接到报告,派抚南将军刘文秀率三万大军赴重庆平叛,将老营设在多功城。三月,刘文秀到重庆,水陆并进。曾英派遣部下猛将于大海、李占春、张天相分头负责水陆防务,自己率领精骑五百,从小路偷袭刘文秀老营得手,夺得大西军旗帜。回过头来打着大西军旗号绕到刘文秀主力之后,出其不意与于大海、李占春夹攻刘文秀,刘文秀大败而归。去时三万人马,逃回时“免者仅三千余人”。曾英从此声威大振，川东一带起兵者尽归其节制，兵力总数扩展到二十万。南明弘光政权加封曾英平寇伯。曾英雄踞川东，连张献忠也不敢轻易招惹。

张献忠在进军成都时，没能留下足够兵力守重庆，犯了一个战略性的错误。川东重镇重庆的丢失，成都之东屏障尽失，使得张献忠东下之路断绝，是大西政权在政治和军事上遭受第一个重大挫折。

此外，参将王祥起兵遵义，曹勋起兵黎州，游击马应试窃据叙州（宜宾）。王祥出兵綦江，与曾英互为援手，“相犄角”。曹勋亦联络明户部主事范文光，邛州举人刘道贞，拥立朱至澍侄儿为蜀王，占据邛州、雅州一带。成都举人朱俸尹与阆州举人郑延爵、明天全六番招讨使杨之明联合组织了一支武装叛乱队伍，与大西军接战于雅州飞仙关。

在川北，原明礼部官员渠县李含乙、李储乙兄弟破家募士，得数千人，攻陷了广安州，杀害大西官员和驻军数千人。

在中江、射洪一带，王干城、赵维岳、赵思忠等拥立一个相貌酷似内江王的人为首领，以内江王为号召，竟然聚合十万之众。

全川各地大的反叛势力有三十多股，小股反叛势力数不胜数。这些反叛的残明势力攻陷大西所属州县，残酷杀害在四川各地的大西政权各级官员。《明季南略》载：“凡献忠所选府州县官，有到任两三日即被杀者，甚至有一县三四月内连杀十余县官者。”他们杀害大西政权官员，手法十分残忍，“投之火，沉之水或生剥其皮”，令人触目惊心。不仅如此，叛乱的残明势力对川中百姓也不放过。“曾英、王祥、王启、冯朝鲜等，各集兵走涪、泸、合、永、遵、綦、直等处，凡所过所驻，皆抢劫而食，东南大忧，庐舍一空”。王祥在江津纵兵大掠，在川北“牵其牛，掠其人，握其粮，焚其舍”。马应试“焚泸卫”，赵荣贵“屠茂州”，杨展抢掠叙州府，马乾纵兵淫掠，曹勋在黎、雅一带抢劫烧杀，“僵尸满路，渺无人烟”。在雅州民间，百姓怨恨不已，就有“宁遇恶虎，不遇曹部”的俚语。

更有甚者，暴乱武装竟然将张献忠的弟弟杀了。《滟滪囊》载，张献忠的弟弟张献诗被封二千岁，从川南州县押运军饷回成都。杨展侦知这个情报，命令随行船只停在江边，自己只带数人驾轻舟直追张献诗。问道：“来者莫非二千岁？”答：“是的。”杨展厉声说：“有大西大顺皇帝诏书在此，请二千岁上岸听宣。”随行的大西军不知是计，上岸跪在地上听旨，结果几百人全部被杨展杀害。杨展夺取二千岁所押军饷，往遵义进发。到了遵义，有了钱的杨展招兵买马，“旬日间得胜兵八万”。

官绅地主阶级的暴乱，疯狂残害大西官员和百姓的暴行，激起张献忠的强烈义愤，迫使他不得不采取军事手段平叛。他派遣冯双礼进兵川南泸州、叙州；孙可望、马元利进兵川北；艾能奇、狄三品进兵雅州、眉州等地。在开始平叛阶段，大西军还注意区别对待百姓与暴乱分子，曾在洪雅县贴出布告：“凡尔处市镇顺民毋恐，家给大顺钱缀于首，可不死，而山中作逆者，当剿除之。”

经过几个月的激烈战斗，平息暴乱的军事打击取得胜利。冯双礼在川南屡被杨展打败，直至孙可望率兵来增援，才将杨展击败。杨展败逃江津，进入深山躲避，冯双礼收复叙州等地。艾能奇在雅州飞仙关大败曹勋，活捉朱俸尹，收复雅州。马元利在川北消灭了李含乙、李储乙的残余势力，收复广安州。但是，杨展、曹勋等并未被消灭，这些旧将领都熟悉川中地形，退入深山险阻暂避。大西军撤走后，他们又走出山险，四处攻掠，搅得鸡犬不宁。他们跟大西军打起了游击战。史书载：张献忠“虽重兵威之，不能止也”。杨展到后来，兵力发展到二十余万，就是张献忠亲自出马，也无法取胜。

张献忠攻陷成都后，川中残兵游勇多逃往中江、射洪一带，再加上当地地主富绅的乡团武装，大约有十万之众。这支武装利用险峻的地理地利，整治军械，准备向大西政权发难。张献忠得知这一情况后，也为之担忧。但是这支武装因为距王应熊所在遵义千里之遥，就连一纸空白委任状也没有取得，没有名号。军中旧军官只能称义士，无法驾驭这支武装。忽然传说山中有“内江王”，“容貌顾盼，英雄异常”，见过的人都说就是“内江王”。军中闻讯大喜，领头的旧军官前去迎接，请求接管这支武装。“内江王”几经推辞，不得已出山视事。于是定尊卑，设官职，赡养百姓，训练士马，十万余众无不帖服。“内江王”也为自己设立御营。没过多久，大西军进入中江、射洪平叛，这支武装出战，数战数败，以致军心动摇。此时，“内江王”决定亲自带兵出战，初战先捷。大西军聚集大兵再次前来，“内江王”再次出战，大败大西军，生俘大西军士卒数百人，招降千人。这些降卒被“内江王”编入御营。有一天，张献忠亲自带领大西军主力来征剿，两军对垒，还没有接战，“内江王”御营兵发生哗变，引起其他各营惊恐混乱。张献忠挥师从外进攻，“内江王”御营从内杀出，叛军营垒大乱，十余万众被斩杀奔窜殆尽。原来所谓的“内江王”是由相貌酷似者装扮的，是张献忠打入叛军的间谍。张献忠略施小计，就将这支十万人的叛乱武装平息。

官绅地主集团此起彼伏的武装暴乱，让张献忠怒不可遏！他不能理解，他给四川的官绅们官做，给他们俸禄，他们为什么还要反对自己？他镇压官绅地主，为的是四川百姓，四川百姓为什么要参加武装叛乱？他不明白的道理其实很简单，土地是地主的，农民依附于土地。土地问题没解决，农民仍然掌控在地主手里。

暴怒的张献忠十分可怕，他发了一道圣谕，并刻在石碑上，是为“圣谕碑”。碑文：“天有万物与人，人无一物与天。鬼神明明，自思自量。”张献忠眼里的天就是他自己。他常说：“人命在我，我命在天。四方有路，在劫难逃。”四川人忘恩负义，大西皇帝张献忠这位天子，要代表上天惩罚四川人了。

他憎恨故明官吏，特别是那些进士、举人出身的官吏，即使在大西大顺政权为官，他也一样憎恨。加之汪兆龄从旁煽风点火，大西朝那些川籍官吏往往因为很小的过错，动辄得咎。西充进士江鼎镇出任大西政权礼部尚书，张献忠作为皇帝在成都郊外行祭天礼，就因为江鼎镇使用中间有粘接的表笺写祭文，张献忠指责江鼎镇不想让大西朝统一天下，责打一百棍。江鼎镇挨打后越想越害怕，反对统一是多大的罪名？他料定张献忠不会放过自己，全家十余口人全部上吊自杀。兵部尚书、彭县进士龚完敬，被张献忠处决，罪名是“不葺治衙署”，就是说兵部衙门没有好好打扫治理。故明成都知县吴继善接任礼部尚书，两个月后，张献忠令其将马匹分给新立一营将士，吴继善请求开列兵士名单，仅此细故，触怒张献忠，被打毙命。右丞相严锡命家在绵州，有一次张献忠路过绵州，严锡命请张献忠驾幸严府。严锡命“大筑园榭于治北之南溟镇严家嘈”，宅第宏伟壮丽，张献忠十分厌恶其奢侈，回到成都后，下令将严锡命斩首。

张献忠看到，反对大西政权的武装暴乱，挑头者要么是前明官员，要么就是举人、秀才一类人物，而官员也是读书人出身。这让他对生员一类读书人切齿痛恨。他在左丞相汪兆龄的蛊惑下，决定在大西大顺二年十一月举行一次特别科举，即史书所说“特科”，借此机会将士子全部剿灭，斩草除根。张献忠发布的举行“特科”的诏书规定，凡士子必须赴试，由州县学官押送。借故隐匿不赴试者，本人剥皮，妻女充妓院，邻里、有司、教官斩，连坐十家。诸生齐集成都大慈寺，有五千余众。

张献忠新制一面大黄旗，长宽各一丈，下令书一“帅”字，要求一笔写满全幅。谁能做到，可以免试得中。有夹江县生员王志道，用草绑了一支大笔，以大缸贮满墨汁，将大笔浸泡缸中三日，一笔写成。张献忠盯着王志道看了半天，说：“他日图我必尔也。”立即将王志道杀了祭旗。

乡试，会试都在贡院举行。在贡院左右拉起一条长绳，离地四尺高。士子由东门进来，西门出去，凡身高超过长绳者驱赶至青羊宫杀掉，五千余人先后被杀，士子携带的笔砚堆积如山。据《蜀龟鉴》载，有两名士子年幼，不及绳高，未被杀害，留在军中作书记，其中一名就是著有《蜀警录》的欧阳直。

欧阳直在《蜀警录》中这样说："调各学生员听考，到即禁之大慈寺，齐集之日，自寺门两旁各站甲士三层至南城。献忠坐街头验发，如发某一庠过前，一人执高杆悬白纸旗一副，上书：某府州县生员。教官在前，士子各领仆从行李在后，鱼贯而行至城门口，打落行李，剥去衣服，出一甲士即拿一人。牵至南门桥上，斫入水中，师生主仆悉付清流，河水尽赤，尸积流阻十余日，方飘荡去尽。"

据说张献忠杀士子时，文庙起火。张献忠多少有些感慨，说："孔圣人不喜我杀其弟子邪？"这时候，如果有谁从旁劝阻，惨剧也许会就此打住。当时，汪兆龄就在旁边，同样是读书人，他的回答令人诧异，他说："四川文运已绝，故也。"其意为，四川的文运已经灭绝了，文庙没用了，所以自燃了。老万岁你就放心好了！

汪兆龄作为大西政权的丞相，有责任匡正张献忠的出格行为。不，汪兆龄的本质惨刻暴虐，一味以谄媚邀宠，不失时机地挑唆张献忠干坏事，大奸之相表露无遗。他虽然得到张献忠的信任，却得罪了大西所有文臣武将。

我们无意替张献忠辩护，所以秉笔直书，将历史的真实摆放在世人面前。但是必须指出的是，张献忠在四川三次开科取士，只有最后一次残酷杀害读书人，而前两次的确是开科取士，延揽人才。考取的进士、举人都被任用，大多出仕州县官员。而这些新朝官员相当一部分被地主富绅暴乱武装杀害。正是因为州县官员屡屡被害，才激起张献忠的愤怒，然而其泄愤的方式过于荒诞不经，过于残忍，以致人心尽失，进一步危及大西政权的存在。

到了大西大顺二年下半年，随着大顺政权、弘光政权的覆亡，大顺将领贺珍东走川鄂交界地区，马科投降清军，清军进占汉中一带，加大对四川大西政权的军事压力。四川的局势进一步恶化。张献忠发动的武力平叛，虽然在当时把大部分武装叛乱镇压下去，但是杨展、王祥、曹勋多逃入山区，待大西军撤走后，又复出作乱。杨展向内溪一带进犯，与刘文秀、耿三品率领的大西军展开激战，大败大西军。樊一蘅、杨展再次攻陷嘉定、邛、眉州等地；明原总兵贾登联由富顺进兵资阳、简州；侯天锡进占西南重镇泸州；马乾占领内江；川东的夔州、万县等地也被原明参将谭弘、谭诣、谭文所占领。南明督师阁臣王应熊并没有因弘光政权倒台而气馁，反而趾高气扬，从遵义北上，视师江上，与樊一蘅会于泸州，檄令诸将克期并进，全面颠覆大西政权。

局势的骤然变化，使得混入大西政权的一些心怀叵测者认为有机可乘，蠢蠢欲动。上南兵备使、举人郝孟旋，暗中与曹勋勾结，将雅州大西官员杀害，迎接曹军入据雅州，将自己所率营兵改名匡正营。曹勋军入雅州大肆抢掠，街市俱为之一空。郝孟旋率众攻打邛州，兵败被杀。当时顺庆（南充）的大西官员谯应瑞、冯开余、殷承祚秘密与王应熊取得联系，欲等马元利离开顺庆即叛变。马元利奉调至潼州，发现这个阴谋后将随行的殷承祚处死，而顺庆则被谯应瑞、冯开余占领，所率武装号称中兴营。旧明武装虽经大西军多次打击，但随败随兴，不断吞食大西地方政权，使得大西政权在川中统治，处于岌岌可危之境地。

大西大顺二年，张献忠召集群臣开会，商讨解决大西政权面临的困境。他说："得蜀二年，蜀民恩之不附，威之不畏，屡抚屡叛，将若之何？朕意欲弃蜀入秦。一得长安，则中原首领自我而据。且关中为我故乡，诸将兵多系秦人。自来强兵战马，皆产于秦。要图大事，还是陕西。"

张献忠此时已经有了弃蜀入秦的想法。

张献忠的义子、平东将军孙可望首先发言，他不同意放弃四川，说道："臣愿皇上正位西川，轻徭薄赋，以恩止杀，另颁新政与民更始，如父母之于赤子焉！"孙可望主张改弦易帜，收拾民心，力求从政治、军事上巩固已经取得的成果，这个主张无疑是正确的，代表了大西政权多数官员的意见。孙可望奏后，张献忠却沉吟不语。

张献忠的左丞相汪兆龄不等别人多说，立即附和张献忠。他说："蜀民剽悍，臣先言之，今则然矣。而蜀人德不知怀，威不知畏，屡抚屡叛，是蜀人负皇上，非皇上负蜀人也。今将弃之往秦。命将留守，恐贻后日之患。以臣愚意，莫若先将在城人民，尽行屠戮，其四道、府、州、县之民，另计分剿，宫殿房屋，效楚人一炬，使之千里赤地，万井无烟，然后弃之他往。此制剽悍，安反侧之善策也。"

汪兆龄刚刚言毕，张献忠连声称道："卿言是，卿言是！"张献忠以汪兆龄帷幄重臣，议论称旨，加封汪兆龄太子太师，赐玉，仍管东阁大学士。

史书对汪兆龄这样评价："伪宰相汪某，惨刻过于献忠，平日以暴酷媚献忠，凡所欲杀，汪必赞助，故献忠最信者。"

张献忠是一个性格有缺陷的人。他勇敢坚毅、威猛刚强、豪爽开朗，同时他又粗暴偏激、易怒多疑。许多学者研究认为，张献忠具有情绪型、外向型、独立型性格特征，属于胆汁质型一类的人。像他这样的人，行为举止易受情绪影响，一方面开朗、活跃、直率、勇敢、坚毅、果断、好动，另一方面又粗暴、偏激、任性、放纵、多疑。过去,由于受到明朝官军残酷镇压,张献忠常年东奔西跑,东躲西藏,他性格好的一面得以充分表现,勇敢坚毅,屡败屡战,毫不气馁,体现出的是正能量。据有全蜀,当了大西皇帝以后,皇权的专制对张献忠思想侵蚀是十分可怕的。这一时期,张献忠自诩天子,代表上天统治下界,唯我独尊,很少能够听取不同意见,顺我者昌,逆我者亡,偏激暴戾,把他性格中恶的一面表露无遗。他常常为些许小事,气得暴跳如雷,暴怒之下就要杀人。“屡见献忠震怒,七窍生烟,人莫敢正视。无论宫人、大小官吏,稍有不顾,怒即随之,或令绞死,或令斩决”。他迁怒于四川人民参加官绅地主领导的暴乱,命令军队不分顺逆、不分良莠滥加屠杀,甚至发出“除城尽剿”的指令,分派大西军到各州县搜杀所有能找到的人。据史书载:“剿局始于崇庆,终于再屠成都。”就是说,即使作为帝都的成都也不能幸免。《圣教入川记》记载这两名外国传教士目睹张献忠“剿洗”成都的情景。

大西大顺二年十月二十二日,张献忠下令,除大西政权官员家属外,成都“城内居民一律杀绝”。第二天,“各军人皆奉命认真严剿,毫不容情。各军分队把守城门,余军驱百姓到南门就刑”。“被拘百姓无数集于南门外沙坝桥边。一见献忠到来,众皆跪伏地下,齐声悲哭求赦云:大王万岁!大王是我等之王,我等是你百姓,我等未犯国法,何故杀无辜百姓?何故畏惧百姓?我等无军器,亦不是兵,亦不是敌,乃是守法良民。乞大王救命,赦我众无辜小民,云云”。如果张献忠心理正常,对于百姓小民如此悲切的求情讨饶,必然会为之心动。可惜,受到反叛刺激的张献忠不是一个心理健康的人,也许他患上了狂躁症,无辜百姓的求救非但引不起丝毫怜悯,反而将其激怒。“不独无哀怜之意,反而厉声痛骂百姓私通敌人。随即纵马跃入人中,任马乱跳乱踢,并高声狂吼:该杀该杀之反叛!遂令军士急速动刑。冤乎痛哉,无罪百姓齐遭残杀。……锦绣蓉城顿成旷野,无人居住,一片荒凉惨象,非笔舌所能形容!”

如果不是时任大西政权“天学国师”的外国传教士目睹的杀人惨景,我们无论如何很难采信史籍中所写的“除城尽剿”。一向掌握话语权的封建地主阶级知识分子,对农民革命多所歪曲污蔑。义军攻占一城,在他们的笔下必然出现“屠城”的字样,其实所谓“屠城”只是杀害几名官吏以及顽固抵抗者,和屠杀全城百姓相去甚远。但是,与张献忠的敌人没有丝毫利害关系、就在张献忠身边任职的外国传教士描述“除城尽剿”惨状,我们没有理由不采信。恰恰相反,我们从这些记载中才能真实地了解张献忠的大西政权为什么会如此迅速地走向失败,张献忠领导的农民革命从开始受到人民群众拥护,为什么会逐渐丧失民心,招致最后的惨败?

今人常说“性格决定命运”，这话不无道理。张献忠的偏激性格使暴力统治不断升级，在其施政后期，出现一种恶性循环，他越是感到孤立，就越发猜疑暴戾；而越是猜疑暴戾，就越发良莠不分地滥杀，使自己更加陷于孤立。

不管是“刑杀之威”还是“除城尽剿”都没能让张献忠有好日子过，到了大西大顺三年（1646）大西政权在川中形势日趋恶化，处于四面受敌的状态。张献忠只得缩短防线，撤退一些地方驻军，集中兵力对付川南南明势力。张献忠命令孙可望、刘文秀、王尚礼、王复臣收复川南失地。大西各位将领与王应熊、樊一蘅指挥的其他各股南明势力作战，同时执行张献忠“除城尽剿”的指令。开始百姓士民不理解“除城尽剿”的真实含义，以为除了城市，山寨村野要“尽剿”，城市是安全的，于是纷纷进入州县城内躲避，不想进入城市，更方便一网打尽。可怜川中百姓，脑袋掉了却不知为什么。

张献忠不分顺逆、不分良善的剿杀，不得人心，也不得军心，受到大西军部分将士的抵制。有些将士见到百姓纵其逃跑，可是完成不了剿杀指标，自己就要被杀头，于是出现军士与百姓相对而哭的场景。百姓哭是怕被杀，士兵哭是不杀百姓自己就得死。有的士卒不忍杀害无辜，干脆与百姓一道逃入深山老林。士兵逃跑，将领要受责罚。刘文秀所部有一都司逃走，张献忠下令责打刘文秀一百军棍、耿三品一百五十军棍。这二人一个是张的义子，一个是亲信将领，尚受此酷刑，若是别的将领连命也保不住。

大西军总兵温自让，延川人，跟随张献忠同起于延绥。温自让因不忍心杀害无辜百姓，弃妻子，乘夜色掩护，率几百名亲信士卒北走。张献忠闻报大怒，亲自带领骁勇骑士追赶。温自让坐骑跑得快得以逃脱，其余几百名部下被追及，绝望之余全部在途中自杀。据记载，大西军右都督、米脂张君用八卦营、汝州王明振武营、麻城洪正隆隆兴营、泾阳郭胤三奇营、凤阳宋官永定营、合肥郭尚义三才营、山东娄文干城营、六安汪万象援剿营、宝鸡彭心见决胜营、周尚贤定远营、张成中厂营、万县杜兴文英勇营、黄冈张其在天威营、开封王见明龙韬营、麻城商元及志义、天讨、金戈、神策、虎威、虎贲、豹韬、虎略等营总兵有数十人“俱以搜括无功，坐徇庇诛杀，或剥皮死，并其家口部落，尽斩于河”。

大都督轶其名冒死劝谏张献忠：“其名等随王多年，身经数百战，所得之地即行杀戮，不留尺寸以作根本。士民既杀，地方取之何用？苟不修正业，将士随王亦无益矣。必欲屠民，其名愿刎颈以代民死！”孙可望、李定国、刘文秀、马元利、艾能奇、白文选、张化能、张能第等，都俯伏在地流着眼泪同声劝谏，只有那位左丞相汪兆龄冷眼旁观,不置一词,但他也看到众怒难犯,不敢再火上浇油。张献忠见劝谏自己的不是义子,就是亲信将领,只得答应停止对无辜百姓的剿杀。事实上这一时期张献忠统治的地盘仅限于川西平原十几个州县,其他各地都被南明各股势力占据,大西政权已经是鞭长莫及了。

对于张献忠在四川杀人过多的问题,我们必须正视,不能因为其作为农民革命的领袖,为推翻明王朝的统治立有功绩而否认或抹杀其所犯严重错误。四川民间口口相传:"八大王剿四川,杀得鸡犬不留",此话虽言过其实,但也不是无影之风。对于历史人物的评价,我们只能用辩证的方法去分析,否定一切或者肯定一切都是错误的。

同时也必须正视,张献忠在四川杀人过多实属事出有因,是因为地主官绅集团此起彼伏的暴动反叛引起的。张献忠在四川建政之初,是想好好经营四川的,在政治、经济、军事各方面颁布了许多政策和措施,目的在于巩固大西政权,造福当地百姓,暂借巴蜀为根,然后兴师平定天下。官绅地主阶级突如其来的反叛暴乱,打乱了张献忠的战略部署,在平叛后期又错误地放弃阶级分析的方法,将官绅地主阶级的反叛看成是四川人反对大西政权,不加区分地一体加以镇压,结果犯下了杀人太滥的错误,以致人心尽失,把本来处于地主阶级对立面的平民百姓逼迫到地主阶级一边,把本来是大西政权存在的社会基础的平民百姓,推到了大西政权的对立面,造成大西政权孤立无助,偏离了其最初"暂取巴蜀为根,兴师平定天下"的宏伟目标,最后招致失败出走。

张献忠在四川到底杀了多少人?史籍有记载,只不过这个出现在正史中的记载太过离谱,荒诞不经,根本无法采信。清初毛奇龄说:仅从丙戌(大西大顺三年1646)正月张献忠"命四将军分路草杀",到五月回到成都,所杀人数竟高达六万万九千九百万,在此之前后所杀尚未统计在内。请注意,仅1646年前五个月,张献忠在四川杀了近7亿人口。

这实在是个弥天大谎。明末清初四川一个省有7亿人口吗?这一时期由于战乱、饥饿、瘟疫、虎害等原因,绝不是四川人口最多的时期。我们以明万历六年(1578)统计数字为据。当时,著名的宰辅张居正锐意改革,是明朝历史上经济社会最发达、最鼎盛时期,四川"户(口)二十六万二千六百九十四,(人)口三百一十万二千七十三。"即使是明王朝最繁华鼎盛时期,四川人口也仅有310万,到了战乱饥荒的明末清初,仅张献忠杀害的四川人口就达到"六万万九千九百万",这不是痴人说梦?如此违反事实、违背逻辑的数据,竟然被钦定《明史》采纳,作为正史流传下来，适足说明一个道理：封建统治者对农民革命极端仇恨的心理，他们攻击农民起义已经到了不择手段的地步。

到了大西大顺三年，大西政权所管辖的地盘只有川西平原的一小块，大片土地已经被南明各股反叛势力占据，张献忠想“除城尽剿”也鞭长莫及。如果与清朝军队占领扬州后的“扬州十日”、“嘉兴三屠”所杀人数相比，张献忠显然是小巫见大巫，甚至连小巫也算不上。据《研堂见闻杂录》载，仅仅因为汉族百姓反对剃头，清朝统治者在江南一带杀害汉族百姓百万之众，即所谓“留发不留头，留头不留发”。然而如此残忍暴烈的屠杀，却不见于史籍，即使是野史也顾左右而言他。原因在于清朝统治者是胜利者，胜利者掌握了话语权，是可以不受指责的。恰恰相反，张献忠是失败者，所以屎盆子都往他头上扣。

历史是杀死英雄的那些人写的！

张献忠在四川执行“刑杀立威”、“除城进剿”的政策，的确杀了不少人，但是要说四川人口锐减，完全是张献忠一手造成的，绝对不是事实。清初，四川有四股势力，除大西军外，还有南明军队、清军、摇黄土暴子。这些势力手中都有刀，都杀人。南明残杀大西官员和士兵，也杀百姓；清军杀大西军，杀南明武装，也杀百姓；摇黄土暴子谁都杀，主要杀百姓。不用说专门屠杀百姓，就是株连捎带也受不了。

四川人民真正的苦难，是大西政权失败以后的清军入川和川人勇于抗清的二十年间。在军事上占优势的清军发布文告：“民贼相混，玉石难分，或屠全城，或屠男留女。”这等于向全体川人宣战，宣布大屠杀开始。可是，又有谁指斥过清政府呢？

至于南明军队，张献忠在四川时，他们还有个要共同对付的目标，互相之间不甚残杀。张献忠之后可就乱了，就连大名鼎鼎的杨展也死于自己的部属、当年的摇黄十三家头目袁韬、武大定之手。“官兵之虐，甚于流贼”。欧阳直写道：“合阳土豪李调燮，尝对余言及彼集士兵扎寨，时无粮，每发兵捕人谓之人粮。凡掳到人口，选肥少者付厨下，余者系瘦，乃给士兵，烹宰俱按整猪羊法。彼受招安入杨展营，人赠以绰号曰‘万人坟’。”欧阳直本人，从内江至威远的路上，差一点被饥民吃了。江津龚懋煦记载：“官兵所过尤烈于贼，里巷恣睢雄杰之徒，借起义为名，驱民为兵，众至千万……民尽为兵，废耕绝食，旋亦自相食以尽，全川至此烟火断绝凡十五年。”杨鸿基《蜀难纪实》载：“时蜀土不耕已二年，余粮罄竭，民唯拾撸谷，采野蔬以充腹，已有人相食者。诸兵搜劫无已，民不能出而求食。故不死于兵则死于饿。蜀难至斯转剧，民存十不能一矣！”说得明明白白，蜀难自大西军离开四川后才加剧，人民十个里面活下来的不足一个，“全川至此烟火断绝凡十五年”。

二十九　拒绝清政府百计诱降，张献忠战死西充凤凰山

时光进入清顺治三年(1646)，大西政权在川中日子越发难过。南明军队和清军四面进攻且不说，就连大西军和政府官员数十万人的吃饭问题也无法解决。张献忠无奈之下，只得恢复过去流动作战时实行的打粮政策，派士兵四出搜粮，以解燃眉之急。打粮的对象不问富裕贫穷，有粮就搜，所以大西政权更加不得人心。此时，大西政权控制的地盘十分有限，打不来多少粮食，问题仍然没法解决。

为走出经济与战略困境，张献忠必须有所行动。他想入秦，可这时据有秦地的是打败李自成的清军。从强大的清军手中夺取陕西，胜算几何？这不能不使张献忠统筹考虑。

北进不能，那就只有南下！

南下又谈何容易？

川西南有杨展，泸州、内江有马乾，重庆有曾英、王祥，川东夔州、万县有谭弘、谭诣、谭文。每走一步，都是一场大战。半年以前，杨展在内溪一带就曾大败刘文秀、耿三品率领的大西军。

现在的杨展拥兵二十万，足衣足食。杨展占领川南后实行屯田，而且对农民课以重税，每亩收赋税二三斗，手中有粮。别人饿得皮包骨头，全川只有杨展有饭吃，而且能够支持别人，曾一次援助宜宾军粮万石。消灭杨展，一举占领上川南，夺取杨展军粮，大西军有可能摆脱战略困境。然后顺流东下夺取湖广、南京，咸鱼翻身，仍然有可能成就一番天大的事业！

张献忠大概就是这么决策的吧。

三月，张献忠挑选十数万大西军主力，亲自率领，张帆千艘，除大西军将士外，百十艘船上满载金银珠宝，沿岷江南下。以张献忠的狡黠，成都当时并未放弃，而是留有重兵，一旦南下走不通，也不至于无路可退。许多学者对张献忠带着巨额

金银财宝打仗大惑不解，其实这是流动作战的习惯，走到哪里财宝都随身携带。再者，张献忠显然没有把杨展放在眼里，一年前，张献忠曾说过“川南杨展、王祥何足介意”之类的话。大西军多次与杨展作战，杨展采用游击战术，你进我退，你前脚走，我后脚跟进。当时看似把杨展打败了，其实不然，杨展的有生力量未受损失，而且他不断蚕食大西州县，到顺治三年，占有上川南的新津、彭山、丹棱、眉州、邛州、嘉定一带。此时的杨展今非昔比，士饱马腾，有足够的实力对抗张献忠。

当时，张献忠不出成都，杨展都有进攻成都的企图，张献忠主动来战，杨展以逸待劳，设伏以待。张献忠大西军出成都没走多远，在彭山县就遭遇杨展的阻击。双方在彭山县江口镇展开一场生死大战，一场水上作战。杨展面对张献忠十万大军，千艘战舰，丝毫不惧，正面迎击。他把军队分为前后两翼，一路封堵张献忠大西军的去路，一路截断张献忠的归路。另外，他轻舟四出，携带易燃物品和火种驶向张献忠船队，是时江风大作，小船很快引燃了张献忠的大船，风烈火猛，战船多被烧沉。张献忠所部多为北方之人，不习水战，由于岷江河道狭窄，张献忠的大船前后上千只首尾相衔，骤然之间，进无法进，退无法退，这支庞大船队，几乎被烧得一干二净。大西军将士要么被烧死，要么葬身鱼腹，生还者十不足一。其中载有金银的船只因负载过重行动缓慢，全被烧沉于江底，“所掠金玉珠宝，及银鞘数千百，悉沉水底”。这就是史书不绝于耳的所谓“江口沉银”事件。

杨展身先士卒，奋勇冲杀，亲手殪杀张献忠的先锋将领。事先埋伏在岸边的杨展军士枪铳弓弩齐发，侥幸上岸的大西将士又被箭矢枪弹所伤。大西军“士卒辎重，丧亡几尽”。也就是说，张献忠率领的十万大西精锐几乎全被消灭。张献忠见不是事，南下无望，匆忙指挥部队拼死后撤，收拾残败士卒又退回成都。史载“献自江口败还，势不振”。

彭山县江口镇境内水域到底有多少当年张献忠的沉银？据《蜀难纪实》记载：“累亿万，载盈百艘。”百十艘满载金银财宝的战船绕沉江底，这就是“江口沉银”。

江口沉银肥了杨展，他从水中打捞沉银解决军饷，经济与军事实力大增，成为富甲诸将、雄霸一方的强者。当地渔民也有人偶然从江中打捞出带木梢的金银，补贴家用。到了清代，据《彭山县志》载：“乾隆五十九年，冬季，渔者于江口河中获刀鞘一具，转报总督孙士毅，派员赴江口打捞数日。获银万两并珠宝玉器等物。”原来在乾隆年间，清朝政府就组织过大规模的打捞行动，部分沉银被打捞起来充实了国库。

江口沉银的消息传开，几百年来不乏淘宝者，但是历史上，江口是一个大码头，四通八达，江面辽阔，江水很深，要捞取宝藏实非易事，这倒对江中宝藏起到了保护作用。

毋庸置疑，“江口沉银”是实，但是几百年过去了，沉银的具体位置在哪里呢？

当地人这么唱道：“石龙对石虎，金银万万五，谁人识得破，买到成都府。”在江口镇的石龙沟中，石龙、石虎遥遥相对；石龙沟位于江口镇石盘山。据清嘉庆《彭山县志》记载：“石龙彭山县治东十五里。其形肖龙，首爪蜿蜒，鳞甲峥嵘，长三四丈许。若经神工鬼斧者然，与石虎相对。”要到达石龙、石虎栖身之处，必须坐船沿水路来到此山深处。山上有石碑，刻有前面所言“石龙对石虎”的一段歌谣。

传说归传说，多少年来，特别是近代，没有什么人在江口一带发现张献忠的宝藏。张献忠在彭山县江口镇沉银之说成为世人难解的一个谜团。

谜团终有解开的一天。

据《华西都市报》报道，2005 年 4 月 20 日上午 10 时 30 分左右，在彭山县江口镇岷江大桥附近的老虎滩河床引水工程建设工地上，一辆挖掘机从河床三米深处掘起一铲沙土，伴随这铲沙土落地，一截黑不溜秋像朽木一样的东西掉在地上。眨眼间，一枚枚乌黑中泛着亮光的银锭，滚落地上。其边缘虽有些残损，但银锭身上铸造时打上的“崇祯十六年八月，纹银五十两”字样清晰可见。出土银锭藏匿于木筒内。木筒长 118 厘米，外径 18 厘米，为两个半圆形木桩，将内挖空把银锭放入其中，然后合在一起，两头用铁丝箍紧。

当地文物部门认为，这一意外发现可能为“张献忠江口沉银”的传说找到佐证。2005 年 8 月，出土银锭经四川省文物鉴定委员会鉴定为明代银锭，属国家珍贵文物。其中六件有铭文为二级文物，一件无铭文为三级文物，银锭分别重 1800 余克，呈船形。正面刻有铭文。如“沅陵县征完解司载充兵饷银五十两崇祯十年八月银匠姜国太”，又如“京山县十五年饷银肆十两”“巴陵县榆口饷银五十两”，从出土的银锭铭文可以看出来自湖南、湖北地区，为崇祯时期的税银，与张献忠转战路线及所占地点十分吻合。三百多年来，张献忠在彭山县江口镇沉银之说终于在世人面前露出真容。

2011 年，江口河道清淤，挖掘机在 2005 年挖出银锭的附近又有收获。这次发现的是一页金封册，一枚刻有“西王赏功”的金币，以及一些碎银。这页金册长 12 厘米，宽 10 厘米，重 730 克，上刻“维大西大顺二年岁在乙酉五月朔日壬午”和“皇帝制曰朕监于成典中宫九御”。专家认为，这可能是张献忠在成都称帝后，颁布的某种法令的第一页。印有“西王赏功”的金币，也被认定是存世不多的张献忠大西国金币之一。

2015 年 12 月 25 日，10 余名国内考古、历史专家齐聚彭山江口，实地考察江口沉银遗址，参观出土文物。十余名专家共同签字，形成《四川彭山“江口沉银遗址”考古研讨会专家意见书》。专家们认为，2005 年至 2011 年，在当地工程建设中发现了大量文物，文物出水地点与文献记载张献忠“江口沉银”地点一致，出水文物中包括铭刻年号的金册、银锭及“西王赏功”金币、银币等。通过与历史文献相比较，基本可以确定“江口沉银”的记载可信，彭山“江口沉银遗址”即为历史记载的张献忠沉银中心区域之一。

至此，张献忠“江口沉银”历史谜团被揭开，清晰地呈现在世人面前。

江口埋有张献忠财宝的消息不胫而走，饕餮之徒垂涎江中财宝，纷纷前来淘宝。近十多年来，不法分子乱挖乱采，盗掘、贩卖文物，情况越来越严重。2013 年以来，每天晚上零点到凌晨四点，都会有十余只渔船在江口岷江大桥附近，以捕鱼为掩护，盗掘文物。

《华西都市报》2016 年 10 月 15 日报道称，从彭山警方获悉，“江口张献忠沉银”盗挖倒卖案告破，在追回的千余件文物中有国家珍贵文物百余件，包括国家一级文物 8 件（虎钮永昌大元帅金印 1 枚、皇帝册封金银册 4 张、摇钱树 1 棵、壹佰两银锭 1 枚、长沙府天启元年伍拾两金锭 1 枚），二级文物 38 件（金西王赏功钱币 4 枚、皇帝册封金银册 7 张、银锭 25 枚、花鸟纹金腰牌 1 个、龙纹金腰牌 1 个），三级文物 54 件（银西王赏功钱币 8 枚、银锭 36 枚、皇帝册封金银册 2 张、狮纹鎏金饰片 1 个、福寿金手镯 1 个、明代官印章 1 个、一刀平五千钱币 5 枚）。

涉案文物交易金额高达 3 亿余元。该案主要文物全部追回，主要犯罪嫌疑人全部被起诉。在同类案件中，追回的国家珍贵文物数量、文物总数、抓获的犯罪嫌疑人数均为全省第一，是 2016 年全国破获的最大文物案。

在追回的文物中，“虎钮永昌大元帅金印”尤为引人注目。在彭山区文管所所长吴天文看来，这枚金印是张献忠沉船文物中的核心文物，对考证沉船文物性质极为关键。根据“虎钮永昌大元帅金印”上所刻的信息显示，金印铸造于 1643 年农历十一月，当时张献忠还没有称帝，所以刻的是永昌字样，并不是大西字样。

吴天文说，这枚金印用九叠篆刻有“永昌大元帅印”字样。九叠篆是一种非常特别的篆书，象征着极高的身份。“当时张献忠虽然没有称帝，但根据金印材质、篆书等来看，地位已经很高，应该是张献忠本人持有”。

可是，问题来了。“永昌”是李自成的年号，而且是1644年正月在西安建立大顺政权后，称“永昌”元年。1643年，李自成也只是称“奉天倡义文武大元帅”。1643年，张献忠在武昌建政，称“大西王”，和“永昌大元帅”也不搭界。突然出现一颗“永昌大元帅”金印，这，究竟是谁的？

在彭山区文物管理所内，被收缴的数十枚银锭出现在大家面前，令人称奇的是，其中十余锭刻有“大西”年号。“大顺元年崇州五十两银锭”“大顺元年眉州大粮银五十两银锭”，是张献忠在四川铸造的银锭。过去史学界普遍认为张献忠的银锭都是掳掠所得，这十余锭大西大顺年号的银锭显然是张献忠在四川自铸的。这些银锭政权名称、年号、地点、税种、重量、银匠等信息俱全，印证了张献忠在四川征收过税赋，以及征收税赋的实际情况。对于研究大西政权的财政、经济政策，是难得的实物史料！

另外，“西王赏功”金、银、铜币是张献忠用来奖励有功将士的钱币，是中国古代钱币中的大名誉品。西王赏功钱币存世稀少，真品难得一见。在国际拍卖市场以数百万甚至千万的价格成交。

彭山江口水战，是南明残将杨展利用地利人气、敢战善战的经典一击，是历史上“火烧赤壁”的翻版和再现。江口水战失败，也彻底绝了张献忠南下之望。

得知张献忠被杨展击败，顺治三年五月，在重庆的曾英也主动出击。他率军沿江西上，逼近成都附近的简阳、资阳。张献忠只得缩小防区，大西政权在四川处境进一步恶化。张献忠确实在四川待不住了，何去何从，必须果断决定。

当时，就全国形势而言，民族矛盾十分尖锐。清政府为了实现其征服全国的野心，在东南和湖广地区大举用兵，镇压大顺军余部和汉族士民的抗清斗争。对于在四川的张献忠则一再派人游说招降，企图不战而平定四川。早在顺治二年春天，清陕西总督孟乔芳致书大西政权川北巡抚吴宇英，“令其说张献忠投降”。这年秋天，清总督六省军务、吏部侍郎佟养和也派人“持书与告示往四川招抚张献忠”。张献忠尽管在镇压南明官绅地主反叛活动中杀人过多，犯有扩大化的错误，但是对阶级矛盾和民族矛盾却有着清醒的认识，对于清朝游说招抚毫不动摇。当他发现吴宇英在川北广元组织乡勇，准备投靠清朝时，断然派兵前往广元，将吴宇英这个首鼠两端的叛徒处死。清朝廷见劝降不能奏效，摄政王多尔衮任命驻防西安内大臣何洛会为定西将军，增派左翼固山额真巴颜、右翼固山额真墨尔根、侍卫李国翰等统兵来到陕西，准备“会剿四川，征讨叛逆”。在军事准备的同时，十一月二十日，顺治皇帝又专门颁发“招抚四川逆贼张献忠”诏书。

诏书说："明祚衰微，臣奸政舛，人心瓦解，国祚沦亡。今天下一统，率土臣民，皆朕赤子。张献忠前此扰乱，皆明朝之事。因远在一隅，未闻朕抚绥招徕之旨，是以归顺稽迟。朕洞见此情，故于遣发大军之前，特先遣官赍诏招谕。方今有识之士，皆欲争先归顺，建立功业。张献忠如审识天时，率众归来，自当优加擢叙，世世子孙永享富贵，所部将领头目兵丁人等，各照次第升赏，倘迟延观望，不早迎降，大军及至，悔之无及。"

清朝廷的诏书软硬兼施，可谓在张献忠身上下足了功夫。不仅如此，清朝廷又绕过张献忠发布"告四川文武官员兵民人等"的谕旨。谕旨说："凡文武官员兵民人等，不论原属流贼或为流贼逼勒投降者，若能归服我朝，仍准录用。倘抗拒不服，置之重典，妻子为奴。开诚投顺者加升一级，恩及子孙。有擒献贼渠将佐者，论功优升，永同带砺。朕今抚御寰宇，求贤若渴，凡有长才伟略，怀瑾握瑜之士，亟宜奋起，共立功名。迟疑失时，噬脐无及。"

面对清廷的威胁利诱两手策略，在川中处境日益困难的张献忠完全可以选择投降，这样，自己不失封侯拜爵，所部将领也可次第升赏。正是在如此关键的时刻，张献忠以民族大义为重，对清廷的招降嗤之以鼻，丝毫不动摇。他说："想让咱老子投降外国人？做梦去吧！"在张献忠眼里，满清是外国，和倭寇没什么两样，中国人怎么能向外国人屈膝投降呢！

清顺治三年正月，多尔衮又任命肃亲王豪格为靖远大将军，同多罗衍禧郡王罗洛宏、多罗贝勒尼堪、固山贝子吞齐喀、满达海统兵深入陕西，积极准备对四川用兵。你知道肃亲王豪格何许人也？他是皇太极的长子，顺治皇帝的长兄。豪格进军汉中，对四川眈眈以视。但是，慑于大西军势大，豪格一时也不敢轻举妄动。

张献忠得到情报后，在成都召开大西军事会议，部署抗清斗争。张献忠知道，抗清斗争是一场硬仗，后面的结果很难预料。李自成曾经那么强大，尚且被清军打败了，大西军也必须做最坏的打算。他将自己的三百名嫔妃杀了二百八十名，陈皇后所生一子尚幼，也杀了。他指定平东将军孙可望做自己的接班人，一旦自己战死，孙可望接替自己，继续领导大西军的抗清斗争。他对孙可望说："我亦一英雄，不可留幼子为人所擒，汝终为世子矣。"为了团结汉民族联合抗清，张献忠抛弃宿怨，提出"联明抗清"的主张。他说："明朝三百年正统，未必遽绝，亦天意也。我死急归明，毋为不义。"他命令孙可望、李定国、刘文秀、艾能奇各统兵十万，分道进入川北前线，骁骑营都督刘进忠驻守川北门户朝天关。张献忠亲自率领大西军大队和家属离开成都进军川北，驻于西充与盐亭交界的金山铺之凤凰山。

离开成都前，张献忠“将所余蜀府金银铸饼及瑶宝等物，用法移锦江，锢其流，穿穴数仞实之。因尽杀凿工，下土石掩盖。然后决堤放流，使后来者不得发”。这就是史上所谓的“锦江锢金”。这个记载言之凿凿，实则不靠谱。试想，张献忠北进要与清军决战，打仗要有后勤保障，放着好好的金钱不用，藏在江底，脑壳有毛病？

几百年来，“锦江锢金”对后人有着无限的诱惑力，希求一夜暴富的人们无不垂涎这些财宝。清初，官府曾几度派员督捞，平民中想发横财而自动发掘者，也不在少数，然而结果都一无所获，有时甚至白白搭上几条人命，真所谓“偷鸡不成反蚀把米”。据说到了抗战初期，成都物价飞涨，生活艰辛，使得一些人发横财的欲望更加强烈，有人自称家中秘藏张献忠“锢金”图，知道其确切地点。于是大事宣传，募集资金，共襄此举，就有不少财迷下大本钱，两次开掘，历时十余月，只不过掘得“大顺钱”几箩筐。这也从反面说明“锦江锢金”的不靠谱。

离开成都前，成都已经没什么人了，张献忠下令将成都城墙拆掉，把大西王府即原来的蜀王府烧毁，他不想将成都留给任何人。当时，蜀王府有两根盘龙石柱，叫擎天柱，毁不掉。张献忠让人取棉纱等物在石柱上缠绕数十层，用油浸泡三天后举火，烈焰冲天，一昼夜石柱崩塌。对于张献忠在成都的破坏行为，鲁迅先生曾经分析过：“他开初并不想杀人，他何尝不想做皇帝。后来知道李自成进了北京，接着是清兵入关，自己只剩了没落这一条路，于是就开手杀，杀。”

八月，大西军从成都撤出北进，张献忠见军队人数大不如前，而且随行官员不及初登基时人数众多，又见城中空无人居，不禁怆然，继而怒火中烧，狂怒间突然抽刀自刎！孙可望、李定国等左右大将上前拦阻，得以保住性命，但张献忠恨恨不已，随将虐待大臣及残害百姓之罪，都加在已经被杀的右丞相严锡命身上。是不是张献忠幡然悔悟，准备弃旧图新？不是，这不过是胆汁型性格的人一时冲动。因为真正唆使他干坏事的是汪兆龄，他却一点也不恨，依然宠信有加。

尽管大西军人数不及初入川时，但仍然是一支令人生畏的有生力量。一路旌旗蔽日，军容威猛，“势甚锐”。曾经盘踞川北的残明武装，被大西军一扫而光，原明四川总兵贾登联曾一度占据中江县城，大西军北进途中，一举攻破中江，贾登联只身逃跑。川北重镇顺庆被熊应瑞、冯友庆据有，瞬间就被大西军攻占，反叛的将领和知府都被消灭。

然而，大西军同仇敌忾的抗清局面，因为一个人的叛变，被全面断送了。这个人就是刘进忠。

刘进忠早年跟随张献忠，深得信任，曾任骁骑营都督驻守成都，后被派往川北，驻防朝天关。前面说过，刘进忠曾未经张献忠同意，出兵攻打汉中的大顺军将领贺珍，上了清陕西总督孟乔芳的当，被张献忠发一道诏书，用陕北土话破口大骂一顿，从此积怨。刘进忠营中多四川战士，对于张献忠平叛中杀四川人颇为不满，曾劝谏张献忠“生灵不可妄杀”，因此见疑于张献忠。恰值刘进忠手下一名将领逃走投降了南明，张献忠驭下甚严，发生这样的事主将要受严厉的惩罚，刘进忠害怕被杀，曾一度跑到重庆附近投靠曾英，因怀疑曾英图谋自己，又率部北移，同摇黄十三家的袁韬勾结，自称新天王。摇黄土暴子奸淫烧杀，真正一窝土匪，刘进忠纡尊降贵，由大西将领变身土匪头子，反差太大，他自己内心也不能接受，于是又返回川北。

刘进忠转了一圈又回到了原点，等于什么问题也没解决。他将目光投向汉中。大约在同年十月间，派部将吴之茂前往汉中，向大清肃亲王豪格请求投降。

张献忠北进西充后，对刘进忠的异动有所觉察。张献忠驭下很严，别说背叛自己，就有什么事情瞒着自己，他也不能容忍。他檄令刘进忠回西充凤凰山总部，“羽檄日三四至”。刘进忠心中有鬼，自是不敢去；不去，就是抗命，又怕张献忠派兵讨伐，而先前派往汉中的吴之茂又没有回来，“迎降”一事没有结果。此时的刘进忠心中忐忑不安，疑惧不已。一日，他召集部将说：“主上曾言先屠儒，次屠民，再次屠蜀中新附将卒。今檄文星急如是，殆欲屠新附者也，为之奈何？”刘进忠说这话显然意在挑拨，张献忠调刘进忠赴西充，并没有调所有部卒，否则朝天关谁人把守？但是主将这样说，引起的后果就很严重。众人回答：“事急矣，唯北投大清，活生灵为善计。”这正是刘进忠所需要的。此时从汉中来了一个商人严自敏，此人实为清军间谍。他对刘进忠说：“大清命肃王豪格夺取四川，早晚会从汉中发兵。现在要想办法商量一下，最好尽快前往汉中请求发兵。”刘进忠听从了他的话，亲自带百余骑疾驰汉中，向肃王投降。

豪格见刘进忠投降，很高兴，赐给战袍、靴帽和马匹，亲自设宴招待。席间问了好多话，诸如四川形势地理，张献忠大西政权的现状等等，刘进忠一一以实回答。

豪格问：“张献忠现在哪里？”

刘进忠回答：“今在顺庆西充金山铺凤凰山。”

问：“急行军几日可到？”

答：“金山铺距此一千四百多里，如果急驰五日夜可以到达。”

对于清军来说，这些都是极其重要的情报，如果不是内部出了叛徒，清军一时半会儿怎能弄得清楚！尽管如此，豪格也不想立即出兵，他对打败张献忠没有多少把握，毕竟大西军精锐有几十万。再则，清军从北京出发，不停地与大顺军作战，到了陕西，早已精疲力竭，需要休整。他对刘进忠说："等到发兵之日，你做向导，引领大清军入川。"

刘进忠一听急了，马上跪在豪格面前请求道："救民水火之师宜早不宜缓，祈请千岁早临蜀地。早一日多救生灵无限。"

有这样死心塌地的投降者让豪格眼前一亮，如果说硬拼取胜把握不大，那么偷袭不失为妙策，成功的几率很大。他当即决定：第二天黎明，八旗大军进军四川。

因为刘进忠的投降，川北门户朝天关洞开，清军不烦一矢进入四川。在刘进忠引领下，清军"衔枚疾驱"，以每日三百里的速度，直趋张献忠的大本营西充凤凰山。

下面是《圣教入川记》的记载：

十二月十一日（阳历）清晨，凤凰山大雾迷漫。经过五个昼夜疾驰的清军骑兵进入凤凰山区，借大雾掩护，主力隐蔽在一座大山背后。清肃王豪格等五骑，在刘进忠带领下，小心翼翼地一步步深入张献忠老营，悠然自得地来到张献忠驻地对面，隔着一条太阳溪，窥探大西军最高统帅部的动静。此时的豪格，按捺不住内心的喜悦，天助吾也！张献忠显然毫无觉察，防备也不严密，偷袭即将成功。豪格甚至有一种冲动，如果不是因为身处统帅位置，他真想横刀拍马冲进去手刃张献忠，来一个斩首行动。

号称北上抗清的张献忠，离开成都进入川北历时三月之久，整天忙着整肃内部，看不出他为抗击清军做了多少事。对于刘进忠的叛变，只能说他并不掌握实情，否则他急如星火调刘进忠入朝，为什么不另派将领换防朝天关？对于清军的动向他更是一无所知，及至清军到了自己的眼皮底下，侦骑一再报知，他仍然不相信。他做梦也想不到，十余万大清铁骑和汉族降兵神不知鬼不觉地进入他的驻地。

这天早晨，张献忠接到报告，昨天夜间又有一名大西官员逃跑。张献忠暴跳如雷，气得七窍生烟，立即提讯这名逃官的妻子。突然侦骑入营报告，大营对面山上有大清兵四五人，各骑骏马从山谷中迎面而来。张献忠闻报，当即大怒，斥责道："清兵怎么能到这里？"不但不信，反而要将报信者杀头，幸好有人讨保，才未加罪。像这样的报告有三次。张献忠先是不相信，最后一次也不问详细情况，不穿盔甲，不带长矛，也不携弓箭，穿随身黄袍，扣子都不系，骑马驰出营外，探看清兵虚实，身边只带小卒七八人和一名太监。

此时雾气正在消散，站在小溪对面的豪格见大营内跑出十来人，他并不认识张献忠。刘进忠指着骑在马上的人对豪格说："这就是八大王张献忠。"豪格刚才还想着"斩首行动"，现在又一次天赐良机。他命令身边善射的京章蒙古人雅布兰射之。雅布兰张弓搭箭，一箭正中张献忠左胸，箭头直透其心。

中箭的张献忠从马上一头栽倒在地，那一瞬间，他还清醒，拔箭在手一看，说："果然是清兵。"随即鲜血喷涌，在地上乱滚，痛极而亡。跟出来的太监见张献忠倒地不起，转身奔回大营，高声尖叫："大王被射死了！"尖细的像女人一样的声音响彻大营，传播着死亡和恐怖。毫无准备的大营将士惊呆了，顿时大乱。大西军将士不击自溃，鼠窜奔逃，各自逃命去了。

清军铁骑抓住机会猛烈进攻，刀光闪烁，鲜血喷溅。大西军因为变起仓促，事出意外，加之丧失主帅，连招架之功都没有，被打得大败。一万多名战士做了刀下之鬼，损失骡马一万两千余匹，辎重、兵器、妻儿丢得满地都是，成了清军的战利品。

不止《圣教入川记》如是记载，明末清初四川文人都这样说：张献忠在西充凤凰山被雅布兰一箭贯胸，当场死亡。张献忠所谓的抗清斗争，还没开始就结束了。他本人也死得非常窝囊，而且命中注定，成为四川人茶余饭后的笑料！

为了佐证张献忠之死，他们不惜编造一段谶语蛊惑人心。《滟滪囊》《蜀龟鉴》载，张献忠登基后，巡视全城。走至东门，遥望锁江桥畔有塔，凝目看了好一会儿。第二天又去看塔，随从俱戎衣乘马，鼓乐前导。到了塔前，张献忠问："此塔何名？"回答："回澜。"张献忠登上回澜塔，对身边的人说："桥是弯弓塔是箭，箭箭射着承天殿。此塔不利城中。"张献忠所指承天殿即大西王府中的主殿，下令拆塔以建将台。没多久，塔被拆毁，塔下得一方石，上有刻字曰："修塔余一龙，拆塔张献忠。岁逢甲乙丙，此地血流红。妖运终川北，毒气播川东。吹箫不用竹，一箭贯当胸。汉元兴(应为建兴)元年223年诸葛孔明记。"余一龙是明万历年间四川藩司，此塔在他手上建造。

也就是说，诸葛亮在1400年前就料定张献忠的死法，并且勒石为记。"吹箫不用竹"，箫字去掉竹头，盖"肃"字也，张献忠命中注定要死于肃王豪格之手。

尽管故事编得天衣无缝，数也、运也都能对上，但骗不了明眼人。《蜀破镜》的作者孙錤就不相信,说:“此疑亦传会者之词,不足为信。”其实,反映明末农民革命的那些史料,就像这个故事一样,尽管众口一词,然又有多少可信之处?

到目前为止,虽然还没有看到系统的翔实的记载,但从清廷方面的奏报和史传材料中,仍然可以清楚地看出当日大西军与清军激烈战斗的情形。

《国朝耆献类征》之《格布库传》载:“格布库,满族正白旗人……(顺治)三年,肃亲王豪格征贼张献忠,格布库及参领西特布、队长古朗阿、巴扬阿、乌巴什随马。十一月,献忠遣贼党环营抗我。格布库奋勇战,破贼第一营步兵。贼分两翼,豪格遣格布库偕佐领苏拜攻右翼,都统准塔巴图鲁攻左翼。贼自右翼下山来犯,格布库率本旗兵冲击之,旋以准塔翦其左翼。贼围我正蓝旗兵,格布库偕佐领阿尔津、噶达浑、西特库、乌巴什往援。格布库中箭卒,西特库、乌巴什俱殁于阵,贼退。”

“时,伪将高汝励据三寨山,豪格遣古朗阿击之,大破其众。献忠发大队迎敌,古朗阿直冲其阵,贼奔溃,未几复合,古朗阿偕瑚里布破之。贼率马步兵分三路来犯,古朗阿奋勇进击,与巴扬阿均阵亡。”

这段史料清晰地描绘了凤凰山攻防战的激烈与悲壮。当清军进攻凤凰山时,大西军并非毫无准备,张献忠指挥大西军组成环形防守阵地,英勇抗击清军。清军统领格布库率领正白旗铁骑奋勇作战,首先攻破大西军第一步兵营。张献忠及时调整部署,分成左右两翼发起反攻。豪格调遣格布库伙同苏拜进攻张献忠的右翼,准塔巴鲁图进攻左翼。大西军右翼从山上直冲而下,格布库率正白旗骑兵迎面冲击,战斗打得非常激烈!旋即,清军准塔击败大西军左翼。

让清军统帅想不到的是,大西军骤然包围清军正蓝旗,发起猛烈冲击,护军统领哈宁噶惊恐万分,急忙向主帅求救。格布库随即同阿尔津、噶达浑、西库特、乌巴什前往救援。这是一场异常残酷的战斗,大概连格布库也没想到,山海关与李自成大顺军一战后,八旗铁骑还没有遇到过如此强硬的对手。格布库等拼死往里冲,大西军拼死抵抗,结果正蓝旗的围是解了,格布库却中箭身亡,参领西特库、队长乌巴什被大西军当阵斩杀。清军将领尚且被杀,那么清军正蓝旗兵和正白旗兵死多少就可想而知。

当时,大西将领高汝励据守三寨山。高汝励是明朝总兵,李自成入关后销声匿迹,任何史料未提及他,不承想他作为张献忠的部将出现在这里。豪格派遣古朗阿进攻高汝励,大破其众。张献忠率大队前来增援,古朗阿恃勇直冲其阵,大西军阵被冲开,未几又复合,反把清军包围。古朗阿和瑚里布拼死反击,冲出包围。张献忠亲率马步兵分三路大举进攻,古朗阿尽管十分勇敢,终是不敌,与巴扬阿一同阵亡。

记载西充凤凰山激战场面的史料并非只此一处。《鳌拜传》也说：顺治三年，鳌拜跟随肃王豪格“进击献忠于西充，连败贼众。我正蓝旗军为贼所困，鳌拜同护军统领阿尔津率兵往援，大败贼”。《阿尔津传》也有：“张献忠自四川率马步兵来战，阿尔津与护军统领鳌拜等连击败之。时正蓝旗兵为贼困，复与鳌拜等往援之出。”

《清史列传》也载有同样的内容。《准塔传》记：准塔“奉命随肃亲王豪格剿流贼张献忠于四川，贼纠众迎战，准塔指挥八旗前锋及两黄、正白三旗骑兵奋勇进击”。《和硕肃亲王豪格传》也说：“十一月入蜀，至南部，侦贼张献忠据西充县，令护军统领鳌拜先发，大军夜继进，诘旦抵西充，献忠悉众来拒。”《鳌拜转》说：鳌拜“师抵西充，贼渠张献忠列营拒战，鳌拜奋击，大破之，斩献忠于阵”。《清世祖实录》有豪格在顺治三年十二月向朝廷的奏报，其中说：“臣率师于十一月二十六日至南部，侦得逆贼张献忠营西充县境，随令护军统领鳌拜巴图鲁等分领八旗护军先发，臣统大军星夜兼程继进。次日黎明抵西充。献忠尽马步贼兵拒师。鳌拜等奋击，大破之，斩献忠于阵。”

我们从以上所引史实可以看出，张献忠并不是战斗还没开始就被射死，而是率领大西将士在西充与清军八旗铁骑展开了一场殊死决战。由于这些史实都来自八旗将领的传记，自然把清军将领一个个写得勇锐无比！但是，字里行间，张献忠“率马步兵来战”，“纠众迎战”，“列营拒战”，“悉众来拒”，“尽率马步贼兵拒师”，“贼率马步兵分三路来犯”，不难看出，张献忠的头也不好剃，连续多次与清军对阵厮杀，差一点就将正蓝旗兵全歼，当阵斩杀数员清军大将，给狂傲的八旗精锐以重创。

这么说绝非推理，是基于重大的历史事实。正蓝旗兵被大西军包围，在施救过程中发生的矛盾，不仅在入川作战的清军中掀起轩然大波，甚至震动了满清朝廷。

《清世祖实录》顺治五年二月记事载：“初击流贼张献忠时，护军统领哈宁噶被贼围，护军统领阿尔津、苏拜领兵往援，出之。阿思哈尼哈番希尔根实居后，不往救。及师还，又与阿尔津、苏拜争功，不决，下部讯问。护军统领噶达浑、车布尔俱供希尔根在后是实。于是部议希尔根冒功妄争，应论死。”这段话的意思是，顺治三年攻打张献忠时，正蓝旗和护军统领哈宁噶被大西军包围，是阿尔津、苏拜等领兵救出。希尔根畏葸不前，不去救，落在最后。等到班师，希尔根又与阿尔津、苏拜争功。统帅豪格对此事既不查证,又不处理。此事上传到朝廷,多尔衮下令让兵部调查。护军统领噶达浑、车布尔都说希尔根落在最后是事实。于是兵部结论:希尔根冒功妄争是实,按军法应当斩首。

这件事继续发酵,既然希尔根"冒功妄争",那么,西征军统帅部为什么不将此事调查清楚,军法从事呢?朝廷决定分别给多罗贝勒尼堪、固山贝子满达海以罚银三千两、两千两的处罚。此时还没涉及豪格。

过了一个月,肃亲王豪格犯事。摄政王多尔衮主持朝中议论豪格罪状,就说到希尔根"冒功妄争",豪格作为西征军统帅"将其冒功事,竟未议结",成为豪格一项罪状。豪格击败大西军,颠覆大西政权,阵斩张献忠,应该说功劳很大,但围绕正蓝旗兵被围施救出现的问题,仍然不被放过,这从侧面说明正蓝旗军显然被重创,在作战史上让清军提起来就心痛不已。

一直到了顺治八年(1651),多尔衮病死,顺治皇帝亲政后,才给自己的哥哥豪格恢复了名誉。诏书说豪格率领西征军"破八大王张献忠一百三十六营,遂诛献忠"。

由于这些资料来自亲身参加与张献忠大西军作战的清军将领的传记,它的真实性从本质上说可信度很高。仗是怎么打的,亲历者最有发言权。这些史料,较之于封建文人的捕风捉影,较之于不在现场的外国传教士的撰述,可信度较高。

利类思、安文思初被张献忠封为"国学天师",制造天文仪器、编译历法受到张献忠的敬重,但是,二人后来秘密在大西军中传教,引诱大西将士加入耶稣会,瓦解将士们的斗志,遭到张献忠的警告。继而二人想去澳门,夜间用外语交谈,并且不让派人护送,进一步引起张献忠的怀疑。张献忠认定他们"心怀叵测",警告他们"应受千刀万剐,剥皮而死"。自此之后,二人受到监视,不能自由行动,也不能随便接近张献忠。

特别应该指出的是,《圣教入川记》不是利类思、安文思的作品,是法国传教士古洛东根据二人的回忆写成的。古洛东连四川都没去过,从未与张献忠谋面,竟然绘声绘色地描写战场情景,真是滑天下之大稽!原本不在张献忠身边的古洛东,怎么能听到侦骑与张献忠的对话呢?又怎么能看到张献忠不穿盔甲、不携弓枪、轻身外出呢?更有甚者,他们又怎么能看到张献忠中箭后,鲜血直流、满地打滚、痛极而亡的细节呢?不在现场的传教士所言,与参战清军将领的现场经历,哪一个真实可靠,似乎用不着多费口舌!

张献忠牺牲了,这个起自草泽,出身行伍的农民革命领袖,以百折不挠的大无畏精神纵横大半个中国，与大明王朝进行了十几年艰苦卓绝的斗争，和李自成一道彻底推翻了大明帝国的统治，在四川建立大西大顺农民革命政权。张献忠的这个历史功绩，任何人抹杀不了！当清军据有全陕，逼近四川时，张献忠是继李自成之后又一个举起抗清大旗的英雄。他主动移师川北，准备迎击清军。在叛徒刘进忠勾结清军偷袭大西军时，张献忠迅速做出反应，率领大西将士与清军拼死作战，重创骄横不可一世的八旗骑兵。他自己身先士卒，冲锋在前，在激烈的战斗中英勇战死，时年四十岁。我们可以毫不夸张地说，张献忠不仅是推翻明朝封建统治的杰出农民革命领袖，而且是抗击清政府占领全国，并为之献身的英雄。

杀死张献忠的人不是蒙古京章雅布兰，而是护军统领鳌拜。鳌拜其人，武艺高强，力大无穷，性格狂傲，军功累积官至辅政大臣。康熙初年，鳌拜图谋不轨，不仅威胁到康熙的皇位，也威胁到康熙本人的性命，被康熙皇帝设计诱杀。

张献忠牺牲后，尸体如何处理，埋葬在哪里？成了一个谜。《蜀碧》说，张献忠死后，豪格把他的尸体暴于辕门，"士女往斫之，骨肉糜烂殆尽"。《蜀破镜》说，清兵剖开张献忠的尸体，剜心看，心脏"黑如墨，扁而长，若无肝"，张献忠心脏墨黑，好像没有肝脏。作者意指张献忠心黑手辣，没肝没肺。还说："远近士女闻之，竟往戕其肉，顷刻骨俱尽。"若按此说，张献忠尸骨未存，谈何安葬！《滟滪囊》说，刘进忠禀告肃王豪格："献忠屠戮百姓，死有余辜。但系进忠故主，恳王给尸安葬。"豪格就让刘进忠就地把张献忠掩埋。《蜀龟鉴》也有同样的记载，说下葬后，墓地杂草丛生如同荆棘，有谁误触之，马上长一大疮，皮肉糜烂。又说墓地有黑虎出没吃人，行人只能绕道。作者的意思是，张献忠尽管死了，其暴戾之气仍然聚集不散，祸及当地，人们避之唯恐不及。

根据西充当地的传说，张献忠在激战中负伤，被大西将士扶下凤凰山疗伤，这就有了今天的多扶镇。张献忠不治身亡，被孙可望等大西将士安葬在凤凰山顶，即传说中的"将军墓"。几百年后，这里已经看不到墓葬，当地民间给张献忠立的墓碑也碎了。这一仗，大西将士牺牲人数不少，一部分安葬于山腰，墓地曰"八见坟"，一部分安葬于多宝寺前"万人坑"。

张献忠战死西充凤凰山，大西政权失败了，但他们在凤凰山留下了无法磨灭的历史遗迹。山上，大寨门、小寨门、南寨门和城垣，射箭、插旗、扎营、练兵、放哨的遗迹，至今依稀可见。山南，水师营驻地叫"打船坝"，骑兵营驻地叫"马槽沟"，战斗中被炮火击穿的地方叫"穿洞子"；山的东面，存放金银财宝的地方叫"多宝寺"，堆放辎重物资的地方叫"三堆石"；山的北面，联营扎寨的地方叫"鹭鸶山寨”,悬挂军旗的地方叫“插旗山”;张献忠老营驻地叫“将军湾”,湾后叫“扶大山”,意即扶助大西政权。历代统治阶级把张献忠视为逆贼,但在凤凰山人民的心目中,张献忠是英雄。人民没有忘记张献忠为推动历史进步所建立的不朽功勋。凤凰山下有金龟寺,每年清明节,这里的人们自发举办庙会凭吊张献忠。

梓潼七曲山的文昌帝君庙,被张献忠尊为“家庙”。张献忠死后,梓潼人民避开官府的监视,偷偷地在风洞楼为张献忠塑一尊神像:绿袍金脸,高大魁梧,威风八面,俨然张献忠生前形象。五时四季,当地人民举办神会,寄托对他的崇敬和怀念。特别是一些具有反抗精神的农民组织,如像“啯噜子”组织对张献忠顶礼膜拜,视张献忠为精神支柱,被官府污为“假借神会,聚集谒之,求伊(张献忠)冥佑,相谋而为恶也”。

到了清乾隆二年(1737),绵竹县令安洪德,狗逮耗子多管闲事,特意跑到梓潼县,将张献忠塑像捣毁,“更焚而弃于道路之间,使来往乘畜践而溺之”。此人还在风洞楼立一碑,上刻《除毁贼像碑记》,洋洋洒洒上千言,记述自己的功劳。大概因为这件功劳,乾隆七年提拔他任绵州知州。然而,在安洪德毁了张献忠塑像不久,当地群众又在风洞楼为张献忠重新建一塑像,还把七曲山称作“太庙山”。后来,为了避开统治阶级的耳目,保住他们神像不被毁掉,又改称七曲山为“大庙山”。由此可见,不管统治阶级如何歪曲、污蔑,张献忠在普通民众心目中的形象是高大的。

2013 年 5 月,中国明史学会张献忠研究会一行赴四川考察收集资料,在七曲山文昌帝君庙风洞楼里看到一尊张献忠新的塑像。也许是未曾完工,塑像白面白袍,身材纤细,面部狰狞可恶,眼眶深陷,眼睛有鸡蛋大,不是平放着的鸡蛋,是竖着放的鸡蛋。乍从这里经过,抬头一望,恰如遇见酆都城里的恶鬼,阴森恐怖,令人浑身起鸡皮疙瘩……

在风洞楼重塑张献忠像,想来是为了恢复历史的本来面目。时光已经进入 21 世纪,不管是同情张献忠者,还是反对张献忠者,当代人应该有包容历史的雅量。即使没有这种雅量,那也要遵循起码的真实性原则。张献忠外表长得什么样,古人计六奇、吴伟业等在作品中都有描述。他们尽管对其切齿痛恨,并没有说张献忠的眼睛像竖起来的鸡蛋,也没有把他刻画成恶鬼。如果研究历史的人背离真实性原则,想怎么就怎么,那就不叫历史,而是塑匠手里的一团泥巴!

三十　改弦易辙，孙可望经营云南；颠沛流离，永历帝四处播迁

张献忠战死了，大西政权失败了，大西军被清军豪格击溃，但骨干力量并没有被消灭。危急关头，张献忠的四个养子孙可望、李定国、刘文秀、艾能奇表现出临危不乱的大将风范，保护老营家小，各率本部人马向南撤退。据史书载，当时大西军精锐部队还有六七万人。

盘踞重庆的曾英、王祥闻知张献忠被杀，大西军余部奔逃，以为有便宜可占，立即派遣大将李占春、余大海、陶可法分头领兵截杀，曾英与王祥亲率水师，几百艘战船排开阵势，沿江而进，企图把大西军余部一网打尽。

自古道"穷寇莫追"，何况迎头截杀。孙可望等人后有清八旗精锐骑兵追杀，前有曾英、王祥截杀，真正到了走投无路的地步，如若不冒死冲突，谁都逃不脱。定北将军艾能奇率领冯双礼一马当先，冲在最前面。此时，挡在他们面前的是余大海。余大海、李占春是曾英手下的两员悍将，很能打，然而这次不行了。艾能奇、冯双礼一股不要命的架势，真正的敢死队，避我者生，挡我者死，余大海很快就被打得大败。幸亏李占春驾战船接应，余大海才只身败退铜锣峡。

击败余大海，大西军乘势冲击佛图关。防守佛图关的是陶可法，利用地势之利阻截大西军进攻。恰值曾英率战船从水路增援佛图关，大西将士顿时腹背受敌。正在危急时刻，曾英大营一阵骚乱。原来，去年刘文秀收复重庆失败，被俘部分大西军士兵曾投降曾英，现在看大西军打回来了，这些降卒立马反水，在曾英水师大营举火接应。他们引导轶其名、马元利直攻曾英乘坐的旗舰。曾英手提大刀站立船头指挥将士应战。大西将士直逼曾英船，曾英手起刀落，连杀数人落水，然而并不能阻止大西军攻势。许多将士置生死于度外，口衔刀，爬上曾英船，大砍大杀。曾英船上有健丁百余人，鏖战中越来越少。曾英料定今天在劫难逃，携妻妾子女投江而死。

曾英死前军功累积官至总兵，拥兵二十万，不想一战为大西军所破。李占春、余大海收集残兵两千，退入涪州；王祥见曾英兵败，弃船登陆，走江津，逃入南土司。孙可望等击败曾英，曾英战船士卒悉为所有，本想重踞重庆，因重庆无粮不可守，遂走綦江。

再说清军统帅肃王豪格，西充一战阵斩张献忠，将大西军打得大败。他对这个结果非常满意，当时除派护军统领鳌拜向南追出几百里外，肃王则亲率满汉文武进屯保宁城，迎接丁亥新年，准备过年；同时分封官吏，部署占领成都、重庆、川南、川西的军事行动。让豪格万万想不到的是，四川残破已极，无民之地等于大漠，有民之所皆聚众自守。特别是四川全省严重缺粮，军队打仗无法就地筹粮。加之连年战争死人太多，瘟疫流行，军中多人染病。豪格不得不北撤，经汉中返回北京请功去了。

顺治四年(1647)正月，孙可望等占领綦江后，收集亡散，休整队伍。此时，汪兆龄也追上队伍。汪兆龄开初见大西军失败，绝望了，离开队伍仓皇逃窜，后无路可走，又追上队伍。汪兆龄归来后，见孙可望等"奉伪皇后为主"，立即随侍陈皇后左右，仍然以丞相自居，"犹傲据诸贼上"，颐指气使，行为举止俨然与张献忠在世时一样。

孙可望召集高级军事将领开会，研究今后的战略方向。孙可望问汪兆龄有何高招使大西军摆脱险境，立于不败？王兆龄说："不需远学古人，但以'老万岁'曾经实行过的政策办就行了！"老万岁指张献忠。

王兆龄此言一出，大西将领顿时群情激愤。

艾能奇怒斥道："你，原本是一押在狱中的死囚，是我等攻破蕲水城救了你。因为你是读书人，保举你做了丞相。不想你一味以杀人固宠。我等勠力征战沙场，收获诸健儿，就因为你的几句话，杀之殆尽；还有，四川人民效忠于我，主上曾想赏赐金帛以结川民之心，而你，只想把他们斩尽杀绝。今天的失败，我等从万死一生中挣扎至此，都是你造成的。你的肉不够军中食用，今天必须杀你以谢三军！"

孙可望也大怒，说："四川富饶险固，古来英雄所必争。我辈血战近二十年才得到此地，自谓据此成就王霸之业。而你朝夕蛊惑主上，致万万生灵死于刀剑，到了今日，使我等无容身之处，还想让我等走老路？恨只恨你一条命不足以偿还千万人的命！"

汪兆龄阴险狡诈、谄媚固宠，在大西将领中不得人心，先前因为有张献忠罩着，众人敢怒而不敢言。眼下大西军到了生死关头，汪兆龄仍不思悔改，企图坚持一贯立场，攫取大西军的核心领导权，不能不激起大西将士的义愤！艾能奇挺身而出，拔刀将汪兆龄一挥两段，剖其心，掷于地。不想众将领一拥而上，争脔其肉而食之。汪兆龄被杀，显示孙可望等人对前一段在四川实行极端政策的清算。

军事会议决定，将陈皇后处死，改弦易辙，彻底抛弃"老万岁"屠戮政策，重拾人心，争取人民群众的拥护；尽快拓展一片疆土，以便站稳脚跟，继而实行张献忠"联明抗清"的遗训，收复被满清占领的中原大地。孙可望、李定国、刘文秀、艾能奇成为大西军的领导核心，孙可望因张献忠有言在先，自然成为主要领导者。

綦江整训后，大西军面目一新。孙可望下令："自今非接斗，不得杀人。"大西军占领遵义，"秋毫无犯"。原先盘踞这里的明大学士王应熊仓皇逃窜，王应熊心气颇高，自以为把大西军置于绝境，胜利在望，不料半路杀出个程咬金——清军，虽然帮助他把大西军击败，自己反倒败在大西军余部手里。他心里很不平，怎么也想不通，郁郁不乐，胸闷气短，不久在毕节病死。

大西军继续南撤，越过大娄山，闯关而下桐梓，进入贵州。正月二十二日，孙可望派刘文秀为先锋，出其不意，一举突破乌江天险，向贵阳挺进。据守贵阳的明总兵皮熊、巡抚范矿狼狈逃走，明贵州按察使张耀、布政使参议曾益、都指挥使陈瑞征逃到番州（今惠水县），组织武装反抗。大西军占领贵阳后，定北将军艾能奇率本部人马乘胜南进，经过激烈的攻坚战，于正月底攻克定番，张耀、陈瑞征被俘处死，曾益自杀。这一时期，豪格派出的清军虽追到遵义，但因粮饷不济、瘟疫流行，军中将士多染病，被迫北撤保宁。数年间，保宁是清军在四川保有的唯一军事重镇。

清军北撤给大西军余部以喘息的机会。孙可望等本可以扩大对贵州的占领，休整士马，建立政权，但云南发生的事变，特别是龙在田将军的召唤，改变了历史的进程。

明朝，云南地处边鄙，少数民族聚居，土司林立，在汉人眼里属未开化的"烟瘴之地"。因此，云南的行政体制也大不同于内地。朝廷在这里设立都指挥使司、布政使司、按察使司，后来还设立巡抚一职，但朝廷对云南的统治主要靠当地人。从洪武年间起，当地土司沐英被朝廷封平西侯，到了沐英儿子辈，晋爵黔国公，世袭罔替，世代镇守云南。

明崇祯末年，农民革命推翻大明王朝，特别是张献忠率部挺进四川建立大西政权后，极大地震动了云南。黔国公沐天波会同云南巡抚吴兆元、巡按吴文瀛商讨调集汉族和土司军队，严守北方边境，防止大西军入滇。军队还没调动，就有人不安现状。顺治二年九月，武定土司吾必奎趁机发动叛乱，声言："已无朱皇帝，何有沐国公！"吾必奎攻势凌厉，先后占领大姚、定远、姚安，震动整个云南。

沐天波一看急了，大西军没打来，自己内部先乱了，急忙调集石屏土司龙在田、嶍峨土司王扬祖、蒙自土司沙定洲、宁州土司禄永命、景东土司刁勋等部，一举平息叛乱，吾必奎被生擒。

武装叛乱平息，奉调土司各干各的去了，然而有一个土司赖在昆明不走，这个人就是蒙自土司沙定洲。沙定洲是王弄土司沙源的儿子，阿迷州土司普名声死后，其妻万彩云改嫁沙定洲，等于两家土司合二为一，一时实力大增。沙定洲觊觎黔国公沐天波数百年积累的财富，想趁明朝灭亡天下大乱之际发动一场政变，夺取云南领导权和沐府财富。沙定洲之父沙源与沐天波私交甚厚，又一贯忠于沐府，所以，沐天波以子侄辈看待沙定洲，尽管沙定洲赖在昆明不走，暗地里做政变准备，沐天波却不疑有他，还时不时地召沙定洲入沐府饮宴。

顺治二年十二月初一，沙定洲一切准备就绪，以辞行为名，来到沐府。沙定洲奏曰："臣夫妇欲来当面谢恩！"沐天波喜不自胜，当即升座，两榭设仪仗，鼓乐喧天，受拜受贺。沙定洲与万氏两人三叩未毕，突然拔刀在手，向沐天波扑来。沐天波的侍卫急忙阻挡，沙定洲与万氏四刀飞舞，已格杀左右数人。沙定洲率领的部卒也发起攻击，瞬间沐天波的侍卫人等，如风偃草仆，尸横遍地。沐天波猝不及防，只带几名保镖仓皇逾墙而逃，连自己的母亲和妻子也未带出。逃亡途中，多亏石屏土司龙在田、宁州土司禄永命保护才来到楚雄，这里因有兵备道杨畏知镇守，才算脱险。沐天波的母亲陈氏和妻子焦氏走投无路，逃入一尼庵自尽身亡。

沐天波偌大黔国公府被沙定洲据为己有，沙定洲整容升座，头戴黔国公的帽子，身穿黔国公的朝服，自称沐府新主。万氏核查沐府财宝积蓄，沐府三百年祖业富可敌国，仅石青、朱砂、珍珠、名宝、落红、琥珀、马蹄金、紫金就有二百五十库，八宝黄龙伞有一百四十把。沙定洲将沐府数十世积蓄装载车辆，日夜不停运回老巢阿迷州的佴革龙。

沙定洲以诈谋夺取昆明，立即谋划占有云南全境。他和妻子万氏四出拜访，遍谒昆明城中缙绅，慑于沙定洲的兵威，昆明城中有钱有地位的人大多投顺沙定洲。沙定洲出兵收取云南各地，除楚雄以西外，很快云南全境都归附。沙定洲出兵追杀沐天波，被汉族将领杨畏知结集兵力打败。但是这不是最终结果，沙定洲逐步巩固自己的地位，必然要消灭楚雄以西沐天波和杨畏知的反抗力量。

沐天波和杨畏知对自己的处境心知肚明，但苦于没有兵力可调，也只能是无可奈何！果然，到了顺治四年初，沙定洲派兵包围楚雄。

这时候，一个人出场了，这个人就是石屏土司龙在田。

崇祯十一年，张献忠谷城就抚，龙在田率领一支滇军就驻扎在谷城附近监视张献忠。龙在田的滇军尽管只有两千人，却配备火枪、象队，“马上乌枪疾利，能取人于百步之外”，象队更不要说，即使久经沙场的战马一见大象，也吓得屁滚尿流，只有落荒而逃的份，可见，龙在田的战斗力十分了得。因为是假投降，一向生猛的张献忠视龙在田为最大威胁，必欲除之而后快！为此，张献忠又展现其性格的另一面——狡猾，他主动与龙在田交朋友，经常宴请龙在田，不惜重金厚赠。张献忠的四个养子也经常进入龙在田大营，与龙在田及其部下混得烂熟，言谈中对云南的地理、民族、风土人情自是了解不少。龙在田是少数民族干部，心眼实在，他认为张献忠真跟自己好，据说，他还用自己的战马、乌枪回赠张献忠。龙在田与张献忠过从甚密，曾引起荆、襄士民不安，“谣言滇兵通贼”。张献忠却意不在此，他要赶走龙在田。他让部属收集龙在田部军纪败坏、危害地方、欺压百姓的证据，四布流言于荆、襄云“龙兵扰害地方，楚绅不察也”。后果然舆论大哗，张献忠据此要熊文灿把龙在田部调走，熊文灿慑于民意，或许担心张、龙结盟，只得上奏皇上，“撤龙在田还云南”。龙在田率滇军撤离谷城时，张献忠一副恋恋不舍的样子，不仅厚礼相赠，还派专人相送，一直送到云南。

龙在田质朴、单纯，心里哪有那么多渠渠道道，即使被张献忠暗算了，仍然对他一往情深，始终不疑是张献忠在背后做了手脚。

眼下，楚雄危急。《石屏州志》载：“沙定洲反，沐镇（沐天波）被围楚雄，在田实左右之。”就是说，黔国公沐天波被沙定洲围困楚雄后，作为军事将领，军事上的事实际由龙在田决策。沙定洲对龙在田军事压力山大，正在无可如何时，龙在田听说孙可望等人进入贵州，情急之下，龙在田主动派人向孙可望发出邀请：进军云南，消灭沙定洲。“孙可望等至贵州，在田说令攻定洲”。当时在云南供职的冯苏说：“又明年丁亥，张献忠被诛于西充，其义男孙可望等率残兵由遵义入黔，龙在田使人告变，且劝其至滇。”

孙可望本来就有入滇的想法，得知云南为沙定洲所取，大惊拍案曰：“云南是我餐桌上的肉，沙定洲蕞尔小寇怎敢夺我衣袋里的物品！”立刻召集李定国、刘文秀、艾能奇以及都督白文选、冯双礼、王尚礼、王复臣、王自奇等会议，一致同意趁势夺取云南,作为立足之地。沙定洲作乱云南,已历数年,因黔国公夫人焦氏是贵州人,黔人因此切齿。同样,云南不少土司和汉族官绅因沙定洲追杀享有数百年威望的黔国公,滥杀不附土司、乡绅,苦其久也。孙可望为了师出有名,减少进军阻力,对外宣称是黔国公夫人的弟弟率兵来复仇。事先,大西军派出间谍前往云南,散布入滇作战的是沐天波妻子焦氏家族的武装,入滇作战是为焦氏报仇,解救被围困的沐天波。

实践证明,这一招非常管用,大西军进军势如破竹,基本没遇到多少抵抗。"云贵人民深信,一路俱如此传播,故贼兵所至,悉开门降,长驱而来,全无梗阻"。"云南初苦沙乱,皆延颈望其来,不知为贼也"。

孙可望其人,狡黠不让张献忠。史书载,孙可望原名可旺,家贫,父早死,与母亲相依为命,十几岁就外出打工。一次,受雇为人赶驴远出,数日归来,母亲不见了。问邻居,都说不知道。孙可望报官言母亲失踪,疑邻居知而不说。官怒曰:"你出门未将你妈安顿好,现在你妈自己去了哪里,邻居怎能得知?"官府不帮他寻母,反把他处以杖刑。孙可望愤怨难平,随即加入义军。初入义军,每当行军,头领让他背一口大铁锅。有一次,下雪天山路行军六昼夜不息,累坏了,疲困不能再走。看看别人,背上都不背锅,就悄悄把锅丢掉。到了晚上宿营,煮饭时无锅,头领大怒,要杀他。幸得年长者力救得免。孙可望苦不堪言,遂逃出营,后被张献忠收留。

在张献忠四个养子中,"可望性狡黠,独能伺献忠意。能奇、定国皆愚蠢无知,故献忠尤喜可望,抚为长子,众贼遂呼可望为大哥"。义子中,孙可望稍识几个字,所以张献忠平日有什么机密相商,必找孙可望参与。孙可望打仗勇敢,"每遇敌,可望能率部下坚立不动,贼中呼为'一堵墙'"。大概是得到张献忠特别信任,孙可望得其真传,连性格也有张献忠的烙印:狡黠多疑,专断不二。当取得一块立足之地后,他的这种性格特点就表露无遗。孙可望打仗也喜欢以智取胜,这次进兵云南,显露出他谋略的老成。

顺治四年(永历元年,1647)三月二十五日,大西军占领平彝(今富顺县),进入云南。二十八日攻克交水;二十九日突袭曲靖,歼灭沙定洲守军五百名。占领曲靖后,孙可望没有直攻省会昆明,而是做出一副先攻取沙定洲老巢阿迷州(今开远市)的姿态南下,在蛇花口打败沙定洲从楚雄撤回的数千军队。人在昆明的沙定洲完全被迷惑了,以为这支军队真是焦氏家族召集的援军,不然怎能轻车熟路直取自己的老家呢?沙定洲兵力不孚,为了保住家族性命和掠取的沐天波的数百万财产，于四月十八日主动放弃昆明，率领主力部卒返回蒙自故里佴革龙。

沙定洲既然主动让出昆明，不占领不够意思。四月二十四日大西军在孙可望、李定国等率领下进入昆明城，"秋毫无犯"。这时候，留在昆明城中的官绅，特别是明朝巡抚吴兆元才算弄明白这支军队的真实身份：哪里是什么焦家救兵，原来是一直被称为"贼"的大西军。吴兆元想反抗，却手头无兵，他想不出比投降更好的办法了。

大西军占领昆明后，不失时机地部署兵力夺取云南全境。

刘文秀由昆明北上，经富民收取武定州、和曲、禄劝等地，接着，向西推进，占领鹤庆、丽江、剑川，平定了滇西北地区。

李定国率本部精锐于五月十九日抵达沙定洲重点防御的临安府（今建水县），展开猛攻，遭到沙定洲的顽强抵抗。李定国改变策略，采用挖掘地道至城墙下，在地道内填埋火药爆破的方法，轰倒东南城墙，于二十二日打进临安府。临安府距沙定洲的老家阿迷州（今开远市）不远，李定国本可以乘胜攻取阿迷州，消灭沙定洲。不巧的是一个坏消息传来，原昆阳知州冷阳春和晋宁举人段伯美乘后方空虚，发动叛乱。李定国唯恐后方有失，不得不"星夜回兵"平息叛乱，这才使得沙定洲苟延残喘了一年有余。

同年八月，孙可望亲自率领本部将士经禄丰进攻杨畏知、沐天波据守的楚雄、大理等滇西地区。在禄丰县东狮子口，杨畏知的明军和大西军刚一接触，就节节败退。杨畏知驰马到启明桥头，企图阻止溃兵后退，不料非但不能阻止，还被溃兵掀下马来，马受惊嘶鸣着随溃兵而去。杨畏知站立桥头，束手无策。此时大西军已追杀过来，绝望之下，杨畏知纵身跳下启明桥自杀。不承想这时正是枯水季节，河水仅及腰深，想死还死不了。杨畏知刚从水中爬起，抬头一望，一员大西将领立马岸边逼视着他。杨畏知一屁股坐在沙滩上破口大骂，寻死不成，干脆激怒对方把自己杀了。

孙可望念杨畏知是同乡，知其是反对沙定洲叛乱的代表人物，在云南深得士民心，欲降之以收人望，遂下马向杨畏知拱手道："可望久仰杨公大名，今幸沙场相见，愿共平沙贼定洲，迎还沐公，匡扶王室。"

虽然孙可望笑容可掬，多方劝说，但杨畏知并不相信。孙可望见杨畏知不信，便从腰间抽出一支箭，一折两段，掷于脚下，发誓道"谁若骗人，就如此箭！"

杨畏知是个犟怂，坚决不和"流寇"建立的大西政权合作。要他投降，必须满足三个条件：不用大西年号；不妄杀明朝官绅；不焚庐舍、淫妇女。这三个条件，二和三,大西军进入贵州后已经自行做了调整,没有异议,关键是第一条。考虑到以后的出路,孙可望接受了杨畏知的条件,不用大西年号,暂以干支纪年。这个妥协,为后来联明抗清铺平了道路。直到孙可望全部答应杨畏知提出的条件,杨畏知才爬起身来跟孙可望回到楚雄。杨畏知受到大西将士广泛的尊敬,成为联明抗清的有力推动者。

杨畏知既降,沐天波立即逃往永昌。九月,刘文秀追至永昌,文秀部将王自奇攻入永昌城生擒沐天波。刘文秀劝沐天波投降,提出的条件是消灭沙定洲,替沐天波报仇;之后"共扶明后,恢复江山",把斗争的矛头指向清朝。沐天波遭受沙定洲叛乱的荼毒,家破人亡,自己的那点兵力,连沙定洲都奈何不了,岂能对抗大西军?既然刘文秀答应替自己报仇,还有什么好说的,欣然同意投顺。沐天波派自己的儿子前往大西军营中纳款,同时发出檄文,责成滇西各州县不得抵抗大西军。在云南,沐天波享有无与伦比的威望,云南三百年只知有沐国公,不知有明。各地土司闻沐天波归顺,无不降者。于是,滇西一带不战而下,"去方三月,而迤西尽平"。至顺治四年十月,除了沙定洲暂时控制的阿迷州和蒙自地区外,云南全省基本上都归入大西军的控制之下。

云南粗定,孙可望自称平东王,李定国称安西王,刘文秀称抚南王,艾能奇称定北王。当时,四人并大,各领一军不相上下,而李定国、艾能奇所部兵将尤多。孙可望尽管被张献忠指定为"世子",但其声望和权威并不能服众。孙可望为此深感不满,日谋夜算,怎么才能把权力集中在自己手里,号令全军。

为此,孙可望展开了幕后活动。他先与自己的亲信王尚礼私议,王尚礼说:"本来就应该尊大哥为主,只是西府(指李定国)、定北(指艾能奇)不一定服气。不过,只要首先搞定定北帅主,得到他的认可,其他人就好办了!"

孙可望就叮咛王尚礼去说服艾能奇。王尚礼对艾能奇说:"我等兵马虽多,但是号令不一,如果不尊一人为主,恐怕难以约束众军。根据众人的议论,想要在你和平东王中选一人为主。"

艾能奇老实人一个,没有那么多心眼,说道:"大哥有学问,我哪里能比得上他,自然要尊他为主。"

王尚礼回复孙可望。有了艾能奇的支持,孙可望心里自是高兴,但最不服气自己的是李定国。孙可望决计降服李定国,遂传令第二日各营兵将同赴演武场举行仪式,共尊孙可望为主。

第二天,李定国最先来到演武场。营中一见,立即放炮,将"帅"字大旗高高升起。孙可望与艾能奇等后至，见帅旗已升，大怒。孙可望厉声质问："我还没到，谁让升'帅'字旗？"

演武场众人答道："西府李老爷先到，众将不知，所以照往日旧例，就将帅旗升起。"

孙可望说："按照军中惯例，主帅入营才升'帅'字旗，天底下都是这样做的。今日既然尊我为主，就应该等我来到，才升旗放炮。如果西府一到就升旗，明摆着是目中无我，我还怎么能当大家的主帅呢？"说着，愤愤不已！

王尚礼请求追究旗鼓官的责任，孙可望不许。旗又不是李定国升的，鼓也不是李定国鸣的，该责罚的不让责罚，孙可望用心众人皆知。刘文秀见孙可望是冲着李定国来的，便替李定国开脱，说道："这是西府一时失误，万望大哥宽容！"

孙可望越加愤怒，说："如果一定要立我为主，必须打李定国一百军棍！"

这一下把李定国激怒了，大声说，"我与你是兄弟，地位平等。今日因无主帅，大家尊你为首领。不想你竟如此行事，日后如何可想而知！你做不做首领随你的便，我何必一定要依靠你过日子！"

孙可望说："不打李定国则军法不能行，往后还拿什么约束众将？"

众将领有的劝李定国受罚，有的劝孙可望宽容一次，喧闹不已。李定国更是倔强，声言："谁敢打我！"

孙可望怒甚，叫侍卫牵马过来，准备离去。

眼看大西军内部出现裂痕，各将领无不忧心。说时迟那时快，白文选从后腰一把抱住李定国，说道："请西府老爷委曲求全，勉强受责。不然，从此一决裂，我辈必然四散，那时候就会被人各个击破！"这时，王尚礼、冯双礼等一拥而上，将李定国按倒在地，持杖便打。

杖至五十，李定国不得已喊道："我现在服了！"众将领向孙可望齐声求免，孙可望见目的达到，下令停刑。

从这一天起，孙可望就成为诸将主帅，因为西府受责，军中无不惊骇。以为西府老爷都受到责罚，军中自是无人敢不遵号令。这也是孙可望善用权谋的地方，然而，正是这种不能让人心服的专横权术，让李定国心生嫌隙。

当天晚上，公事处理完后，孙可望亲自来到李定国家中探望，再三抚慰李定国。他说："今天不打你，号令就不能颁行。若众军各行其是，在这么复杂的局面下我等还能生存吗？"

从此之后，孙可望、李定国、刘文秀、艾能奇，虽并肩仍称兄弟，每因公事开会，四人并坐于上，但是所有大事及各营诸将赏罚都要禀告孙可望，令行禁止，出于一人。大西军能够统一事权，这一点就比大顺军余部做得好。大顺军在李自成之后，仍然有二三十万人马，因为没能统一事权，形成领导核心，在联明抗清斗争中所发挥的作用，远不及大西军。如果孙可望没有政治野心，事权统一显然有利于大西军在云贵的经营，也有利于形成联明抗清的政治军事大局。事实上在大西军进入云南的前几年，孙可望领导有方，治理云贵以及与南明永历帝联合抗清取得影响历史进程的伟大胜利，是功不可没的！

永历二年、顺治五年（1648）五月，云南北面的东川府（今会泽县）土司禄万亿、禄万兆不肯纳款降顺。孙可望命定北王艾能奇统兵往征东川。艾能奇兵至东川，在东川府三十里处遭禄氏土兵袭击，艾能奇中毒箭流血不能止，连夜抬回昆明，不治身亡。孙可望一边下令厚葬，一边将艾能奇所部并入自己麾下。艾能奇的死，使孙可望十分悲痛，兄弟几人中，真正臣服自己的只有艾能奇，他决心为艾报仇。于是，他另派精兵，取道壁谷坝，一举击败禄氏土兵，平定了东川，巩固了对昆明东北面的控制。

这年七月，孙可望命李定国、刘文秀领兵南征阿迷、蒙自州，消灭沙定洲。攻打沙定洲一役之所以推迟了一年有余，主要原因是阿迷、蒙自州地势不利于进攻，特别是那里山路崎岖，军粮和辎重转运十分困难。为此，孙可望决定在省城昆明征集民夫，每户出一人，每人领米二斗，到了临安交米一斗五升，其中五升作为脚夫的口粮。同时付给每名脚夫“脚价银二三两不等”。因为政策到位，百姓“乐于挽运，不知其苦”。

解决了后勤补给问题，李定国、刘文秀士饱马腾，斗志高昂，迅速攻克阿迷、蒙自州，把沙定洲围困于老巢佴革龙寨一块十分狭小的地方。佴革龙寨地势十分险要，易守难攻。李定国围而不攻。他想，如果老爹张献忠遇到这种情况，会强攻还是智取呢？围了几天，情报来了，沙定洲每天夜里乘夜色掩护，都要派人下山取水。李定国眼前一亮，这表明佴革龙寨没有水源，只要切断水源，沙定洲的军队饥渴难挨，就会不战自乱。于是，李定国下令在水源地立砦，分兵把守，沙定洲不投降，就渴死他。不出所料，佴革龙寨饥渴难挨，士兵百姓纷纷逃亡，沙定洲、万氏被迫出降。

李定国、刘文秀把沙定洲、万氏和少数为首作恶者解往昆明交孙可望处理，还将沙定洲攫取的沐天波的偌大财富运回昆明，分毫不取，全部交还沐府。沐天波先后一对比，视大西军为天人，对李定国、刘文秀感激涕零。

李定国、刘文秀打下阿迷、蒙自州后，“招抚远近地方，凡附逆者悉不究，各安农事。如是出降络绎不绝。李定国抚慰赏劳之，出令不许掳掠，违者立斩。自是迤东半壁安堵矣”。十月，沙定洲、万氏被剥皮处死，标志着自明末以来处于混战局面的云南战事结束，百姓总算可以过几天安宁的日子了。清初有人记载“孙可望等倡议之名至今人犹称道”，能得到统治阶级的肯定实属不易！

平定云南全境，使大西军取得一块颇大也较富庶的立足之地。孙可望等人经营云南，也显示出他们的干大张献忠无法企及的才干。不能说张献忠不注重地方政权的建立，早在安徽、湖广作战时就开始建立政权，直至湖南、江西、四川，但所建政权旋设旋丢，个中原因自有史学家评论。孙可望、李定国等经营云南，彻底纠正张献忠的错误做法，针对云南地方特点，注意团结少数民族，重廉吏，除贪酷，鼓励农耕，促进商品经济发展，组建强大的军队，取得的成绩非常显著，连封建统治阶级也交口称赞。也正是因为他们经营得法，使得岌岌可危的南明永历政权延续了十数年。可以这样说，是大西军余部拯救了南明永历政权。如果没有李定国、刘文秀、孙可望坚定不移的抗清斗争，永历帝逃脱不了南明前几任皇帝的宿命——短命！

孙可望、李定国等人为争取云南汉族官绅、土司的支持，废除了大西国号，提出“共扶明后，恢复江山”的口号，虽然当时并未与南明永历朝廷取得联系，但联明抗清的政治方向是明确的，因此，纪元暂用干支，不用大西大顺。

领导体制上，孙可望等四人皆称二字王，孙可望以大哥身份主持军政要务。任命杨畏知为华英殿学士兼都察院左都御史，严似祖为吏部兼礼部尚书，王应龙为工部尚书，丁序焜为户部尚书，任僎为副都御史掌都察院事。沐天波仍旧为黔国公，“提调汉土官兵，加云鹤服色”。府、州、县官员全部重新任命，官印新铸，当然黔国公仍用原印。

值得指出的是，孙可望建立的新政权“且重廉吏，除贪酷，不时差人易服色，暗访察，有廉者立加奖擢，贪者立拿斩首，传示各府州县”。弓匠出身的工部尚书王应龙作为新政府派出的巡按，巡察各地。访知姚安知府谢仪贪酷，报告孙可望。孙可望派差官持令箭前往姚安，立刻将谢仪拿下，在府署前斩首示众。这样做的结果，“全滇官员无一人敢要钱者”，一反明朝末年贪腐成风的坏习气。

为了服务于人民，做到政治清明，孙可望“立登闻鼓，凡政有不便于民，许地方头人赴诉,立即除之;又可以便于民者,立即行之”。“又令地方上,不论绅士军民,有为地方起见,即一得之愚,亦许进言,立引见,不许拦阻,即荒诞之言亦不深究。奖节孝,复乡饮,浚海口,省耕省敛,凡有利于民者无不备举。外则土司敛迹,内则物阜民安,为治若此,诚滇南不幸之幸也”。

在经济政策方面,孙可望等实行“入官四分,民得六分”的田赋政策。尽管农民的整体负担较重,但仍然能调动农民耕作的积极性。据史书载,当年秋收就“倍于曩昔”,次年又“大熟,百姓丰足”,再一年“大有年,兵民安乐如初”。

云南地处鄙远,商品经济极不发达。直到孙可望等进入云南,许多地方特别是土司治下商品交换不用金属货币,而用贝币。孙可望铸“兴朝通宝”,下令禁止使用贝币,违令者“刖劓之”,即施以剁脚趾或割鼻子的酷刑。至此,云南在商品流通中才普遍使用钱币,跟上时代发展步伐。使用钱币交换物品,不仅促进云南与内地的经济交流,也促使云南由部落社会向封建社会转变。

军事方面,孙可望等人平定云南后,“拥兵三十万,家口倍之”,较之入滇之初兵员增长较快。云南地处边远,虽然一时与清军和其他军事力量脱离了接触,可他们密切关注国内阶级斗争和民族征战的现实,随时准备联合南明出滇抗清,所以秣马厉兵,军事训练抓得很紧,“日夕操练士卒,三、六、九大操”。由于军队吸收了大量少数民族成员,象队、乌枪(火枪)大为增加,成为一支训练有素且强大的军事力量。

军纪是军队的生命。为了防止军队损害人民群众利益,孙可望、李定国等立法甚严。史书载,有抚右营兵马前往禄丰驮粮,回至草铺歇下,有一士兵失手误伤百姓两岁小儿。百姓喊冤,总兵随即把肇事士兵拿下重责四十大棍,并赔偿烧埋银十两。不意此事被刘文秀知道,大骂带队总兵,要责打总兵一百军棍,众官力保方才得免。至于误伤小儿之兵,被绑出小西门斩首,将首节传到草铺号令。严格的军纪使这支军队受到人民衷心拥戴,“凡发兵征剿,所过大路,鸡犬不惊,百姓卖酒肉者路旁不断”。当地人称赞:“孙可望等立法甚严,兵民相安。”

大西军余部进入云南,取得一块稳定的根据地。经过孙可望等人两年多精心经营,吏治清明,社会安定,生产迅速恢复发展,经济实力和军事实力大大增强。在民族危机越来越严重的情势下,他们没有忘记对云南官绅“共扶明后,恢复江山”的许诺,积极准备联合南明政权,出滇抗清。

然而，南明政权又是什么状况呢？

清顺治二年（1645）五月，南明弘光政权被清灭亡后，唐王朱聿键在一批文武官员的拥戴下于当年闰六月在福建称帝，史称“隆武政权”。一个月后，浙江东部一些大臣又拥立逃难到绍兴的鲁王朱以海就任监国，史称“鲁监国”。面对清朝咄咄逼人的民族征服，成立政权是为了号召南方军民抗击清军，现在倒好，几乎在同一时间出现两个政权。“天无二日”是中国人的固有观念，由此引发隆武政权与鲁监国之间的对立，自己内部先斗得不亦乐乎，哪里还顾得上抗击清军？两个政权升迁官吏，不是以抗击清军为标准，而是作为拉拢拥戴的手段。顾诚先生评论说：“在国难当头的时候，朱明王朝的宗室有的屈膝降敌，轻信清廷给予‘恩养’的空言；有的利用国无常主，妄图黄袍加身，哪怕过上一天皇帝瘾也好。而相当一批文官武将也以拥立定策作为自己飞黄腾达的机会，演出了一幕幕兄弟阋墙、钩心斗角的闹剧。”

前明广西巡抚瞿式耜说：“以我观之……其实自崇祯而后，成甚朝廷？成何天下？以一隅之正统而亦位置多官，其宰相不过抵一庶僚，其部堂不过抵一杂职耳。”“其见在朝廷者，干济则平常，争官则犀锐，部曹则想科道，科道则想督抚，毕智尽能，朝营暮度，无非为一身功名之计。其意盖谓世界不过此一刻，一刻错过便不可复得矣！彼其胸中，何尝想世界尚有清宁之日，中原尚有恢复之期也哉！”他说得很有道理，高度概括了自南明弘光政权以来所谓朝廷醉生梦死、蝇营狗苟的乱象。他们从来不知道主动进攻，去恢复失地，而一旦清军打来，不管能否取胜，总是一泻千里，逃之夭夭；逃不掉则投降，反过来攻打南明朝廷。

到了清顺治三年（1646），清军进占浙东，鲁监国朱以海逃进海岛。清军又进攻福建，八月，隆武帝朱聿键在汀州遇难。

隆武帝死亡的消息传出，引起南明各地官绅极大震动。两湖、两广官员紧急议立新皇帝。在瞿式耜等人的极力主张下，决定扶立桂王朱由榔就任监国。

朱由榔是神宗万历皇帝的孙子、桂王朱常瀛的次子，崇祯时受封永明王。桂王封国于衡州府（今湖南衡阳市）。崇祯十六年（1643）五月，张献忠攻克衡州，朱常瀛带着朱由榔逃到广西。隆武政权倒台时，朱常瀛病死广西，其长子早年夭折，朱由榔按例荫袭桂王封号。

当瞿式耜、吕大器、王化澄、吴贞毓一干大臣议立朱由榔时，遭到朱由榔的母亲王太妃的反对。王太妃素来知道朱由榔生性懦怯，优柔寡断，不堪重托，担心他当了皇帝不会有什么好果子吃，反而招惹横祸。她对瞿式耜等人说：“你们难道真的找不到当皇帝的人了？我儿生性仁慈柔弱，不是拨乱济世之才。你们最好另选贤能，免得贻误国家。”

瞿式耜等人看重的是朱由榔的世系，前面无论是隆武帝朱聿键，还是鲁监国朱以海都因世系太远不足以服众。史书载，朱由榔相貌堂堂，长得很像他的祖父万历皇帝。瞿式耜对他的评价是“质地甚好，真是可以为尧、舜，而所苦自幼失学，全未读书”。众大臣并不采纳王太妃的意见，反而送上劝进书，要朱由榔从速正位，以定大计。

顺治三年（1646）十月十日，朱由榔在广东肇庆粉墨登场，就任监国，整个肇庆沉浸在一片欢乐中。然而，好景不长，六天之后江西赣州失守的消息传来，本来沉浸在监国喜庆气氛中的肇庆，一下子如同跌入冰窖，举朝惶惶。赣州距肇庆本来很远，却将肇庆的南明君臣吓个半死，好像清军已经到了眼前。逃！不论是朱由榔，还是首辅大臣丁魁楚，以及太监，心里只有一个“逃”字。结果，不顾人心向背，于二十日仓皇逃往广西梧州。

朱由榔遇事不顾人民死活，一味贪生保命的逃跑行为，大失人望，直接结果是导致又一个南明政权的出现。隆武帝朱聿键死后，他的弟弟续封唐王朱聿𨮁乘船逃到广州。朱聿𨮁本来是逃命，并没有问鼎大位的想法，可是朱由榔一跑，跟随其左右的大臣趁机劝进。十一月二日，隆武朝大学士苏观生等拥立朱聿𨮁就任监国，过了三天，抢在朱由榔之前正式称帝，改元绍武。

消息传到梧州，朱由榔与廷臣错愕不已，面面相觑。为了挽回被动局面，不得已又于十一月十二日返回肇庆，十八日宣布即皇帝位，改元永历。

在广东一省之内，一个月内同时出现两个南明政权，在清军大兵压境的危急关头，再次重演了隆武帝与鲁监国内讧的历史悲剧。按说，朱由榔是万历皇帝的孙子，世系很近，又在两广的地盘上，自然拥护的人较多，逃难而来的朱聿𨮁应知所进退，以大局为重，退出皇位之争。不，朱聿𨮁、苏观生不急国事，急于过一下皇帝瘾、宰相瘾，即使过把瘾就死也值！永历帝派给事中彭耀作为使臣到广州劝谕绍武帝和苏观生归顺，彭耀宣读圣旨时趾高气扬，一下激怒了绍武帝，苏观生一声令下，彭耀连辩解都来不及，已经身首异处。两个皇帝翻了脸，一场争夺帝位的战争开始了。绍武帝不但不听劝谕，反而调动军队向肇庆发动进攻，十一月二十九日内战爆发，双方在三水一战，绍武的军队大败。永历的军队趁胜向广州推进，不意被绍武军在三山设伏打败。

正当两个南明政权打得你死我活、不可开交时，清军李成栋部悄不言声急速向广州推进。说是清军，实际是投降清朝的明军，李成栋当年就是高杰的部下。李成栋利用绍武政权倾全力与永历政权交战、无暇他顾的机会，以迅雷不及掩耳之势直扑广州，十二月五日混入广州城，把绍武君臣全部活捉，朱聿𨮁和苏观生自缢身死。绍武政权十一月五日建立，到十二月五日灭亡刚好存在了一个月。一个月的短命政权坏事干了不少，不仅打了一场内战，还把广州送给清朝。

李成栋占领广州后，于顺治四年(1647)正月向肇庆进攻。永历朝廷丝毫没有收复失地的打算，也不想组织像样的抵抗，而是故伎重演，于顺治三年十二月二十六日逃离肇庆，进入广西梧州。想想梧州也不保险，又逃到桂林。李成栋攻打肇庆，南明守将不战而逃。李成栋随即进军广西，明梧州守将陈邦傅弃城而逃，哪里还管永历君臣和百姓的死活！

永历皇帝赖以维持统治的那帮文臣武将就是这样，面对清朝巨大的军事压力，拿不出丝毫抗拒侵略、保卫疆土的战略战术，没事时朝内党争不断，争权夺利，相互倾轧；一旦敌人进攻，文臣武将要么逃跑，要么投降。指望这伙人中兴大业，恢复江山，无异于白日做梦！

李成栋兵不血刃占领梧州后，曾派出小股部队进逼平乐府，试探桂林的反应。永历帝大惊失色，不顾瞿式耜的反对，逃往全州，四月间又逃往武冈。武岗是总兵刘承胤的防地，刘承胤上疏迎驾，企图挟天子擅作威福。永历帝自进入武冈，一切听命于刘承胤，等于失去自由，还差一点被刘承胤作为进见礼献给清恭顺王孔有德。

顺治四年三月，清朝廷任命恭顺王孔有德为平南大将军，偕怀顺王耿仲明、智顺王尚可喜领兵征讨两湖、两广。孔有德兵临长沙，南明大名鼎鼎的督师何腾蛟虽有十三镇重兵，少说也有十几万，却不做起码抵抗，闻风而逃，浏阳总兵董英献城投降，衡州总兵黄朝宣投降。这年秋天，孔有德进逼武冈，刘承胤部将多人战死。按照惯例，永历帝早该跑了，可这次跑不了，刘承胤不让跑，将武冈城门严加看守。刘承胤剃发结辫，亲到孔有德营中请求投降，申言献上朱由榔做进见礼。永历朝廷发现刘承胤行动鬼祟，情知不妙，可又出不了城，于是请出刘承胤的母亲和兄弟，请求移跸靖州。刘母不知就里，下令开城放行，永历帝才和少数大臣慌慌张张逃脱。为了安全，永历帝没有去靖州，而是逃往柳州。永历君臣刚到柳州，即遭到土司覃阿鸣袭击，把君臣行装财物抢掠一空。柳州难以安身，又南走象州。

孔有德进军湖南，基本未遇抵抗，南明将领非逃即降。投降的总兵官有四十七员，副将、参将、游击有两千余员，马步兵六万八千余人。南明小朝廷的腐败由此可见。

到了顺治五年、永历二年(1648),大顺军余部改编的忠贞营联合明督师何腾蛟抗击清军,湖南、广西部分失地相继收复,孙可望、李定国领导的大西军在滇、黔、川南建立抗清基地,广东人民也纷纷起义抗清,南方出现难得的抗清大好形势。正月和四月,一批原本投降清朝的明军也顺风倒戈,江西的金声桓、王得仁,广东的李成栋和山西的姜瓖等反清复明,先后派出使者谒见永历帝,宣布归顺。原本惊魂未定的永历帝欣喜若狂,从象州回到桂林。那些在清军进攻面前逃亡山林,隐名埋姓的大臣,突然像雨后春笋,一个个冒了出来,又挤进永历小朝廷。当时,广西、湖南、云南的明军,以及忠贞营的郝永忠(郝摇旗)部集中桂林一带,摩擦不断。朱由榔对农民军有着本能的敌视情绪,一旦清军的威胁解除,农民军又成了他的眼中钉。他悄悄溜到南宁,依附庆国公陈邦傅。陈邦傅趁机逼迫永历帝封他世袭浔州、梧州,朱由榔无奈,只得另打主意。正好李成栋请他移驻广东,众大臣认为肇庆是朱由榔的龙兴之地,又居两省之中,宜还肇庆。朱由榔于是又回到肇庆。

以朱由榔为代表的永历朝廷自建立起连个都城都没有,不停地播迁。所谓播迁,说白了就是逃亡。说皇帝老是逃亡多没面子,于是找个文绉绉的词说起来好听一点罢了。

朱由榔是个可怜之人,然而可怜之人必有可恨之处!

三十一　围绕“秦王”封爵，永历朝廷尽失孙可望归附之心

孙可望、李定国、刘文秀等人对全国形势了如指掌，囿于云南一省，难有发展，迟早还会被清军打上门来。孙可望与李定国、刘文秀、杨畏知、沐天波商议出滇抗清，说道：“我等治理云南，兵精粮足，现在可以大举出兵，以恢复中原。”

杨畏知劝孙可望尊奉南明永历正统，联明抗清，这样可以师出有名，减少阻力，号召远近，争取各方更多支持。

师出有名。孙可望想到自己作为云南统治者，应该有个名号。这样对外可以号召天下，对内可以挟制以“西府”“南府”老爷自居的李定国和刘文秀。

李定国质朴无伪，肚子里没有孙可望那么多渠渠道道，不高兴地说：“我自为王，安所用请？”

孙可望再三给李定国做工作，说：“我等自称王爵，皆假号也。以封爵出自朝廷者为真。”

李定国说：“若是，则便是朝廷官，不更做贼矣，勿反复也。”

顺治六年（1649），孙可望派杨畏知和户部龚彝作为使者，在亲信将领潘世荣、焦光启护卫下，携亲笔信前往永历帝当时行在广东肇庆，联络永历朝廷。亲笔信内容如下：

先秦王荡平中土，扫除贪官污吏。十年以来，未尝忘忠君爱国之心。不谓李自成犯顺，玉步旋移。孤守滇南，恪遵先志。合移知照：王绳父爵，国继先秦。乞敕重臣会观诏书谨封。

己丑年正月十五日孙可望拜书

孙可望自诩忠君爱国，请求永历朝廷续封他为秦王，意思很明白。然而令人

不明白的是张献忠何来秦王之称。张献忠夺取武昌后即自称西王，直至在成都称帝，也称大西皇帝，从未称过秦王。更没有人封他为秦王，崇祯皇帝没有，李自成也不可能。有学者推测是不是李自成占领西安后为笼络张献忠臣服，封他为秦王，此说却缺乏史料支持。仔细想一想，无此可能，李自成把陕西视作自己的大后方，最重要的根据地，怎么可能封给自己的竞争对手呢！

这封信写在方形黄绫上，没有尊奉永历正朔。为表善意，进献南金二十两、琥珀四块、良马四匹。

永历帝见孙可望的信写在皇室专用的方幅黄绫上，已是不悦，又见信末未用永历年号，更加恼怒，随手将黄绫扔在一旁，把孙可望请封一事交由大臣讨论。

朝中百分之九十的人认可封孙可望为秦王。以一顶王爵换取几十万生力军和云南一省地盘，对于不停播迁、四处碰壁、处于穷途末路的永历朝廷来说，上哪儿找这样的便宜？然而，得了便宜卖乖的人也不是没有，有些人出于阶级的偏见，仍然认为孙可望等人是“贼”，说什么“可望乃献忠余孽，狼子野心，恐不为我用”。那些把持朝政的人，出于一己私利，害怕拥有强大实力的孙可望一旦进入永历朝廷，自己会大权旁落，所以反对最力。代表人物有兵科给事中金堡，曾经投降清朝、后随李成栋反正过来的都察院左都御史袁彭年等。

金堡官虽不大，可在永历朝算个人物。此人特点是能咬，逮谁咬谁，有个尊号叫“虎牙”。他开初说“可望贼也，不可以封”。后见赞成封孙可望者人数居多，就改变策略，引经据典，“引祖制无异姓封王例，力争不可”，而且连续七次上疏，拼命反对。金堡一搅和，袁彭年紧随其后，连大学士严起恒也拒绝封孙可望为秦王。

杨畏知是明朝旧臣，从内心忠于朝廷，这次作为孙可望的使者赴永历行在，对利害关系洞若观火。他劝道：“可望兵强，可藉为用，何惜一封号不以收拾人心，反自树敌？”这话说得非常在理，却招来金堡恶意攻击。金堡大声斥责杨畏知“为贼游说”，并要求永历帝立即收押杨畏知。

杨畏知是孙可望的使者，谁敢？金堡也不过是虚声恫吓。不过，孙可望封秦王一事就这样被拖延不决，一拖几个月。

朝议难决，其间，朝廷利用遣使劳军之机征询在外的兵部左侍郎、总督恢复军务的堵胤锡的意见。堵胤锡是南明少有的有远见的政治家。他曾一力促成李自成大顺军余部李过、高一功等三十万人与南明联合，改编成“忠贞营”；又将马进忠、王进才、牛万才收编为“忠武营”。这才使得湖南一带有能力迟滞清军的进攻。堵胤锡得知孙可望有意归明，立刻上疏曰：“臣窃谓孙可望父子久割据西川，今滇、黔尽为所有，故能自立，曷能禁其不自王？今可望尚知请命，其意犹可取。我不能禁其不王，而欲绝之，势将偾决。当即降敕封之，使恩出朝廷，乃可得其用……不然是驱之为变也。”

堵胤锡如此明白剖析，终不能打动那些执事朝臣。永历朝廷有意封孙可望公爵。堵胤锡得知后，料定此事必然决裂，忧心不已！他一方面在七星岩盛情款待潘世荣和焦光启，稳住这两位孙可望的老部将，一方面密疏永历帝曰：“廷臣谓异姓封王非祖制，不当自可望变乱始。持论良正，然不可今日言。可望固逆献养子，凡逆献滔天之恶，举有力焉。今姑取其归正一念，冀收其将来之用，安可泥颁爵之常法哉？且可望已自称平东王，一旦封以公爵，彼必不乐受，因而为逆，谓天下威灵何？谓天下事势何？若欲收其用而反损国体，非良策也。臣谨按开国功臣徐达、常遇春等侑食太庙，称六王，皆追封也。伏乞皇上乾断，量封可望为二字王，即于敕书中详载旧制，明示破格沛恩，而勉之以中山、开平之功。如此，可望必感激用命，揆之祖制亦不为悖谬。国家今日于可望善收之，则复有黔、滇。不善收之，则增一敌国。利害无两立，得失不再图，不可不熟虑也！”

堵胤锡一席话终于打动永历帝，朱由榔也终于“乾纲独断”了一回，下诏封孙可望为平辽王，派都察院右佥都御史赵昱持印和敕书去云南宣旨。

然而迟了，你朝廷不封，有人封。

庆国公陈邦傅驻守广西浔州，兵势甚弱，但“日张边情”，以此胁迫朝廷讨要封赏。永历朝廷很烦他，却不敢得罪，就给他许多空白敕书，你看谁顺眼自己封去，以致伺候陈邦傅的“厮役皆冒侯伯”。永历朝廷滥封如此，唯独对孙可望讲原则。

当时，恰值忠贞营的高一功、李来亨率兵入粤，驻扎在相邻的宾州、横州，陈邦傅害怕自己被忠贞营吞并，却想不出什么好办法。当陈邦傅闻知孙可望有意归顺朝廷，求封秦王，朝议未决时，就想结好孙可望对抗忠贞营以自固。他和亲信、中军胡执恭密谋策划，利用永历皇帝颁给的空白敕书，私自填写秦王封敕，又暗中铸造“秦王之宝”金印一颗，重百两，这年七月，派胡执恭冒充永历皇帝的使臣，前往云南封孙可望为秦王。

陈邦傅把天捅了一个大窟窿！

孙可望哪里知道南明永历朝廷如此不堪，如此腐败，还在云南一心等着封爵，一旦有了名号，即提兵出滇，抗击清军。闻知胡执恭作为朝廷使臣入滇，孙可望大喜，安排隆重的欢迎仪式，亲自出城郊迎。“可望肃然就臣礼，先五拜叩头，舞蹈称臣，受封秦王。后率义兄弟三人（应为二人）并三军士卒，各呼万岁。后又秦王升座，受义兄弟三人及三军士卒庆贺”。受封仪式之后，孙可望把皇帝敕书黄布誊写，布告云南各地，欢庆三天。

孙可望之所以要举行如此隆重的受封仪式和盛大的庆祝活动，就是要昭告天下：昔日反对大明王朝的大西军从此尊奉南明永历正朔，他本人和义兄弟李定国、刘文秀成为南明政权的朝臣。最重要的是，有了封藩敕书，孙可望本人的领导地位得到永历朝廷的确认。然而，乐极生悲，陈邦傅、胡执恭的骗术被不久归来的杨畏知、龚彝戳穿。杨畏知告诉孙可望，永历朝廷封孙可望为平辽王，使臣赵昱持印和敕书不日即到。

孙可望大吃一惊，说：“我已封秦王矣！”

杨畏知问明情况，知是陈邦傅、胡执恭捣鬼，告诉孙可望那是假的。孙可望大失所望，说道：“我受封秦王，云南全省军民尽人皆知，现在却要降格为二字王，我的老脸往哪儿搁？”孙可望怎么也想不到，自己一心尊奉的永历朝廷竟如此混乱，如此浑蛋！他不禁勃然大怒，愤然说道：“我是做皇帝还是做秦王，我自己就能决定，用不着借助于他人。正事还没做，就忙着更改封号，白白招人取笑！”

他下令把胡执恭关进监狱，拒绝使臣赵昱入境。纷争不断的永历朝廷机关算尽，一开始就失掉孙可望归附之心。

李定国、刘文秀等见事情闹翻，婉劝可望说：“天使既然来了，没有什么理由拒绝其入境！”孙可望这才让赵昱进入昆明。赵昱知孙可望火大，一见面就叩首称臣，私下又向孙可望表忠心。孙可望高兴了，奖励赵昱千金。其平辽王印收下，但不用，仍旧称秦王如故。他还给永历朝廷送去一封公文，说：“于某日接敕封臣秦王，于某日接敕封臣平辽王，莫知所从”，还将先后所接两封敕书内容抄报朝廷，并特别说明接秦王敕封后已经昭告天下，全省官员和军民都已祝贺，此事已无法改变，请朝廷酌定。

平心而论，这件事不怨孙可望，始作俑者是陈邦傅，根子却是永历帝滥发敕书所致。南明小朝廷的官本来就不值钱。正确的做法是永历帝改正错误，重新颁敕，给孙可望秦王封敕，以收其心。然而，永历朝廷的做法完全违背常理，坚决拒绝孙可望的要求。史书说永历朝廷“刻印刓印，喙长计短”，又是那位金堡出来捣乱，说：“可望应否封王，臣为祖宗守法，即使白刃临臣，臣唯执不封之议。”计六奇嘲笑他“日将‘祖制’二字说迂谈，讲空话，因之获厚利”。户部尚书吴贞毓也说：“秦王即欲一字王，亦当另议国号。若竟封秦王，是陈邦傅、胡执恭为天子矣！”话都说到这个分儿上，还有谁敢多嘴！

元胤，有的劝永历帝乘船从海上去福建找郑成功，甚至有人建议到安南(今越南)避难。

对于投靠孙可望，大学士吴贞毓先不同意。他先前从孙可望派来的提塘官曹延生处获知，只要永历帝进入孙可望领地，马吉翔、庞天寿就要逼永历帝禅位与孙可望。这样的结果，让吴贞毓不寒而栗。永历帝何尝不是这样，一想到落入孙可望掌心，受人挟制，内心就“不欲就可望”，仍然是议而不决。孙可望派来护驾的大将贺九仪见大家不愿去云南，感到愤怒。他对朝臣说：“昔秦王为请移跸滇黔，特命我扈驾。今诸臣既各疑贰，我岂能担此重任乎？”说完即拔营而去。永历君臣失去了最后的保护。

此番清军来势迅猛，十二月五日，距南宁不过半天路程。永历君臣分乘十多只大船沿左江仓皇逃命，经新宁(今广西扶绥)至濑湍(崇左)。十二月十日，孔有德占领南宁，发兵继续追赶永历帝。因为左江上游水浅，大船不能行，永历帝“尽焚龙舟重器”，由禁兵抬辇从陆路逃难，窜至桂滇交界处一个叫皈朝的小村子，这时已是顺治九年、永历六年(1652)的正月初一。一路逃来，随从人员星散，皇帝和大臣自顾不暇，哪还有心思管别人。

再说孙可望知朝廷不愿到自己的地盘，老大不悦，然而他心下明白，此事不能不管。永历帝一旦被孔有德俘虏，西南人心动摇，自己也失去号召远近的一面大旗，对以后的发展毫无益处，反而有损自己的威望。他急派大将耿三品、高文贵、黑邦俊率部赴濑湍迎驾，不想在皈朝遇上永历君臣。自此永历君臣才转危为安，半个月后移驻广南。

如何安置永历朝廷，孙可望颇费思量。安置在贵阳，君臣名分所关，自己得跪拜朝见，重大军国要务也必须取得皇上的批准，而这对跋扈自雄的孙可望来说根本做不到；安置在昆明，李定国、刘文秀在那里，他又担心永历朝廷与李定国、刘文秀勾连，不但不便控制，反而对自己构成威胁！再三权衡之下，他决定把永历朝廷安置在贵州安隆千户所居住。他派亲信将领、副总兵王爱秀率部护送永历帝到安隆千户所，并驻扎当地负责朝廷的安全保卫。

二月六日，永历君臣来到安隆，随行文武只有五十多人，即使加上家眷和锦衣卫、禁军也不到三千人，名副其实的小朝廷。永历帝在走投无路的情况下步入原大西军的控制区，等于把自己的命运交给了孙可望。

安隆是贵州西南边境一座小镇。明永乐二十二年(1424)开始筑城，城周长二里，千户所所在地。安隆城由西北向东南渐高，坐落山腰。四周高山环绕，东有龙井山、将军山，西北有天傍山，南有桅杆山，北有玉屏山。玉屏山下一马平川，十五里外是绿海子。明太祖朱元璋赐封土官岑子得于安隆洞，其地遂称安隆。孙可望为永历帝准备的行宫坐落在龙井山与桅杆山之间，行宫下面有清冽而甘甜的珍珠泉。地方虽小，安放的却是真龙天子，于是孙可望下令将“安隆”改为“安龙”，并把千户所提升为安龙府，派自己的亲信范应旭担任安龙知府，张应科为总理提塘官。

孙可望规定，每年给银八千两、米六百石供永历君臣、随从支用。这点钱粮，永历帝觉得不够用，孙可望不予理睬。每月初一，是宫中领取银米的日子。户部管钱粮的主事都怕这一天当值，因为不堪忍受钱粮官陈银匠的奚落。陈银匠每次发放钱粮完毕，总要提笔造册：开皇帝一员，皇后一口，嫔妃十一口，皇子宗室四十三口，从官大学士以下五十六口，按例支银、米若干。末了，还叫当值官画押按手印。这样做是对皇上的大不敬，可陈银匠认为无可厚非，因为造册要逐级上报镇、道、府，直至秦王孙可望。那些官员包括孙可望并不觉得有损皇上的尊严，反而觉得有趣！

可笑的是，秦王孙可望给皇帝朱由榔下了一道命令：凡永历朝廷发布的一切诏书敕札，都要经过安龙知府范应旭的审查。

孙可望将永历帝置于笼中，实际上接管了永历朝廷的权力，却不能厚养永历帝，甚至不注意维护朝廷哪怕是表面上的尊严，导致朝廷诸臣的不满以及大西军内部的分化。

一再重复的内部斗争又开始了！

顾诚先生总结南明抗清斗争屡屡失败时说：“满清贵族加紧推行民族征服和民族压迫政策，激起了汉族士民的激烈反抗，导致民族矛盾上升为全国的主要矛盾。然而，尽管各地的抗清斗争风起云涌，却差不多都以失败告终。失败的根本原因在于南明朝廷自身的腐败，内部纷崩离析，名义上从属朝廷的各种抗清力量之间，以至于某一个抗清团体的内部，总是矛盾重重，相当大一部分可以用于抗清的力量在内部冲突中被消耗了。”

他又说：“探讨南明的历史，有一个基本论点是可以通过大量事实证明的，这就是在力量对比上，南明的兵力和潜在力量并不逊于清方。其所以屡战屡败，丧师失地，根本原因在于各种抗清力量之间矛盾重重，互相拆台，甚至互相火并，使兵力相对有限的满洲贵族坐收渔翁之利。”

当完全掌控了永历朝廷后，孙可望作为主角登场了。他虽然不是明帝国固有力量，然而实践证明，他的确不是先进生产力的代表，他同样逃不脱顾诚先生所指出的那种历史怪圈。他没有把主要精力放在抗清事业上，而是野心勃勃要当皇帝。他对权力和地位的欲壑难填使他利令智昏，无法做到高瞻远瞩，正确地驾驭全局，结果“可以用于抗清的力量在内部冲突中被消耗了”！

三十二　刘文秀北伐四川，李定国两蹶名王

永历朝廷在走投无路的情况下，被迫逃入云贵，置于原大西军的保护下，客观上促成汉族与西南少数民族联合抗清阵线的形成，李定国、刘文秀等一批大西将士在抗清斗争中大展雄风，重挫不可一世的清军，天下为之震动。他们的抗清事迹也为南明历史增添浓墨重彩的一笔！

早在顺治八年四月，孙可望派冯双礼率骑兵万余，步兵数万，由贵州东进，大举进攻湖南，目标是沅州（今湖南芷江）。清朝沅州守军力量单薄，被迫退入城中，随即被冯双礼包围。四月十五日，冯双礼率部发起猛攻，沅州城破，活捉清知州柴宫桂、将领郑一统。冯双礼转攻辰州，清辰州总兵徐勇，人如其名，据城死守，冯双礼未能得手。这时，清廷委任续顺公沈永忠为剿抚湖南大将军，率兵两万来援。沈永忠竭力撑持，双方一度打成平手。

到了顺治九年、永历六年（1652）四月，李定国率部进入湖南，会合冯双礼于五月进攻靖州。这些年，李定国一直在云南练兵，麾下十万军士兵强将猛。沈永忠派总兵张国柱带兵八千往援，陷入李定国、冯双礼的重围。稍一接战，被打得大败，清军被歼五千余人，张国柱狼狈逃窜。李定国攻克靖州，乘势占领武冈州。

在李定国凌厉的攻势下，清政府兵力不敷的矛盾充分显现出来。沈永忠向近在桂林的定南王孔有德求救，孔有德与沈永忠有隙，以“我三镇分驻各府，如何借发”为由，拒绝出兵。

沈永忠彻底绝望了，根据清廷“不可浪战，移师保守”的指令，带着残部自宝庆北撤，六月二日退到长沙，仍然立足不住，八月六日又放弃长沙，一直逃到岳州。随同沈永忠北遁的不止军队，还有大批湖南道、府、州、县官员，据统计，这些官员就有三十五名之多。这说明一个问题，清政府几乎把湖南全部丢了，说几乎，是因为岳州和常德还在清廷手里。以大西军为主的南明军队仅仅是初试锋芒，就收复

湖南大部分州县，不能不说是令人鼓舞的胜利。

但是，请注意：清政府保存有生力量，不争一城一地的战略方针是正确的。这个战略方针的正确性，以后不久就显现出来了。

为了阻止南明军队东进，清廷除了加强湖广的防务外，命令在陕西汉中的平西王吴三桂、定西将军固山额真李国翰率部入川，占领全川，威胁贵阳。顺治九年二月，吴三桂、李国翰到达保宁，稍作准备后，即于二十二日攻打成都。南明成都总兵林时泰不战而降，成都失陷。吴三桂坐镇成都指挥，派李国翰南下攻取眉州、嘉定，活捉孙可望派来的总兵龙名扬。龙名扬是云南石屏州土司龙在田的儿子。吴三桂在成都调兵遣将往攻重庆，三月五日占领合州，遂分水陆两路围攻重庆。重庆守将卢名臣力薄难支，于十四日主动撤离重庆。四月，另一支清军进攻叙州，王复臣、白文选也主动撤出，退守永宁。两个月时间，清军攻占成都、重庆、邛州、雅州、嘉定、眉州、叙州等府州县，把原来只有川北保宁一地，扩大到全川。清廷欣喜地认为“全蜀渐次底定”，下一步该用兵贵州了。顺治皇帝诏令定南王孔有德由桂林出河池，与孙可望争夺贵州。

这年三月，李定国从昆明写信给孙可望，建议出师北伐、东进，完成“联合恢剿”大业，不要等清军主动进攻。孙可望采纳李定国建议，召集各路将领在贵阳召开军事会议，商讨部署出师方略。会议决定李定国、刘文秀为主帅，冯双礼、王复臣为副帅，分两路出兵。刘文秀北伐四川，李定国东进广西。一时间，云贵境内军队调动频繁，运输军需辎重的民夫络绎不绝，贵阳周围的苗族人民，成群结队为南明军服务。四月，李定国率骑兵、步兵、象队、乌枪计十万人入湖南与冯双礼会合，如前所述。

七月间，刘文秀率骑兵、步兵、象队、乌枪计六万人由贵阳分三路入川，由建昌、叙永、彭水大举进攻。八月九日，刘文秀攻占叙州，清叙州守军全军覆没，总兵马化豹只身逃脱，另一总兵蓝一魁失踪。刘文秀麾下大将白文选率部反攻重庆，重庆不支，岌岌可危。八月十九日，吴三桂、李国翰在夹江县与四川巡抚李国英紧急会商，认为刘文秀势不可挡，决定全师北撤，以保万全。清军重庆守将二十四日接到撤退命令，二十五日即渡江北还。刘文秀、白文选随即尾随追击，二十八日在停溪把清军包围，以战象和火器发起猛烈攻击，清军大败，梅勒京章白含真被活捉。总兵柏永馥逃回保宁时，残兵败卒只剩百人。

刘文秀率部入川，势如破竹，占领重庆后，挥师西进，攻克成都，把吴三桂、李国翰率领的清军又一次打得大败。吴三桂向保宁退却,刘文秀、王复臣迅猛追击,沿途给清军以致命打击,把清军压缩到川北保宁一带。吴三桂见刘文秀势大,无法取胜,已然决定连保宁也放弃,退守汉中。事实上,吴三桂退至距保宁三十里叫圆山子的地方,有路通秦,从这里退至绵州,接着又于九月十一日退到广元。堂堂的平西王吴三桂被刘文秀打得魂飞天外,兵败如山倒。吴三桂不仅自己逃跑,还要拉着四川巡抚李国英一道跑。李国英没那个胆,说:"王乃客兵,可以还汉;巡抚乃守土之臣,当与保宁共存亡。"李国英随即星夜驰往保宁。

清政府任命的四川巡按御史郝浴对于吴三桂放弃保宁非常气愤,对总兵严自明说:"保宁岂可轻弃?此城一失,四川无取之日矣。"

郝浴一昼夜接连七次移文吴三桂、李国翰,迫之以"不死于贼,必死于法"之言,要求吴三桂回师保宁。他和总兵严自明联名具文吴三桂,文中说:"川北为汉中门户,有川北后得有汉中;无川北不第无汉中矣。至保宁一隅囤聚朝廷粮饷,又兼设文武,原倚以为全川、收云贵之大镇。王受西南重寄,岂得弃而不顾!"

即就是如此,吴三桂仍犹豫不决。固山额真李国翰对吴三桂说:"我等统领大兵恢川不得,若弃了保宁,丢了巡抚,我朝法度王所素知,复将何辞以对朝廷耶?"

吴三桂自从在山海关一片石借助八旗精锐击败李自成后,指东打西,简直不可一世,为满清贵族征服汉民族立下汗马功劳,南明国人包括满清朝臣多对其畏服有加,然而吴三桂进军四川,叙州一战,象吼马惊,乌枪火器毒箭齐发,倮罗兵赤身搏战,纵使吴三桂身经百战,也吓得够呛!史书说:"吴三桂初欲遁还汉中,继而不得已而守保宁。……其实三桂中情畏怯之甚也。"吴三桂真被刘文秀打怕了!当他明白"战也是死,不战也是死"时,迫于无奈才决定回守保宁。

他急忙派人飞骑追回已经走了的李国英,问道:"我欲去守保宁,巡抚可有粮么?"

李国英说:"保宁粮虽无多,尚够兵马五个月支用。"

吴三桂找不到借口,只得于九月十九日返回保宁据城坚守。

刘文秀连战皆捷,所向无敌,渐渐产生轻敌急躁情绪,觉得平西王吴三桂、固山额真李国翰不过尔尔。他想的是全歼清军入川部队,北进汉中,进而恢复关中,打回老家去!十月二日,他率领副帅王复臣、大将王自奇、李本高、祁三升、关友才、张光璧等五万军马进抵保宁,立刻将保宁城围了个水泄不通。为了防止城破后清军突围窜入陕西,他还抽调部队"北塞葭萌关,东塞梁山关"。史学家说,这个部署触犯了兵法上"围师必缺"的大忌。

保宁城三面环水，西、南两方面临嘉陵江，东面临东河，北面是延绵不断的山脉。刘文秀占领城外各山头，凭借“长技在鸟铳，铳之优势在高山，延山放铳，据险凭城”。为了尽快消灭城内守敌，刘文秀下令在嘉陵江上搭建浮桥，输送主力部队过江，部署在保宁城北。部署完毕后，又将浮桥拆毁，意在破釜沉舟，决一死战。

副帅、灭虏将军王复臣对此部署深感忧虑，对刘文秀说：“三桂劲敌。师骤胜而骄，恐有失。请毋围城以分兵势，出奇兵断其饷道，可坐成擒。”刘文秀听不进去王复臣的意见，执意按原有部署攻城。

十月八日，主力部队齐集保宁城北，攻城战斗开始，刘文秀登高指挥作战，南明军将士“蔽山而下，炮声震天”，“南至江岸，北至沙沟子，攻城部队横列十五里。”冲在最前面的是战象，战象身披盔甲，上骑倮罗族勇士，手持鸟枪火器，一齐开火；“次用火炮，鸟铳、挨牌、扁刀、弓箭、长枪，层叠里许，蜂拥攻城”。刘文秀命令将士昼夜不停轮番架云梯爬城，虽遭到城内顽强抵抗，但一波未平，一波又上去了。巡抚李国英让汉军绿营兵改打满族八旗军旗，以壮军威。面对如此猛烈的攻城，城内清军虽胆战心惊，因知无路可逃，只能做困兽斗，鼓勇奋击，一时间形成僵局。

平西王吴三桂也被这个场面吓得不轻，但作为主帅，他要寻找突破口。他侦知对方张先璧部战斗力较弱，决定集中优势兵力先打张先璧。十一日，吴三桂率部开城出战，直攻张先璧所部。张先璧抵敌不住，顿时大乱，纷纷后退。这一退不得了，败兵将王复臣等部冲得乱成一锅粥。吴三桂趁势冲杀，大西军阵势已乱，立脚不住，打到中午即已全面崩溃，全军没命地往后撤。后撤的将士来到江边，因浮桥被毁无法过江，或被清军追杀，或被逼入江中溺死，折损士卒大半、战象三只、战马二千三百余匹。副帅、灭虏将军王复臣、总兵姚之贞、张先轸、王继业、杨春普被清军俘获后处死。

吴三桂胜利了，但以他多年职业生涯，这是一次险胜。他曾叹息道：“生平未尝见如此劲敌，令如复臣言，吾军休矣！”刘文秀虽败，他也不敢穷追。

刘文秀收集残兵败卒返回贵阳，孙可望极为不满。孙可望本来就忌“西府”、“南府”老爷势大，趁此机会解除刘文秀兵权，发往昆明闲住，以此与刘文秀构隙。至于张先璧，回到贵阳后，被孙可望下令乱棍打死。

刘文秀入川作战虽然遭受一些挫折，但除保宁外，川西、川南、川东仍然在永历朝廷的版图内。特别是李定国率领的东进之师所向披靡，取得南明史上堪称空前的伟大胜利。更有人,譬如黄宗羲就说:“逮夫李定国桂林、衡州之捷,两蹶名王,天下震动,此万历以来全盛之天下所不能有!”他认为,李定国所取得的胜利,即使是大明王朝全盛时期也没有过。

我们前面说过,李定国四月挥师入湘,打败清续顺公沈永忠,收复湖南大部分州县,本应继续东进,扩大战果,但广西的现状引起李定国的注意。一是湖南清军远遁,清广西定南王孔有德部陷入孤立;二是李定国要东进抗清,也容不得在云贵与湖南之间有一支清生力军威胁自己的后方。他毅然决定,停止东进,南下收复广西。

六月,李定国从武冈、新宁挥师南下,直攻广西重镇全州。孔有德拒绝沈永忠求救,心里颇有几分得意,压根儿没想到李定国会攻打广西,所以全州守备单薄,不堪一击。六月二十八日,李定国全歼全州清军,守将孙龙、李养性被阵斩。

消息传到桂林,孔有德大吃一惊,这才意识到问题的严重。第二天,他亲率精骑三千奔赴兴安,扼守严关。严关是北进桂林的险要关口,孔有德企图据险阻止李定国夺取桂林。然而让他想不到的是,在李定国凌厉的攻势面前,即使是险关要隘,也阻挡不了南明军队前进的步伐。二十九日,李定国攻克严关,直前连杀数人,纵兵围杀,杀得三千清军尸横遍野,“浮尸蔽江下”。自视甚高、威风凛凛的孔有德尝到了厉害,于当日晚踉跄逃回桂林。李定国紧随其后,三十日即抵桂林城外。

孔有德系明朝降将,早先在辽东总兵毛文龙麾下当兵。袁崇焕杀毛文龙,孔有德依附守备孙楚阳。孙楚阳升登莱巡抚,提拔孔有德为游击将军。期间因杀县令及百姓谋反,逃入朝鲜,后降清。孔有德在明朝为将,毫无作为;说来奇怪,降清后战功卓著,从未打过败仗,一直升至定南王。孔有德麾下有二万兵马,加上南明投降士卒,计有四万有余。攻占广西后,各镇兵分守桂林、南宁、柳州、梧州。桂林守军在严关一战多被歼,此时的桂林兵力不多,多数兵力还是投降孔有德的南明庆国公陈邦傅的军队。于是,孔有德命令陈邦傅守武胜门。

七月一日,孔有德登城察看敌情。只见李定国军骑兵、象队、大炮、乌枪、步兵密密麻麻在城外运动,正在包围全城。骄横自信的孔有德不自信了,飞檄调南宁提督线国安、梧州总兵马雄、柳州总兵全节率领部属火速回援桂林,同时传令全城百姓上城防守。第二天,李定国、冯双礼就完成对桂林的包围。孔有德城上观察良久,见李定国兵精将猛,军威甚壮,自知不敌,檄调各镇军队显然会飞也来不及,遂回家准备后事。他令兵丁运火药于室内,嘱咐家人:“事急则举火!”

次日大雨，李定国攻城愈急，大炮轰城，云梯爬城，倮㑩兵打着赤脚，袒胸露臂，直扑武胜门。中午攻破武胜门，李定国指挥军队一拥而入，残余清军无法阻挡。孔有德怅然失色，嘟囔了一句："完了！"转身回到家中，杀其爱妾数人，自己上吊自杀。死前，命家人纵火，将一生所掠财宝和全家人全部焚死。孔有德的妻子死前将七岁的儿子孔庭训托付给侍卫，最后赠言是："万一幸免，让此儿当个小和尚。不要学他老子做贼一辈子，才有今日下场！"后孔庭训被李定国收养，孔有德的妹妹孔四贞趁乱逃脱。桂林是广西省会，一批广西清朝官员被捉。有广西巡按王荃可、署布政使张星光等，就连那位投降孔有德的原南明庆国公陈邦傅、其子文水伯陈曾禹也被活捉。

李定国坐镇桂林，指挥收复广西全境的战斗。明军南下攻克平乐，杀清府江道周令绪，活捉知府尹明廷；攻占柳州，活捉清右江道金汉蕙。

李定国收复桂林后，极大地震动了广西全境。孔有德属下分别镇守南宁、柳州的提督线国安、总兵全节，自知守土无望，带着当地府、州、县官员向与广东接壤的梧州逃跑。从柳州逃来的全节一路挨打，左营副将何九成伤重而毙，后营副将沈邦清战死，右营副将郑元勋率部投降。全节跑到梧州时，手下已没多少人马了。八月，李定国挥师进攻梧州。孔有德三镇雄兵都在梧州，线国安、马雄、全节却不敢迎战，全师退入广东，投奔清平南王尚可喜。八月十五日，李定国占领梧州，至此，广西全境宣告收复。

与广西相邻的广东，由清平南王尚可喜、靖南王耿继茂镇守。二藩得知广西尽失的消息，惊恐万分，准备放弃广东西部一带州县，集中兵力防守广州和肇庆。遗憾的是，由于孙可望部署失当，李定国没有乘胜进军广东。李定国率部离开后，广西的一些地方也被清军重新占领。

李定国收复桂林和广西全境后，派人赴贵阳向孙可望、同时也向在安龙的永历帝报捷。孙可望令将陈邦傅父子和清朝重要官员押解贵阳，听候发落。八月二日，李定国派人押解陈邦傅父子和清广西巡按王荃可、署布政使张星光赴贵阳。

孙可望在贵阳至昆明，至四川、湖南、广西的边境上，每三十里设一哨卡，既是盘查可疑人员的关卡，又是公文传递的驿站。一天，在与广西交界的一座哨卡上，响起"当、当、当"的钟声。只见手持小红棍、胸挂大红捷帖的使者飞马而来，有节奏地喝道："军令来，军令来，叛将陈邦傅被擒！"闻讯，人们涌向大道观看。使者过后，又响起一阵锣声，几辆木栅囚车各载一名犯人缓缓经过。第一辆挂个牌子，上写"叛将前庆国公陈犯邦傅"。官绅百姓痛恨叛变投敌的人，对陈邦傅父子投以鄙夷的目光。

陈邦傅父子就这样坐着囚车，沿途示众，从桂林来到贵阳。孙可望将清朝官员处斩，把陈邦傅父子押赴刑场剥皮，然后将稻草填入尸皮缝合，"剥皮揎草"，传示云贵两省。尸体前竖一大牌子，上书："逆犯陈邦傅先经肆劫皇杠，剽掠宫人，罪已漏网。不思建功赎罪，辄行背主反叛。今已拿获，解赴军前，立将邦傅父子剥皮，传示滇黔。"

可以想见，孙可望对陈邦傅恨之入骨。陈邦傅先于永历帝伪封孙可望秦王，一度将孙可望置于非常难堪的境地。严惩陈邦傅无可指责，但不能不承认孙可望私心自用，所以处以极刑。不过，历史往往有惊人相似之处，当孙可望倒行逆施，众叛亲离，无路可走时，他不也背主降清吗？还弄了个"义王"的封号。按照孙可望给陈邦傅的定罪标准，孙可望是不是也应该"剥皮揎草"！

陈邦傅传尸安龙，想不到引起一场轩然大波。御史李如月不满孙可望不经奏请永历帝，就把陈邦傅处死，上疏弹劾孙可望"擅杀勋爵，僭窃之奸同于莽、操，请除国患；兼敕邦傅罪状，加以恶谥，用惩奸凶"。

李如月不仅迂腐，简直就是找事。如果说李定国逮住陈邦傅就地正法，也是"僭窃之奸"吗？何况陈邦傅叛将一个，何来"勋爵"之尊？永历帝心知肚明，害怕惹恼孙可望，诘问李如月"遍考祖宗谥法，只有褒奖忠良字样，何来'恶谥'？"便以"妄言"为名，打了李如月四十大棍，奏疏留中不发，意在先下手为强，保他不死。不料李如月偏要太岁头上动土，又把奏疏另抄一份，交给提塘官张应科。孙可望得报大怒，派人赴安龙，胁迫永历帝批准把李如月剥皮揎草。孙可望睚眦必报，胁迫永历帝极刑处死大臣，正好应验"僭窃之奸同于莽、操"，却是史留恶名。

正当李定国、刘文秀率领南明将士在前方与清军浴血奋战时，留在贵阳的孙可望却征发民夫，大造宫殿，急谋实现他的皇帝梦。他坐镇秦王府，自称国主，分封文武百官，新铸八叠文秦王宝鉴，废除永历朝廷所颁发的印信。南明从来不乏阿谀谄媚之臣，编修方于宣极力趋奉孙可望，为其制定一套朝觐、封赠、祭奠的仪制，一切仪制远非永历小朝廷所能比。他命令云、贵、四川南明官员，限期到贵阳秦王府朝见，不来朝见者则视为不忠。据说，孙可望把国号都选好了，曰"后明"。接着在贵阳修建太庙，庙里供奉三位尊神：中间是明太祖朱元璋，左边是义父张献忠，右边是孙可望的祖父。每月初一、十五，或这三人的生辰死忌，都要官民前往祭奠。

孙可望所以还没有废掉永历帝这个傀儡，是因为时候没到，朱由榔还有利用价值；再者，如果这样做，不说外面，大西军内部先行不通，李定国、刘文秀就会反对。刘文秀还好说，兵权已削；李定国新立大功，风头正盛，实难对付。想到这里，孙可望恨得牙根痒痒。李定国收复广西全境，莫大之功，孙可望不但不认可，反而将永历帝封李定国“西宁王”的敕印压下来，把赏功银由八万两减为四万两。

孙可望病了，嫉贤妒能的病。大敌当前，他心思全不在对敌，却一心算计李定国。遇上这样的领导，任谁谁倒霉！

还在李定国攻取湖南大批州县时，主政不久的清顺治皇帝大为震惊。为了挽回颓势，决定派真正的满洲八旗精锐南下。他任命敬谨亲王尼堪为定远大将军，于七月二十日离京南下，收复湖南，进而攻取贵阳。然而李定国行动太快，定南王孔有德兵败身死，广西全境丢失，广东告急，打乱了清廷部署，迫使清廷改变尼堪进军路线，先占领湖南宝庆府（今邵阳市），后进军广西。

尼堪率领八旗精锐南下的消息传来，不啻是一颗重磅炸弹炸开。在当时人们心目中，清八旗骑兵所向无敌、不可战胜。孙可望接报，马上想到让李定国入湘迎敌。他也不考虑李定国刚刚打开一个新局面，需要做多少巩固工作！这里面孙可望私心自用不言而喻：“以定国胜则可以崇功，死则借以除患，败则可以加罪。”抗清大局已被孙可望置于脑后。

李定国接到秦王命令，率军北上，十月三十日进抵衡州。李定国并不怵尼堪，几年前，在西充凤凰山大西军与尼堪交过手，只是当时的清军统帅不是尼堪，是豪格；尼堪也不是亲王，只是个贝勒。当时所以失败，因为大西军内部出了叛徒，被清军偷袭所致。当然，李定国也绝不轻敌，召集部将认真研究军事部署，积极做战前准备。李定国命令冯双礼、马进忠移军白杲市，自己率主力部队驻衡阳，一旦尼堪大军过了衡山县，要求冯双礼、马进忠迅速包抄敌后，断其归路，与李定国主力同时发起进攻，南北合击，一举歼灭尼堪全军。这本来是高度保密的战前部署，冯双礼却把这个机密泄露出去，泄露给最该知道、或许最不该知道的人——孙可望。

在李定国进抵衡州的第二天，秦王孙可望率领十几万大军东进沅州，准备攻打一年前冯双礼没能攻下的辰州。说孙可望最该知道李定国的军事部署，是因李定国奉孙可望之令北上，孙是他的顶头上司；说孙可望最不该知道李的部署，是因为孙可望有病，而且病得不轻。果然，孙可望一看李定国的部署，慨叹己不如人的同时，深恐李定国一战成功，功高盖主，决定破坏这个部署的实施。他密令冯双礼伺机撤出战斗，移军宝庆。

十一月十九日，尼堪清军进至湘潭。冯双礼并不请示李定国，率部退至宝庆。马进忠不知就里，看冯双礼退兵，也跟着退往宝庆。好端端南北合击的作战计划落空，明军北路空虚，让清军有路可逃。

十一月二十二日，尼堪清军行至距衡阳三十里处，李定国派出一支两千人的小部队拦截，刚一接触，很快后撤，意在诱敌深入。尼堪自诩天之骄子，根本不把南明军队放在眼里，下令连夜"兼程前进"，于次日黎明赶到衡阳。李定国见尼堪骄横不可一世，心中暗喜，决心以智取胜。他没有据城坚守，几万主力部队全部放在城外，在距衡阳二十多里处埋伏重兵，张设口袋，命令前沿阻截部队边打边撤，不许恋战，一定要将敌人引入埋伏。清兵自入关以来，所过无坚城，所遇无劲旅，已经养成目空一切的习惯，别说没有埋伏，有埋伏也照打不误。

如果说这次战役像一出话剧，那么，剧情完全按李定国的脚本进行。尼堪斩关夺隘，不断"取胜"，乘胜追出二十里，顺利进入李定国的埋伏。李定国凭高一望，是时候了，他一声令下，埋伏大军全线出击，只听战鼓雷鸣，杀声震天，部队像潮水一样涌了上来。鸟枪、鸟铳、大炮齐鸣，织成一道火墙；箭如飞蝗，散布着死亡。十几头战象身披铠甲，怒吼着冲向清军。隅居辽东的清军何曾见过大象，即使是久历沙场的战马也大受惊吓，有的落荒而逃，有的浑身发抖，像一摊泥样瘫软在地，有的一声嘶鸣，前蹄直竖，把骑手掀翻在地。大象甩动长鼻，把清兵打得人仰马翻，四条如石柱般的粗腿，又把清兵踏为肉酱。仓皇失措的清兵回身想跑，哪里能跑得了！李定国在昆明训练的数万精骑和步兵，披甲戴盔，奋勇追杀。特别是李定国从各土司调集的"蛮兵"，赤身裸体，连鞋都不穿，冲锋陷阵特别勇敢。他们不避枪弹，不畏箭矢，手执标枪大刀，见马砍马腿，见人剁人头，似乎从来不知什么叫怕死，杀得清兵大败而逃！

轻敌寡谋的清定远大将军、敬谨亲王尼堪被突如其来的打击搞懵了，刚才还在乘胜追击，怎么一瞬间就溃不成军？他明白遭遇了埋伏，下令组织反击，可昔日剽悍骁勇的八旗精锐被眼前的阵仗吓破了胆，只知从来路后撤，没有谁听得懂他的命令。不幸终于发生了，李定国的骑兵和土司兵迅速分割包围了尼堪一行，与尼堪的护卫亲兵交上了手。护卫亲兵拼死保护尼堪，无奈对方人多势众，亲兵一个个倒下，尼堪身边的文臣武将无不奔窜，自顾不暇。首先中招的是一等伯程尼，被当阵斩杀；接着就是尼堪，这位不可一世的清军统帅在混战中当场毙命。

李定国麾下的勇士们没有谁知道他就是尼堪，当割下他的首级，看到他兜鍪上那颗璀璨的东珠，才知道他们手里的这颗人头是贵为亲王的清军统帅尼堪之首。顿时，战场上欢声雷动，“尼堪死了”的呼声此起彼伏，响彻衡阳城周。这个消息极大地鼓舞了明军士气，也重挫了清军。清军拼死突破北面的包围，在多罗贝勒吞齐的率领下一泻千里，狼狈向长沙逃去。

李定国衡阳一战，歼灭清八旗精锐一万余人，当阵斩杀尼堪、程尼等王公和多名高级将领，缴获的武器、粮食、后勤辎重山积。如果不是孙可望釜底抽薪，密调副帅冯双礼移师宝庆，让出清军后撤之路，这个胜利一定更大，说不定就把有限的八旗精锐彻底打残，使其无力阻挡南明恢复江山的攻势。难怪黄宗羲哀叹：“功垂成而物败之，可望之肉其足食乎！屈原所以呵笔而问苍天也！”张怡也深表惋惜，说：“使无此内衅，大功成矣！”

自明末以来，清军破关斩将，几次深入京畿，残破直隶、山东、江苏，明军连正面还手都不敢。自从李自成被清军打败，清军更是所向无敌，不可战胜。李定国挥师转战千里连杀清朝二王，特别是当阵斩杀贵为亲王的南下八旗主帅尼堪，一举打破了清军不可战胜的神话。如此重大的胜利，不说南明，就连全盛时期的大明王朝也没有过。即使像袁崇焕这样的人们公认的抗清名将，也未曾取得如此巨大的胜利。这对于明清双方都是震动朝野的大事，就其影响而言，桂林、衡阳大捷远远超过了战役本身。还在李定国攻克桂林，收复广西全境，清朝廷大员就“号天大恸。自国家开创以来，未有如今日之挫辱也”。及至尼堪兵败身死，更出乎满清朝廷意料，连顺治皇帝也悲叹：“我朝用兵，从无此失。”据说清廷一度惊慌失措，已做最坏打算，甚至准备在万不得已时，放弃北京，退出关外。

南明方面，当衡阳大捷传到贵阳、昆明，当地官民欣喜若狂、奔走相告，张灯结彩、自发欢庆三日，人们弹冠相庆，以为恢复有望。就连清朝占领下的湖广、江西、广东一带，反清人士也由隐蔽转入公开，隐入山林的旧明高官出来参见李定国复仕。李定国收复广西后，在广东的安定伯马宝立即出兵，攻克清占领的阳山、连州、连山等州县，生俘副将茅生蕙、游击马泗汗、守备白守富。李定国衡阳大捷，极大地鼓舞了全国各地的抗清运动，活动于湘赣罗霄山一带的刘京、李文斌主动与李定国取得联系，率起义军收复失地。李定国派部将张胜攻湘阴，高必贵攻江西永新。在刘京等地方武装的配合下，收复永新，接着又收复安福、永宁、龙泉，生俘清安福游击张曾显。刘京遂围攻江西重镇吉安。李定国在湖南衡阳驻军四个月，把战果扩大到江西中部。

史书载，李定国用兵机动灵活，英勇果断，显示出卓越的军事才华。当时桂林知县李楚章说：“公用兵如神，有小诸葛之称。纪律严明，秋毫无犯，所至人争归之。"《边州闻见录》记载:"定国智勇冠其曹,且严纪律,民皆安之。或传定国兵当以夜至,比晓则已过尽矣。故所至有功。"李定国智勇双全,是当时堪担抗清重任的不二人选。

当李定国大破清军,阵斩亲王尼堪,复地千里的消息传到近在沅州的孙可望行营,孙可望本应欢呼雀跃。趁着清军主帅阵亡,士气不振之机,果断东进,与李定国联手扩大战果,"恢复江山"大有希望。令人奇怪的是孙可望非但没有欢呼胜利,反而高兴不起来。史书说孙可望"器小易盈",嫉妒李定国功高盖主,担心李定国尽收桂、楚、赣人望,威胁自己"国主"地位。据说,孙可望所以离开贵阳的王宫挂帅东征,就是担心抗清的功劳被李定国独得,要从李定国手中分一杯羹。以致衡阳战役之前,他暗中拆台,使李定国不能完胜,让大部分八旗精锐逃脱,大大帮了清军的忙,为以后的失败留下了伏笔。

他心中已经容不下李定国了。

按说,即使要收拾李定国,也要等到把主要敌人消灭后,李定国真正威胁到自己时。不,孙可望已急不可待,清政府位列其次,主要敌人好像是李定国。

顺治十年(1653)正月,孙可望以召开军事会议为名,命令李定国立刻赴靖州议事。只要李定国一来,即出其不意暗害李定国,兼并李定国的部队。

李定国打下衡州,收复湖南大部,又东进江西,事情多的应接不暇。他接到命令,一时无法脱身,不料孙可望三昼夜七次派人飞骑送信,急如星火,李定国不得已鼓旅西行,去见孙可望。

李定国的中书龚铭从贵阳到沅州,拜见孙可望。孙可望谋害建立奇勋的大将,肯定不得人心。有人私下透露孙可望图谋李定国意,龚铭闻讯大惊,立刻密书飞报李定国:千万不要来,来必不免。此时,李定国已行至紫阳渡,接信不免踌躇。他想这是真的还是假的?如果是真的,我不去,难保孙可望不以"违抗军令"兴师问罪;如果遵命前往,我已有备,他会不会火并?李定国左右为难,只好暂时停了下来。他叹息一声:"本欲共图恢复,今忌刻如此,安能成大功乎?"正在这时,刘文秀的儿子也秘密派人飞报李定国,说孙可望就等着他去,一去就要杀他。这一来,不由李定国不相信。

对于孙可望不顾大局,蓄意谋害自己,李定国悲愤不已。他对部下将领说道:"不幸少陷军中,备尝险艰,思立尺寸功,匡扶王室,垂名不朽。今甫得斩名王,奏大捷,而猜忌四起。且我与抚南弟(指刘文秀)同起云南,一旦絓误,辄遭废弃。忌我，当必尤甚。我妻子俱在云南，我岂得已而奔哉！”

二月下旬，李定国为躲避孙可望算计，率领所部数万人马放弃湖南，经永明越龙虎关进入广西，从此不再与孙可望见面。由于孙可望的专横和野心急剧膨胀，二十多年的兄弟情谊，一朝反目；大好的抗清局面也被毁于一旦。

反观这段历史，令人感叹不已，甚至不好理解：人口只有百万，精锐部队也就十几万，社会形态还处于非常落后的部落社会的满清，竟然能够征服经济社会发展处于世界前列的中原神州。每到后满清族撑不住的关键时刻，似有神助！也就是满清统治者和封建史学家反复昭示的“天命所归”。其实，不是冥冥中真有什么“神”，而是汉族内部不顾大局的倾轧、纷争、内斗、互相残杀，帮助后满清族实现对中原神州的征服。

逼走李定国，孙可望踌躇满志，亲自率领十万大军由靖州经武冈，进至宝庆，寻清军作战。他要证明，秦王殿下的军事指挥才能远比李定国高明。尼堪死后，清廷很快任命多罗贝勒吞齐为定远大将军。由于李定国从湖南撤军，吞齐清军南下全无阻力，很快进至宝庆附近，三月十五日驻军于岔路口，距周家铺冯双礼、白文选、马进忠营地三十里。第二天，清军进击周家铺，冯双礼、白文选等扎营山上，与清军对峙。当天傍晚，孙可望率驾前军出宝庆府增援周家铺。十七日，孙可望令全军发起进攻，下山猛攻清军。清军分头迎战，一场激战随之展开。战斗的结果令人大跌眼镜，败于李定国的这支清军，把孙可望打得大败，尸横遍野，伤亡惨重，“可望单骑走武冈”。清军乘胜追击，随即从孙可望手中夺占宝庆府。话又说回来，清军吞齐部损失也不小，护军统领喀尔他喇被杀，另有多名京章战死。很长一段时间，孙可望既不敢撤兵，又不敢轻举妄动，陈兵沅、辰一线；清军又岂敢冒进。于是，双方在湖南西部一带陷入对峙局面。

孙可望破坏内部团结，逼走李定国，结局是恶果自食。试想，如果有李定国在，与孙可望合击吞齐，那又会是一种什么结果呢？严格地讲，孙可望是自己打败了自己！

当李定国重返广西，广西的形势已经变了。由于孙可望决策失误，李定国率主力北进湖南后，广西空虚，主要城市和战略要地又被线国安等孔有德旧部占领，一切得从头开始。顺治十年二月，李定国重新占领梧州，取得一块立足之地。虽然与孙可望决裂，但他抗清的决心坚定不移，仍然一心一意扶助南明，决定开辟新的抗清战场。他派出使者赴福建沿海，主动联系活动于这里的郑成功，相约攻取广东。三月十四日，挥师东进广东，攻占开建州和德庆州，筹划攻打肇庆。二十五日抵达肇庆城下。二十六日，李定国亲临城下指挥，命令部队从东、西、北三面架云梯强攻。

肇庆城垣高厚，易守难攻，清肇庆总兵许尔显一边负隅顽抗，一边紧急向广州的平南王尚可喜求救。清军一个反击，夺得云梯一百多架。李定国见强攻不行，调整部署，改由挖掘地道"放迸"方式进攻。尚可喜鬼精之人，他吸取孔有德兵败身死的教训，把主力部队全部集中在广州。接报肇庆危急，立即向清廷求救，随即率领主力部队赴肇庆解围，留靖南王耿继茂守广州。四月八日，尚可喜高悬赏格："有能出城夺贼地道者，人赏银五十两"，突然开城出击。重赏之下，必有勇夫，清兵拼死向前，夺取李定国军开挖的地道口，放火熏烤地道内的士兵，无一生还。李定国被迫后撤，安营龙顶冈。尚可喜趁李定国立营未稳，驱军从西、南两面发起猛攻，遭到李定国的顽强抵抗。战场形势发生逆转，李定国的进攻战变成防守战。相持一段时间后，李定国见夺取肇庆无望，遂主动撤回广西。

到了第二年，即顺治十一年(1654)二月，李定国再次东进，想联合郑成功东西夹击收复广东。他数次派使者赴福建约定进攻路线和时间，郑成功态度暧昧，最终没能形成统一战线。他南下横州，占领高州和雷州，遂于六月发起新会战役。新会战役打了长达半年之久，直到清廷派靖南将军朱马喇率满汉大军长途跋涉到新会，会同尚可喜、耿继茂才解了新会之围。李定国精心策划的收复广东、进取江南战略由于得不到孙可望的支持、郑成功的配合而失败了，东进时率领的数万兵马损失殆尽。从此之后，他再也没有力量东进，南明复兴的希望也随之泡汤！

孙可望宝庆一战败于清军，本应痛定思痛，改弦易辙，善用永历正统这面大旗，团结全国的抗清力量，恢复国土，即使想做皇帝，也要等到打败清军之后。不，孙可望不思悔改，"日夜谋禅受"，加快了逼永历帝禅位的步伐。

永历帝迁居安龙后，朝廷大权完全被孙可望掌握，"时可望假天子名号令中外，调兵催饷，皆不上闻。生杀予夺，任意恣肆。帝在安龙，一不与闻"。有人说孙可望"挟天子以令诸侯"。孙可望听到后嗤之以鼻，他上疏永历帝，美美地把永历帝羞辱了一番。他说："有人骂我'挟天子以令诸侯'，现在你这个天子还有诸侯吗？纵然有，诸侯心目中还有你这个天子吗？你连你身边的人都号令不动，我又能以你的名义号令谁呢？"就此还嫌不够，又下一道命令：凡朝廷内外机务，一概由马吉翔、庞天寿处置。如有不法臣工，全部交由戎政、勇卫两衙门参处，以保证人人不敢造次。在安龙永历朝廷中，当时马吉翔掌管戎政，庞天寿掌管勇卫，等于把永历朝臣的性命交给两位亲信，朝臣无不惶恐。永历朝廷有一叫古其品的郎中，爱好诗词，尤工丹青。马吉翔要古其品画一幅“尧舜禅受图”，准备献给孙可望表忠心。古其品知这样做是犯上作乱，严词拒绝。马吉翔怀恨在心，秘密报告孙可望。孙可望命人押解古其品到贵阳，乱棍打死。永历朝廷在马吉翔、庞天寿的严密监视下，完全失却自由，惴惴不安。

历来压迫愈重，反抗愈强。永历帝虽生性懦弱，也有无法忍受之时。一日，永历帝私下对亲信太监张福禄、全为国说：“可望待朕无复有人臣之礼。奸臣马吉翔、庞天寿为之耳目，朕寝食不安。近闻西藩李定国亲领大师，直捣楚、粤，俘叛逆陈邦傅父子，报国精忠，久播中外，军声丕振。将来出朕于险，必此人也。且定国与可望久有隙，朕欲密撰一敕，差官赍驰行营，召定国来护卫，汝等能为朕密图此事否？”永历帝这番话说明，在他眼里“以定国为可定国，可望之不可望也”。

这两个内监与马吉翔、庞天寿积怨太深，极表赞同。低声说道：“给事徐极、部司林青阳、胡士瑞、张镌、蔡缜，于秦王发割宠任天寿、吉翔时，曾抗疏交参，忠愤勃发，实陛下一德一心臣也。臣等将圣意与他密商，自能得当以报。”皇上同意。

内监找到上述几人，密传圣意。众臣觉事关重大，叩首曰：“此事关系国家安危，首辅吴公（指吴贞毓）老成持重，当密商之。”

在家找到吴贞毓，言明此事。吴贞毓激动起来，说：“今日朝廷衰落到如此地步，正是我辈用命之秋。我担心权奸时刻窥视，就怕事机不密！诸公中谁能担此重任出使西藩？”

林青阳随即答应：“我愿往。”

吴贞毓说：“我故知非公不可，但奸人疑阻，须借因事请假为名才可出行。”

吴贞毓让蒋乾昌密拟敕书，朱东旦缮写，张福禄拿进内宫用皇帝之宝。林青阳即日陛辞，理由是回老家归葬亲人。为了避开孙可望设置的哨卡的盘查，林青阳从小道疾走，进入广西。当时，李定国正在广西、湖南作战，林青阳一时半会儿哪里能找得到他！第二年六月，永历帝见林青阳一去半年有余，杳无音信，疑山川险阻，道路不靖，发生意外。又派翰林院周官新带一份敕书去寻找李定国。事先为保密，特遣马吉翔代替皇上赴广西祭奠兴陵。

朝廷密使终于找到李定国。李定国开读敕书，大为震惊。他叩头出血，说：“臣李定国只要一日未死，绝不让陛下蒙受屈辱。无奈清军近在咫尺，我一旦拔营，无异把大片国土让与满虏。请陛下稍忍耐之。我虽以兄长伺奉孙可望多年，但宁负友必不负君。”

马吉翔到广西祭陵，离开安龙日久，一刻不忘密侦朝廷消息。一天，随李定国出征的朝臣刘议新从行营来到南宁府，见到马吉翔。因随军日久，不知朝中变故，以为马吉翔作为永历帝近臣，必定参与密诏事件，所以毫不隐晦地说：“上有密敕与西藩，先差林青阳，次差周官，见在藩前款待甚优。”又说：“西藩接敕后感激流涕，不日就要统兵到安龙迎驾。”

马吉翔闻言大惊，后悔中了调虎离山之计，马上派人飞报孙可望。孙可望最害怕的就是李定国或者刘文秀与永历帝勾连，影响自己大权独揽。顺治十一正月，派亲信将领郑国、王爱秀带兵入安龙逼宫，要朱由榔交代“密敕”由来。郑国、王爱秀对永历帝说：“西府忘恩负义，国主待他不薄，乃敢私通朝内奸臣，协敕要封。今林青阳、周官拿至贵州，皇上晓得是哪几个臣子做的，臣等好回复国主。”

知“密敕”泄露，永历帝紧张不已，强作镇静说道：“此事里边臣子必不敢做，但数年来外边假宝假敕尽多，镇臣还要密访。”

郑国、王爱秀将怀疑的大臣包括吴贞毓逮捕了二十多名，逼供是谁干的。虽经严刑拷打，开始没有一个人承认。到后来，忽然，蔡縯开口了，他说：“我辈何苦妄受侮辱，好汉做事好汉当。取纸笔来，我招。”他写道：“密敕全是蔡縯所为，与他人无涉！”

郑国追问：“皇上知否？”

蔡縯一口咬定：“未经奏明。”

吴贞毓自知难逃一死，说道：“蔡公何故说昏话？凡事都是宰相主持，密敕是我撰写，与尔等何干？”

众人见吴贞毓一力承担，便争着承担责任。谁撰稿，谁誊写，谁用玺，交代得明白，只是一口咬定永历帝不知情。郑国与马吉翔等找不到永历帝参与的证据，只好以“盗宝矫诏，欺君误国”定案。孙可望还不息气，让永历帝判处涉案十八人死刑。这就是南明史上有名的“十八君子案”。

新会战役失败后，李定国率领为数不多的部伍退回南宁，休整士马。他没有忘记对永历帝的承诺，亲赴安龙解救永历帝出水深火热之中。

孙可望获知这一情报，“恐定国以永历为奇货”，不惜兵戎相见，急派部将柳镇国、关有才统兵驻扎田洲阻挡李定国北进。李定国抽调精锐为先锋，昼夜兼程，只用三天时间来到田洲。刘镇国、关友才不知来者虚实，又不愿与李定国军火并，单骑逸去。李定国以大局为重，不让追赶二将，传令“西府驾到！”李定国威名赫赫，刘镇国、关友才士卒都跪在道路两旁迎接。李定国传令：“你们不要害怕，我和秦王是兄弟，有小人离间我们的关系，今天你们看到了，实际没有什么。你们归营吧，我将犒赏你们。”两军本来就是一家，相见欢呼拥抱，亲热得像父子兄弟。第二天，李定国发放犒赏银二万两，士兵高呼李定国“千岁”。

孙可望不顾大局，精心设置的不惜动武的危局，被李定国轻轻化解了。

田洲防线没能拦住李定国，孙可望急派大将白文选赴安龙，任务是将永历朝廷一股脑儿搬到贵阳，无论如何不能落入李定国之手。白文选，吴堡人，早年在山西跟随张献忠。此人不仅作战勇敢，头脑也十分清醒。他虽是孙可望旧部，却对孙可望勒逼永历帝、在内部搞分裂、专横跋扈不能苟同。顺治十二年（1655）十月，白文选入安龙，没有遵命立刻把永历帝押送贵阳，而是等待李定国的到来。十二月，孙可望等不来永历帝，又派叶应祯前来安龙催促永历帝动身。

在安龙尚且备受凌辱，到了贵阳岂不凶多吉少，永历帝非常害怕，后宫更是一片号哭之声。白文选告诉叶应祯，安龙地方偏僻狭小，要搬迁朝廷，一时半会儿到哪里招募那么多民夫、车马，准备不好怎么上路？实则等待李定国。

顺治十三年（1656）正月，李定国大军至安龙。几十名骑兵手执大旗，绕城高呼：“西府大兵至也！”城中闻讯欢声雷动。叶应祯见不是事，仓皇逃回贵阳。只听炮声由远而近，李定国亲率大军入安龙城，受到热烈欢迎。李定国朝见永历，永历感激涕零，说：“久知卿忠义，恨相见之晚。”李定国俯伏在地，激动得泪流满面。永历帝要扶他起来，他不肯，说：“皇上如此艰危，臣不忍言。臣蒙陛下知遇之恩，本来想恢复两广后迎接皇上，谁知事与愿违，不唯没有实现微臣心愿，反而连累皇上忧心，臣万死不能自赎。”

李定国与白文选商议永历帝移往哪里。李定国离开广西后，清军必然趁隙而进，那里已经不安全，最好的地方则是云南。昆明有刘文秀、王尚礼，楚雄有王自奇，贺九仪则驻军武定。除刘文秀外，其他将领虽听命于孙可望，但李定国能够镇住局面。二人都同意移跸昆明。正月二十六日，在李定国、白文选的共同护送下，永历君臣离开安龙，向云南进发。二月十一日，到达曲靖。李定国请永历帝暂留曲靖，自己去云南处理棘手问题。

刘文秀得知李定国奉永历帝回滇，表面上与王尚礼、王自奇密议勒兵守城，私下率数骑出城与李定国相会。

刘文秀对李定国说：“我辈将以秦王为董卓，但恐诛卓之后又有曹操。”

李定国指天发誓,声言大义。奉永历回滇,并非反对秦王,“秦王若尊永历,我辈当尊秦王”。

李定国、刘文秀定议迎永历回昆明。刘文秀回城说服王尚礼等人开城迎驾。三月二十六日,永历帝在李定国亲信护卫下进入昆明,昆明官民“遮道相迎,至有望之泣下者”,整个昆明像过节一样,沉浸在一片欢乐中。

李定国、刘文秀把云南贡院改造一番,作为永历行宫,视朝听政。四月,永历帝封李定国为晋王、刘文秀为蜀王。封白文选为巩国公、王尚礼加封保国公、王自奇为夔国公、贺九仪为保康侯、孙可望护卫张虎为淳化伯。黔国公沐天波仍袭原封,执掌禁卫军。重组内阁六部,重新任命大学士和六部大臣。卖身投靠孙可望的那些大臣多被免职,庞天寿服毒自杀,马吉翔被拘押。马吉翔非等闲之辈,马上献媚于李定国亲信靳统武、金维新、龚铭,为晋王歌功颂德,取得信任,重新入阁办事。

李定国突破孙可望设置的重重阻力,冒险把永历帝移跸昆明。永历帝封侯拜爵,实际上摆脱了孙可望的逼迫和控制。这对于政治野心恶性膨胀的孙可望来说无异于当头一棒!怎么办?低下秦王高贵的头颅尊崇李定国、刘文秀拥戴的永历帝,还是公开决裂、武力相向?孙可望一时不能决。

李定国虽然有传统的忠君报国思想,但矢志抗清的决心没有稍减。他希望孙可望尊奉永历正朔,改弦易辙,兄弟同心,抗击清军。永历帝对孙可望“不臣之心”未加指责,还一视同仁地分封孙可望亲信之臣,也是希望孙可望以全国大局为重,停止内斗。刘文秀给孙可望写了一封血书,希望他内息兄弟之争,外御清军之辱,珍惜千百万跟随自己多年的大西军将士的性命。

孙可望眼见永历帝成了别人的囊中之物,自己取代他当皇帝的美梦破裂,恨得牙根发痒。他怙恶不悛,回信把刘文秀大骂一顿。

为了争取孙可望,稳定西南大局,永历帝派白文选、张虎前往贵阳劝说孙可望。孙可望一见,指责二人擅自接受永历封爵。张虎是孙可望亲信,立即呈上淳化伯大印,说:“在彼处不受,恐生疑忌,故伪受之。”又挑拨说:“白文选受国公之职,以为彼所用矣。”孙可望大怒,要杀白文选,经帐下诸将求情,打了一顿板子得免。

永历帝又派大学士杨在、侍郎邓士廉宣谕“俾同心释忿,济国难”。孙可望深恨李定国,派张虎回昆明复命,要他“释忿”,“须安西亲谢乃可”,目的是骗李定国到贵阳杀掉。尽管如此,李定国仁至义尽,做最后努力,又派王自奇、张虎再赴贵阳。

行前，永历帝于后宫召见张虎，说："秦、晋两王义当和好，此须卿一行。"拔下头上金簪交给张虎，又说："和议成，卿功不朽，必赐公爵，以此簪赐卿为信。卿此去见此簪如见朕也。"

张虎见到孙可望说："上虽在滇，端拱而已。……兵马不满三万，人无固志，可唾手取也。"王自奇也说"定国孤军易擒"。张虎又让孙可望屏退左右，取出金簪呈上孙可望，编造谎言："臣临行时，皇上赐此簪，命臣刺国主以报功，许封臣二字王，臣不敢不以上闻！"

孙可望信以为真，愈加愤怒，大吼一声："永历负义，定国、文秀谋反。"孙可望自恃兵强马壮，只是下不了决心轻开战端，就因为张虎这句谎话，让他武力侵犯昆明决心定了。也因为这句谎言，本是孙可望护卫的低级军官张虎，在史册屡被提及，遗臭万年。

孙可望令王自奇返回云南，与王尚礼、贺九仪联络作内应，积极准备兴兵犯阙。当时，孙可望兵力有二十万之众，而李定国、刘文秀兵力只有三四万。在孙可望眼里，昆明有王尚礼，楚雄有王自奇为内应，自己亲征，胜券在握。出发前，他令人"预制扭锁三百副，曰：破滇之日用以囚永历并定国、文秀诸文武解黔耳"。

一场原大西军内部的战争上演了。

顺治十四年(1657)八月，孙可望在贵阳誓师，亲统大军向云南进发，任命白文选为"征逆招讨大总统"，以马宝为先锋，冯双礼留镇贵阳。白文选是个聪明人，见不能说服孙可望，就顺杆爬迎合孙可望，取得信任。八月十八日，孙可望渡过盘江，滇中大震。李定国、刘文秀亲率主力迎战孙可望。为了防备王尚礼作乱，把他的部属分拨各营随征，又留下靳统武、沐天波暗中监视王尚礼。王自奇因得罪李定国，连楚雄也不敢待，率部跑到永昌府。这里地处僻远，信息不灵，无法与孙可望联系。

九月十五日，同属南明两支军队在曲靖相遇，双方摆开阵势。孙可望列营三十六座，李定国、刘文秀列营三座。孙可望人多势众，声势大大压过李定国。

战争从来有正义非正义之分，得道多助，失道寡助。孙可望为了个人私欲，不惜与自己的义兄弟兵戎相见，师出无名，大失人心。作为孙可望前敌总指挥的白文选首先不愿打，放着骄横不可一世的清军不打，打自己人，这是哪儿跟哪儿？而南明旧将马进忠、马惟兴、马宝，是冲着永历帝才接受孙可望的领导，这会儿让他们打永历帝，那个难受劲就别提了。白文选私下与马惟兴、马宝等约定阵前反戈。

白文选又驰入李定国军中报信,说:“此时宜速出兵交战,马宝、马惟兴及诸要紧将领已俱有约,稍迟则事机必露,断不可为矣。”

李定国尚怀疑白文选使反间计,犹豫不决。白文选急了,说:“若再迟,则我辈死无地矣。有一字诳皇上、负国家,当死万箭之下!我当先赴阵前,汝等整兵速进。”说完,上马飞驰而去。

十八日,孙可望令张胜率马宝、武大定选铁骑七千走小路偷袭昆明,城内有王尚礼、龚彝为内应,一入城即抓捕李定国、刘文秀妻儿作为人质。这样李定国、刘文秀只能不战而走。马宝写密信派人送入李定国营,信中说:“张胜等已领精兵七千往袭云南,云南若破,则事不可为。必须明日决战,迟则无及矣。”

孙可望原来与李定国约定二十一日交战。十八日晚李定国读马宝密信大惊,也明白了白文选忠君报国的一片苦心。他不再犹豫,当天夜里传令各营诸将次日决战。十九日天未明,李定国、刘文秀拔营而起,与孙可望列阵相向,双方交战于交水三岔口。刘文秀先锋、骁勇无比的崇信侯李本高战马意外跌倒被杀,初战失利。孙可望登高观战,见挫动李定国等锐气,下令麾下诸营快速进攻,不给对方喘息之机。刘文秀退回,对李定国说:“毕竟众寡不敌,不若暂退再议!”此时,李定国也面带惧色。

既然要退兵,得给白文选通知一声。白文选闻报大怒,说:“张胜已往袭云南,我兵若退,彼以精骑蹑吾后,我兵不鸟散则蹂为肉泥矣,尚能归乎!进而死于阵,不犹愈于走而死于马足乎!况彼阵中马惟兴、袁韬等皆与我有约,若决志而前,必相应也。”

白文选不等李定国、刘文秀回话,策马率所部五千铁骑直冲马惟兴大营。马惟兴不放一箭,开营迎白文选入。两人合兵从孙可望战阵后面包抄过去,所向披靡,连破孙可望数营。孙可望在高埠望见,大惊道:“文选、惟兴诸营俱叛矣!”其他各营将领一看,遂无斗志。李定国、刘文秀见白文选、马惟兴动手,孙可望阵营旗帜渐乱,一声令下,各营将士奋勇齐进,将孙可望军杀得大乱,孙可望麾下将士为避免被杀,高喊“迎晋王,迎晋王!”十几万大军顷刻瓦解,孙可望大败而逃。

杀败孙可望,李定国急忙与刘文秀计议道:“今张胜率七千铁骑袭击云南府,王自奇又据有永昌府。皇上在昆明,我必须回救。你同文选急追可望,必定要活捉才罢休!”于是,刘文秀、白文选率诸将猛追孙可望,李定国率兵回救昆明。

张胜绕小路走了五天,才到昆明城下,攻城前招王尚礼、龚彝等为内应。王尚礼也披挂停当,准备接应。沐天波急奏皇上召王尚礼、龚彝等孙可望亲信入朝,只有王尚礼三次召请姗姗来迟，沐天波、靳统武派亲兵把他们看守起来。李定国交水大胜后派使臣飞报大捷，永历帝命将飞报大捷旗插于城外金马碧。张胜兵临城下正欲攻城，突然看到飞报大捷旗。他问城外居民："这是哪里的报捷旗？"

居民说："李晋王在交水杀败秦王，昨天差官来报大捷！"

张胜大惊失色，回头对马宝、武大定说："国主大营兵被打败，李定国必然截断我的后路，我辈一支孤军怎么可以留在这里！"下令把昆明城外居民抢掠一空，拔营而去。王尚礼见张胜退兵，知阴谋败露，事已不成，遂上吊自杀。张胜还军至浑水塘，正与李定国相遇。张胜为脱险，拼命死战，欲夺路而逃。李定国因交水大战后急救根本，远行而来，将士疲惫已极，几乎支持不住。马宝见状，从张胜阵后连放大炮，拥兵杀来，与李定国军前后夹击。张胜大惊，说："马宝也反啦！"遂溃不成军。次日，过沾益州，驻守这里的总兵李承爵原系张胜的部将，率兵来迎。张胜大喜，刚想与李承爵叙述战败经过，忽然左右冲出数人，出其不意把张胜五花大绑。张胜怒骂李承爵："汝为部将，何敢叛我？"李承爵回道："汝敢叛天子，吾何有于汝乎！"张胜被押解昆明，告庙献俘，与他的同党伏诛。

再说孙可望，只带领少数护卫亲兵仓皇东窜，路过安顺，驻守这里的马进忠非但"闭门不纳"，还派出一支军队尾随追击，故意要孙可望跑得越快越好，使他没有机会收集残兵败卒。

十月一日，孙可望逃归贵阳。留守贵阳的冯双礼接他进城。他命令冯双礼领军把守险要之地威清，约定：如果刘文秀追兵到来即连放三声号炮为信。应该说，冯双礼是孙可望死党，但看到孙可望十几万大军一败涂地，仅率十数骑逃归，心中就有了想法，不臣之心随之产生。他不仅不扶助孙可望扼守贵阳，反而在刘文秀追兵还未到达贵阳时连放三声号炮，要将孙可望赶走。实际上此时刘文秀追至普安，未敢轻进。

孙可望听到三声号炮，真以为追兵逼近，带上妻儿和护卫亲兵出城向东逃去，他在贵阳积攒的大批财宝，被冯双礼全部怡然笑纳。他一路东逃，经过新添卫、偏桥、镇远、平溪、沅州，各处守将"俱闭营不纳"，所到之处城门昼闭，呼之再三，仅仅吊下一个大筐子，里面盛点水和食物让孙可望一解饥渴；还有的城池叫死都不答应。

曾经专横跋扈、不可一世的秦王"国主"，因倒行逆施、发动内战而众叛亲离，此刻急急如漏网之鱼，惶惶若丧家之犬。在走投无路的情况下，孙可望背弃他的义父张献忠"联明抗清"的遗训，背弃自己为之奋斗十余年的理想信念，决定投降清朝。他恬不知耻地说:“今李定国羞辱‘孤’一至于此,‘孤’不惜头顶这几根毛发,只好投降清军以报不共戴天之仇!”自今还称孤道寡的孙可望,真成了孤家寡人了,跟随他的重要将领没有一个,士兵也不过几十人。

庆国公陈邦傅降清被他剥皮揎草,现在他也降清,不知他想过没有,自己该当何罪?

来到湖南靖州,孙可望的中书舍人吴逢圣镇守靖州,开门迎入。孙可望又说:“一路人心俱变,唯有投清朝可免。”于是派杨惺先、郑国前往宝庆与清方接洽投降。三天后,清方还没有回话,白文选带领追兵已迫近,孙可望连夜向宝庆逃去。路过武冈,武冈总兵杨武毫不客气,开城截杀,把孙可望在靖州收罗的一点兵力几近歼灭,孙可望几乎脱不了身,一直跑到宝庆,才置于清军的保护下。

孙可望降清后,被清朝廷封为义王,这与南明永历朝廷形成鲜明对比。孙可望请封秦王时,据有云贵两省、带兵几十万而不得,然“率数百疲惫之卒,亡命来归”,清廷好像捡到一个金元宝,喜出望外!由此可知,南明为什么亡,清朝为什么兴!孙可望自是感恩戴德,献上云贵地图,和盘托出云贵的抗清力量和部署,在清军进攻云贵时,协助清军招降旧部,起到了鹰犬爪牙起不到的作用。不过,当南明永历朝廷行将灭亡时,孙可望的使用价值也随之丧失。顺治十七年(1660),孙可望死了,在一次围猎时,被杀手一箭射死。不过,官方的说法是病死的。

刘文秀一路追击孙可望到贵州,召集大西军旧部。贵州旧部诸文武都说,孙可望所以侵犯永历帝所在昆明,祸起张虎造谣生事。数日后,恰值张虎率残兵从云南逃回,刘文秀问张虎:“皇上赐金簪,原瞩汝议和,何从有行刺之说?”张虎哑口无言。刘文秀把张虎打入囚车,押送昆明处死。

王自奇尊孙可望密令,自永昌起兵东犯昆明。十一月,李定国率马宝、高文贵进兵永昌,一战擒关有才,逼降张明志,逼死王自奇。至此,滇黔之难悉平。顺治十五年(1658)正月,永历帝下诏大赦天下,大封剿讨逆贼孙可望各镇有功之臣。白文选功劳最大,由巩国公晋封巩昌王,马进忠由鄂国公晋封汉阳王,冯双礼由兴国侯晋封庆阳王,马宝由安定伯晋封淮国公,马惟兴由兴山伯晋封叙国公,靳统武、祁三升、高文贵都由伯爵晋封侯爵,其余有功将领也分别升赏。李定国因为贵州、四川、辰常、沅州镇将都是孙可望任命的,就把这些将领都调回昆明核查他们的功罪。

孙可望发动武装叛乱,对南明永历政权的打击是致命的。正如清初文人冯苏所言："滇中人言：'可望善治国，定国能用兵。'使其同心协力，西南之功或未有艾，而乃彼此相攻，卒至摧败。"及至孙可望兵败降清，使得轻易不敢窥视云贵的清政府认为机会来了，于是调兵遣将，分三路进犯贵州。一路由清平西王吴三桂和李国翰率领，从汉中经四川进攻贵州；一路由驻防江宁的固山额真卓布泰经湖南，取道广西会同线国安北攻贵州；一路由固山额真罗托和济席哈前往湖南，会同经略洪承畴所领汉兵进攻贵州。一个月后，清朝廷又任命信郡王多尼为安远靖寇大将军，与平郡王罗可铎、贝勒尚善、杜兰等亲率八旗精锐南下，专取云南。

南明云贵一带"山雨欲来风满楼"。叛乱新定，晋王李定国既要整肃内部，又要外御侵略，的确有点焦头烂额。史学家批评这一时期李定国举措失当，不该歧视孙可望旧部，把前线将领调回昆明核查功过，诚然是。但封建社会讲究人身依附，大批将领是孙可望任命的，不加甄别亦恐难为所用。在对待孙可望旧部问题上，刘文秀与李定国产生分歧，特别是李定国借永历帝从贵阳召回刘文秀后，刘文秀郁郁寡欢，不问朝政。四月二十四日，刘文秀病死于昆明。

1658 年二月，罗托率军到达湖南，即会同提督李本深、张勇进占辰州，接着攻占武冈、新宁、绥宁。到三月间，又占领沅州、靖州。曾经长期与清军相持的南明军队全线溃败，清军乘胜追击，又占领贵州镇远、黄平、平越州，四月份即占领贵阳。

吴三桂三月到达四川保宁，四月占领重庆，取道綦江进至贵州桐梓县，在三坡与明将刘镇国大战，击败刘镇国。镇守遵义的明将郭李爱率五千部卒投降，吴三桂占领遵义。五月，吴三桂与罗托在贵阳会师。另一路卓布泰也按计划进至贵州，三路大军实现会师贵阳的战略目标。

九月，多尼率领的八旗精锐由湖南进入贵州，在平越州的杨老堡召开了一次军事会议，商讨侵犯云南的军事部署。会议决定仍然兵分三路进攻黔西和云南。北路吴三桂进攻毕节、七星关，进入云南；中路由多尼率领进攻安顺、安庄卫、关岭、普安，随后进入云南；南路卓布泰由都匀进攻安龙、黄草坝，进入云南。十一月，清三路大军同时对云南发起大规模进攻。

南明方面，尽管败讯不断传来，李定国"外蹙清兵，内防叵测"，观望逡巡，拿不出防守或反击的作战计划。直到七月，永历朝廷才决定由晋王李定国秉黄钺出师。李定国的计划是先收复贵州省会贵阳，然而已经来不及了，清三路大军南北夹击，李定国无力反击，完全陷入被动防守的境地。李定国命冯双礼扼守关岭，祁三升驻军鸡公背，凭险要地势阻击多尼主力清军；命李承爵驻军凉水井，阻击卓布泰军；命白文选驻守战略要地七星关，阻击吴三桂。另派窦名望增援刘镇国，加强安庄卫的守备。李定国亲率大军驻守北盘江的双河口，统筹调度，指挥全局。

十一月，清信郡王多尼进攻安庄卫，守将刘镇国拼死反击，在响水桥战死，安庄卫失守。多尼乘胜攻打关岭，冯双礼与祁三升合兵鸡公背，凭高据险，企图挡住清兵。不承想万余将士齐集山顶，粮草输送不及，士兵饥不得食，军心涣散。当清军发动进攻时，冯双礼部下弃险不守，一哄而散，无奈，冯双礼也只得败退，关岭失守。

卓布泰率领满汉清军进至北盘江罗炎渡口，李定国将所有渡船全部凿沉，扼守险要以阻清军。关键时刻清军如有天助，投降的土司岑继鲁给献策，趁夜间打捞沉船修好，从下游十里处偷渡过江，明军地理优势尽失，不战而退。接着，卓布泰在凉水井击败李承爵，又在双河口、鲁沟接连打败李定国。

吴三桂自遵义进抵毕节，见必经之路七星关两山壁立，山上树木参天，山下水势汹涌，一泻声若惊雷。白文选据关守险，易守难攻，吴三桂只能望关兴叹。关键时刻就有向导指引，在水西苗、倮地方安营，次晨，忽由天生桥抄到七星关背后，反倒堵住了白文选的退路。白文选大惊，弃七星关走可渡桥，随即焚毁可渡桥走沾益州。

李定国部署的在贵州境内扼险阻击清军三路进攻的作战计划全部失利，吴三桂越过七星关，卓布泰占领安龙、黄草坝，将李定国置于腹背受敌的危险中。李定国只好烧毁北盘江上铁索桥，全军向云南后撤。烧掉区区几座铁索桥并不能阻挡清军进攻的步伐，多尼砍伐竹木结筏渡过北盘江，吴三桂从乌撒府水浅之处涉水渡过可渡河，经交水直驱罗平，十二月与多尼、卓布泰会师。清军占领贵州全境后并未稍停，而是向南明首府昆明全速推进。

盘江天堑不守，李定国节节败退，探马一日三报，使在昆明的永历帝如坐针毡。李定国料定昆明守不住，于十二月九日派使臣入昆明奏请永历朝廷移跸以避清军锋芒。朱由榔真是苦命之人，自当上这个皇帝，长期颠沛流离，没一刻消停。只是进入原大西军控制的云贵以后，才安稳下来，虽然在安龙期间不堪回首。现在又要移跸，往哪儿移呢？永历朝廷内部意见不一。翰林院刘菃主张移往四川建昌，西出巴蜀，经营陕洛，与正在夔东的原大顺军十三家联络，再图进取。而马吉翔因在广西时得罪了忠贞营将领，害怕遭到报复，联络不愿离开云南的沐天波等人极力反对，主张向云南西部撤退，一旦事机急迫，则退入缅甸。

从全国的大势看，南明日渐衰微，无论是入川，还是西撤，都于事无补。问题在于，即使是头悬达摩克利斯剑时，一些人仍然不顾死活，玩弄权术，企图独揽朝政。永历帝采纳刘蒞意见，并征得李定国同意，于十二月十五日率领文武百官离开昆明向四川撤退。李定国为了皇上的安全，先期派冯双礼、陈建、王会、艾能奇的长子艾承业率部向建昌转进。这时，马吉翔等人通过金维新对李定国施加影响，说什么“蜀中勋镇林立，今殿下新败之余，远则袁（宗第）、郝（永忠）诸勋之穴，能保上不再封郝永忠等数亲王，以与殿下并立乎？”

史书说“定国本目不识丁，粗憨直率，竟为吉翔所弄，堕其术中”，果然改变了主意，决策向滇西撤退。这时，永历朝廷已经到达赵州。李定国派人到赵州，请永历帝改变行程，向迤西永昌转进。永历帝懦弱怕死，只要不被清军追上，到哪里都无所谓。只是先期派出的冯双礼、陈建、王会、艾承业已经进入四川，被入滇清军阻隔，与李定国失去联系。面对三路强大的清军，本来就处于弱势的南明军队，又给敌人以各个击破的可能。

永历朝廷离开昆明十八天后，即顺治十六年（1659）正月，清军未遇抵抗就占领昆明。正月初四，永历帝带着数千人连滚带爬逃到山高谷深的永昌，这时，跟随永历帝的文武大臣已为数不多。为了永历朝廷的安全，李定国命部将平阳侯靳统武领兵护驾，令巩昌王白文选扼守玉龙关。闰正月，吴三桂、卓布泰追至镇南州，遣前锋白尔赫图攻打玉龙关。白文选不敌，拔营先遁；清兵追及，回身复斗，随即大败。总兵吕三贵被擒，白文选巩昌王大印也被清军缴获。白文选纵火烧澜沧江铁索桥，以迟滞清军进攻，却于事无补，永昌被清军占领。

闻知白文选兵败，闰正月十五日，永历朝廷离开永昌仓促西撤，逃至与缅甸接壤的腾越州（今云南冲腾）。这时随行的文武官员眼见要流亡国外，又一次选择隐遁。工匠出身的工部尚书王应龙年事已高，对自己的儿子说：“我出身草莽微贱，蒙皇上恩典，授职司空。先前不能匡扶社稷，现在不能患难从君，还有什么脸皮活在人世？”言毕上吊自杀。他的儿子也跟着自缢。

闰正月二十一日，吴三桂率清军渡过怒江，逼近腾越州。永历朝廷面临山穷水尽的困境，然而，总有人意志坚定不服输，这个人就是晋王李定国。李定国料定吴三桂屡屡获胜必然骄狂，不把明军残兵败卒放在眼里，决定在怒江以西二十里的磨盘山设伏以待，歼灭清军主力，挽救危局。这里山高路险，所谓道路，仅能容单骑通过，两旁灌木葱茏，隐蔽性特好。李定国以泰安伯窦名望为初伏，广昌侯高文贵为二伏，武靖侯王国玺为三伏，“埋地雷谷中，约曰：敌尽入，初伏乃发；然地雷，二、三乃发。首尾击之，敌尽矣。”李定国自率所部做预备队。这是一个非常高明的作战计划，显示李定国作为明清之交杰出军事家非凡的军事才能。

李定国料事如神，吴三桂率领满汉清军毫无顾忌地钻入埋伏，没有谁怀疑吴三桂接下来面临的灭顶之灾。然而，在决定胜负的关键时刻，吴三桂若有神助，南明光禄寺少卿卢桂生叛变投敌，把李定国设伏以待的军事机密报告吴三桂。这时清军已进入二伏，吴三桂大惊失色，立刻下令前锋后撤，撤退也来不及，就令清军向路两旁草丛中搜杀明军。明军不知道机密已泄，没听到号令不敢出战，伤亡很大。一伏总指挥窦名望发现不对劲，清军怎么知道路旁有伏兵？再不出战，伏兵都成了俎上之肉。他顾不得许多，毅然下令鸣炮出战。窦名望身先士卒杀向清军，二伏、三伏明军尽起，冲入清军，展开一场殊死恶战。坐镇山头观战的李定国听见号炮次序不对，明白情况有变，立刻派出后军增援伏兵，直杀得尸横遍野，日月无光，把吴三桂清军杀得大败。清统帅多尼手下骁将固山额真沙里布、阿达哈哈番珲津被当阵斩杀，清征南将军卓布泰的侄儿多婆罗也死在磨盘山。南明军队本来是以少打多的伏击战，因叛徒出卖，差点打成消耗战，不仅未达到预期效果，自身损失也不小，泰安伯窦名望在战场上被流箭射中眼睛，遂拔剑自刎。李定国令定朔将军吴三省收集溃卒断后，自率主力离开腾越州前往孟定。清军也不再敢紧逼追击，于三月前后撤回昆明休整。

磨盘山战斗，李定国以少打多，给清军以重创。这也是清军三路入侵云贵以来所遭受到的最为沉重的一次打击，这从次年清廷为此专门开会处罚统兵将领也可看出。清廷朝议决定：信郡王多尼罚银五千两，平郡王罗可铎罚银四千两，征南将军卓布泰革职为民。吴三桂大概是因为临阵处置得当，免予处分。

当李定国率将士与清军浴血苦战时，永历帝已逃到中缅边境的曩本河。在马吉翔的蛊惑下，朱由榔决意入缅，甚至连李定国的意见也不征求一下。闰正月二十六日，黔国公沐天波出面与缅方交涉。缅甸是明朝的藩属国，得知避难的永历帝随行人员有两千人，提出要入关“必尽释甲仗”，即解除武装。马吉翔唯恐不能入缅，传旨“弃械！”一时卫士、中官、随行文武都将弓刀、盔甲、器械解下丢弃关前，堆得如一座小山，都赤手空拳随永历帝进入缅甸。负责护卫永历帝的靳统武既不敢阻止皇帝的行动，又不甘解除武装流亡异邦。他马上将此事报告李定国，李定国十分忧虑永历帝在缅甸的处境，立即派高允臣赴缅，想追回永历帝。不料，高允臣一入缅，即被缅方杀害。李定国既要在荒僻的边境地区抗击清军，又要操心永历帝在缅甸的安危，顾此失彼，甚是狼狈！

缅甸当时还是化外之邦，烟瘴之地，因长年天气炎热，官员、百姓不穿衣服，不分男女身上缠一块布遮羞，一年四季打赤脚。永历小朝廷来到这里，缅甸国王把他们安顿在都城阿瓦隔河相望的地方，等于城郊。在这里用竹子圈起一圈围墙，里面盖了十数间草房，作为永历帝的住处，其他官员自搭茅棚草寮居住。竹城周围常有百名缅兵巡守，永历帝如鸟入笼，丧失自由，去国怀乡，心中不是滋味。缅甸的夏天酷热难当，蚊虫肆虐，永历帝身上长满毒疮，疼痛难忍，如钢刀剜心，整日在竹榻上辗转反侧，不能成眠。缅甸国王明白，永历朝廷是避难来了，所以十分轻慢，缅王与永历同在一地居住，近在咫尺，却从未谋面。在缅甸闲住日久，大臣们有出无进，渐渐穷愁潦倒，时有断炊者入告永历帝，马吉翔也勒逼永历拿钱。永历帝历经劫难，早已捉襟见肘，哪还有钱？一怒之下，把纯金国玺扔在地上，让他凿碎分给大臣。掌玺太监叩头说："臣万死不敢碎此宝！"永历帝也料定马吉翔不敢破坏国玺，然而马吉翔肆无忌惮，真把国玺凿碎分给大臣，当然给他自己留了最大一份。

顺治十八年(1661)五月，缅甸发生宫廷政变，国王的弟弟莽猛白弑兄篡位，自立为王。新国王派使者来索取贺礼，永历帝除身上衣履，别无长物，拿不出像样的贺礼。其实，新王意不在此，他要宗主国明朝皇帝承认他的合法性，然而他失望了。永历朝廷正像当年封孙可望秦王一样，态度顽固，不知变通，"以其事不正，遂不遣贺"，从而得罪新国王。

缅王决定报复。七月缅王传话，要永历朝臣过江议事。鉴于双方关系紧张，朝臣没人敢去。十八日，缅王派人诈称，邀请诸位大臣过江喝咒水结盟，结盟后就像一家，可以自由往来贸易，否则断绝往来，以后你们的日子更难过！群臣无奈，只得留下内官等十三人看护"行宫"，其他据说有四十三人在沐天波、马吉翔带领下过江赴会。谁知一到地方，即被三千缅兵包围。缅方不想杀沐天波，拖他出列，沐天波却以为先拿他开刀，勇夺缅兵刀连杀九人，后自己也被杀。其余四十二人全部被杀害。缅方谋杀众臣后并不罢休，随即闯入永历君臣住地奸淫抢掠，掳掠财物子女。大臣妻女不堪凌辱，纷纷上吊自杀，一会儿工夫，竹城内外就有二百四十多人自缢，连永历帝的刘、杨二贵人，吉王与妃妾也自缢。竹城内外尸横遍野，一片狼藉，惨状触目惊心。永历帝和皇后也想死，被劝住。这时候，他深感生不如死，甚至觉得被清军抓住也不那么可怕，至少还能魂归故里，把尸骨埋在国内！这就是所谓的"咒水之难"。

永历帝深陷缅甸，李定国心急如焚，曾三十次上疏永历帝联系迎驾，永历帝只收到一次。一次，白文选奉命迎驾，千难万险来到中缅边境的雍会。他派使者知会缅方，不料使者被杀；又派十名骑兵前去交涉，又被缅方杀害。缅军看到白文选战马不少，竟然派骑兵闯入营中抢马。白文选大怒，下令反击，一个冲锋把缅军撵入河中淹死。河对岸有数万缅军，自恃人多在对岸列阵以待。白文选令士卒砍伐树木结成木筏，渡江作战。当时缅方有一个错觉，以为连皇帝都入缅避难，南明还有什么军队？打心眼里瞧不起中方。缅方大臣变牙简说："汉人不像话，但人不多，等其半渡，守住岸边歼灭其于江中。"白文选兵乘筏而渡，刚渡过百名骑兵，白文选就吹响进攻号角，上岸百骑鼓勇而进，缅军抵敌不住。占领滩头阵地后，主力部队迅速渡江，发起全面进攻，将缅军杀得大败，歼敌一万余人，一直打到缅甸都城阿瓦。白文选意欲攻城，又担心永历帝安全，不敢贸然行事。缅王派人质问永历帝："你来我家避难，为什么派兵攻打我？"永历帝不知白文选已近在咫尺，就讨好对方说："既是我家兵马，我让他们退兵好了！"写好敕令，派朝中大臣送去，缅方恐永历帝在缅真情泄露，不让大臣出城，而自行派人至白文选营中送信。白文选见到皇上敕书，当天就退兵了。

这年四月，广昌侯高文贵、怀仁侯吴子圣也曾入缅迎驾，遭到缅军阻拦。高文贵说明来意，缅方就是不答应。二将决定动武，指挥军队杀入蛮邦。缅方抵敌不住，又逼迫永历帝下令二将撤兵。为讨好缅方，永历帝在马吉翔的蛊惑下，竟然敕令缅军将领："朕已去福建，再有明朝将领领兵入缅，可奋力剿歼！"

顺治十八年(1661)，清廷决定派吴三桂出兵缅甸，迫使缅方交出永历帝。十二月一日，吴三桂至旧晚坡，清军前锋逼近首都阿瓦。缅王迫于兵威，派首相锡真谒见吴三桂，纳款称臣，声称："愿送永历出城，但求退兵扎锡坡"。

二日，缅王派员告诉永历帝："中国兵马接近都城，我国要在这里调兵打仗，请皇上移驾他处。"不容永历问明情由，几十名缅兵一拥而上抬起永历的座椅就走，一块抬走的还有太后和皇后，太子朱慈烜和随从一并起行。坐船渡江时，吴三桂担心永历帝得知内情投江自杀，事先派南明降将王会迎候。王会自称奉晋王李定国之命特来迎驾，直到把永历帝送入清军大营，永历才恍然大悟，痛骂王会无耻。

三日，永历帝南面而坐。吴三桂标下旧将相继入见，有的拜见，有的叩首。不多时，吴三桂顶戴花翎也来进见，开初态度很是嚣张，长揖不拜。

永历帝问："你是何人？"吴三桂做贼心虚，无法回答，也不敢回答。

永历帝再次问道："你是谁？"吴三桂一下跪在地上，伏地不起。永历帝连问数声，吴三桂才报上姓名。

永历帝厉声数落道："你难道不是汉人吗？你难道不是大明臣子吗？为什么甘心当汉奸叛国负君到这个地步？你自问你自己还有良心吗？"吴三桂像个死人，趴在地上一句也不能回答。

永历帝叹息一声，突然说："现在一切都完了。我本来是北京人，想回北京见到十二陵（即明十三陵）而死，你能做到吗？"

吴三桂说："我能做到。"

永历帝摆摆手说："你出去吧！"

此时的吴三桂恰似受到一场世纪审判，面如死灰，汗流浃背，趴在地上像瘫痪了一样，站都站不起来。他的左右一看，昔日骄横不可一世的平西王怎么成这副模样，赶紧搀扶他出去。从此之后，吴三桂再也不敢面见永历帝。

永历帝窝囊了一辈子，只有这一次——"人之将死"时，表现得够爷们，表现出大国之君的凛然正气！

康熙元年（1662），吴三桂把永历帝押回昆明，昆明百姓目睹皇上蒙难，无不神情沮丧，黯然神伤。三月十二日，清廷昭告天下，"念永历既获，大勋克集"，意味着艰难挣扎了十五年的南明永历朝廷的覆亡。吴三桂因活捉永历帝有功，被清廷晋封亲王。

如何处理永历帝？清朝廷当然希望"献俘阙下"，押送北京处决。吴三桂担心路途遥远，人心不附，变生不测，主张就地处决。永历帝想死在北京，曾当面问吴三桂"你能做到吗？"他也慨然答应，现在却又食言自肥。吴三桂虽贵为亲王，其人格猥琐龌龊，在中国历史上的确少见！

清康熙元年四月二十五日，吴三桂、洪承畴一班降清大员坐镇昆明，处决永历父子。据记载，吴三桂主张把永历父子斩首。这样做连满族将领都不忍，和他一块出兵征服云南的爱星阿说："永历尝为中国之君，今若斩首，未免太惨，仍当赐以自尽，始为得体"。安南将军卓罗也说："一死而已，彼亦曾为君，全其首领可也。"吴三桂这才下令用弓弦将永历父子勒死，给这位南明最后一位皇帝以全尸。

仍在中缅边境坚持抗清斗争的李定国获报永历帝被缅甸方面交给清军，受到的打击无与伦比，捶胸恸哭，一病不起。在这之前，与他患难与共的白文选在部下的勒逼下投降清朝，自己手下的将士也因环境恶劣死掉一半。永历帝被清军处决，拥明抗清的大旗倒了，他深感再也无力回天，从此悲观失望，六月二十七日病死于云南景线。

矢志抗击外族侵略的一代英豪赍志以殁！

顾诚先生评价说："在明清之际各方面的人物当中，他是光彩四耀的一颗巨星，其他任何人都无从望其项背！"

他的英名与业绩永远光照史册，激励后世人为反抗阶级压迫和民族征服而献身！

附录

“新农民战争史”的提出

——明末张献忠农民战争史研究的过去、现状与可能①

赵现海②

农民战争是长时期、结构性地影响中国历史整体进程的重大因素之一。不过在传统社会正史修撰中，出于政治立场的考虑，农民军（其实其原先身份并非一定是农民，还包括其他一些社会下层民众，甚至知识分子）被视为“贼”“寇”，被认为是社会祸乱之源。上世纪初，梁启超在《新民丛报》上发表长篇论文《新史学》，对传统史学进行了系统批判，开启了“史界革命”“新史学”之先声。他指出旧史存有“四弊”，前二者即分别为“一曰知有朝廷而不知有国家，二曰知有个体而不知有群体。”此后史学界开始注重农民在历史中所扮演的角色与发挥的作用。不过由于当时国共两党并存之态势，使史学界对农民战争之研究并未着力太多，评价亦不甚高。

在中国共产党领导的新民主主义革命中，农民作为工人的同盟军，在抗日战争和革命战争中发挥了重要作用，建国后成为新社会的主人，地位大为提高。延安时期，毛泽东出于现实革命斗争的需要，对历史上的农民作用进行了一系列的阐述，甚至将《甲申三百年祭》作为整风的政治文件。建国之后，史学界开展的中国古代农民战争史研究便在毛泽东观点的指导下，全面开展起来。“文革”之前，农战史研究在极左史学思潮与历史主义的影响下，虽然不时摇摆，但仍取得了客观的成绩。“文革”中，极左史学思潮达到极致，历史已完全为现实所用。“文革”后，廓清了极左史学思潮的影响，农战史研究进入了高峰时期。近年来随着时代

① 原载马骥主编：《张献忠研究文集》，四川师范大学电子出版社，2011 年 9 月版。

② 赵现海，中国社会科学院历史所明史研究室博士。

背景与学术理路的转变，却又趋向冷寂。

明末农民战争声势浩大、作用显著，《明史》特开《流贼传》以纪之。加之史料众多，成为农战史研究的重要领域。作为明末两支农民军其中之一支的领袖，张献忠与其所建立的大西政权也很受关注。不过与农战史发展脉络一样，张献忠研究也呈现了由热至冷的变化，受政治气候与学术理路变化的影响很大。

20世纪80年代，张献忠研究处于热潮时，学界已开始对张献忠研究展开回顾。李晟文《张献忠农民起义研究的回顾》（《中国史研究动态》1988年第9期）综述了张献忠研究的发展历程，重点总结了关于张献忠"屠蜀"与"降明"两个问题的研究成果。对明末农民战争史进行总体论述的研究综述，也相应总结了张献忠研究的历程。如孙祚民《明末农民战争史研究的回顾与展望》（《文史杂志》1987年第6期）、屈小强《明末农民战争史研究的新动向——第二次全国明末农民战争史学术讨论会综述》（《文史杂志》1987年第6期）、冯佐哲《日本史学会明末农战史研究综述》（《中国史研究动态》1988年第2期）。

本文在全面梳理过去近一个世纪以来张献忠研究的基础上，对张献忠研究的时代、学术背景及由其所产生的问题意识、史学理论展开分析，并指出深受政治形势、学术理路变化影响的张献忠研究的利弊得失。在此基础上，尝试对中国古代农战史研究存在的普遍性问题进行初步总结，并提出未来研究的一些可能。

一、建国前后张献忠研究的起步与观念的大转变

受新史学开始注重下层群体的影响，上世纪初对中国古代农民战争史已开始研究。对于张献忠的研究从二三十年代便已开始。不过在当时政治气候的影响下，史学界仍称张献忠为"贼""匪"，研究的问题也较为单一，继承清初史籍所载张献忠"屠蜀"的观点，从道德立场出发，对张献忠所造成的四川惨剧大加鞭挞。参见以下论著：肖一山《清代通史》（商务印书馆，1927年）、于飞《关于张献忠的材料》（《民俗》第90期，1929年）、吴品今《中国历代匪乱之鸟瞰（6）明末李自成张献忠之起义》（《汗血月刊》1933年第1卷第1期）、夏雍（吴承仕）《张献忠究竟杀了若干人》（《盍旦》创刊号，1934年）、萧远健《张献忠屠川考略》（《师大月刊》第18期，1935年）、王璞《张献忠在蜀二三事》（《人物杂志》1947年第2卷第2期）、王璞《造成张献忠乱蜀的政治环境》（《唯民周刊》1946年6月11日）、商韬等《关于"湖广填四川"》（《大公报》1949年1月18日）。除却这一问题，徐宗泽《张献忠入川与耶稣会士》（《东方杂志》第43卷13期，1947年）首次考察了张献忠在四川

时期与耶稣会士的交往及对西方科技的兴趣。李文治发表两篇论文:《李自成与张献忠部众归明考》(《中央日报》1946 年 5 月 28 日)、《李自成与张献忠余党的复国运动》(《中央日报》1946 年 6 月 25 日),虽非对张献忠所展开的研究,但在当时的时代背景下,仍起到了为张献忠大西军张目之作用。

建国以后,随着政权的更迭,意识形态的变化,农民作为革命成功的重要力量吸引了史学界的关注。在毛泽东一系列农民战争史论题的指导与启发下,史学界全面展开对中国古代农战史的热议,观念也完全变化。张献忠也吸引了不少学者的关注。曾在建国前创作《明季奴变考》的谢国祯先生撰《农民起义与张献忠》(《历史教学》1952 年第 2 期)一文,首次提出张献忠并"不妄杀",杀的都是与农民军对立的"豪绅地主阶级",这引起了后者的仇视,故加以诬蔑。陈登原《关于张献忠"屠僇生民"的辨正》(《西北大学学报》1957 年第 3 期)认为张献忠并不乐于杀人,所谓"屠僇生民,靡有孑遗"的说法并不准确。孙次舟《张献忠在蜀事迹考察》(《历史研究》1957 年第 1 期)考证了《明史・张献忠传》的史料来源,认为其所据王鸿绪《明史稿》、吴伟业《绥寇纪略》、毛奇龄《后鉴录》、冯苏《见闻随笔》或为迎合清朝统治者,或出于自身遭际与立场,将清军、"摇黄"屠杀四川之事挪移于张献忠身上。而能反映真相的欧阳直《蜀乱》诸书在"文字狱"的压力下,却未能流传,后世存本也皆经删改,不复原貌。客观记载张献忠在蜀事迹,且目前保存下来的史籍,是曾从鲁王抗清的查继佐所撰《罪惟录・张献忠传》。在这篇传记中,查继佐记载了张献忠在蜀三次杀人事件,所杀分别为蜀王、割据对抗之地主绅士、联络清军之士人。作者还在明末清初史籍中找到大量清军与四川摇黄土军杀戮的记载。最后,作者得出结论:明末至康熙年间四川人口锐减的原因是明军、清军、摇黄、吴三桂军的杀戮。清朝统治者却将人口减少的原因全部归结于张献忠身上。该文首次详细考察了张献忠"屠蜀"说法的源流,颇有启示意义。不过并未考察全部记载张献忠屠蜀的史料,说服力相应有所局限。袁庭栋《关于张献忠杀人问题的探讨》(《四川大学学报》1963 年第 1 期)利用清初部分史料与大西骁骑营都督府刘禁约碑,指出张献忠大西军有纪律,不乱杀人。但由于方法或策略上的缺点,出现打击面过宽、处理方法粗糙的问题,但这都是个别的、很少数的情况。对待广大人民,以兄弟相待。

在当时极左史学思潮的影响下,张献忠研究中也出现了片面强调阶级斗争,刻意为农民军辩护的倾向。比如有些研究便认为张献忠并不杀人。部分站在历史主义立场上的学者对这一观点进行了驳正。如陈波《张献忠不杀人辨》(《人民日报》1962 年 5 月 10 日)。

受大陆农战史研究的影响,台湾史学界也开始关注张献忠研究,且观点有所变化。李光涛《张献忠史事》(《中研院历史语言研究所集刊》第 25 本,1954 年)认为张献忠在蜀虽曾杀过许多人,不过清人将所有杀人事件皆委之献忠,并虚张其数,与事实不符。

从建国至"文革"爆发前,张献忠研究成果较多,除屠蜀问题外,其他问题也开始有所涉及。董玉瑛《有关明末农民起义军流动作战的一些问题》(《历史教学》1955 年 11 月号)注意到了张献忠大西军流动作战的战术特点及其军事胜利。江流《张献忠攻克武昌的真实情况怎样》(《历史教学》1962 年第 6 期)讨论了张献忠攻克武昌的经过。李文治《晚明统治阶级的投降清朝及农民起义军的反清斗争》(《进步日报》1952 年 1 月 10 日)论述了张献忠及大西军余部的抗清斗争。方福仁《李自成张献忠两军关系考辨》(《光明日报》1963 年 1 月 30 日)认为李自成、张献忠率领两大农民军,分别在南北不同地区作战,互相声援,共同与明清政权作战的关系。

这一时期还出版了第一部张献忠研究的专著——袁定基《张献忠》(中国历史小丛书,中华书局,1963 年),全面梳理了张献忠从参加起义到建立政权,直到最后失败的历史。洪焕椿《明末农民战争史略论》(江苏人民出版社,1962 年)对张献忠大西军论述较少,指出张献忠"天性嗜杀"的说法是清朝统治者的诬蔑。在郑天挺先生的主持下,北京大学文科研究所编成第一部明末农民起义史料集——《明末农民起义史料》(开明书店,1952 年)。1957 年,该书进一步扩充了史料,出版了新版——郑天挺《明末农民起义史料》(中华书局,1957 年第 2 版),搜录了部分与张献忠大西政权有关之史料。大西政权文物的出土与介绍也有助于我们了解大西政权的具体情况。如袁炎兴《张献忠大顺三年铜镜》(《文物》1960 年第 1 期)。关于张献忠的传说也开始得到搜集与整理,如李宗荣等整理《张献忠的传说》(《民间文学》1960 年第 8、9 期)。

二、20 世纪七八十年代对张献忠的深入研究

"文革"期间,极左史学思潮完全占据了史学研究的阵地,史学成为现实的附庸。同样是明末农民战争的领袖,李自成、张献忠的历史地位却发生了相反变化。李自成被推崇为坚定走反孔主义路线的英雄,张献忠则由于谷城"降明"的问题,被认为"犯有严重路线错误",相关研究更是无从开展。

“文革”后，廓清了极左史学思潮后，史学研究逐渐步入正规，在农民战争研究问题上，学界也开始反思“文革”前历史主义观念下所存在的一些问题，对农民起义的评价更为客观与公允。张献忠研究领域也呈现了相应的变化，成为一个高峰期。

在这一时期，除了张献忠屠蜀被热议外，其他问题开始得到更多的讨论，显示出张献忠研究逐渐走向深入。这一时期出现了一个引人关注、颇有争议的话题——谷城“降明”事件。其实张献忠“真降”或“伪降”，对于理解明末农民战争，并无太多的实际意义。建国前后，这也不是一个“问题”。不过毛泽东曾指出真正的农民军领袖不会投降，此后直到“文革”结束之前，农战史学界一直遵循这个观点。“文革”结束后，史学界在反思过程中，也开始对这一“命题”重新思考，这一问题才凸显出来。多数学者通过对张献忠“受抚”后做法的考察，认为张献忠属于“伪降”。持这一观点的有樊树志《关于张献忠谷城伪降问题》（《复旦大学学报》1978 年第 1 期）、邓速《张献忠谷城投降驳论》（《四川师范学院学报》1979 年第 1 期）、田培栋《怎样看待张献忠在谷城的“伪降”问题?》（《北京师院学报》1979 年第 2 期）、傅玉璋《关于张献忠降明问题》（《文史哲》1980 年第 2 期）、张显清《张献忠“谷城受抚”评析》（《明史研究》第 1 辑，黄山书社，1991 年）。不过邓亚增、钟友铭认为张献忠降明是从免死出发，以投机为目的，在农民军中影响恶劣。

关于张献忠生平、个性，主要有以下三篇论文。黎邦正《浅谈张献忠》（《西南师范大学学报》1980 年第 4 期）全面考察了张献忠的作战方式、政权建立与其杀人问题。王纲《张献忠名号、籍贯和年龄小考》（《社会科学研究》1982 年第 4 期）考察了相关问题。任乃强《张献忠屠蜀辨》（《张献忠在四川》）对张献忠个性与能力在其成为明末农民战争领袖所扮演的作用进行了讨论。

张献忠大西军采取流动作战的方式，纵横南北数省，对这一作战过程进行研究的论文如下：孙祚民《张献忠智歼明督军杨嗣昌的斗争》（《山东师院学报》1979 年第 3 期）、张云侠《张献忠三次入川述论》（《张献忠在四川》）、王纲《张献忠入川作战不是两次而是五次》（《重庆师范学院学报》1980 年第 4 期）、田尚《明末农民起义军初期入川作战问题探讨》（《社会科学研究》1983 年第 6 期）、王纲《再谈张献忠入川作战次数问题——答田尚同志》（《社会科学研究》1984 年第 2 期）、刘长荣、濮实《张献忠在绵阳地区的军事斗争》（《张献忠在四川》）、王纲《张献忠在安徽的重要战绩述论》（《江淮论坛》1981 年第 5 期）、邹时炎《张献忠在湖北地区活动考略》（《中南民族学院学报》1981 年复刊号）、田培栋《对张献忠在湖广活动的评价》(《西安师院学报》1984 年第 1 期)、周世昌《张献忠袭取襄阳初探》(《军事历史研究》)(1988 年第 3 期)、王纲《张献忠在湖南作战史迹述略》(《湘潭大学社会科学学报》1982 年第 2 期)、单文彬《张献忠进军江西初探》(《江西师院学报》1983 年第 3 期)。

张献忠大西军在与明清官军作战的过程中,取得不少经典性的军事胜利,显示出张献忠大西军掌握了成熟的战略、战术。孙祚民《我国杰出的农民革命军事家——张献忠——谈谈张献忠与〈兵法〉》(《张献忠在四川》)指出张献忠在谷城时,曾学习《孙子兵法》,灵活地将其运用至战略、战术,尤其快速流动作战成为其制胜的重要原因。袁庭栋《关于张献忠农民起义的流寇主义问题》(《四川师院学报》1981 年第 1 期)在肯定了大西军"以走致敌"所取得的军事胜利的同时,又指出缺乏根据地建设与经济基础是大西政权灭亡的原因之一。袁庭栋《论张献忠的军事艺术及其杰出成就》(《中国农民战争史研究集刊》第 2 辑,1982 年)从大西军编制、行军、宿营、侦察、作战、攻城、训练、休整、作风、指挥等十个方面详细论述了张献忠的军事才能与成就。王纲《大西农民军的组织纪律及其战术特点——读史札记》(《延安大学学报》1983 年第 4 期)考察了大西军的组织编制、发展规模、兵种、训练及纪律、战术。

张献忠鉴于长期流动作战所产生的不利情况,曾经尝试在湖广建立政权。陈权清《张献忠在湖南建立政权的尝试》(《湖南师大社会科学学报》1987 年第 5 期)考察了张献忠于崇祯十六年开始转变"流寇主义"的观念,尝试在湖南建立政权的历史。杨济坤《大西政权建立日期小议》(《南充师院学报》1981 年第 3 期)认为大西政权建立于 1644 年 8 月 15 日。任乃强《张献忠屠蜀辨》考察了大西政权机构设置、开科取士、设局铸钱、行保甲法及招抚边疆土酋的情况。王纲《大西农民军与西南各族人民的关系》(《四川师院学报》1983 年第 4 期)指出大西军于顺治二年曾平定云南沙定洲叛乱,并发展云贵地区的经济生产。与主流看法认为张献忠建立的大西政权是一个反封建政权不同的是,邓亚曾《从大西政权的封建性质看张献忠的悲剧》(《绵阳市地方史志学会通讯》1987 年第 4 期)则认为大西政权的封建性质是其灭亡的原因之一。

明末农民军队伍由最初的"十三家",逐渐合并为李自成大顺军、张献忠大西军两支军队,一南一北,分别与明清官军作战。关于这两支军队的关系,方福仁曾提出二者一直团结合作的结论,并撰《李自成张献忠永宁会师考实》(《中州学刊》1983 年第 3 期),具体考察了崇祯十四年,李自成、张献忠农民军在永宁会师的经过，指出永宁会师显示出两支农民军的合作道路。袁庭栋《论明末李自成与张献忠两支农民军的关系——兼与方福仁同志商榷》则提出了不同意见，认为李自成、张献忠在独立作战之后，二者之间的关系沿着合作——分裂——对峙——冲突这样一条道路发展，这也是明末农民战争失败的原因之一。郑定理《论张献忠和李自成在四川的争夺与大西政权的崩溃》(《绵阳师专学报》1988 年第 1 期）也持相似的观点。

这一时期张献忠研究的核心问题仍是屠蜀真相。一些学者仍持张献忠并未杀戮民众的观点。胡昭曦《“张献忠屠蜀”与“湖广填四川”考辨》(《中国农民战争史研究集刊》第 1 辑，1979 年）考察了元末明初、明末清初湖广人移民四川的历史过程，从侧面论证了张献忠并未屠杀民众。所谓张献忠屠蜀引发“湖广填四川”的说法是不正确的。杨济堃《张献忠屠蜀还是明清统治阶级屠蜀》认为清初四川人口锐减的原因是明清官军杀戮。王纲《“湖广填四川”问题探讨》(《社会科学研究》1979 年第 3 期）、《论明末清初四川人口大量减少的原因》(《张献忠在四川》)认为清前期四川人口锐减的原因是明清官军及吴三桂军队的作战与杀戮。天灾瘟疫也是一项因素。孙祚民《张献忠“屠蜀”考辨》(《社会科学研究》1979 年第 4 期）依据《续绥寇纪略》与《蜀难续略》的记载，认为张献忠所杀主要是宗室、官僚与地主武装，并未杀戮民众。“青羊宫事件”中大西军杀戮士子的原因是后者的反扑。杨济堃《对张献忠“杀戳士子”的探讨：兼与孙祚民同志商榷》(《南充师院学报》1980 年第 2 期）对上篇论文“青羊宫事件”发生的时间与叙述提出质疑，并通过考察清初史籍、方志，发现青羊宫事件期间，大西政权还曾举行科举，地方志也皆未载屠士子之事，故“青羊宫事件”为虚构。青羊宫杀士事件的争议引起了学界对张献忠与士人关系的注意。顾诚《张献忠与知识分子》(《张献忠在四川》)全面梳理张献忠与士人的关系。认为在明末农民军中，张献忠最早吸收士人，并向其学习《孙子兵法》，并以士人充任军师之职。在河南、湖广以及进入四川的初期，对士绅都较礼遇，吸收其进入农民政权。此后与四川士人关系的恶化，源于四川士人对大西政权的敌对与破坏，张献忠屠杀士子也存在打击面过宽的问题。

不过一些学者开始指出张献忠确曾屠杀过民众。任乃强《张献忠屠蜀辨》(《张献忠在四川》)认为清初人口减少的原因是饥荒、疫疠。张献忠屠城、杀士子是为防其与其他势力联合，杀民众与自相残杀，有取粮、节粮的考虑。1980 年 3 月，四川省社会科学院《社会科学研究》编辑部在成都召开“张献忠在四川”学术研讨会，会议的主题之一便是张献忠屠蜀真相。会后结集出版了《张献忠在四川》

(1981年),收录论文13篇,其中关于张献忠屠蜀者6篇。除上引两篇论文外,田培栋《对张献忠“屠蜀”应重新予以评价》(《张献忠在四川》)接受了清初史籍的观点,认为张献忠由于农民思想意识的局限性,确实屠杀过士子、降卒,甚至自相残杀。孙达人《张献忠“屠蜀”的真相——试论大西政权失败的原因》(《张献忠在四川》)分三个时期考察了张献忠屠蜀的真相。在顺治元年正月入川到八月建立大西政权的第一时期内,张献忠提出并贯彻了“归诚则草木不动,抗拒则老弱不留”的攻城政策,对一些顽抗地区进行了严厉的镇压,不过在成都“大杀三日”的说法纯属诬枉。从建立大西政权到顺治二年十月的第二个时期,大西军仅对宗室、官绅与逃遁山中者加以镇压,出现了一个相对和平的时期。从顺治二年十月到顺治三年十一月的最后一个时期内,由于大西政权坚持反封建的方针,归顺官员多次反复,也多次发生针对大西政权官员的杀害事件,张献忠实行“除城尽剿”政策,并开“特科”以杀士子,甚至屠城,以维护政权。不过清初史籍记载的数量与程度往往有所夸大。张献忠的屠杀政策并未稳固大西政权,反而使其失去了基础,直接导致了其迅速失败。这篇论文对现有史料进行了仔细的辨析,分阶段详细考证,是一篇值得借重的论文。以下论文也皆持张献忠确曾杀戮民众的观点。管维良《张献忠的屠杀政策与大西政权的失败:读〈圣教入川记〉等有感》(《重庆师院学报》1987年第3期)、邓亚增《从大西政权的封建性质看张献忠的悲剧》(《绵阳市地方史志学会通讯》1987年第4期)、钟友铭《张献忠悲剧浅析》(《绵阳市地方史志学会通讯》1987年第4期)、李三谋《明末大西军在四川“屠戮生民”之问题》(《四川师范大学学报》1988年第2期)、阮明道《张献忠及其大西军在川北活动的几个问题》(《南充师院学报》1988年第3期)。

关于张献忠牺牲说法与地点,有多篇论文讨论。刘德鸿《张献忠之死》(《延安大学学报》1986年第4期)考察了清初史籍所载张献忠牺牲的多种说法,最后指出张献忠是为清军所杀。关于张献忠牺牲地,学界已基本形成共识,即在西充县西南凤凰山。这方面的论文有:王纲《张献忠牺牲的地点》(《社会科学研究》1980年第1期)、高翔《张献忠究竟牺牲在何地?》(《历史知识》1985年第2期)、李廷毛《张献忠殉难地——凤凰山》(《四川文物》1989年第3期)、李仲华《张献忠殉难西充凤凰山》(《文史杂志》1987年第4期)。

关于张献忠大西政权失败的原因,田培栋《对张献忠“屠蜀”应重新予以评价》(《张献忠在四川》)认为张献忠占据四川之后,将李自成作为重要敌人,于川北重点防御,两支农民军之间的敌对与作战使张献忠未能趁机消灭四川敌对势力,导致了此后的孤立局面。张云侠《张献忠三次入川述论》认为张献忠大西政权失败的原因有四个:一是屠杀政策使其逐渐丧失统治基础;二是错误地将李自成当作主要敌人;三是流动作战,缺乏统治基础;四是粮食匮乏。

关于张献忠与西方自然科学的关系,张显清《张献忠与西方自然科学:读〈圣教入川记〉》(《中国农民战争史论丛》第3辑,1981年),依据《圣教入川记》,指出张献忠向耶稣会士学习包括数学、天文历法、世界地理等西方自然科学知识。戴执礼《张献忠对待西洋科学技术的态度》(《重庆师范学院学报》1980年第4期)也考察了这一情况。

这一时期开始纠正"文革"以来对张献忠大西军地位、作用加以贬低的倾向,这方面的论文有《四川讨论张献忠在农民战争中的作用:谈农民战争中的平等思想》(《光明日报》1980年7月20日)、唐宇元《论张献忠在明末农民战争中的历史作用》(《中国农民战争史论丛》第2辑,1981年)、王纲《论张献忠农民起义在历史上的作用》(《南充师院学报》1981年第3期)、李殿元《张献忠事迹与作用述略》(《西华大学学报》1986年第2期)。并在对比李自成、张献忠二人的基础上,对"扬李贬张"观念进行了纠正。如王纲《"李自成领导明末农民起义"商榷》(《四川师范学院学报》1979年第2期)、姜晓平《李自成、张献忠在明末农民战争中的作用比较》(《西南师范大学学报》1988年第5期)。

史料是一切历史研究的基础。任乃强《关于张献忠史料的鉴别》对记载张献忠的主要史料进行了梳理与分类,对不同史籍作者、写作背景、内容与价值都进行了交待,对于深入开展张献忠研究,是非常有用的一篇指南。谢国桢《明代农民起义史料选编》(福建人民出版社,1981年)也搜录了一节张献忠史料,不断发掘、发现的大西政权文物,也为我们提供了越来越多关于张献忠大西军的信息。如李承祥《谈张献忠时期的一部蜀刻书(〈华岳全集〉十三卷)》(《重庆师范学院学报》1981年第2期)、胡昭曦《四川地区有关明末农民起义的一些碑石》(《四川大学学报》1978年第3期)、蒋志《从张献忠《圣谕碑》看大西政权的失败》(《绵阳师专学报》1988年第1期)、李恒贤《从大顺年号镜浅谈对张献忠的历史评价》(《南方文物》1981年第1期)、苏成纪《张献忠大顺三年铜镜》(《四川文物》1984年第2期)、赵树中《张献忠"大顺赤金"戒指》(《四川文物》1985年第1期)、滕绍箴《"锦江埋银"质疑》(《社会科学研究》1979年第4期)、薛玉树《也谈张献忠大顺通宝》(《中国钱币》1985年第2期)、《张献忠与梓潼大庙》(《四川文物》1985年第4期)。

随着张献忠研究逐渐走向深入，对张献忠大西政权历史进行整体论述的专著陆续问世。胡昭曦《“张献忠屠蜀”考辨》（四川人民出版社，1980 年）以更为丰富的史料辨析了张献忠屠蜀真相。袁庭栋《张献忠传论》（四川人民出版社，1981年）、袁永《张献忠与大西国》（四川人民出版社，1985 年）、王纲《张献忠大西军史》（湖南人民出版社，1987 年）都全面论述了张献忠农民军从陕北转战全国，建立大西政权，最后失败的历史。顾诚《明末农民战争史》（中国社会科学出版社，1984 年）、胡允恭《李自成张献忠起义》（南京大学出版社，1986 年）、袁良义《明末农民战争》（中华书局，1987 年）偏重于论述李自成农民军的历史，但仍用一定篇幅论述了张献忠大西政权的历史。这些论著都坚持张献忠谷城伪降、并未妄杀川民的观点，顾诚还提出四川人口减少的一个原因是虎害。

进入 1990 年代，随着改革开放的逐渐深入，史学界也经历了学术理路的转变，大量新理论、新方法的引入催生了众多新的课题。在新的历史条件下，农战史研究却由一度繁盛之“显学”骤然转冷，时至今日，几乎达到了无人问津的地步。体现在张献忠研究上，不仅研究成果数量甚少，而且并未有新的问题意识产生，研究水平也基本停留在原地。

以下论文考察了张献忠大西军的军事活动。陈致远《张献忠军在常德活动考——兼考张献忠未掘杨嗣昌祖墓》（《常德师范学院学报》1998 年第 1 期）、陈致远《掘杨嗣昌祖墓非张献忠所为考》（《衡阳师范学院学报》2000 年第 1 期）、滕新才《从“吊何承光寺碑”看张献忠入峡作战》（《文史杂志》1999 年第 4 期）、滕新才、甘立明《“圆盘计划”与张献忠土地岭大捷》（《文史杂志》2001 年第 3 期）、滕新才《张献忠三峡战事述论》（《四川师范大学学报》《2002 年第 4 期》、滕新才《张献忠“以走致敌”与黄陵城大捷》（《文史杂志》2002 年第 6 期）。

这一时期还出版了两部张献忠研究专著：余同元《历史争议人物张献忠》（台北文津出版社）、王兴亚《狡黠的张献忠》（中国社会科学出版社，2008 年）都认为张献忠在四川实行了一些屠杀。一些随笔式的文章则批评得更为严厉。张宏杰《农民起义书写了怎样的历史——以张献忠为例》（《社会科学论坛》2005 年第 10 期）。章夫《张献忠成都屠城的历史路径》（《成败——甲申 360 年祭》，人民日报出版社，2005 年）。吴蔚《话说张献忠“屠”四川》（《龙门阵》2006 年第 11 期）。王春瑜《李自成张献忠与传教士》（《文史知识》1999 年第 3 期）指出李自成、张献忠并不排斥传教士，拒绝西方文化。

关于张献忠的文物仍在不断发现与公开。如盛观熙《张献忠“西王赏功“钱说略》(《安徽钱币》1995 年第 2 期),方明、吴天文《彭山江口镇岷江和岛出土明代银锭——兼论张献忠江口沉银》(《四川文物》2006 年第 4 期),何锐等校点《张献忠剿四川实录》(巴蜀书社,2002 年)。胡昭曦《巴蜀历史文化论集》(巴蜀书社,2002 年)其中一章《有关张献忠起义的新见史料》尤其引人注意。

回顾近百年张献忠研究的历史,颇有沧海桑田、恍如梦境之感。张献忠之是非功过、历史褒贬、冷热温暖在百年过程中,经历了几多变化,也不禁引起我们的思考。建国之后到 20 世纪 80 年代末,张献忠研究的一度热潮虽然在很大程度上是当时政治气候与意识形态的推动,故而随着时代、学术的变化,荣光不再。不过目前寥无人迹的局面也同样是不正常的,是不利于史学整体发展的。

农战史之所以体现了从热至冷的骤变,主要有两个不容忽视的因素。一是随着国外史学观念的不断输入,大量新课题、新领域不断涌现,成为学者们关注的热门问题。另一个原因是之前的农战史研究多少都带有政治的影响,甚至存在较为严重的教条化、僵化、"以论代史"的问题。目前农战史研究正处于一个十字路口。

农民战争作为影响中国古代历史的全局性问题,完全放弃会造成历史研究的缺环,其他与之相关的诸多问题皆无法得到真正深入的解决。但如果仍然延续以往的研究方式,会重新陷入自说自话的怪圈。随着改革开放与现代化建设的推进,人民群体的生活日益提高,但我们还应该看到社会中存在诸多不和谐的因素。如何避免群体暴动事件的再次发生,维护社会稳定,也是目前摆在我们面前的重大课题。总之,无论从学术发展的角度,还是现实稳定的角度,对农战史重新展开研究是十分迫切的事情

时代呼唤"新农战史"的开展。

所谓"新农战史",是指在广泛搜集、整理、考证农战史史料的基础上,在借鉴已有研究成果的前提下,充分吸收多学科的方法,运用至农战史研究的各种领域,以促进新理论、新命题的出现与开展。

仍以张献忠研究为例。到目前为止,虽然张献忠的研究成果不可谓不多,但选题较为集中,基本局限在张献忠屠蜀真相、谷城降明及其他大西军战术、大西政权建设及其失败等一些比较表层的问题上,尚缺乏借鉴其他学科的方法,将张献忠置于明末时代背景下,综合考虑的研究成果。比如关于张献忠起义的愿意,一直只是放在明末农民战争起因下一同论述。关于明末农民战争的原因,所有著作几乎都是罗列政治腐败、赋税沉重、地主阶级压迫、灾荒不断等,已经形成一种十分刻板的教条化论述。其实,明末陕北农民战争的爆发与榆林镇军事经营有密切

的关系。

明末农民战争领袖多为榆林镇边缘地带人氏,多有参军或驿卒的经历,为何是这一地区、这一身份的人成为了揭竿而起者,成为了农民军的领袖?这反映了明末陕北社会人口构成的什么状况与什么特点,这一情况又源于何处?大量具有军事,或准军事经历的人成为明末农民军的骨干力量,这对明末农民战争的方式、性质又产生了什么样的影响。显然,这些都是极其重要且并非空想的问题。这些通过与明中后期以来的陕北历史相联系,便可找出解决问题的线索。成化年间,明朝在榆林构建了长城防御体系,此后逐渐完善。不过由于陕北生态环境恶劣,经济条件落后,导致榆林镇一直处于财政匮乏的状态。嘉靖年间兵部职方司主事许论撰《九边图论》,便认为榆林镇最大的问题便是财政。万历年间,已有官员指出如果再不解决陕北的财政问题,这一地区将成祸乱之地。事实也不幸应验。

再比如屠蜀问题,目前研究已经揭示了各种势力在四川都进行了屠杀行为。那么,这种屠杀行为对四川造成了什么影响,屠杀的原因是什么,为什么清初史籍会对张献忠屠蜀有如此繁多、详细、生动的记载?张献忠杀人与其幼年经历、精神状态有无关系?这些都是深入下去会有巨大收获的问题。

总之,目前包括张献忠研究在内的中国农战史研究,迫切需要回归学术本身,严格依据史料,利用多学科的视角方法,进行全方位、多层次的综合研究。如果这样的研究能够开展的话,将是大不同于以往的新型农战史研究,农战史研究的重新繁荣也便可以预期了。

主要参考书目

1. [清] 张廷玉:《明史》卷309,列传第197流贼,《张献忠传》《李自成传》,中华书局,1974年4月版。

2. [清]彭孙贻:《流寇志》(明末清初史料),浙江人民出版社,1983年版。

3. [清]吴伟业撰,李学颖点校:《绥寇纪略》,上海古籍出版社,1992年7月版。

4. [清]计六奇:《明季北略》,中华书局,1984年6月版。

5. [清]计六奇著,任道斌,魏得良校:《明季南略》,中华书局,1984年6月版。

6. [清]郑廉著,王兴亚点校:《豫变纪略》,浙江古籍出版社,1984年6月版。

7. 中国历史研究社编:《烈皇小识》,上海书店,1982年版。

8. [清]文秉:《先拔志始》,上海古籍出版社,1995年版。

9. [清]谷应泰:《明史纪事本末》,中华书局,1977年版。

10. [清]谈迁:《国榷》,中华书局,1958年12月版。

11. [明]赵士锦:《甲申纪事》,中华书局上海编辑所,1959年版。

12. [明] 冯梦龙编著,吴伟斌校点:《甲申纪事》,江苏古籍出版社,1993年8年版。

13. [清]抱阳生:《甲申朝事小纪》,书目文献出版社,1987年3月版。

14. [清]查继佐:《罪惟录》,北京图书馆出版社,2006年1月版。

15. [清] 钱骃:《甲申传信录》,北京古籍出版社,2002年9月版。

16. 王钟翰注解:《清史列传》,中华书局,1987年11月版。

17. [民国]中央研究院历史语文研究所编:《明清史料》,北京图书馆出版社,2008年8月版。

18. [清] 戴笠,吴殳:《怀陵流寇始终录》,上海古籍出版社,1995年版。

19. [清]李桓:《国朝耆献类征》,广陵书社,2007年7月版。

20. [清] 李天根著,仓修良、魏得良校点:《爝火录》(明末清初史料选刊),浙江古籍出版社,1986年4月版。

21. 王纲:《张献忠大西军史》,湖南人民出版社,1987年3月版。

22. 何锐等校点:《张献忠剿四川实录》,巴蜀书社,2002年4月版。

23. 柳义南:《李自成纪年附考》,中华书局,1983 年 6 月版。
24. 顾诚:《明末农民战争史》,光明日报出版社,2012 年 2 月版。
25. 顾诚:《南明史》,中国青年出版社,2003 年 12 月版。
26. 马骥主编:《张献忠研究文集》,四川师范大学电子出版社,2011 年 9 月版。
27. 李春元:《明朝榆林总兵》,陕西师范大学出版总社,2011 年版。

跋

马骥

又一个子夜时分，编校完慕塞先生的《张献忠研究》，心中充满了一种难以言状的凄凉悲愤之情。张献忠的跌宕人生、身后毁誉，使人泣血锥心。推窗抒气，昏黄的路灯灼照静谧的小区之夜。蓦地，一颗流星划过远方的天空，使我不禁想起幼时外奶讲的“天上星，地上丁”的童谣。张献忠是划过中华大地浩瀚天空的一颗璀璨明星，他风云际会的一生，搅得大明王朝土崩瓦解，令山河失色，令中华大地石破天惊。二十四史之《明史》不得不为他立传，清代关于他的记述连篇累牍，汗牛充栋。民国以来，对他的毁誉之争也一直没有沉寂。然而在家乡定边真正对他有所认识，还是近些年的事。

《明史》载张献忠是延安府人，曾在延绥镇当边兵。他的具体乡籍长期不为人知，一直被当作是延安人。20 世纪 80 年代兴修地方志，延安地区欲把他入志立传，专门召开研讨会，专家一致认定张献忠的乡籍是明延安府柳树涧堡，而柳树涧堡是明长城沿线城堡之一，在定边县郝滩乡高庙湾村，时属延绥镇西路定边营所辖。故此，延安无缘为他立传，无奈割舍。而新编《定边县志》为他立正传，新版《辞海》《词源》据此载“张献忠，延安府柳树涧堡（定边东）人”。

张献忠“本将家子”，只是到他时已破落为普通农民，家传一直有报效国家的正统思想，故有“献忠”之名。然明末的黑暗统治，使他报国无门，终致官逼民反，人民揭竿而起，他和李自成一同走上领导推翻明朝的斗争；继之又坚决抗清，死难战场，表现出一位农民英雄坚贞不屈、慷慨激昂的奋斗品质与进取精神。他反明抗清的英雄业绩被清统治者长期深深埋没,而代之以竭尽污蔑之能事的无根谰言,被妖魔化为杀人魔王。尽管史学界有识之士对此已经做了令人信服的考证,但时至今日,仍有人不时以吊诡的形式宣传炒作,读来使人感到不寒而栗。

特别是张献忠的故乡,人们对他的了解还基本处于启蒙阶段,对他的认识也是雾里看花,莫衷一是,甚或困惑着地方领导的决策。2010年定边县召开张献忠全国学术研讨会后,告诉人们一个"真实版的张献忠",发出定边声音,成为亟需。于是,慕塞先生在对各种史料及研究成果进行梳理、吸纳和消化的基础上,历时四年,三易其稿,写出这一话本式通俗传记《张献忠研究》,在明末农民战争及大西军联南明抗清的大背景下,整体全景式地展现出张献忠悲壮曲折、跌宕起伏、坚毅不屈的一生。通过对一系列新的细节考察和旧有实证研究,用较为客观真实的文字激活了张献忠的历史形象,尽最大努力地还原了历史本真。

就全书内容而言,很大部分历史事实是我原来就已经了解的,读来如会旧友。还有一些是我前所未知,阅之颇感新鲜,增知不少。作者语言风趣,思辩犀利,史料取舍得当,运用娴熟,并赋予新意。书里不时闪现出许多锐利见解和生动流畅的议论,读来饶有趣味,使人印象深刻,每每激发和触动我们对"真实"历史的追问和深入理解,以免流于对历史的"戏说"之虞。虽然这只是作者的初步研究所得,还谈不上是一部非常成功的张献忠传记,但可以肯定地说,这是一本值得我们认真去读的书。书末附录赵现海博士论文《"新农民战争史"的提出——明末张献忠农民战争史研究的过去、现状与可能》和参考书目,有助于进一步的阅读拓展和疑意探析,弥补了本书缺乏注解和学术上的不足。

张献忠和他的大西军离开历史舞台已经很长时间了,但他们的影响依然存在。这恰似一口历史洪钟,在四川敲响之后,虽历经三百多年,却一直不曾沉寂,于今又余音袅袅飘荡到故乡,并将持续萦绕着我们。今天，在新的历史条件下，深入发掘张献忠所蕴含的历史文化精神，而有所启迪，当是我们的应有之义，而慕塞先生的这本《张献忠研究》无疑有着重要的价值和意义。

2016 年 10 月 8 日

（作者系中共定边县委史志办公室主任）